U0534565

苏轼研究论稿

庆振轩 著

中国社会科学出版社

图书在版编目（CIP）数据

苏轼研究论稿 / 庆振轩著 . —北京：中国社会科学出版社，2022.4
ISBN 978 - 7 - 5203 - 9872 - 5

Ⅰ.①苏…　Ⅱ.①庆…　Ⅲ.①苏轼(1036 - 1101)—人物研究—文集　Ⅳ.①K825.6 - 53

中国版本图书馆 CIP 数据核字（2022）第 040602 号

出 版 人	赵剑英
责任编辑	刘志兵
责任校对	夏慧萍
责任印制	李寡寡

出　　版	中国社会科学出版社
社　　址	北京鼓楼西大街甲 158 号
邮　　编	100720
网　　址	http://www.csspw.cn
发 行 部	010 - 84083685
门 市 部	010 - 84029450
经　　销	新华书店及其他书店
印刷装订	北京君升印刷有限公司
版　　次	2022 年 4 月第 1 版
印　　次	2022 年 4 月第 1 次印刷
开　　本	710×1000　1/16
印　　张	26.25
插　　页	2
字　　数	456 千字
定　　价	139.00 元

凡购买中国社会科学出版社图书，如有质量问题请与本社营销中心联系调换
电话：010 - 84083683
版权所有　侵权必究

前　言

《苏轼研究论稿》一书，选辑我三十余年来刊发的苏轼研究论文计二十余篇，根据论文内容分为五章。第一编"直面人生，笑对人生——苏轼个性论"收入文章三篇：《微笑着面对人生——苏轼幽默诙谐性格论》《筑超然之台，书超然之思——苏轼超然思想探论之一》《一点浩然气，千里快哉风——苏轼超然思想探论之二》，是对于苏轼独特个性的探讨。苏轼是一个天生的乐天派，他微笑着面对人生；幽默是一种智慧，苏式幽默是他面对纷繁人生的生活方式，是一种人生艺术。苏轼的超然思想产生于密州，是其对于风雨人生持续深入探求的结果。从中可以见出其超越世俗、反省自我的努力，由超然物外到臻于物化的深化，由超越艰难人世到超越死生的追求；而其以精神智慧化解种种困扰，理得而心安，一怀浩然之气是其超然思想的基石。《苏轼幽默诙谐性格论》发表于1995年，以此文为基础我申报了"世川良一基金会"资助的"两宋作家性格论"科研项目。出乎意料的是，文章发表二十多年后的2017年，当人大复印报刊资料官方微信"壹学者"推出"100篇最受欢迎的学术论文"，朋友们向我祝贺《苏轼幽默诙谐性格论》入选并名列前茅时，我冷静且客观地告诉他们，这篇文章入选与文章本身关系不大，主要是东坡那"不可救药的乐天派"的诱人魅力，其次是更多的年轻读者因面对人生困惑求益于东坡，间接地关注到拙文而已。而我当年撰写这篇文章动因之一，就是由于现实生活的触动，看到了太多的人事纷纭，"飞云当面化龙蛇"，白云苍狗，烟云过眼，年将不惑，疑惑多多，于是请益于东坡这位智慧老人，祈望在"微笑着面对人生"的修习过程的文字记载。由此而联想到长盛不衰的学术的文化的"东坡热"，经典作家经典作品魅力是无限的永恒的。面对过往，"回首向来萧瑟处，也无风雨也无晴"；直面未来，"一蓑烟雨任平生"。这是芸芸众生面对纷纷扰扰的现实人生，祈望达到的人生境界，却难以企及，于是，东坡风范成为无数人追想的人格典范。

第二编"千古文章未尽才——苏轼人生观探论"是探讨苏轼妇女观、君臣观、军事思想的一组文章。苏轼具有知己之感、知音之赏的妇女观的特质之形成，在于苏轼具有个性特色的平等观念，在于其在复杂人生中对于人性的深刻认识与深入思考，亦与其家庭教育有关。苏轼一生追求独立个性独立精神。伴随其坎坷人生，其君臣观在其人生的不同阶段有较大的发展变化。在其入仕之前，憧憬"君使臣以礼，臣事君以忠"理想模式，入仕之后一直思考相对辩证的君臣关系。在仁宗朝和神宗熙、丰年间，以直言敢谏为忠；在仕途受挫时思考用舍行藏；主张君主以非常之恩待臣，臣子应报以非常之事，虽肝脑涂地在所不辞。及至再贬岭海，进一步思考"多情"与"无情"、"墙里"与"墙外"的关系；思考"君命"与"臣节"、"新恩"与"旧学"的关系。进而认为君命可能有治乱，臣子应该有从违。其君臣观达到了时代人生的高度。

综观东坡一生，志在匡扶天下、经世济民，但又屡历坎坷。千古文章未尽才，他曾经留下了无尽遗憾，正如其晚年《自题金山画像》所云："心似已灰之木，身如不系之舟。问汝平生功业，黄州惠州儋州。"但东坡又是幸运的，他生活在一个令人羡慕的时代，他出生在一个堪称伟大的家庭，他历经仁宗、神宗、哲宗、徽宗四朝，曾经三入承明、八典方州。他的师长是一流的，如欧阳修；他的友朋是一流的，如文与可；甚至他政治上的对手也是一流的，如王安石。特定的时代成就了一位堪称一代文化的代表人物。他为我们留下了丰富的文化遗产，他对社会人生的深入了解，对于现实政治的透辟分析，可谓振聋发聩，至今仍有借鉴和启示作用：

"享天下之利者，任天下之患；居天下之乐者，同天下之忧。"（《赐新除中大夫守尚书右丞王存辞免恩命不允诏》）

"为国不可以生事，亦不可以畏事。"（《因擒鬼章论西羌夏人事札子》）

"守其初心，始终不变。"（《杭州召还乞郡状》）

东坡一生，宦海浮沉，其弘毅坚忍之志令人动容。东坡的政治建树、政治智慧值得我们认真总结。

第三编"以利人为得道——苏轼科技活动探论"收录文章四篇。《苦己以利人——苏轼科技活动简论》是对于东坡科技活动的综论。东坡一生在科技方面的建树令人惊叹：任职杭州、徐州时的水利工程，在徐州组织力量对于当地煤炭的勘测、开采和利用，对于种松法、松树用途的探究总结，对于先进农具秧马的宣传推广改进，对于酒类酿造的兴趣与探讨，以及对于传统医药学方面的贡献均可以在相关研究史方面留下浓重一笔。

我们对于"苏轼与医学文化"的探研主要从三个层面展开。苏轼是一位政治家，《千金不换囊中术，上医元自能医国——苏轼与医学文化探论之一》一文主要探研在医学文化发达、宋人尚医的独特文化背景下，苏轼的医国之志、医国之能与毕生的努力追寻。苏轼在其一生的政治生涯中，有意识地将医道医理与治政之道结合，以医喻政，针对现实政治，在仁宗朝、神宗朝、哲宗朝不同时期，因时因事，对症下药，雄论堪医国，形成其论政为文的独特风貌。忠言似药偏医国，苏轼的医国之言见赤诚之心亦见其对于现实政治的深刻剖析与真知灼见，且医道与治国之道，医理与政见水乳交融。要言不烦，成为其一系列议政论政之佳作。

苏轼一生抒写胸中医国之志是其诗文创作的自觉追求，所作诗文要"皆有为而作，精悍确苦，言必中当世之过，凿凿乎如五谷必可以疗饥，勤勤乎如药石必可以伐病"（《凫绎先生诗集序》）。在东坡的政治追求中，古今良相即良医，所以在唐代贤相中他最为尊崇陆贽的医国之术。苏轼与吕希哲等人认为陆挚奏议"聚古今之精华，实治乱之龟鉴"，期望其"必能发圣性之高明，成治功于岁月"。

韩昌箕精选了苏轼策论百篇，并高度评价说："东坡先生集中所著策论一百余篇，羽翼经史，阐析理道……至其因时制宜，视病发药，在嘉祐则务变更，在熙宁则务安静，在元祐则主免役，一是之从而不徇人为爱憎。仁人之言，其利溥矣。"（韩昌箕《苏文忠公策论选叙》）其言苏轼不同时期的政论、策论"因时制宜，视病发药"，匡救时弊，利在天下，是很中肯的评价。也是苏轼"上医医国"的目的所在。正因为苏轼的医国之志与医国之能蕴含于胸中而外化为诗文，出自苏门在诗坛与苏轼并称"苏黄"的黄庭坚对于东坡充满了政治上的期待，赋诗曰"诚求活国医，何忍弃和缓"（黄庭坚《见子瞻灿字韵和答三人四返而愈崛奇辄次其韵寄彭门三首》）。

探究东坡医学文化思想，收集检索相关资料，苏轼相关文字的丰富内涵，给予我们多方面的启示，翻检东坡诗文集，其所涉及医学文化方面的篇目多达二百余篇，其关涉面之广泛，令人惊叹，诸如名医传记《蜀名医张玄隐》《单庞二医》等；有"上医治未病"的诸多养生文字如《论养生》《问养生》《续养生论》《记道人养生语》等；有"中医治欲病"之《书济众方后》《圣散子叙》等；有验方的收集和介绍如《裕陵偏头疼方》《枳枸汤》《治齿痛方》等；有药物药性之观察研讨如《苍术录》《苍耳录》《益智录》等。苏轼所辑验方、秘方部分留存在《苏沈良方》泽惠后世。

尤其要指出的是，探讨东坡医学思想，反复品味东坡相关文章，往往陶醉其中。其治国宏论，笔力雄健，痛陈时政，敢为危言，然以医喻政之作，或将医案娓娓道出，或将病象绘描其中，病象昭然，理义自明，理寓事中，使人警醒。东坡的医学文化思想，融入了他在复杂的社会经历中的人生感悟，由事见人，文如其人，使读者从一个独特的角度加深了对东坡的认识。东坡的医学文化思想中，无论是以医喻政，还是意在治人，抑或是医人施药，都充溢着医者仁心；为苏颂介绍名医；为友人详细介绍药方；即使那位不知名的乡人，他也拿出了家藏秘方，并详加说明（《书药方赠民某君》），甚至还有《乞医疗病囚状》的奏议，非特为亲友而已。其心可鉴，其情可感，其人可敬。

东坡关乎沐浴文化的诗文，随处可见，反复阅看，我们惊叹有关佛教学说与世俗生活的密切结合程度，也叹服东坡的佛学造诣，以及其有关沐浴文化的诗文对于佛教文化的吸收与融通。把东坡与沐浴文化作为一个独立的问题作为一个整体来研究探讨，综合分析有关资料，我们发现东坡沐浴文化有独到的特别值得关注之处。东坡沐浴文化内容的丰富多彩，它涉及沐浴的类型，如温泉浴、汤沐、乾浴、足浴等；涉及沐浴的器具，如浴堂浴池、木制、陶制、瓦制浴器等；涉及沐浴服务，诸如搓背。大凡日常洗浴所需，可以知其大略；至于僧寺浴堂可以品茶、下棋、约会朋友、欣赏书画，愉悦身心，僧寺浴堂的宗教氛围的营造更予人以深刻印象。综上所论，东坡沐浴文化所涉及的卫生、养生、澡身浴德，心灵净化的丰富内涵，值得关注。正由于此，东坡沐浴文化可以弥补研究宋代或古代沐浴文化资料之不足；作为研究宋代沐浴文化的独特个例，无以替代。最后，苏轼沐浴文化研究对于苏轼整体研究而言，是一个独特的角度，我们可以通过剖析东坡沐浴文化中儒释道思想文化的融通，来进一步探知宋代儒释道兼容并包时代特色。

第四编重在探讨东坡一生在自觉的超越意识中完善自我的努力。共收录了五篇文章。

欧苏相继主盟文坛，东坡对于欧公"诗穷后工"之论，有承继，更有拓展。对"非诗之能穷人"之言，东坡力主"诗能穷人"之说；且有诗文创作"意所乐则为之，何暇计穷达"透脱之论。于"穷而后工说"则多所拓展。其《记欧阳公论文》曰："顷岁孙莘老识欧阳文忠公，尝乘间以文字问之，云无它术，唯勤读书而多为之，自工。世人患作文字少，又懒读书，每一篇出，即求过人。如此少有至者。疵病不必待人指摘，多作自能见之。此公以其尝试者告人，故尤有味。"东坡于欧公沾溉既多，知之甚深，其独到见解，启悟后人。

苏轼与文同相聚时日并不多，亦无亲缘关系，却情同师友，对其钦服一生。在苏轼的诗文中有八十余篇与文同有关，梳理这一部分诗文，可以看出二人的交往轨迹及文同对苏轼的影响。具体来说，在渐趋恶化的政治生态中，在苏轼人生的关键节点，文同对苏轼及时告诫，劝其规避风险，体现出拳拳挚爱友情；在诗文交往中，文同对苏轼的文艺观产生了颇多影响，尤其是苏轼文艺思想中颇为后人称道的"成竹在胸""形理两全"等方面，都离不开文同创作经验的启发；在个性和人生观方面，苏轼遗世独立，善于处穷，超然物外，不为物役的"坡仙风范"在形成的过程中，更是离不开文同为人处世的启示。苏轼是一位天才，同时也是一位全才、通才，这位全才、通才的出现，与其生活的时代、生活环境、人生交游密切相关。

苏轼自谓于近世文士中私所敬慕者独陆贽一人。其为学"好贾谊、陆贽之书"，为政"论古今治乱，不为空言"；元祐立朝"草诏陆贽倾诸公"，绍圣被贬，惠州儋州医民施药效仿陆贽，但谪居期间在施政惠民方面则超越了陆贽"畏慎"避祸的为人行事风格，凡遇事可尊主泽民者，便忘躯为之。道大难容，才高为累，苏、陆一生皆未尽其用，苏轼晚年，仍以陆贽俭德为楷模，仍欲传陆贽之学于子孙、后学。梳理探究苏轼对于陆贽的接受、尊崇与超越，可以从一个特殊的角度略窥苏轼丰富个性及政治人格的独特侧面。

东坡现存诗文中涉松之作多达二百三十余首，蕴含了丰富的文化内涵。东坡青少年时期种松爱松，深植了他一生对于故乡的乡情、乡恋与乡思、乡愁；东坡一生爱松、品松、赞松，松风松韵入诗行，使其山水诗、写景诗、题画诗别具风采。丹青仿佛旧松萝，东坡笔下的松风松韵是一个灵动的、流溢着诗美的情感世界；东坡笔下的松境界松精神，起始于少年爱好，根植于岁寒后凋、独立不倚的儒家思想，深化于东坡波澜起伏、丰富复杂的人生阅历。东坡系列诗文呈现了作者卓然独立的人格精神和对于人生理想的不懈探索追求。

青松出涧壑，十里闻风声。研究探讨东坡一生在清醒超越意识中完善自我的过程，可以略窥一代文豪成长的轨迹，给予我们多方面的启悟。如《题憩寂图诗》可见东坡在湖州画派中自成一体的自许：

> 元祐元年正月十二日，苏子瞻、李伯时为柳仲远作《松石图》。仲远取杜子美诗"松根胡僧憩寂寞，庞眉皓首无住着，偏袒右肩露双脚，叶里松子僧前落"之句，复求伯时画此数句，为《憩寂图》。子由题云："东坡自作苍苍石，留取长松待伯时。只有两人嫌未足，兼收前世杜陵诗。"因次其韵云："东坡虽是湖州派，竹石风流各一时。前世画师今姓李，不妨题作辋川诗。"文与可尝云："老夫墨竹一派，近在徐州。"吾竹虽不及，石似过之。此一卷公案，不可不令鲁直下一句。①

转益多师，自铸伟词，不断超越，终为一代文坛领袖。从《记董传论诗》和《书林道人论琴棋》可以见出东坡多方借鉴学习，不断自我完善的一个侧面。由其熙宁二年所作《记董传论诗》："故人董传善论诗。予尝云：杜子美不免有凡语，'已知仙客意相亲，更觉良工心独苦'，岂非凡语耶！传笑曰：'此句殆为君发。'凡人用意深处，人罕能识，此所以为独苦，岂独画哉。"②可以探知，年轻的苏轼对于杜甫诗句之情到深处人独苦，尚无深切体悟。及至元祐五年的《书林道人论琴棋》"更觉良工心独苦"已自然融入其艺术论中：

---

① （宋）苏轼著，张志烈、马德富、周裕锴主编：《苏轼全集校注》，河北人民出版社2010年版，第7647页。
② （宋）张志烈、马德富、周裕锴主编：《苏轼全集校注》，河北人民出版社2010年版，第7640页。

前　言

　　元祐五年十二月一日，游小灵隐，听林道人论琴棋，极通妙理。余虽不通此二技，然以理度之，知其言之信也。杜子美论画云："更觉良工心独苦。"用意之妙，有举世莫之知者。此其所以为独苦欤？①

　　"大苏死后忙不彻，三教九流都拽扯。"研究东坡的学者，都不会忽略其与通俗文学世俗文化的密切关联。文集的第五编"永远鲜活的'坡仙'风神——苏轼与俗文学探论"。

　　现存宋元"说参请"话本多与东坡有关，现存苏轼的诗词文赋中有相当丰富的涉及禅理、禅趣、禅悦、禅戏的内容；东坡与佛门有深厚渊源，其诗文将人生体悟与佛理参悟会通融合，引起从佛门到俗众的推崇与喜爱，其丰富的人生阅历，一系列关涉禅理的著述以及相关趣谈，应为宋元"说参请"僧尼、艺人的最佳选择。

　　"说诨话"即讲说幽默诙谐的笑话。大量资料证明东坡爱好讲述前代和当朝的笑话并创作"诨话"；其创作的"诨话"有诸多单篇留存且有"专著"传世；"说诨话"中的故事人物。雅俗共赏的通俗文学中谈笑戏谑风味为社会各阶层所接受喜爱的时代风尚，滋养东坡成长的巴蜀文化蕴含的乐天放旷的文化因子，东坡幽默风趣的个性，对于当时盛行的俗文学有着特殊的爱好，是解析东坡与"说诨话"关联的锁钥；东坡的"说诨话"系列具有丰富深刻的内涵。系统探研东坡与"说诨话"及与通俗文学的关联，对于全面认识和研究东坡颇有助益。

　　伴随着宋代商业经济的繁荣，苏轼产生了自觉的广告意识。他保存推广圣散子，利民济世；推广使用秧马，推动农业发展；其《猪肉颂》、《寒具》诗、《菜羹赋》以及拼死食河豚的相关趣谈流传至今。探讨东坡的广告意识及其创作，有助于我们全面认识宋代的商业文化和苏轼研究的丰富性。

　　从反映两宋朋党之争的特定角度，探讨有关苏轼贬谪生涯的三部元杂剧《醉写赤壁赋》《东坡梦》《贬黄州》，深入剖析其遭贬原因及剧中人物形象的典型性塑造，对于我们认识宋代党争的激烈残酷，以及党争中纷纭复杂的人情世态，思考党争对文人心态的影响颇有启迪。

---

① （宋）张志烈、马德富、周裕锴主编：《苏轼全集校注》，河北人民出版社2010年版，第8047页。

前　言

东坡诗文与敦煌佛影是一个有意味的话题。陈寅恪先生发现"杨惠之所塑","苏子瞻之所咏"之《维摩诘示疾图》可与敦煌画本、变文《维摩诘经》"印证发明";则东坡所见吴道子《佛灭度图》《地狱变相》及所创诗文诸如《书拉杂变》《书杜牧集僧制》可在发明印证之外,略窥东坡对于变文、变相及特定时期佛教与政治的态度。

搜检东坡现存诗文及相关研究资料,我们发现,千百年来东坡在不同时代、不同阶层以不同的形式被传播接受,被尊崇赞颂,就在于他具有一颗博大平等之心,具有平等意识、平民意识。诚所谓"吾上可以陪玉皇大帝,下可以陪卑田院乞儿","眼前见天下无一不好人"。由是之故,东坡千百年来,被不同的阶层所接受,在不同的层面以各种形式被传播,诗词文赋书画之外,小说戏曲也产生了深远影响,蒲松龄在《聊斋志异序》中说自己"才非干宝,雅爱搜神;情类黄州,喜好谈鬼"。纪晓岚在《观弈道人自题》中也说:"半生心力坐销磨,纸上烟云过眼多。拟筑书仓今老矣,只应说鬼似东坡。"东坡对于后世的影响是多方面的,正是从不同的社会文化层面,我们看到了鲜活的遨游在传统文化中的苏东坡。

面对"苏海",无论我们从任何一个"支流"循踪而至,都会望洋兴叹;面对千姿百态的"庐山",我们无论从哪一个角度探幽寻胜,都会慨叹"横看成岭侧成峰,远近高低各不同"。四十年研读苏学,偶一之见,见笑于大方。今不揣浅陋,刊刻印行,热望学界同仁给予批评匡正。

回顾数十年来的高校教研生涯,我与苏轼研究结缘根基于改革开放,恢复高考,求学兰大,不然的话,很难预测当年乡村代课教师的我会是一个什么样的发展轨迹。而直接的动因则是李东文先生给我们讲宋元文学,在讲解东坡中秋词时,数次向老师的请益交流。老师认真听取了我的幼稚的见解,容忍了我的年少轻狂,毕业分配时争取把我留在兰大,在我面前铺展了教研之路。

幸运的我在1983年春又获得了到四川大学中文系进修宋元文学和在古籍整理研修班学习的机会。我进修宋元文学的导师是张志烈先生,张先生博学豁达,但对我学习督责甚严,忘不了每周四下午的教诲和督察,让我受益终身。

在川大中文系进修学习期间,我有幸聆听了杨明照先生的"文献学"、张云言先生的"训诂学"、曾枣庄先生的"三苏研究"、邱俊鹏先生的"唐宋词研究"等课程。杨先生、邱先生、曾先生、张先生先后担任中国苏轼研究学会的会长，当年诸位恩师的教诲对于我学术研究的定向至关重要，"苏轼研究""两宋党争与文学"成为我几十年潜心研讨的两大学术方向。"昨夜西风凋碧树，独上高楼，望断天涯路。"感念川大学习在我教研上的指导引领之功。

经历多年的学习探索积累之后，近十年是我苏轼研究成果较多的时期，这主要是由于加入中国苏轼研究学会后，诸多良师益友苏轼研究及相关领域学术成果启悟激发，一次次学术年会新成果新观点的学习切磋，学界同仁之间的交流批评，促使原本怠惰的自己把系列的思考撰写为一篇篇文稿。所以当多年撰写的文章编写成册，心中的感念是多方面的。

多年来无论是为本科生讲授宋元文学史，还是为研究生讲授两宋文学，苏轼研究都是讲授的重要内容；近年来又为本科生开设"苏轼研究"专业选修课，在长期的教研工作中有多位研究生参与了"苏轼研究"和"苏门文学研究"课题，在查找资料校对文稿方面做了大量工作；《苏轼研究论稿》的编选出版，得到文学院和学校相关部门的重视，得到了学校"双一流建设经费"的支持，在此表示诚挚的谢意。

目　录

第一编　直面人生，笑对人生
——苏轼个性论

微笑着面对人生
　　——苏轼幽默诙谐性格论 ……………………………………（3）
筑超然之台，书超然之思
　　——苏轼超然思想探论之一 …………………………………（16）
一点浩然气，千里快哉风
　　——苏轼超然思想探论之二 …………………………………（27）

第二编　千古文章未尽才
——苏轼人生观探论

知音之赏，知己之感
　　——苏轼妇女观散论 …………………………………………（49）
坎坷识天意，淹留见人情
　　——苏轼君臣观探论 …………………………………………（64）
问汝平生功业，黄州惠州儋州
　　——苏轼被贬谪辞、谢表探论 ………………………………（93）
为国不可生事，亦不可以畏事
　　——苏轼元祐时期军事思想探论 ……………………………（122）

第三编　以利人为得道
——苏轼科技活动探论

苦己以利人
　　——苏轼科技活动简论 …………………………………………（141）
千金不换囊中术，上医元自能医国
　　——苏轼与医学文化探论之一 …………………………………（151）
胸次岂无医国策，囊中幸有活人方
　　——苏轼与医学文化探论之二 …………………………………（165）
洗浴·养生·浴德·净心
　　——苏轼与医学文化探论之三 …………………………………（191）

第四编　在自觉的超越中完善自我
——"苏海"蠡测

意所乐则为之，何患乎穷达
　　——苏轼对"穷而后工"说的承继与拓展 ……………………（213）
亦师亦友话文同
　　——苏轼与文同研究二题 ………………………………………（227）
惟其友之，是以知之
　　——苏轼诗文中的文同记忆 ……………………………………（235）
近世文人，私所敬慕者，一人而已
　　——苏轼对陆贽的尊崇与超越 …………………………………（251）
青松出涧壑，十里闻风声
　　——苏轼诗文松风松韵论析 ……………………………………（275）

第五编　永远鲜活的"坡仙"风神
——苏轼与俗文学探论

暂借诗文消永夜，每逢佳处辄参禅
　　——东坡与"说参请"散论 ……………………………………（297）

随意挥洒，妙趣横生
　　——苏轼的"广告"及"广告意识"探论 …………………………（319）
传统戏曲中的东坡形象探论
　　——以元代有关苏轼贬谪剧为中心 ……………………………（334）
口谐倡辩，笑谈人生
　　——苏轼与"说诨话"探论 ………………………………………（343）
联结丝路的文化密码
　　——苏轼诗文中的敦煌魅影 ……………………………………（371）
卓绝千古，牢笼百代
　　——王渔洋苏轼接受研究二题 …………………………………（384）

参考文献 ……………………………………………………………（395）

第一编

直面人生，笑对人生

——苏轼个性论

微笑着面对人生

——苏轼幽默诙谐性格论

  林语堂先生在《苏东坡传》中说:"以诗词伟大的标准——清新、自然、技巧和同情心来说,我认为李白已达到更卓越的成就,杜甫更能给人大诗圣的完整印象。但毫无理由我最喜爱的诗人却是苏东坡。"因为"今日我觉得苏东坡伟大的人格比任何一位中国作家更突出,也更完整地蚀刻在他的生活和作品中"。[①] 东坡伟大人格予人以突出印象,创作丰富尤为后人喜爱,这固然在于其诗词文赋的突出成就,但亦在于其性格亲切近人复杂丰富。而在其丰富复杂的性格中最具魅力的是他那幽默诙谐、睿智机趣的风采。这也是东坡有别于"诗仙""诗圣"的十分突出的特色。在其幽默性格魅力的诱引之下,本文拟结合其生平遭际,对其性格的这一重要组成部分加以探讨,以求教于方家。

一

  研究幽默理论的学者们说:"幽默是比握手更文明的一大进步。"[②] 因为幽默是一种才华,是一种力量,或者说是人类面对共同的生活困境而创造的一种文明。它以愉悦的方式表达人的真诚、大方和心灵的善良。它像一座桥梁拉近人与人之间的距离,弥补人与人之间的鸿沟。是奋发向上者和希望与他人建立良好关系者不可或缺的东西,也是每一个希望减轻自己人生重担的人所必须依靠的"拐杖"。联系东坡曲折坎坷的人生,翻检其

[①] 林语堂:《苏东坡传》,海南出版社2001年版,第28页。
[②] [美]特鲁·赫伯:《幽默的艺术》,上海文化出版社1987年版,第74页。

斑斓多彩的诗词文赋，笑阅宋人有关东坡的笔记小说，东坡幽默诙谐性格易为人感知的是，东坡是一位能与他人共欢笑的人。他用特有的幽默表现出真正的人情味。在同僚、友朋、家人，甚或在下人、歌妓那里，他会用其妙笔生花，"戏作小诗，为僚友一笑"。① 据《侯鲭录》载：东坡在维扬，一日设客十余人，皆一时名士，米元章在焉。酒半，元章忽起立云："少事白吾丈，世人皆以芾为颠，愿质之！"坡云："吾从众！"坐客大笑。② 冯梦龙《古今笑史》摘引此段记载后倡言："唯不自谓痴乃真痴。"③ 于今观之，米芾之痴固称一绝，东坡之谐趣亦冠绝一时。一谐一痴，相映成趣。可发古今一笑。

东坡特有的幽默诙谐性格，使得他的一部分诗词具有谐趣之美。这些作品曾给亲友带来欢乐，成为诗坛佳话，据其《筼筜谷偃竹记》载：

> 筼筜谷在洋州。与可尝令予作《洋州十咏》，筼筜谷其一也。谷其一也。予诗云："汉川修竹贱如蓬，斤斧何曾赦箨龙。料得清贫馋太守，渭滨千亩在胸中。"与可是日与其妻游谷中，烧笋晚食，发函得诗，失笑喷饭满案。④

历来研讨宋诗的，大多激赏宋诗之理趣，却不大注意宋诗中如东坡诗之谐趣。这类作品固然无大的社会意义可言，它却像轻音乐，令人听之忘倦，味之常新，内中充满了生活情趣，予人愉悦之感。

东坡的这种特定个性，使他在与门人弟子的交往中成了一个平易近人的长者，和蔼可亲的师长。他与秦观、黄庭坚诸人在政治生活中声气相投，诗词书画创作上彼此切磋，情同师友，在后人心中留下深刻的印象。宋人对此多有著录：

> 东坡尝与山谷论书，东坡曰："鲁直近字虽清劲，而笔势有时太瘦，几如树梢挂蛇。"山谷曰："公之字固不敢轻议，然间觉褊浅，亦

---

① （宋）苏轼著，（清）王文诰辑注、孔凡礼校点：《苏轼诗集》卷35，中华书局1982年版，第1880页。
② （宋）赵令畤撰，孔凡礼校点：《侯鲭录》卷7，中华书局2002年版，第181页。
③ （明）冯应龙编著，栾保群校点：《古今谭概》，中华书局2007年版，第31页。
④ （宋）苏轼著，孔凡礼校点：《苏轼文集》卷11，中华书局1986年版，第356页。

甚似石压虾蟆。"二公大笑，以为深中其病。①

师友之间，切磋诗文艺术，和气融融，又充满情趣，这是苏门的独特之处。苏门之中，秦、黄、晁、张各具风采，固然与诸人之学养追求有关，但与东坡这种特殊的性情，以特殊的方式奖拔揄引，切磋琢磨是分不开的。后人不了解这一点，认为"苏黄二公互相讥诮"②实在是对苏黄性格的幽默诙谐方面缺乏了解了。

东坡之机敏风趣不仅给僚友、门弟子、亲人以欢愉，而且给予其交游的歌妓以慰安和欢乐。在有关东坡的大量的幽默诙谐风趣的佳话中，人们可以更为深切地理解东坡，因为"幽默是一种很好的表达我们对生活感受的形式，这种形式需要有健康的人生心理作基础"。③东坡走到哪里，就把笑声带到哪里，这魅力源于东坡博大宽广的胸怀，以平等之心待天下的深心。"世界上最美妙的声音就是笑声。它比任何音乐或娓娓情话都美妙。谁能使他的朋友、同事、顾客、亲人们发出笑声，那么他就是在弹奏无以伦比的音乐。"④东坡就是这样一位用笑声在人世间弹奏无以伦比的音乐的伟人。

当然细细检阅有关记载，我们发现东坡有时也用幽默来暗示责备：

> 王禹锡（行十六）与东坡有姻连，尝作贺（知县喜）雨诗云："打叶雨拳随手重，吹凉风口逐人来。"自以为得意。东坡（见之）曰："十六郎作诗，怎得如此不入规矩？"禹锡云："（盖是）醉中所作？"异日又持一大轴呈坡，坡读之云："尔复醉耶？！"⑤

东坡的批评，给我们以启示，在某种情况下，如果在双方发生分歧时，你撇开严肃的态度，以幽默来暗示责备，那么即使半讽刺、半宽容的幽默也能治愈人，而不会伤害人。

---

① （宋）曾敏行著，朱杰人标校：《独醒杂志》卷3，上海古籍出版社1986年版，第112页。
② （宋）胡仔纂集，廖德明校点：《苕溪渔隐丛话·前集》卷49，人民文学出版社1962年版，第334页。
③ ［美］特鲁·赫伯：《幽默的艺术》，上海文化出版社1987年版，第29页。
④ ［美］特鲁·赫伯：《幽默的艺术》，上海文化出版社1987年版，第26页。
⑤ （宋）王直方：《王直方诗话》，见郭绍虞《宋诗话辑佚》，中华书局1980年版，第10页。

在东坡这里，他特有的幽默诙谐也常使他在解决复杂的人事关系时得心应手：

> 苏子由在政府，子瞻为翰苑。有一故人，与子由兄弟有旧者，来干子由求差遣，久而未遂。一日，来见子瞻，且云："某有望内翰以一言为助。"公徐曰："旧闻有人贫甚，无以为生，乃谋伐冢，遂破一墓，见一人裸而坐，曰：'尔不闻汉世杨王孙乎？裸葬以矫世，无物以济汝也。'复凿一冢，用力弥艰，既久，见一王者，曰：'我汉文帝也。遗制圹中无纳金玉，器皆陶瓦，何以济汝？'复有二冢相连，乃穿其在左者，之久方透，见一人，曰：'我伯夷也。瘠羸面有饥色，饿于首阳之下，无以应汝之求。'其人叹曰：'用力之勤无所获，不若更穿西冢，或冀有得也。'瘠羸者谓曰：'劝汝别谋于他所。汝视我形骸如此，舍弟叔齐，岂能为人也。'"故人大笑而去。①

读此则记载，不能不使人为其机智幽默所倾倒。东坡随口而出的幽默故事，显示了其为人的极高品位。通过这个故事，他告诉友人，自己理解友人的处境、苦衷，待阙之职"贫甚，无以为生"，不得已而干谒。但也明白告诉友人自己为人从政的态度，并暗示友人告谒之结果——"用力之勤无所获"。东坡的机趣，友人的豁达，这场谈话以喜剧的方式开始，以喜剧的方式结束，友人"大笑而去"。因此，当我们研究幽默的时候，我们发现幽默的形式千变万化，包括有双关语、俏皮话、诗、漫画、故事、笑话，等等。在这里东坡的幽默诙谐通过笑话体现出来。但由此我们也发现了幽默与一般笑话的区别："幽默并不是讲一则笑话，它比笑话更有深度，产生的效果比笑话更强。"② 东坡，这位有着崇高人格的智者，使得他的"笑话"充满了幽默诙谐的情趣，使我们更深切地认识到"幽默是机智和爱的儿子"。③ "机智的人不一定是幽默的人，但幽默的人必定是机智

---

① （宋）张邦基撰，孔凡礼校点：《墨庄漫录》卷5，中华书局2002年版，第155页。
② ［美］特鲁·赫伯：《幽默的艺术》，上海文化出版社1987年版，第7页。
③ ［法］罗贝尔·埃斯卡皮：《论幽默》，金玲译，上海社会科学出版社1990年版，第43页。

的人。"①

二

　　设若我们探讨东坡的幽默诙谐性格至于此止，如前所述，我们已经看到了一个笑对人生，拥抱人生，胸怀坦荡，富于同情，长于谐谑，善于教诲的东坡。但这难以包含其幽默性格的全部内涵。林语堂先生在其所著《东坡传》中还说："研究苏东坡的一生，就等于研究国家因党争而陨落的过程。"② 换句话说，研究东坡的一生何尝不是研究一位文坛巨星、一位哲人在激烈的党争中宦海浮沉，终至陨落的过程呢？北宋激烈的党争看似严肃的政治斗争，实际上夹杂着封建派性的倾轧。变法反变法的斗争如此，洛、蜀、朔党争也是如此。当党争发展到毫无意义的争权夺利、党派倾轧时，足以使任何一个抱正义感的仁人志士动辄得咎，无所措手足。在复杂紧张的社会纷争的大背景下，胸无芥蒂，幽默诙谐的性格适成其累，常常"因嬉笑而成仇雠"。

　　关于苏（轼）王（安石）交恶之始末，历来研究者唯恐于两位历史伟人有损，不免遮掩，左袒右护。由于本文侧重于研讨东坡幽默诙谐性格，所以不拟对之作全方位考查，仅从此一特殊角度看二人之嫌隙。王安石变法之初，时论不一，士大夫好恶纷然。此时正王安石辟异议，树权威之时，东坡却数与之嘲谑。王安石博洽，适在变法之时，著《字说》《三经新义》，其用意不言自明。尽管其《字说》有滞碍难通、穿凿可笑之处，令人"每见介甫道《字说》，便待打诨"③，然东坡屡屡以《字说》为嘲谑对象，可谓不合时宜。因为王安石之著述，其意并不专在学术，旧派针对其著述的嘲戏，其意又何尝尽在学术？据《道山清话》载：

　　　　张文潜言："尝问张安道云：'司马君实直言王介甫不晓事是如

---

　　① ［法］罗贝尔·埃斯卡皮：《论幽默》，金玲译，上海社会科学出版社 1990 年版，第 47 页。
　　② 林语堂：《苏东坡传》，海南出版社 2001 年版，第 33 页。
　　③ （宋）佚名撰，孔一校点：《道山清话》，见《宋元笔记小说大观》，上海古籍出版社 2007 年版，第 2945 页。

何?'"安道云:"贤只消去看《字说》。"文潜云:"《字说》也只是二三分不合人意思处。"安道云:"若然,则足下亦有七八分不解事矣。"文潜大笑。①

所以我们检阅有关东坡对字说的态度,就不能简单地看成一般友朋间谐谑嘲讥了。适在其时,"子瞻数上书,论天下事;退而与宾客言,亦多以时事为讥诮。同极以为不然,每苦口力戒之,子瞻不能听也"。②而王安石对之态度则是"数请诎之",为"轼才亦高,但所学不正,又以不得逞之,故其言遂跌荡至此"(《宋元通鉴》)。由是论之,岳柯《桯史》中的一段记述并非猜度之词:

> 王荆公在熙宁中作《字说》,行之天下。东坡在馆,一日因见而及之,曰:"丞相闳微窅穷,制作某不敢知;独恐每每牵附,学者承风,有不胜其凿者。姑以犇、麤二字言之:牛之体,壮于鹿,鹿之行,速于牛。今积三为字,而其义皆反之,何也?"荆公无以答,迄不为变。党伐之论,于是浸闳;黄冈之贬,盖不特坐诗祸也。③

因近似的缘由,东坡还曾得罪了昔日的朋友,后来的政敌章惇。谓章惇"能自拚命者能杀人"。章惇"绍圣相天下,坡渡海,盖修报也"。④东坡与安石、章惇之间嫌隙,并不全因诗句玩笑而起。考其交往始末,怨隙之成,政治原因居多。然其与程颐之结怨,因玩笑成仇雠,宋人多有著录。

戏言相向,倘若双方哈哈一笑,往事烟云,倒还罢了。糟糕的是,其时正值旧派执政之后权力再分配之时,苏又"自是时时谑伊川"。⑤二程

---

① (宋)佚名撰,孔一校点:《道山清话》,见《宋元笔记小说大观》,上海古籍出版社2007年版,第2945页。
② (宋)叶梦得撰:《石林诗话》,见(清)何文焕撰《历代诗话》,中华书局1981年版,第417页。
③ (宋)岳柯撰,吴企明校点:《桯史》,中华书局1981年版,第14页。
④ (宋)王明清撰,穆公校点:《挥麈后录馀话》,见《宋元笔记小说大观》,上海古籍出版社2007年版,第3819页。
⑤ (宋)程颢、程颐撰:《二程集》,中华书局1981年版,第416页。

门人"朱公掞辈衔之,遂立敌矣"。① 苏轼与程颐、蜀党与洛党"结怨之端,盖自此始"。② 由是之故,尽管东坡公正立朝,对王安石、程颐均能公允地评价,但党争一起,积怨难消,他总处于十分危险的境地。《桯史》载:

> 东坡先生元祐中以翰苑发策试馆职,有曰:"今朝廷欲师仁祖之忠厚,惧百官有司不举其职,而或至于偷;欲法神考之励精,恐监司守令不识其意,而流入于刻。"左正言朱光廷首擿其事,以为不恭。御史中丞傅尧俞、侍御史王岩叟交章劾奏,一时朝议哗然而起。③

"于是台谏论苏公未已"。(《道命录》):元祐年间,东坡在宦途青云直上的岁月,则成了他内心十分矛盾痛苦的时期,于新旧两党的夹攻之中,来往于朝廷与地方官任上,成为其文学创作上的低潮时期。宋人言及苏、程交恶,曾遗憾地指出:

> 山谷称周濂溪胸次如光风霁月,又云:"西风壮士泪,多为程颢滴。"东坡为濂溪诗云:"夫子岂我辈,造物乃其徒。"盖苏氏师友,未尝不起敬于周、程如此,惜乎后因嘻笑而成仇敌也。④

当然,总结洛蜀二党交恶攻讦之缘由,主要是由于政见不同、学术派别不同,处世态度有异,新党失败后朝中权利再分配之争。但不管要因何在,"因嘻笑而成仇敌"毕竟是十分令人遗憾的事。

因此,我们在探讨东坡幽默诙谐性格时,不能不特别注意其好谈谑的负作用——谑而虐之处。当东坡的幽默面对不合适的对象,不恰当的场所时,往往产生相反的效应。东坡曾以太白《姑熟十咏》戏郭功父,结果是

---

① (宋)朱熹撰:《伊洛渊源录》,中华书局1985年版,第33页。
② (清)永瑢、纪昀编:《钦定四库全书·史部·太平治迹统类》卷23,中华书局1997年版,第4页。
③ (宋)岳柯撰,吴企明校点:《桯史》,中华书局1981年版,第49页。
④ 四川大学中文系唐宋文学研究室编:《苏轼资料汇编》,中华书局1994年版,第739页。

"功父甚愠"。① 他也曾以六目龟嘲吕微仲，"微仲不悦"。② 顾子敦姿状雄伟，人以"顾屠"嘲之，坡公以诗相戏，顾得之不乐。（《鸡肋编》）刘贡父与坡翁交游甚厚，东坡拿其生理疾病嘲戏，也引起不愉快。

由是而论，当东坡的诙谐所对非人，或过分逞才使气，甚至有谑而虐的成分时，其幽默诙谐适成身累，特别是在他所生活的党争激烈、人事关系极为复杂的政治背景下更是如此。关于这一点他的亲友们提醒过他，时"子瞻数上书，论天下事；退而与宾客言，亦多以时事为讥诮。与可极以为不然，每苦口力戒之，子瞻不能听也。出为杭州通判，与可送行诗有'北客若来休问事，西湖虽好莫吟诗'之句"。③

东坡对自己戏言酿祸的性格，在朋友的规劝之下也有所警觉：

　　东坡好戏谑，语言或稍过，纯夫必戒之。东坡每与人戏，必祝曰："勿令范十三知。"纯夫旧行第十三也。④

为免不测之祸，他有时也十分谨慎：

　　东坡待过客，非其人，则盛列妓女，奏丝竹声聒两耳，至有终宴不交一谈者。其人往返，更谓待己之厚也。值有佳客至，则屏去妓乐，杯酒之间，惟终日谈笑耳。⑤

但亲友们的规劝，他自身的戒约，并没使他摆脱人生困扰，他的一生依然像一叶风雨飘摇的小舟，在变幻莫测的政治风浪中颠簸着，直至赍志以没。所以，探讨东坡幽默诙谐的性格，一方面，我们承认这种性格曾给他带来祸患，但是对于那些把东坡坎坷人生的缘由归结于他的这种特殊性

---

① （宋）陆游撰：《入蜀记》，中华书局1985年版，第18页。
② （宋）孙宗鉴：《东皋杂录》，见（明）陶宗仪纂《说郛》卷2，中国书店1927年版，第23页。
③ （宋）叶梦得撰：《石林诗话》，见（明）何文焕《历代诗话》，中华书局1981年版，第417页。
④ （清）永瑢、纪昀编：《钦定四库全书·子部杂类·晁氏客语》，中华书局1997年版，第47页。
⑤ （宋）施德操撰，王根林点校：《北窗炙輠录》，见《宋元笔记小说大观》，上海古籍出版社2007年版，第3323页。

格的议论，终感有失公允。《魏公语录》载：

> 公在政府，蜀人苏轼往见公，公因问苏轼云："近有人来荐王迵，其为人如何？学士相识否？"轼曰："为人奇俊。"公不谕轼意。后数日，公宴。出家妓，有歌新曲《六么》者，公方悟轼之言。盖歌有"奇俊王家郎"也。既而公语诸子云："苏轼学士，文学过人，然岂享大福德人也。"①

《宋艳》的纂集者徐士銮在《讥诮》一书辑录了刘贡父、东坡诸人讥嘲之语后，有针对性地感叹道：

> 戏谑，君子所不免，然不至于虐则善矣。大抵讥诮之语，先发者未必切害，而报复者往往奇险深酷，不知取虐于人者，趋祸之路也。古人嫌隙多起于俳谐。不如戒而无之，岂惟全交，实免祸之道耳。②

谑不至虐之论，固有可取。"古人嫌隙多起于俳谐"，也是有所指而言。然"不如戒而无之"之说，则显浮廓。揆诸史实，苏轼纵戒去幽默俳谐之笑谈，其生平命运岂能稍改？倘若如此，东坡也就不是我们今天所看到的东坡了。

三

正是宦途风波，人生磨难，使得东坡的幽默达到一种新的境界，成为其人生哲学的重要组成部分，成为他人所难以企及的人生艺术。东坡在复杂纷纭的社会政治生活中不断丰富发展完善的幽默性格，具有一种特殊的魅力。他能运用幽默诙谐面对重重困难，有时甚至是厄运突至的环境。其《志林》载云：

---

① 江少虞撰：《宋朝事实类苑》卷65，上海古籍出版社1981年版，第871页。
② （清）徐士銮辑，舒驰点校：《宋艳》，浙江古籍出版社1987年版，第156页。

真宗既东封,访天下隐者,得杞人杨朴,能为诗。召对,自言不能。上问:"临行有人作诗送卿否?"朴言:"无有"。惟臣妻一绝云:"且休落拓贪杯酒,更莫猖狂爱咏诗。今日捉将官里去,这回断送老头皮。"上大笑,放还山,命其子一官就养。余在湖州,坐作诗追赴诏狱,妻子送余出门,皆哭。无以语之,顾老妻曰:"子独不能如杨处士妻,作一诗送我乎?"妻不觉失笑,予乃出。①

这是用极为平静的语气记载自己在湖州被捕与家人诀别的情形,但从妻子"皆哭""无以语之"等语,联系当时目击者所见就逮之时"顷刻之间,拉一太守,如驱犬鸡"②的情形,可以想见其时气氛之严峻,东坡全家之惊愕哀伤,祸患难测的忧虑。东坡却以其急智,以一幽默的前代故事,缓解了当时的气氛,减轻了家人的悲伤。遗憾的是,曾有一度,人们认为东坡的这种态度是玩世不恭。鲁迅先生说,泪和笑只隔一层纸,恐怕只有尝过泪的深味的人,才真正懂得人生的笑。我们说,只有设身处地为东坡着想,才有可能认识这种幽默的力量。东坡这位具有独特幽默感的伟人,具有一种超群拔俗的人格,正是在这困厄突降的紧急关头,他表现了一种以智慧应付特殊困苦窘境的能力。在东坡这里,幽默产生一种力量,它能祛除人生压力,提高生活涵养:

子瞻在黄州及岭表,每旦起,不招客相与语,则必出而访客;所与游者,亦不尽择,各随其人高下,谈谐放荡,不复为畛畦。有不能谈者,则强之说鬼。或辞无有,则曰姑妄言之。于是闻者无不绝倒,皆尽欢而后去。设一日无客,则歉然若有疾。其家子弟尝为予言之如此也。③

联系东坡自湖州入狱,亲朋皆与绝交,在黄州,昔日之友人"无一字见及,有书与之,亦不答",生活已陷困顿,行动又受限制;在岭表,"元

---

① (宋)苏轼撰,王松龄点校:《东坡志林》卷2,中华书局1981年版,第32页。
② (宋)孔平仲撰,王根林点校:《孔氏谈苑》,见《宋元笔记小说大观》卷1,上海古籍出版社2007年版,第2235页。
③ (宋)叶梦得撰,徐时仪点校:《避暑录话》,见《宋元笔记小说大观》卷1,上海古籍出版社2007年版,第2583页。

祐党祸，烈于炽火，小人交扇其酷，傍观之君子，深畏其酷，惟恐党人之尘点污之也"①，生活困苦，以至诸物皆无。我们就可以领略东坡何以要如此之原委。在那特定的人生困境中，虽旷迈如坡翁，不能无苦恼、烦闷、疑虑，而他特有的幽默风趣正成为他驱除个人烦恼，度过艰难岁月的最恰当的办法。"在我们这个极度紧张的社会，任何过于严肃的东西都将难以为继。唯有幽默才能使全世界松弛神经又不至于麻醉。给世界思想自由而又不至于疯狂。并且，把命运交给人们自行把握，因而不至于被命运的重负压垮。"② 这段话虽是就西方社会而言，但幽默可以使人"不至于被命运的重负压垮"。东坡大概业已意识到这一点，所以他有意识地运用幽默，使之成为一种生存艺术。

正是激烈的党争，人生的坎坷，在生活的艰难中，东坡的幽默达到了它的最高境界，成为一种精神的胜利反抗。这位拥有真正幽默心灵的伟人，生活的磨难使他不但会幽默人，也会幽默自己，不但嘲笑人，也会释然自嘲，泰然自贬，欣然独笑。他笑自己的观念、遭遇、缺点乃至失误，甚至笑自己的狼狈处境：

> 东坡在儋耳，因试笔尝自书云："吾始至南海，环视天水无际，凄然伤之，曰：'何时得出此岛耶？'已而思之，天地在积水中，九州在大瀛海中，中国在少海中，有生孰不在岛者。覆盆水于地，芥浮于水，蚁附于芥，茫然不知所济；少焉水涸，蚁即径去，见其类出涕曰：'几不复与子相见。'岂知俯仰之间，有方轨八达之路乎?！"念此可以一笑。戊寅九月十二日，与客饮薄酒小醉，信笔书此纸。③

由此足以见坡公直面人生，他释然自嘲，欣然独笑。这是一颗伟大心灵人格力量的自然流露。

东坡幽默的笑声，融入了他对现实的思考，人生的追求，面对黑白颠倒的世界，他也用笑声表示自己的愤懑不平，"在笑声后面隐藏着愤怒的

---

① （宋）费衮撰，金圆点校：《梁溪漫志》卷4，上海古籍出版社1985年版，第45页。
② ［法］罗贝尔·埃斯卡皮著，金玲译：《论幽默》，上海社会科学出版社1990年版，第83页。
③ （宋）朱弁撰，孔凡礼点校：《曲洧旧闻》卷5，中华书局2002年版，第152页。

呐喊"。①

> 东坡先生自黄州移汝州，中道起守文登，舟次泗上，偶作词云："何人无事，燕坐空山，望长桥上，灯火闹，使君还。"太守刘士彦，本出法家，山东木强人也。闻之，亟谒东坡云："知有新词，学士名满天下，京师便传。在法：泗州夜过长桥者，徒二年，况知州邪？切告收起，勿以示人！"东坡笑曰："轼一生罪过，开口常是不在徒二年以下。"②

"开口常是不在徒二年以下"虽是笑中道出，但这笑不仅是对那"木强人"刘士彦的态度，也是对东坡所处社会生活环境不能容人"开口动笔"的讥讽、嘲谑、反抗。

如果说东坡湖州被捕时的笑谈能去除家人心头的阴霾，他与晁端彦的笑语，则从一个特定角度显示了他一往勇决的政治态度。根据有关史料，我们认为到了晚年，他的幽默，在人生困境中发展到了更新的境界，他直面人生，正视现实，傲对尘寰，谈笑生死之际，表现出常人难以企及的人格力量。在黄州，面对人生忧患，他用平静得让人难以觉察的幽默口吻给友人写信：

> 临皋亭下十数步便是大江，其半是峨眉雪水，吾饮食沐浴皆取焉，何必归乡哉。江水风月本无常主，闲者便是主人，闻范子丰新第园池，与此孰胜？所以不如君者，上无两税及助役钱耳。③

东坡的幽默是在人生旅途，坎坷困境中对人生领悟的结果。所谓"解脱的问题毕竟只是达到精神的和谐，让卑下的本能受到高尚情操的控制。人若能自我训练而达到此一境地，就不必脱离社会而求解脱了。"④

---

① ［苏联］谢曼诺夫：《老舍论讽刺与幽默》，转引自［俄］赫尔岑《俄罗斯文学的新时期》卷17，《中国现代著名作家研究》1992年第1期。
② （宋）王明清撰，穆公点校：《挥麈后录》卷7，见《宋元笔记小说大观》，上海古籍出版社2007年版，第3708页。
③ （宋）苏轼撰，王松龄点校：《东坡志林》卷4，中华书局1981年版，第79页。
④ 林语堂：《苏东坡传》，海南出版社2001年版，第251页。

"吾生本无待，俯仰过此生。"东坡的旷达超脱，是一种极高层次的超脱，他看破了人生的利害得失，甚至生死，他的笑声才具有更诱人的魅力。

所以探讨东坡的幽默诙谐性格，其最为引人之处还在于在宦海风波里，在坎坷的人生中，在艰难困苦的磨砺下，达到的正视人生忧患，笑傲人生磨难，谈笑死生之际的豁达旷迈。

人的精神世界是复杂的，在东坡朗朗笑声中，我们看到了他精神世界的一个侧面。幽默诙谐的性格使得东坡以一种独特的目光去看待生活，这是诱使我们去思考探讨这个问题的重要原因。由于本文的侧重点不同，我们所探讨的是东坡幽默诙谐的个性，而不是他的作品的幽默风格。所以除了引用他自己的作品外，我们大量地引用了宋人有关的记载，这是因为，我们感到，把握东坡那个时代的人们在不同的角度下对东坡这一性格的观照，对他的这一性格我们可以把握得较为准确一点。至于与他的独特性格相关的作品的探讨，则是另一篇文章的任务。由于学识浅薄，不当之处，热切地希望学界同人匡谬指正。

筑超然之台，书超然之思

——苏轼超然思想探论之一

研究东坡文化精神，坡仙风范和超然风姿为历代东坡研究者所关注，《叶嘉莹说初盛唐诗》中说：

> 在中国古代诗人中，有两个人得到仙人的评价：一个是李白，一个是苏东坡。苏东坡被称为坡仙，他的文章、诗词、书法都很好，古人说他有逸怀浩气——一种超出了尘世的一般人的辽阔高远的精神气质；说他的诗像天风海雨——天上那种无拘无束的风，海上那种没有边际的雨。可是倘若以李白和苏东坡相比，还有一个分别的，我认为这个分别在于：李白是仙而人者，苏东坡是人而仙者。
> ……苏东坡呢，他本来是一个人，却带有几分仙气，因此他能够凭借他的仙气来解脱人生的痛苦，这和李白是完全不同的。[①]

张志烈先生对之也有精要的阐述：

> 他认识到的东西，不放弃，不妥协，对外又有巨大的适应性，乐观顽强，随遇而安，面对任何打击、任何矛盾、任何困难，都能以其特有的人生智慧，转换视角，调整认知，幽默化解，总能在现有环境条件下找到可以维持身心内稳态的有利因素契合起来，从而转化为精神解脱的良药，始终保持自己诗意栖居的乐观人生态度。比如有名的《超然台记》，就是写他超然物外、所遇斯乖、无往不乐的生活体验。所谓超然，即游于物之外，不为物所蔽，即从庄子"逍遥""齐物"

---

① 叶嘉莹：《叶嘉莹说初盛唐诗》，中华书局2008年版，第240页。

的观念，主动转换视点，从而摆脱现实环境造成的苦闷，收无所往而不乐之效。这是苏轼一生处逆境时进行心理自助、调适情绪、稳定精神的基本途径。①

作为东坡文化精神重要组成部分的超然思想，不但具有诱人的丰富的思想内涵，同时伴随东坡复杂坎坷丰富多彩的人生，有一个激发产生、发展丰富的过程，向我们展现出东坡超然物外、超越世俗、超越困苦坎坷、超越生死荣辱的伟大人格。

一 超然台兴超然之思

从任何一个角度讲，研究东坡的超然思想，其主政密州时期都值得给予特别关注。正是在这里，苏轼高筑超然台，作超然之思，为超然之游，味超然之趣。

苏轼于熙宁七年（1074）岁末到达密州任所，次年，"稍葺所居园北旧台而新之，弟辙名之曰超然，作赋，自作记"。② 其《超然台记》首次阐发了超然思想的内涵："凡物皆有可观。苟有可观，皆有可乐。非必怪奇瑰丽者也。哺糟啜醨皆可以醉；果蔬草木，皆可以饱。推此类也，吾安往而不乐。"而人生在世之所以不如意事常有八九，就在于"人之所欲无穷，而物之可以足吾欲者有尽，美恶之辨战乎中，而去取之择交乎前，则可乐者常少，而可悲者常多。是谓求祸而辞福。夫求祸而辞福，岂人之情也哉？物有以盖之矣"。苏轼此时，对于人生在世因物欲无穷而常为物役已有颇为清醒的认识："彼游于物之内，而不游于物之外，物非有大小也。自其内而观之，未有不高且大者也。彼挟其高大以临我，则我常眩乱反复，如隙中之观斗，又乌知胜负之所在？是以美恶横生，而忧乐出焉，可不大哀乎！"于是，稍葺而新的超然台修成之后，苏轼和友人们登高四览，畅想古今尽享当下之乐，记曰："台高而安，深而明，夏凉而冬温。雨雪

---

① 钟永新：《东坡文化精神的中国意义——访中国苏轼研究学会张志烈会长》，中国苏轼研究学会《苏轼研究》2013年第4期。
② 孔凡礼：《苏轼年谱》，中华书局1998年版，第322页。

之朝，风月之夕，予未尝不在，客未尝不从。撷园蔬，取池鱼，酿秫酒，瀹脱粟而食之，曰：乐哉游乎！"正由于如此，"予弟子由，适在济南，闻而赋之，且名其台曰'超然'。以见余之无所往而不乐者，盖游于物之外也"。① 出于对于人生尝为物欲所惑而游于物内，终为物役而少有其乐，力倡超然于物外之无所往而不乐。

值得我们注意的是，熙宁十年苏轼在《宝绘堂记》中，进一步阐述了他超然物外不为物役的观念："君子可以寓意于物，而不可以留意于物。寓意于物，虽微物足以为乐，虽尤物不足以为病；留意于物，虽微物足以为病，虽尤物不足以为乐。"苏轼在文中列举刘备等人寓意于物而流誉后世之后，又进一步申明"凡物之可喜，足以悦人而不足以移人者，莫如书与画"，而为物所役，沉溺于书画的钟繇、王僧虔、桓玄、王涯诸人因其沉溺而害其国、凶其身。朋友王巩酷嗜书画，为了友人能够"全其乐而远其病"，苏轼又将自己由少至壮对于书画态度的转变告知王巩："始吾少时，尝好此二者。家之所有，唯恐其失之；人之所有，唯恐其不吾予也。既而自笑曰：吾薄富贵而厚于书，轻死生而重于画，岂不颠倒错谬失其本心也哉？自是不复好。见可喜者虽时复蓄之，然为人取去，亦不复惜也。譬之烟云之过眼，百鸟之感耳，岂不欣然接之，然去而不复念也。于是乎二物者常为吾乐而不能为吾病。"②

值得我们关注的另一个问题是，围绕超然台，当时形成了一个创作热点。据有关资料，苏轼修治超然台，自作《超然台记》；苏辙、李清臣、文同、鲜于侁、张耒均为作《超然台赋》；司马光为作《超然台寄苏子瞻学士》诗。苏轼又有《书子由超然台赋后》《书李邦直超然台赋后》《书文与可超然台赋后》。张耒《超然台赋》序中说："苏子瞻守密，作台于囿，命以超然，命诸公赋之。余在东海，子瞻令刘贡父来命。"③ 这个创作热点的形成，从一个侧面显示了围绕超然台，苏轼的超然情怀和对于人生的思考。

上述相关资料，让我们从三个方面思考苏轼由超然台聚焦的超然思

---

① （宋）苏轼著，张志烈、马德富、周裕锴主编：《苏轼全集校注·文集》，河北人民出版社2010年版，第1104—1106页。

② （宋）苏轼著，张志烈、马德富、周裕锴主编：《苏轼全集校注·文集》，河北人民出版社2010年版，第1122—1123页。

③ （宋）张耒著，李逸安等点校：《张耒集》，中华书局1990年版，第15页。

想。首先，苏轼《超然台记》和苏辙《超然台赋》及序明确告诉读者，超然台的命名是基于对当下处境心境的思考。苏辙《超然台赋》序写道，其兄任职地高密当时是个不发达地区，"其地介于江淮间，风俗朴陋，四方宾客不至"，苏轼到任之时，大旱之后，百弊丛生，"受命之岁，承大旱之余孽，驱除螟蝗，逐捕盗贼，廪恤饥馑，日不遑给，几年而后少安"。为了安放心神，苏轼修治了超然台："顾居处隐陋，无以自放。乃因其城上之废台而增葺之，日与其僚览其山川而乐之"，进而向苏辙征询台名："辙曰：今夫山居者知山，林居者知林，耕者知原，渔者知泽，安于其所而已，其乐不相及也，而台则尽之。天下之士，奔走于是非之场，浮沉于荣辱之海，嚣然尽力而忘返，亦莫自知也，而达者哀之。二者，非以其超然不累于物故邪？老子曰：'虽有荣观，燕处超然。'尝试以超然命之，可乎？"① 苏辙序文中的这一段文字，将其兄现实处境、心灵困扰及精神追求一一道出，以二苏之弟兄情怀，可谓心息相通，所以苏轼在《子由超然台赋后》认为此文"精确高妙殆两得之，尤为可贵也"。②

而纵观苏轼密州前后的诗文，更能显露其追求超然的当下之意。由自古繁华的江南形胜之地来到密州，苏轼自然会时时将二者加以比较。他在诗中写道：

> ……扁舟渡江适吴越，三年饮食穷芳鲜。金齑玉脍饭炊雪，海螯江柱初脱泉，临风饱食甘寝罢，一瓯花乳浮轻圆；自从舍舟入东武，沃野便到桑麻川。剪毛胡羊大如马，谁记鹿角腥盘筵，厨中蒸粟埋饭瓮，大勺更取酸生涎。柘罗铜碾弃不用，脂麻白土须盆研。故人犹作旧眼看，谓我好尚如当年。(《和蒋夔寄茶》)③

南北异域，这是两个不同的世界，苏轼在其词《蝶恋花》中也写道：

> 灯火钱塘三五夜，明月如霜，照见人如昼。帐底吹笙香吐麝，此

---

① （宋）苏辙著，曾枣庄、马德富校点：《栾城集》，上海古籍出版社1987年版，第413页。
② （宋）苏轼著，屠友祥校注：《东坡题跋校注》，上海远东出版社2011年版，第24—25页。
③ （宋）苏轼著，张志烈、马德富、周裕锴主编：《苏轼全集校注·诗集》，河北人民出版社2010年版，第1323页。

般风味应无价。寂寞山城人老也,击鼓吹箫,却入农桑社。火冷灯稀霜露下,昏昏雪意云垂野。(《蝶恋花》)①

在《超然台记》中,作者也有这样一段文字:

余自钱塘移守胶西,释舟楫之安,而服车马之劳;去雕墙之美,而庇采椽之居;背湖山之观,而行桑麻之野。②

友人询问密州近况,诗人次韵答诗曰:

何人劝我此间来,弦管生衣甑有埃。绿蚁濡唇无百斛,蝗虫扑面已三回。磨刀入谷追穷寇,洒涕循城拾弃孩。为郡鲜欢君莫叹,犹胜尘土走章台。(《次韵刘贡父、李公择见寄》)③

此外,尚有多篇诗文透露苏轼面对密州连年旱灾、蝗灾、饥馑的感受,和他"清贫"的太守生涯:"余仕宦十有九年,家日益贫,衣食之奉,殆不如昔,及移守胶西,意且一饱,而斋厨索然,不堪其忧。日与通守刘君庭式,循古城废圃,求杞菊食之,扪腹而笑。"(《后杞菊赋并叙》)④ 在漫漫人生路途中,面对坎坷困窘,促使人们自求疏解。苏轼的《薄薄酒》及诗序透露了个中信息。其序曰:"胶西先生赵明叔,家贫,好饮,不择酒而醉。常云:薄薄酒,胜茶汤,丑丑妇,胜空房。其言虽俚,而近乎达,故推而广之以补东州之乐府;既又以为未也,复自和一篇,聊以发览者之一噱云耳。"诗作二首,录一首如下:

薄薄酒,胜茶汤;粗粗布,胜无裳;丑妻恶妾胜空房。五更待漏

---

① (宋)苏轼著,张志烈、马德富、周裕锴主编:《苏轼全集校注·词集》,河北人民出版社2010年版,第129页。
② (宋)苏轼著,张志烈、马德富、周裕锴主编:《苏轼全集校注·文集》,河北人民出版社2010年版,第1104—1106页。
③ (宋)苏轼著,张志烈、马德富、周裕锴主编:《苏轼全集校注·诗集》,河北人民出版社2010年版,第1304页。
④ (宋)苏轼著,张志烈、马德富、周裕锴主编:《苏轼全集校注·文集》,河北人民出版社2010年版,第13页。

靴满霜，不如三伏日高睡足北窗凉。珠襦玉柙万人相送归北邙，不如悬鹑百结独坐负朝阳。生前富贵，死后文章，百年瞬息万世忙。夷齐盗跖俱亡羊，不如眼前一醉是非忧乐都两忘。(《薄薄酒》)①

苏轼当然不会眼前一醉是非忧乐两相忘，他欣赏赵明叔家贫好饮，不择酒而醉，"其言虽俚，而近乎达"的生活态度，这些都有助于我们探求苏轼、苏辙在《超然台记》和序文中直接抒发的"顾居处隐陋，无以自放"，追求超然境界的心路历程。

综合分析苏轼密州任期的相关资料，我们认为苏轼超然思想的萌发在现实生活境遇的纠结思考中，与其力图超越当下生活困扰有直接的关系。此其一。

二　长期思索偶然得之

探讨苏轼超然思想的形成过程，还应注意的是，超然思想的形成与其在复杂丰富的人生中不懈的思考追求相关。

苏辙《亡兄子瞻端明墓志铭》论及苏轼诗文创作，略曰：

> 公之于文，得之于天。少与辙皆师先君，初好贾谊、陆贽书，论古今治乱，不为空言。既而读《庄子》，喟然叹息曰："吾昔有见于中，口未能言，今见《庄子》，得吾心矣。"②

苏辙仅就苏轼诗文创作而言，实际上，正如曾枣庄先生所说，在处世态度上，苏轼受老庄思想影响更深。但研究苏轼濡染老庄，其超然思想的形成，有一个渐次发展的过程。苏辙《超然台赋叙》言及超然台之命名，引用了老子"虽有荣观，燕处超然"，点出了超然思想的语源；苏轼《超然台记》所倡超然物外无往不乐的思想，茅坤、金圣叹均明确指出其"本

---

① （宋）苏轼著，张志烈、马德富、周裕锴主编：《苏轼全集校注·诗集》，河北人民出版社2010年版，第1400页。
② 四川大学中文系唐宋文学研究室编：《苏轼资料汇编》，中华书局1994年版，第71页。

之庄生","全从《庄子·达生》《至乐》等篇取气来"。(《超然台记集评》)但检索苏轼有关诗文,其对老庄思想的融汇接受的过程颇为耐人寻味。苏轼入仕之初,曾将老庄视为异端而加以拒斥,曾枣庄先生《苏轼评传·苏轼的世界观》曾有一节精粹的文字加以论析,其略为:苏轼又力排异端。他说:"圣人之所为恶乎异端尽力而排之者,非异端之能乱天下,而天下之乱所由出也。"他指责老庄之徒"更为虚无淡泊之言,而治其猖狂浮游之说,纷纭颠倒,而归于无有"。这种"无有"的主张对维系君臣关系是很不利的:"老聃、庄周论君臣、父子之间泛泛乎若萍浮于江湖而适相值也。夫是父不足爱,而君不足忌。不忌其君,不爱其父,则仁不足以怀,义不足以劝,礼乐不足以化。此四者皆不足用,而欲置天下于无有。夫无有,岂诚足以治天下哉?"韩非正是发挥了"轻天下、齐万物之术,是以敢为残忍而无疑"。(《韩非论》)① 他还指责当时一些"士大夫至以佛、老为圣人,鬻书于世者,非庄、老之书不售也"。认为老、庄那种"浩然无当而不可穷""超然无著而不可挹"的思想,"此岂真能然哉?"谁也做不到。即使做到了,对于统治天下也是不利的:"使天下之士能如庄周齐生死,一毁誉,轻富贵,安贫贱,则人主之名器爵禄,所以砺世磨钝者废矣!"(《议学校贡举状》)②

苏轼《韩非论》作于嘉祐五年(1060),乃其应制科试前所上进策之一;《议学校贡举状》则作于熙宁二年,其所论如此。但到了知密州时,其所抒写的"超然物外""寓意于物"的思想已将老、庄浑融入一己独特的处世态度。其作于熙宁八年的《醉白堂记》更盛赞韩琦"忠言嘉谟,效于当时,而文采表于后世;死生穷达不易其操,而道德高于古人……方其寓形于一醉也,齐得丧,忘祸福,混贵贱,等贤愚,同乎万物,而与造物者游……由此观之,忠献公之贤于人也远矣"。③ 其思想观念的变化是极为明显的。

与之同步的是苏轼人生爱好、人生态度的修正与改变。苏轼曾自言自

---

① (宋)苏轼著,张志烈、马德富、周裕锴主编:《苏轼全集校注·文集》,河北人民出版社2010年版,第346—347页。

② (宋)苏轼著,张志烈、马德富、周裕锴主编:《苏轼全集校注·文集》,河北人民出版社2010年版,第2845页。

③ (宋)苏轼著,张志烈、马德富、周裕锴主编:《苏轼全集校注·文集》,河北人民出版社2010年版,第1073页。

幼笃好书画，弟弟与其爱好不同："子由之达，盖自幼而然。方先君与某笃好书画，每有所获，真以为乐。唯子由观之，漠然不甚经意。"（《子由幼达》）①"仆少时好书画笔砚之类，如好声色。"（《剑易张近龙尾子石砚诗跋》）②"始吾少时，尝好此二者，家之所有，惟恐其失之；人之所有，惟恐其不吾予也。"（《宝绘堂记》）③而苏轼在密州时期所作《宝绘堂记》正是以自己的现身说法去劝诫友人王晋卿。王晋卿嗜好书画，"作宝绘堂于私第之东，以蓄其所有"，苏轼"恐其不幸而类吾少时之所好，故以是告之"，文章征引古今，细致地阐明了"凡物之可喜，足以悦人而不足以移人者，莫若书与画"，但只有做到"君子可以寓意于物，而不可以留意于物"，才能达到"二物者常为吾乐而不能为吾病"的境界。苏轼自幼至长，对于书画态度的转变及理论上的深化，恰好与其密州时期超然思想的萌发成熟同步，具体地表明了苏轼"超然物外""无往而不乐"的人生态度。此其二。

三　亲友切磋慕趋超然

苏轼修治超然台和他的超然思想引起了友朋的关注和回应，综合分析围绕超然台的诗文创作，对于我们深入了解其友人对于超然思想和超然人生态度的认识，特别是对于解析苏轼超然思想的丰富内涵有很大帮助。苏轼、苏辙兄弟友爱甚笃，心息相通，由苏辙为超然台命名及其《超然台赋》之作，我们可以领略超然物外、无往不乐的超然思想内涵，因此苏轼称苏辙《超然台赋》并叙"精确高妙"。

苏轼与文同情好甚密，"予平生好与与可剧谈大噱"（《跋文与可论草书后》）④，曾在多篇诗文中欣赏文同的人品画风。熙宁三年，苏轼作《墨

---

① （宋）苏轼著，张志烈、马德富、周裕锴主编：《苏轼全集校注·文集》，河北人民出版社2010年版，第8220页。
② （宋）苏轼著，张志烈、马德富、周裕锴主编：《苏轼全集校注·文集》，河北人民出版社2010年版，第8977页。
③ （宋）苏轼著，张志烈、马德富、周裕锴主编：《苏轼全集校注·文集》，河北人民出版社2010年版，第1122页。
④ （宋）苏轼著，屠友祥校注：《东坡题跋校注》，上海远东出版社2011年版，第220页。

君堂记》，称美文同为人"端静而文，明哲而忠"，言其画竹尽竹君之德，"得志，遂茂而不骄；不得志，瘁瘠而不辱。群居不倚，独立不惧"（《墨君堂记》）①，赞竹亦是誉人，更是苏轼的夫子自道。文同对于书画之态度，诚如苏轼《跋文与可论草书后》所谓"留意于物，往往成趣"者。二人情趣相投，故苏轼在《书文与可超然台赋后》感慨："余友文与可，非今世之人也，古之人也；其文非今之文也，古之文也。其为《超然台》辞，意萧散，不复与外物相关。其《远游》《大人》之流乎？"②"不复与外物相关"即是超然物外；"留意于物，往往成趣"亦即无往而不乐。文同与苏轼在超然思想上颇多共同之点。其写于熙宁三年的《跋文与可墨竹》写道：

> 昔时与可墨竹，见精缣良纸，辄愤笔挥洒，不能自已，坐客争夺持去，与可亦不甚惜。后来见人设置笔砚，即逡巡避去，人就求索，至终岁不可得。或问其故，与可曰："吾乃者学道未至，意有所不适，而无所遣之，故一发于墨竹，是病也。今吾病良已，可若何？"然以余观之，与可之病，亦未得为已也，独不容有不发乎？予将伺其发而掩取之。彼方以为病，而吾又利其病，是吾亦病也。③

但苏轼其时只是认识到为物所役，乃是一病，还没有超然物外的明确意识。

张耒出自苏门，在初入仕途彷徨苦闷中阅看了苏轼《后杞菊赋》，苏轼的生活态度很自然地影响了他。张耒在《杞菊赋》中称苏轼为"达者"，其序曰："余不达世事，自初得官即不欲仕，而亲老矣，家苦贫，冀斗升之粟以纾其朝夕之急。然到官岁余，困于来往奔走之费，而家之窘迫益甚。向日悲愁叹嗟，自以为无聊，既读《后杞菊赋》而后洞然。如先生者犹如是，则余而后可以无叹也。"④ 张耒弱冠入仕，涉世尚浅，虽向往苏轼之达观，但对于"超然物外"之说不能无疑，其《超然台赋》设疑曰：

---

① （宋）苏轼著，张志烈、马德富、周裕锴主编：《苏轼全集校注·文集》，河北人民出版社2010年版，第1120页。
② （宋）苏轼著，屠友祥校注：《东坡题跋校注》，上海远东出版社2011年版，第25页。
③ （宋）苏轼著，屠友祥校注：《东坡题跋校注》，上海远东出版社2011年版，第251页。
④ （宋）张耒著，李逸安等点校：《张耒集》，中华书局1990年版，第10页。

"或有疑于超然者，曰：'古之所谓至乐者，安能自名其所以然耶……彼方自以为超然而乐之，则是其心未免夫有累也。'"且以为超然之说乃为贤者达者的理想追求，"予视世之贱丈夫方奔走劳役，守尘壤，握垢秽，嗜之而不知厌。而超然者方远引绝去，芥视万物，视世之所乐，不动其心，则可不谓贤耶？"他是在有所比较中，"而后知超然者之贤也"。[1]

如果说青年张耒有慕于"贤者""达者"，但仍对超然思想有疑的话，同时与苏轼交往过从的李清臣似乎对超然之说提出了批评。李清臣当时提点京东西路刑狱，所写《超然台赋》已佚，其对超然之说的质疑，可从苏轼《书李邦直超然台赋后》略见端倪："世之所乐，吾亦乐之，子由其独能免乎？以为彻弦而听鸣琴，却酒而御芳茶，犹未离乎声味也，是故即世之所乐而得超然，此古之达者所难，吾与子由其敢谓能尔矣乎？邦直之言可谓善自持者矣，故刻于石以自警云。"[2]此文作于熙宁九年，参之以苏轼《记李邦直言周瑜》所云："李邦直言：'周瑜二十四，经略中原。'今吾四十，但多睡善饭，贤愚相远如此。安上言：'吾子似快活，未知孰贤与否？'"[3]可知二人对于人生追求曾有过讨论，且意见不一。文中言"今吾四十"云云，亦应作于苏轼任职密州时。对于苏轼超然思想有异议的还有司马光。司马光有《超然台寄子瞻学士》诗，其中写道"使君仁智心，济以忠义胆。婴儿手自抚，猛虎须可揽。出牧为龚黄，廷议乃陵黯。""用此始优游，当官免阿谄。""乘间为小台，节物得周览……比之在陋巷，为乐亦何歉。可笑夸者愚，中天犹惨惨。"[4]诗作勉苏轼以忠义，用心良苦；但对于苏轼超然之思，似乎有间。从"用此始优游，当官免阿谄""可笑夸者愚，中天犹惨惨"句中可以见出言外之意。

通过对苏轼超然思想明确提出之后围绕超然思想的创作热点的简略分析，我们可以见出，超然思想一经提出，就受到关注。其中有志同道合者如苏辙、文同；有追慕者如张耒；有质疑批评者如李清臣、司马光。虽然我们不能断言以后的苏、李交恶，司马光与苏轼元祐期间的政见歧异与他

---

[1] （宋）张耒著，李逸安等点校：《张耒集》，中华书局1990年版，第15页。
[2] （宋）苏轼著，张志烈、马德富、周裕锴主编：《苏轼全集校注·文集》，河北人民出版社2010年版，第7386页。
[3] （宋）苏轼著，张志烈、马德富、周裕锴主编：《苏轼全集校注·文集》，河北人民出版社2010年版，第7452页。
[4] （宋）司马光著，李文泽编：《司马光全集》，四川大学出版社2010年版，第1629页。

们人生态度不同有关，但可以肯定的是，正是这些赞誉、推崇和质疑促使苏轼进一步思考社会人生，不断地丰富其超然思想的内涵。此其三。

　　从以上三个方面的简单论述中，我们要强调的是，苏轼超然思想的萌发与思考，与苏轼密州时期力图解决当下生活中的困境心态密切相关；与其长期以来接受融汇老庄思想思考社会人生密切相关；而亲友之间的切磋琢磨对于其日后超然思想的深化和丰富起到了促进作用。因为密州时期苏轼虽已盛年，在经历了父子名震京师之后，经历了丧母、亡妻、父亡的不幸，也经历了与王安石政见不合、遭受谢景温诬陷、屈沉下僚的磨砺，但较之于其后半生而言，其"魂飞汤火命如鸡"牢狱生涯，其元祐时期青云直上的辉煌，处于新旧党争夹缝中的彷徨，其总结人生"功业"的黄州、惠州、儋州尚未经历，其超然物外无往不乐的风范由于后半生"乐亦过人，哀亦过人"的人生经历更为丰富。但无论如何，研究苏轼的超然思想，密州时期都是需要论者特别关注的地方。

一点浩然气，千里快哉风

——苏轼超然思想探论之二

苏轼的超然思想境界，是他在艰难人生中对于现实人生持续深入探讨思考的结果。在苏轼丰富复杂历经磨难的人生中，在其超然思想形成过程中，我们看到了东坡力图超越尘俗与超越自我的努力；看到其超然物外、超然世外、与物齐一、臻于物化的复杂变化；看到其超越困苦、超越死生的精神追求；更看到了直面人生，笑对人生，无往不乐，浩然之气充塞于天地之间的坡仙风范。

一 超越世俗与自我反省

在数十年艰难人生中，苏轼对世态人情有着独到体味，特别是几十年宦海浮沉，使其对于官场积弊诸如党派倾轧、尔虞我诈、首鼠两端、落井下石、朝秦暮楚体味更深，对当时政风、士风诸多病态深恶痛绝，在其诗文中，我们可以见出其对于世俗的批评和超越世俗的努力。早在至和二年（1055）苏轼在《论语义·观过斯知仁矣》中对于人情之险恶已有这样的认识："人情之难知也，江海不足以喻其深，山谷不足以配其险，浮云不足以比其变。"[①]但此时苏轼涉世尚浅，只是概略言之。熙宁六年（1073），苏轼在一首流传甚广的《於潜僧绿筠轩》中写道："可使食无肉，不可使居无竹。无肉令人瘦，无竹令人俗。人瘦尚可肥，士俗

[①] （宋）苏轼著，张志烈、马德富、周裕锴主编：《苏轼全集校注·文集》，河北人民出版社2010年版，第580页。

不可医。"① 从中可以见出他对于俗世、俗人、俗事的厌恶。其超越世俗的努力与其超然思想的明确提出约略同步。"乌台诗案"他经历了"顷刻之间，拉一太守如驱犬鸡"及百余日的牢狱生活（《孔氏谈苑》卷1《苏轼以吟诗下吏》）②；哲宗、徽宗时期更是数被攻讦，屡遭诬陷，甚至流寓惠州，流放天涯海角。宦海浮沉，屡历坎坷使其时时想远离险恶政坛丑恶现实，渴望"小舟从此逝，江海寄余生"，希望超越人生的坎坷苦难，"回首向来萧瑟处，也无风雨也无晴"。他一再言及世俗官场之丑陋，世态人情之隳坏：

  风俗日恶，忠义寂寥。（《与滕达道书》）③
  朝廷以安静为福，人臣以和睦为忠。若喜怒爱憎，互相攻击，则其初为朋党之患，而其末乃治乱之机，甚可惧也。（《再乞郡札子》）④
  自公去后，事尤可骇。平生亲友，书信往达之间，动成坑阱，极纷纷也。（《与王定国书》）⑤
  风俗恶甚，朋旧反眼，不可复测。（《与王定国书》）⑥

  人情诡诈，官场尤甚。东坡身在其中，深受其害。有人劝其降心屈志以求自全，他回答说："如尔自贬，终不谐俗，故不为也。"（《与章传道》）⑦
  深悉官场陋习，人情世态的苏轼，既不愿谐俗，又想超然物外，于是自我反省，超越自我，以求解脱。苏轼被贬黄州，惊魂稍定，即自我反

---

① （宋）苏轼著，张志烈、马德富、周裕锴主编：《苏轼全集校注·诗集》，河北人民出版社2010年版，第893页。
② 上海古籍出版社编：《宋元笔记小说大观》，上海古籍出版社2007年版，第2235页。
③ （宋）苏轼著，张志烈、马德富、周裕锴主编：《苏轼全集校注·文集》，河北人民出版社2010年版，第5565页。
④ （宋）苏轼著，张志烈、马德富、周裕锴主编：《苏轼全集校注·文集》，河北人民出版社2010年版，第3408—3409页。
⑤ （宋）苏轼著，张志烈、马德富、周裕锴主编：《苏轼全集校注·文集》，河北人民出版社2010年版，第5716页。
⑥ （宋）苏轼著，张志烈、马德富、周裕锴主编：《苏轼全集校注·文集》，河北人民出版社2010年版，第5719页。
⑦ （宋）苏轼著，张志烈、马德富、周裕锴主编：《苏轼全集校注·文集》，河北人民出版社2010年版，第8839页。

省，检讨祸患之所生，不怨天，不尤人，归结于自己鲁莽无知思虑不周。其在《答李端叔书》中说：

> 轼少年时，读书作文，专为应举而已。既及进士第，贪得不已，又举制策，其实何所有？而其科号为直言极谏，故每纷然诵说古今，考论是非，以应其名耳。人若不自知，既以此得，因以为实能之，故譊譊至今，坐此得罪几死，所谓齐虏以口舌得官，真可笑也。①

苏轼回首过往，痛切地意识到意气用事，"露才扬己"是做人之大忌。他说：

> 木有瘿，石有晕，犀有通，以取妍于人，皆物之病也。谪居无事，默自观省，回视三十年以来，所为多其病者。足下所见皆故我，非今我也。②

黄州的贬谪，御史台的锻炼，在苏轼的人生经历中，是一个大的转折。人生有追求就会有失落，如果患得患失，内心就永远难以平衡。宦海风波，人世间一切变幻无常，唯有超脱物外，才能不随波逐流，他在《与杨元素书》中说："昔之君子，惟荆是师；今之君子，惟温是随。所随不同，其为随一也。老弟与温相知至深，始终无间，然多不随耳。"（《与杨元素书十七》）③ "风里杨花虽未定，雨中荷花终不湿。"（《别子由三首兼别迟》）④ 于是，这位曾经名震京华的一代天才，虽未能脱身宦海，但确如风雨中的荷花，以其超凡脱俗的品格，傲对人世风雨。

苏轼一生力图超越世俗，争取精神独立自由的努力，贯穿了他的一生，也自然地融汇在他的文学创作、书画创作与赏鉴中。苏轼被推为北宋

---

① （宋）苏轼著，张志烈、马德富、周裕锴主编：《苏轼全集校注·文集》，河北人民出版社2010年版，第5344—5345页。
② （宋）苏轼著，张志烈、马德富、周裕锴主编：《苏轼全集校注·文集》，河北人民出版社2010年版，第5345页。
③ （宋）苏轼著，张志烈、马德富、周裕锴主编：《苏轼全集校注·文集》，河北人民出版社2010年版，第6142页。
④ （宋）苏轼著，张志烈、马德富、周裕锴主编：《苏轼全集校注·诗集》，河北人民出版社2010年版，第2557页。

书法四大家之首,其鉴赏书法,首推超凡脱俗之气,视为鉴别真伪之准绳:"辨书之难,正如听响切脉,知其美恶则可,自谓必能正名之者,皆过也。今官本十卷法帖中,真伪相杂至多……余尝于秘阁观墨迹,皆唐人硬黄上临本……后又于李玮都尉家见有谢尚、王衍等数人书,超然绝俗。考其印记,王涯家本。"(《辨法帖》)① 其《题卫夫人书》曰:"卫夫人书既不甚工,语意鄙俗,而云'奉敕'。敕字从力,馆字从舍,皆流俗所为耳。"②

苏轼超然脱俗的人生追求反映到文学艺术创作上,成为他独特的个性印记。黄庭坚推尊东坡为当代书坛第一人,认为其书有超凡脱俗之气:"东坡简札,字形温润,无一点俗气。"(《题东坡字后》)③ "东坡尝自评作大字不若小字。以余观之,诚然。然大字多得颜鲁公《东方先生画赞》笔意,虽时有遣笔不工处,要是无秋毫流俗。"(《题东坡大字》)④ "此字和而劲,似晋宋间人书。中有草书数字极佳,每能如此,便胜文与可十倍。盖都无俗气耳。"(《跋东坡蔡州道中和子由雪诗》)⑤

黄庭坚也以超凡脱俗评苏轼之诗词,其《跋东坡醉翁操》曰:"人谓东坡作此文因难以见巧,故极工。余则以为不然。彼其老于文章,故落笔皆超轶绝尘耳。"⑥ 其《跋东坡乐府》亦曰:"东坡道人在黄州所作(《卜算子》),语意高妙似非吃烟火食人语。非胸中有万卷书,笔下无一点尘俗气,孰能至此。"⑦ 正因为东坡对官场陋习俗态之鄙弃,有超然迈往之气,所以赢得了黄庭坚由衷叹服:"尝有海上道人评东坡真蓬莱瀛洲方丈谪仙人也。流俗方以造次颠沛,秋毫得失,欲轩轾困顿之,亦疏矣哉。"(《跋东坡书道术后》)⑧

因此,探讨苏轼超然思想的内涵,不应忽略其一生对于官场世俗的批判与自省超越。

---

① (宋)苏轼著,屠友祥校注:《东坡题跋校注》,上海远东出版社2011年版,第187页。
② (宋)苏轼著,屠友祥校注:《东坡题跋校注》,上海远东出版社2011年版,第189页。
③ (宋)黄庭坚著,屠友祥校注:《山谷题跋校注》,上海远东出版社2011年版,第121页。
④ (宋)黄庭坚著,屠友祥校注:《山谷题跋校注》,上海远东出版社2011年版,第206页。
⑤ (宋)黄庭坚著,屠友祥校注:《山谷题跋校注》,上海远东出版社2011年版,第225页。
⑥ (宋)黄庭坚著,屠友祥校注:《山谷题跋校注》,上海远东出版社2011年版,第34页。
⑦ (宋)黄庭坚著,屠友祥校注:《山谷题跋校注》,上海远东出版社2011年版,第36页。
⑧ (宋)黄庭坚著,屠友祥校注:《山谷题跋校注》,上海远东出版社2011年版,第10页。

二　超然物外与浑然物化

在苏轼超然思想的发展丰富的过程中，熙宁年间有了明确的"超然物外""无往不乐"，要"寓意于物"，而不"留意于物"的观念，甚至在熙宁二年所作《书六一居士传后》有了浑然物化的理念，但相关理念的融合形成与在生活经历中的践行及不断地丰富补充还有一个过程。

苏轼在《跋张希甫墓志后》一文中有"超然世外"的表述。文章记述了张希复夫妇的超然世外生死观和旷世之情。元丰元年（1078）"李夫人病殁……至于死生之际无所留难"。夫人去世之后，年已七十的张希复"辟谷导引"，欲死生相随，在亲朋劝说之下，勉强进食。苏轼被贬黄州，闻其死讯，感慨张氏夫妇"皆超然世外矣"[①]。

在《书六一居士传后》，我们看到了苏轼对浑然物化境界的向往：

> 苏子曰：居士可谓有道者也。或曰：居士非有道者也。有道者，无所挟而安，居士之于五物，捐世俗之所争，而拾其所弃者也。乌得为有道乎？苏子曰：不然。挟五物而后安者，惑也。释五物而后安者，又惑也。且物未始能累人也，轩裳圭组，且不能为累，而况此五物乎？物之所以能累人者，以吾有之也。吾与物俱不得已而受形于天地之间，其孰能有之？而或者以为己有，得之则喜，丧之则悲。今居士自谓六一，是其身均与五物为一也。不知其有物耶，物有之也？居士与物均为不能有，其孰能置得丧于其间？故曰：居士可谓有道者也。虽然，自一观五，居士犹可见也。与五为六，居士不可见也。居士殆将隐矣。[②]

屠友祥先生认为文中写欧阳修"与五为六而一，盖臻于庄生所谓物化

[①]（宋）苏轼著，屠友祥校注：《东坡题跋校注》，上海远东出版社2011年版，第29—30页。

[②]（宋）苏轼著，屠友祥校注：《东坡题跋校注》，上海远东出版社2011年版，第6页。

之境"①，颇得东坡之本心。东坡曾多次称羡恩师在政坛难进易退的高风，"处处见欧阳文忠书，厌轩冕思归而不可得者，十常八九。乃知士大夫进易而退难，可以为后生汲汲者之戒"(《题刘景文所收欧阳公书》)。② "欧阳公书，笔势险劲，字体新丽，自成一家……文忠公得谢，其喜如此。以是知士非进身之难，乞身之难也。"(《题欧阳帖》)③ 对于欧阳修晚年屡屡乞请致仕，苏轼一方面咏物言志，感叹"难进易退我不如"，更为追慕的是欧阳修《六一居士传》中"与五为六而一"的物化之境。

研究苏轼追求超然物外超然世外甚或浑然物化的精神境界，在其生活及创作中为我们留下了心路轨迹，从其在黄州、惠州、儋州三个时期三篇较有代表性的游记可以略窥端倪。被贬黄州时期，苏轼写有著名的《记承天夜游》，其文曰：

> 元丰六年十月十二日夜，解衣欲睡，月色入户，欣然起行。念无与为乐者，遂至承天寺寻张怀民。怀民亦未寝，相与步于中庭。庭下如积水空明，水中藻荇交横，盖竹柏影也。何夜无月？何处无竹柏？但少闲人如吾两人者耳。④

尽管前人曾认为此文所写"江山风月本无主，闲者便是主人"，"皆静者之言"。(陈天定《古今小品》卷7)⑤ 但细加品味，"闲人"云云，透露出其在贬谪之中，"先生食饱无一事"，在失意之中自我排遣的隐衷。但其流贬之中，自放于山水之间，可见其超然物外，无往不乐的心理趋向。

南宋刘克庄曾经指出，"公自绍圣以后，诗文未尝有贬谪之叹"。(《后村先生大全文集》卷1《墨林方氏帖·苏文忠公·书杜诗帖》)⑥ 因为其后期处境与此前已大不相同，熙宁年间，由于政见不同，仕途失意，苏轼可以"行藏用舍，袖手何妨闲处看"。元丰年间，虽有"乌台诗案"之冤

---

① （宋）苏轼著，屠友祥校注：《东坡题跋校注》，上海远东出版社2011年版，第7页。
② （宋）苏轼著，屠友祥校注：《东坡题跋校注》，上海远东出版社2011年版，第231页。
③ （宋）苏轼著，屠友祥校注：《东坡题跋校注》，上海远东出版社2011年版，第231页。
④ （宋）苏轼著，张志烈、马德富、周裕锴主编：《苏轼全集校注·文集》，河北人民出版社2010年版，第8082页。
⑤ （宋）苏轼著，张志烈、马德富、周裕锴主编：《苏轼全集校注·文集》，河北人民出版社2010年版，第8082—8083页。
⑥ 孔凡礼：《苏轼年谱》，中华书局1998年版，第1314页。

狱，黄州谪居之经历，但神宗人才实难之眷顾，朝廷冀其自新之期许，使其有痛自反省之将来；而绍圣之后新旧党争性质之激变，已完全由政见歧异之争，一变而为党同伐异，借绍述之说以报复私怨，朝廷是非出之私愤，个人荣辱已无复公论。坡公毅然南行，对于前景之险恶已有心理预判。在惠州，其《与刘宜翁使君书》云："今远窜荒服，负罪至重，无复归望。"① 将赴儋州，广州渡海时《与王敏仲书》曰："某垂老投荒，无复生还之望。昨与长子迈诀，已处置后事矣。"（《与王敏仲书十六》）② 人生至此，"吾生本无待，俯仰了此世"。（《迁居》）③ 以东坡之无上智慧，他对于人生宦途会认识得更加深切，也会深感痛楚；人生由满怀希望到一步步理想幻灭，他需要直面惨淡的人生，作为一个智者，更需要超脱困苦艰难心境，不为人生梦幻折困。在《记游松风亭》中我们看到了东坡挣脱"心魔"缠缚的努力：

　　余尝寓居惠州嘉祐寺，纵步松风亭下。足力疲乏，思欲就亭止息。望亭宇尚在木末，意谓是如何得到？良久，忽曰："此间有甚么歇不得处？"由是如挂钩之鱼，忽得解脱。若人悟此，虽兵阵相接，鼓声如雷霆，进则死敌，退则死法，当恁么时也不妨熟歇。④

一念清净，"如挂钩之鱼，忽得解脱"，文章传写出东坡超越痛苦的真实心境。贬所艰难，处境险恶，智慧东坡也是血肉之躯，也未完全摆脱心魔困扰，在海南所作《试笔自书》展示了他不断超越自我的心迹：

　　吾始至南海，环视天水无际，凄然伤之曰："何时得出此岛耶？"已而思之：天地在积水之中，九州在大瀛海中，中国在四海中之中，有生孰不在岛者？覆盆水于地，芥浮于水，蚁附于芥，茫然不知所

---

① （宋）苏轼著，张志烈、马德富、周裕锴主编：《苏轼全集校注·文集》，河北人民出版社2010年版，第5281页。
② （宋）苏轼著，张志烈、马德富、周裕锴主编：《苏轼全集校注·文集》，河北人民出版社2010年版，第6244页。
③ （宋）苏轼著，张志烈、马德富、周裕锴主编：《苏轼全集校注·诗集》，河北人民出版社2010年版，第4746页。
④ （宋）苏轼著，张志烈、马德富、周裕锴主编：《苏轼全集校注·文集》，河北人民出版社2010年版，第8113页。

济，少焉水涸。蚁即径去，见其类，出涕曰："几不复与子相见。"岂知俯仰之间，有方轨八达之路乎？念此可以一笑。①

正是在强大人格精神力量的支撑下，苏轼面对居心叵测的政治迫害，理智地化解了心理障碍，超然脱悟，俯仰之间，心胸廓然。于是有了在海南所写《书上元夜游》一文：

己卯上元，予在儋州，有老书生数人来过，曰："良月嘉夜，先生能一出乎？"予欣然从之，步城西，入僧舍，历小巷，民夷杂揉，屠沽纷然。归舍已三鼓矣。舍中掩关熟睡，已再鼾矣。放杖而笑，孰为得失？过问先生何笑，盖自笑也。然亦笑韩退之钓鱼无得，更欲远去，不知走海者未必得大鱼也。②

文中所记苏轼良月佳夜与老书生数人的漫游，已混迹众人，无往不乐，毫无得失之念。使人慨叹东坡由一个西蜀求宦求名的才士，到密州时期人生失意的思虑求索，到黄州时期渐不为人知的窃喜（《答李端叔书》：得罪以来，深自闭塞，扁舟草履，放浪山水间，与樵渔杂处，往往为醉人所推骂，辄自喜渐不为人识），再到儋州的隐身俗众超然自乐，终于完成了人生超然迈往浑然物化的精神追求。

三　从超越困苦到超越生死

研究苏轼的超然思想，我们认为苏轼在密州时期形成的超然物外无往不乐理念，还需要经历人生艰难困苦与生死磨难的考验。人们常说艰难困苦玉汝于成，实际上艰难困苦也破灭、摧毁了许多人的理想甚至人生。也正因为如此，我们崇仰苏轼直面惨淡人生的人格精神，诚如鲁迅所说：真

---

① （宋）苏轼著，张志烈、马德富、周裕锴主编：《苏轼全集校注·文集》，河北人民出版社2010年版，第8704页。
② （宋）苏轼著，张志烈、马德富、周裕锴主编：《苏轼全集校注·文集》，河北人民出版社2010年版，第8127页。

的猛士敢于直面惨淡的人生，敢于正视淋漓的鲜血。面对纷纷扰扰甚而风云诡谲的人生，东坡展示了一位智者强者的风采。东坡对于人生艰难困苦的思考与超越，较为典型地表现在贬谪黄州时期。百余日牢狱之中，生死难料，出狱后忆及，依然夜梦惊魂：

> 去年御史府，举动触四壁。幽幽百尺井，仰天无一席。隔墙闻歌呼，自恨计之失。留诗不忍写，苦泪渍纸笔。（《晓至巴河口迎子由》）①

"乌台诗案"以后，"苏轼责授检校水部员外郎、黄州团练副使，本州安置，不得签书公事，令御史台差人转押前去。"②与仕途坎坷密切相关的是生活的困顿，尝自言"先生年来穷到骨，问人乞米何曾得"（《蜜酒歌》）③，不能不"痛自节俭"，其《答秦太虚书》云："初到黄，廪入既绝，人口不少，私甚忧之，但痛自节俭，日用不得过百五十。每月朔，便取四千五百钱，断为三十块，挂屋梁上，平旦，用画叉挑取一块，即藏去叉，仍以大竹筒别贮用不尽者，以待宾客，此贾耘老法也。"④与贬谪紧密相随的还有世态炎凉人情冷暖的心理折磨，"我穷交旧绝"（《东坡八首》）⑤，"自得罪后，虽平生厚善有不敢通问者"（《答陈师中书》）⑥，"平生亲友，无一字见及，有书与之亦不答"（《与李端叔书》）⑦。面对精神生活、物质生活的双重困境，东坡迫切需要超越困境，找到心理的平衡。东坡理性的探求化为诗意的表达，对于以往的种种坎坷，"回首向来萧瑟处"

---

① （宋）苏轼著，张志烈、马德富、周裕锴主编：《苏轼全集校注·诗集》，河北人民出版社2010年版，第2202页。
② （宋）李焘：《续资治通鉴长编》卷301，中华书局2004年版，第7333页。
③ （宋）苏轼著，张志烈、马德富、周裕锴主编：《苏轼全集校注·诗集》，河北人民出版社2010年版，第2350页。
④ （宋）苏轼著，张志烈、马德富、周裕锴主编：《苏轼全集校注·文集》，河北人民出版社2010年版，第5754页。
⑤ （宋）苏轼著，张志烈、马德富、周裕锴主编：《苏轼全集校注·诗集》，河北人民出版社2010年版，第2242页。
⑥ （宋）苏轼著，张志烈、马德富、周裕锴主编：《苏轼全集校注·文集》，河北人民出版社2010年版，第5326页。
⑦ （宋）苏轼著，张志烈、马德富、周裕锴主编：《苏轼全集校注·文集》，河北人民出版社2010年版，第4345页。

"也无风雨也无晴";对于未来可能遭遇的种种,坦然面对,"一蓑烟雨任平生"。在此后的岁月里,我们一再看到东坡超然面对人生旅途坎坷困顿的风姿。绍圣元年,东坡南迁途中,船行慈湖夹阻风,写诗抒怀:"且并水村欹侧过,人间何处不崚嵋。"(《慈湖夹阻风》)[1] 他曾一次次坦然面对旅途风险,其《书舟中作字》也写道:"将至曲江,船上滩欹侧,撑者百指,篙声石声荦然。四顾皆涛濑,士无人色,而吾作字不少衰,何也?吾更变亦多矣,置笔而起,终不能一事,孰与且作字乎?"[2] 坦然面对,随遇而安。

苏轼一生屡历艰难,数遭贬谪,他曾经有意识地探寻过如何超越生死利害的恐怖,去追求精神上的真正的超然与自由。他在《跋荆溪外集》中说:

  玄学义学一也。世有达者,义学皆玄。如其不达,玄学皆义。近世学者以玄相高,习其径庭,了其度数,问答纷然,应诺无穷。至于生死之际一大事因缘,鲜有不败绩者。[3]

其在《题僧语录后》也说:

  佛法浸远,真伪相半。寓言指物,大率相似。考其行事,观其临祸福死生之际,不容伪矣。[4]

苏轼认为所谓的超然玄悟,不能只停留在前代的典籍中,也不能只停留在今人的诗文中,更不能只是一些人言语相高,问答纷然的口舌之争,而是要在现实生活中践行,特别是在面临生死祸福时更能见出一个人的道德修为,是否能真正的超然物外,超凡脱俗。也正是由此出发,苏轼欣赏

---

[1] (宋)苏轼著,张志烈、马德富、周裕锴主编:《苏轼全集校注·诗集》,河北人民出版社2010年版,第4349页。
[2] (宋)苏轼著,张志烈、马德富、周裕锴主编:《苏轼全集校注·文集》,河北人民出版社2010年版,第7881页。
[3] (宋)苏轼著,张志烈、马德富、周裕锴主编:《苏轼全集校注·文集》,河北人民出版社2010年版,第7391页。
[4] (宋)苏轼著,张志烈、马德富、周裕锴主编:《苏轼全集校注·文集》,河北人民出版社2010年版,第7409页。

秦观贬谪之中直面生死祸福道德操守。他唱和秦观《千秋岁》词，且曰由秦词"便见其超然自得，不改其度之意"（吴曾《能改斋漫录》卷17《秦少游唱和千秋岁》）①；其《书秦少游挽词后》亦曰："庚辰岁六月二十五日，予与少游相别于海康，意色自若，与平日不少异，但自作挽词一篇，人或怪之。予以为少游齐死生，了物我，戏出此语，无足怪者。"②胡仔在《苕溪渔隐丛话》中曾认为苏轼"此言过矣"，"若太虚者，情钟世味，意恋生理，一经迁谪，不能自释，遂挟忿而作此辞，岂真若是乎？"③言少游"情钟世味，意恋生理"，固然不错，但秦观在党祸之中，屡历艰难而执着理念，凄凉其词却高尚其志，东坡正是看重了少游志节操守这一点，所以在和词中写道："道远谁云会？罪大天能盖。君命重，臣节在；新恩犹可觊，旧学终难改……"超越眼前祸福，追求超然境界，纵然历尽艰危，也不会在纷扰人生中迷失。东坡、少游，同升而并黜，心性相通，范成大"平生知己识儋州"乃知者之言。

也正是从人生超然境界的追求和认知出发，苏轼在《跋司马温公布衾铭后》中写道：

> 士之得道者，视死生祸福如寒暑昼夜，不知所择，而况高粱脱粟文绣布褐之间哉！如是者，天地不能使之寿夭，人主不能使之贵贱，不得道而能若是乎？吾其敢以恭俭名之。仲尼以箪瓢得之颜子，余于温公亦云。④

令我们感兴趣的是，正如苏轼在密州超然思想形成之时，有苏辙、文同等人对其有所激发一样，苏轼超然思想在日后的发展丰富过程中，一直伴随着欣赏者、追随者和共同探讨者，佛印禅师即是其一。苏轼贬谪惠州，佛印寄书写道：

> 尝读退之《送李愿归盘谷序》，愿不遇主知，犹能坐茂林以终日。

---

① 四川大学中文系唐宋文学研究室编：《苏轼资料汇编》，中华书局1994年版，第446页。
② （宋）苏轼著，张志烈、马德富、周裕锴主编：《苏轼全集校注·文集》，河北人民出版社2010年版，第7727页。
③ 四川大学中文系唐宋文学研究室编：《苏轼资料汇编》，中华书局1994年版，第376页。
④ （宋）苏轼著，屠友祥校注：《东坡题跋校注》，上海远东出版社2011年版，第31页。

子瞻中大科,登金门,上玉堂,远放寂寞之滨,权臣忌子瞻为宰相耳。人生一世间,如白驹之过隙,三二十年功名富贵,转盼成空,何不一笔勾断,寻取自家本来面目?万劫常住,永无堕落。纵未得到如来地,亦可以骖鸾驾鹤,翔三岛为不死人。何乃胶柱守株,待入恶趣。昔有问师:"佛法在什么处?"师云:"在行住坐卧处,著衣吃饭处,屙屎撒尿处,没理没会处,死活不得处。"子瞻胸中有万卷书,笔下无一点尘,到这地位,不知姓名所在,一生聪明要做甚么。三世诸佛,则是一个有血性汉子。子瞻若能脚下承当,把一二十年富贵功名,贱如泥土。努力向前,珍重珍重!①

佛印乃佛门中人,书信中宣扬佛法无所不在,但其基本观念,齐物我,等贵贱,一死生,与庄子思想,特别是与苏轼融合儒释道形成的超然思想是相通的。在经历了大半生的宦海浮沉之后,苏轼的超然思想最终丰富并成熟,使他不只是在理论上探究而是在现实生活中展露其超然情怀。他可以坦然且傲然地直面晚年的贬谪生涯,被贬英州,其在谢表中洒脱明志,说自己:"罪虽骇于听闻,怒终归余宽宥。不独再生于东市,犹令尸禄于南州。累岁宠荣,固已太过,此时窜责,诚所宜然。瘴疠炎敺,去若清凉之地,苍颜素发,谁怜衰暮之年。"(《英州谢上表》)② 没有怨责,没有辩白,把所有的一切,一担挑起。面对贬谪,"一蓑烟雨任平生",从此,人生前路,天悠地阔,即使有云涛变灭,他仍可坦然前行。于是,在惠州,于《与参寥书》告慰友人:

某到贬所半年,凡百粗遣,更不能细说。大略只似灵隐天竺和尚退院后,却在一个小村院子,折足铛中,罨糙米饭吃,便过一生也得。其余瘴疠病人,北方何尝不病;是病皆死得人,何必瘴气;但苦无医药,京师国医手里死汉尤多。参寥闻此一笑,当不复忧我也。③

----

① 颜中其编注:《苏东坡轶事汇编》,岳麓书社1984年版,第205页。
② (宋)苏轼著,张志烈、马德富、周裕锴主编:《苏轼全集校注·文集》,河北人民出版社2010年版,第2822页。
③ (宋)苏轼著,张志烈、马德富、周裕锴主编:《苏轼全集校注·文集》,河北人民出版社2010年版,第6721页。

流贬海南，其在《书海南风土》中更说：

> 岭南天气卑湿，地气蒸溽，而海南为甚。夏秋之交，物无不腐坏者。人非金石，其何能久！然儋耳颇有老人，年百余岁者，往往如是，八九十者不论也。乃知寿夭无定，习而安之，则冰蚕火鼠，皆可以生，吾尝湛然无思，寓此觉于物表，使折胶之寒，无所施其冽；流金之暑，无所措其毒。百余岁岂足道哉！彼愚老人者初不知此，如蚕鼠生于其中，兀然受之而已。一呼之温，一汲之凉，相续无有间断，虽长生可也。庄子曰：天之穿之，日夜无隙，人则顾塞其窦。岂不然哉！①

经历了太多的风雨坎坷，他已洞达人生，无往不可。偏远蛮荒，百事皆无，但"瘴疠炎陬，去若清凉之地"，"冰蚕火鼠，皆可以生"，超然物外，超然世外，超越祸福贫贱，超然死生，无往而不乐，"且喜天壤间，一席亦吾庐"（《和陶和刘柴桑》）②，甚至"见人即喜"，见物即喜，回归自然，与自然同乐。东坡的超然思想，超然的人生境界在其人生的最艰难的岁月里，最终形成。

释惠洪《冷斋夜话》卷3《少游鲁直被谪作诗》比较了苏轼、黄庭坚、秦观在艰难人生中的处世态度，其文曰：

> 少游钟情，故其诗酸楚；鲁直学道休歇，故其诗闲暇；至于东坡《南中》诗曰："平生万事足，所欠惟一死。"则英特迈往之气，不受梦幻折困，可畏而仰哉。③

---

① （宋）苏轼著，张志烈、马德富、周裕锴主编：《苏轼全集校注·文集》，河北人民出版社2010年版，第8125页。
② （宋）苏轼著，张志烈、马德富、周裕锴主编：《苏轼全集校注·诗集》，河北人民出版社2010年版，第4988页。
③ 上海古籍出版社编：《宋元笔记小说大观》，上海古籍出版社2001年版，第2183页。

四　理得心安　浩然刚正
——超然思想的精神内核

纵观苏轼超然思想产生发展成熟的过程，我们可以发现苏轼综合儒释道相关思想内涵，师法老庄，尊仰颜回，取法佛释，且远慕前贤，近羡师友，兼取民间，取法多方，断以己意，在不断的人生探求思考中，形成了带有东坡独特印记的超然思想和超然风范。东坡一生哀亦过人，乐亦过人，在人生大起大落，几起几落的过山车上，显示出用人生理性智慧化解人生困扰的人格魅力。所以，探求东坡的超然思想内涵，我们对于支撑其超然思想的精神内核个性魅力极感兴趣。其大要有二：一是理安而后心得；二是浩然之气为超然之基。

研究东坡的超然思想，其一生的三大特点打动了古今无数读者：那积极用世关切民生的仁者情怀，那直面现实善善恶恶的道德勇气，那深蕴厚蓄无往不得的天才的创作冲动。然而东坡磊落人，伸舒辄有碍，当其痛苦地认识到在复杂曲折的生命历程中，人生不如意，十事常有八九时，总能以智慧的力量，洞悉生命的意义，消解心灵的魔障，坦然面对人生路上的风霜雨雪。一路走来，显露了特有的坡仙风范。

论者都注意到苏轼晚年遍和渊明诗，崇尚靖节回归自然的精神追求，且多引其《书李简夫诗集后》这一段文字为证：

> 孔子不取微生高，孟子不取於陵仲子，恶其不情也。陶渊明欲仕则仕，不以求之为嫌，欲隐则隐，不以去之为高。饥则叩门而乞食，饱则鸡黍以延客。古今贤之，贵其真也。

而实际上，东坡短文之要在于借李简夫之风采诠释靖节的"真"精神，故下文云：

> 李公简夫以文学政事闻名于天圣以来，而谢事退居于嘉祐之末熙宁之初。平生不眩于声利，不戚于穷约，安于所遇而乐之终身者，庶

几渊明之真也。①

"平生不眩于声利，不戚于穷约，安于所遇而乐之终身者，庶几渊明之真也。"因李简夫之为人处世近于渊明之真，近于其超然名利、祸福、荣辱，随遇而安，无往不乐的超然思想，故特拈而出之。因为东坡从渊明其人悟彻人生：

> 靖节以无事自适为得此生，则凡役于物者，非失此生也。(《题渊明诗》)②

一语警策，东坡的超然思想，等贵贱，齐死生，超然物外，无往不乐，无往而不自得，绝不在风雨人生中迷失自我。东坡在艰难人生中，体味到了人生的真正意义，审乎无假而不与物迁，寓意于物而不为物役，物之得丧不改人生忧乐，在精神层面上永远保有自由、自适、自主、自乐的一方心灵的栖息地。

一些论者因为苏轼超然物外，随缘自适，随遇而安，无往不乐，就将其归结为受庄子委命任运的影响，实际上苏轼对于"命运"有自己的独到见解，罗大经《鹤林玉露》甲编卷5《人事天命》条载：

> 王景文云："有心于避祸，不若无心于任运。"斯言固达矣，然必自反无愧，自省无憾，乃可安之于命。伊川曰："人之于患难，只有一个处置，尽人谋之后，却须泰然处之。"东坡曰："知命者必尽人事，然后理足而无憾。物之有成必有坏，譬如人之有生必有死，而国之有兴必有亡也。虽知其然，而君子之养身也，凡可以久生而缓死者，无不用；其治国也，凡可以存存而救亡者，无不为；至于不可奈何而后已，此之谓知命。"③

---

① （宋）苏轼著，张志烈、马德富、周裕锴主编：《苏轼全集校注·文集》，河北人民出版社2010年版，第7681页。
② （宋）苏轼著，张志烈、马德富、周裕锴主编：《苏轼全集校注·文集》，河北人民出版社2010年版，第7595页。
③ 上海古籍出版社编：《宋元笔记小说大观》，上海古籍出版社2001年版，第5209页。

所以研究苏轼的超然思想，联系苏轼后期在艰难处境中安之若素，安之若命，就在于他对于社会人生有着一位智者的透彻领悟，人们常说心安理得，而在苏轼这里是理得而后心安，苏轼之所以能够坦然面对多难人生，就在于他"不但能够正视人生的痛苦，而且能够忘怀得失，长期保持乐观的心境，善于在苦难人生中寻求生命的支撑点和快乐的因素，这正是苏轼的与众不同之处"。①

理得而后心安，于是在苏轼不同的人生节点上，我们都能看到苏轼站在社会人生的制高点上，以特有的睿智阐释至理妙道，言及诗能穷人抑或诗能达人的争议，苏轼认为"云能穷人者固谬，云不能穷人者，亦未免有意于畏穷也"，他自己则意态超然，"人生如朝露，意所乐则为之，何暇计议穷达"。(《答陈师仲主簿书》)② 论及刚者近仁，他认为"方孔子时，可谓多君子，而曰'未见刚者'，以明其难得如此。而世乃曰'太刚则折'！士患不刚耳，长养成就，犹恐不足，当忧其太刚而惧之以折耶！折不折天也，非刚之罪。为此论者，鄙夫患失者也"。(《刚说》)③ 谈到人生逆境，他一方面认同欧阳修"勿作戚戚之文"的主张，但又不否认人类情感的复杂性，会时有戚戚怨嗟之情。友人赵昶书信劝其"处忧患，不戚戚"。苏轼回信曰："示语处忧患，不戚戚，只是愚人无心肝耳，与鹿豕木石何异？所谓道者，何曾梦见！"(《与赵晦之书》)④ 他认为现实生活中的正常人，应该有自己正常的喜怒哀乐，所以赞成陶渊明"当欢有余乐，在戚亦颓然"的生活态度，"渊明得此理，安处固有年"。(《和陶怨诗示庞邓》)⑤ 作为智者，苏轼对于社会人生认识愈深，痛苦亦深，苦痛之时，痛感"不如眼前一醉，是非忧乐两相忘"，但醉有醒时，梦也有醒时，"古今如梦，何曾梦觉，但有旧欢新怨"，于是拈出"不醉亦不醒"，无痴亦无黠的境界，追求返璞归真，超然自我。世事纷纭一局棋，常人不免有输赢得失之

---

① 周晓琳、刘玉平：《中国古代作家的文化心态》，巴蜀书社2004年版，第360页。

② （宋）苏轼著，张志烈、马德富、周裕锴主编：《苏轼全集校注·文集》，河北人民出版社2010年版，第5325页。

③ （宋）苏轼著，张志烈、马德富、周裕锴主编：《苏轼全集校注·文集》，河北人民出版社2010年版，第1056页。

④ （宋）苏轼著，张志烈、马德富、周裕锴主编：《苏轼全集校注·文集》，河北人民出版社2010年版，第6284页。

⑤ （宋）苏轼著，张志烈、马德富、周裕锴主编：《苏轼全集校注·诗集》，河北人民出版社2010年版，第4912页。

心，苏轼《观棋》诗则曰："胜故欣然，败亦可喜。优哉游哉，聊复尔耳。"① 苏轼的人生哲学，不宗一说，遍借金针，自为一体，使其面对纷扰人生，透彻观照，理得心安，坦然面对。

探究苏轼超然思想的基点，除了上述苏轼作为智者，明理以观世，理得而心安之外，我们感受颇深的是其充塞天地之间的浩然刚正之气。对于其超然境界而言，诚所谓"一点浩然气，千里快哉风"。

纵观苏轼一生，可谓"善养浩然之气"。他在接受幼年教育时期即景慕圣贤精神，读《范滂传》，"奋厉有天下志"；入仕之后，在《上曾丞相书》中慨言：

> 轼不佞，自为学至今，十有五年。以为凡学之难者，难于无私。无私之难者，难于通万物之理。故不通乎万物之理，虽欲无私，不可得也。己好则好之，己恶则恶之，以是自信则惑也。是故幽居默处而观万物之变，尽其自然之理，而断之于中。其所不然者，虽古之所谓贤人之说，亦有所不取。②

乌台诗案以后，冤谪黄州，尽管是"月明多被云妨""有恨无人省"，依然"拣尽寒枝不肯栖"，独立不回，因为"丈夫重出处，不退要当先"。尤其是在回复李常慰问的书信中，展现出一往勇决的浩然刚正之气：

> 吾侪虽老且穷，而道理贯心肝，忠义填骨髓，直须谈笑死生之际……虽怀坎壈于时，遇事有可尊主泽民者，便忘躯为之，祸福得丧，付与造物！（《与李公择》）③

元祐年间，处于新旧党夹缝之中的东坡，屡受攻讦，但仍赋诗抒怀："风里杨花虽未定，雨中荷花终不湿。""微生偶脱风波地，岁晚犹存铁石

---

① （宋）苏轼著，张志烈、马德富、周裕锴主编：《苏轼全集校注·诗集》，河北人民出版社2010年版，第4984页。
② （宋）苏轼著，张志烈、马德富、周裕锴主编：《苏轼全集校注·文集》，河北人民出版社2010年版，第5198页。
③ （宋）苏轼著，张志烈、马德富、周裕锴主编：《苏轼全集校注·文集》，河北人民出版社2010年版，第5617页。

心。"其在《杭州谢放罪表》更坦言："早缘刚拙，屡致忧虞，用之朝廷，则逆耳之奏形于言，施之郡县，则疾恶之心见于政，虽知难每以为戒，而临事不能自回。"① 一心国事，毫无个人安危祸福的顾忌。

东坡晚年谪居惠州、儋州时期，是其一生中最为艰难的时期。"子瞻谪岭南，时宰欲杀之，饱吃惠州饭，细和渊明诗。"（黄庭坚《跋子瞻和陶诗》）② 在这艰难人生中，他洞达世态人生，完成了思想的最终超越和提升，其超然思想浩然刚正之气使其泰然处之，安之若素，"酒醒梦觉起绕树，妙意有在终无言"。"一念失垢污，身心洞清净。浩然天地间，惟我独也正。"（《过大庾岭》）③ 依然坚守淑世的理想，追求人格的独立和精神的自由。当朝及后世人们高度称誉其刚正浩然之气，宋费衮《梁溪漫志》卷四"东坡谪居中勇于为义"条概述了苏轼在惠州的惠民之举，诸如筹建营房、方便百姓交纳钱粮、火灾善后、引水入城等善举之后，高度赞扬东坡勇于行义的淑世精神：

凡此等事，多涉官政，亦易指以为恩怨，而坡奋然行之不疑，其勇于行义如此。谪居尚尔，则立朝之际，其可以死生祸福动之哉！④

《名贤氏族言行类稿》引述《惠州图经》直接指明苏轼惠州、儋州之超迈精神的内核为君子浩然之气：

君子素行乎患难，能困其身而不能殒其名。方东坡先生自英之惠，自惠之儋，小人挫之唯恐不深，而先生气不少屈，笔力益放，无一毫不满之意介于胸次，孟子所谓"浩然之气充塞于天地之间"，先生一人而已。⑤

---

① （宋）苏轼著，张志烈、马德富、周裕锴主编：《苏轼全集校注·文集》，河北人民出版社2010年版，第2661页。
② （宋）黄庭坚，刘尚荣校点：《黄庭坚诗集注》，中华书局2003年版，第604页。
③ （宋）苏轼著，张志烈、马德富、周裕锴主编：《苏轼全集校注·诗集》，河北人民出版社2010年版，第4391页。
④ 上海古籍出版社编：《宋元笔记小说大观》，上海古籍出版社2001年版，第3378页。
⑤ 孔凡礼：《苏轼年谱》，中华书局1998年版，第1263页。

《后村先生大全集》卷140亦持此论，其文曰：

> 海岛非人所居，韦执谊、李文饶、卢多逊皆往而不返。此老羁囚累载，白首北还，乃云"何时得却扫一室，复如又在海外时"，其浩然不屈之气，非党祸所能怖，烟瘴所能死也。①

苏轼在贬谪期间，有感于世事变幻，多有诗写及乱云蔽空、浮云遮月意象，诸如"暴雨过云聊一快，未妨明月却当空"（《慈湖夹阻风》）②，"云散月明谁点缀，天容海色本澄清"（《六月二十日夜渡海》）③，"浮云世事改，孤月此心明"（《次韵江晦叔二首》)④等，皆借景抒怀之作。王应麟《困学纪闻》卷18赞曰："更无柳絮随风舞，惟有葵花向日倾。——见司马公之心；浮云世事改，孤月此心明。——见东坡公之心。""坡公晚年，所造深矣！"⑤

东坡特有的浩然之气，英秀后凋之操，坚定不移之姿为世人公认，《宋史·苏轼传》总括苏轼一生，认为其"器识之闳伟，议论之卓荦，文章之雄隽，政事之精明，四者皆能以特立之志为之主，而以迈往之气辅之。故意之所向，言足以达其有猷，行足以遂其有为。至于祸患之来，节义足以固其有守，皆志与气所为也。"⑥

探讨苏轼超然思想的丰富内涵，苏轼的超越世俗的努力，其超然物外、超然世外、超然死生、物我齐一的心迹，一代伟人，直面人生，笑对人生，以睿智的精神力量化解人生种种魔障，理得而心安，浩然之气充塞于天地之间，使得后人在钦仰之余，不断从中汲取精神文化营养。

---

① 孔凡礼：《苏轼年谱》，中华书局1998年版，第1361页。
② （宋）苏轼著，张志烈、马德富、周裕锴主编：《苏轼全集校注·诗集》，河北人民出版社2010年版，第4349页。
③ （宋）苏轼著，张志烈、马德富、周裕锴主编：《苏轼全集校注·诗集》，河北人民出版社2010年版，第5130页。
④ （宋）苏轼著，张志烈、马德富、周裕锴主编：《苏轼全集校注·诗集》，河北人民出版社2010年版，第5292页。
⑤ （宋）王应麟：《困学纪闻》，商务印书馆1935年版，第1379页。
⑥ （元）脱脱等：《宋史》卷338，中华书局1977年版，第10818页。

第二编

千古文章未尽才

——苏轼人生观探论

知音之赏，知己之感
——苏轼妇女观散论

一

苏轼一生，忧患备尝，在新旧党交攻的困境中，在备极艰辛的人生旅途上，他胸怀坦荡泰然处之，对君国一颗忠心始终未泯，忧国忧民之意境愈蹙而志愈坚，表现了一个封建社会正直的士大夫的高风亮节。正是在这喧嚣的人世上，他深谙人情冷暖，世态炎凉。他苦苦地思索、寻觅、追求，他思索人生的真谛，探讨生活的哲理，寻觅人生道路上的知音。

仕途扰攘，他东迁西调，半生坎坷，南徙北谪。行迹所到，友情遍植。平生交游，遍及朝士达官、僧道野人、隐士歌女各个阶层。他对他们的感情都充溢于其有关的作品中。但是遍检东坡诗文，我们发现他时时有一种孤独感，这是自屈原以来历代"忠而被谤、信而见疑"的忠正之士所共有的孤独感。君王圣哲，然为权奸所蔽，难鉴孤忠。举世皆浊我独清，世人皆醉我独醒。一片丹心，耿耿孤忠，只有仰天浩叹，临风长啸。人在孤独中更需要别人的理解。但被东坡真正引为知己的人是不多的。而就在这不多的知己中，有几位则是女性——王弗、朝云、柔奴、胡文柔……今天我们翻检有关资料，吟味有关作品，依然被诗人的知音之赏知己之感激动。在这里，我们将对东坡的有关作品及其与有关女性的交往进行探索，旨在研讨东坡所表现的迥异于时人的妇女观及其形成的原因。

二

王弗是东坡在有关作品中被引为知己的第一位女性。皇祐六年（1054），青神进士王方16岁的女儿王弗与当时19岁的东坡成婚。她伴随东坡生活了11个年头，于治平二年（1065）五月谢世。时隔十年，东坡在密州任上写下了《江神子·记梦》这一深情贯融、流传千古的词章：

> 十年生死两茫茫，不思量，自难忘。千里孤坟，无处话凄凉。纵使相逢应不识，尘满面，鬓如霜。　夜来幽梦忽还乡，小轩窗，正梳妆。相顾无言，惟有泪千行。料得年年断肠处，明月夜，短松冈。①

《江神子·记梦》一词，自问世之后赢得了无数读者的喜爱和赞誉。在这里，我们所要讨论的只是此词所蕴含的痛失知己的悲哀和生死相离，时隔十年，此情愈笃的原因。

大凡提及《江神子·记梦》的人都会忆及词人的《亡妻王氏墓志铭》，从中我们可以粗知王弗其人，略窥王弗短暂的一生使得东坡倍感眷顾，无限伤怀的缘由：

> ……君之未嫁，事父母。既嫁，事吾先君先夫人。皆以谨肃闻。其始未尝自言其知书也。见轼读书则终日不去。亦不知其能通也。其后轼有所忘，君辄能记之。问其他书则皆略知之。由是始知其敏而静。从轼官于凤翔，轼有所为于外，君未尝不问知其详。曰："子去亲远，不可以不慎。"
>
> 日以先君之所以戒轼者相语也。轼与客言于外，君立屏间听之。退必反复其言曰："某人也言辄持两端，惟子意之所向。子何用与是人言？"有求与轼亲厚甚者，君曰："恐不能久，其与人锐，其去人必速。"已而果然。
>
> 将死之岁，其言多可听。类有识者。其死也，盖年二十有七而

---

① 舒大刚、曾枣庄主编：《三苏全书》第10册，语文出版社2001年版，第3891页。

知音之赏，知己之感

已。始死，先君命轼曰："妇从汝于艰难，不可忘也。他日汝必葬诸其姑之侧……"①

从墓志铭中我们可以看出，王弗的聪敏贤慧，是东坡难以忘怀的一个方面。更使东坡铭记难忘的是王弗对他人生事业上的帮助。她常常告诫东坡"子去亲远，不可以不慎"，常劝丈夫不要同那些为了一己私利，迎合奉承，唯东坡意向所指的人来往。对那些急于同苏轼接近的人，她常说不能持久，与人交往快的人，抛弃朋友也快。她的这些话后来往往在生活中得到验证。后来，东坡在《上神宗皇帝书》中用相近的话劝诫皇上，"其进锐者，其退速"②，"交浅言深，君子所戒"③。知夫莫如其妻，王弗是深知丈夫的性情为人的，她是东坡人生道路上的知己。可以想见，这位谨肃、敏静、通晓人情、洞达世故的王夫人，对于性格豪放，大而化之的苏轼当是最为合适的贤内助。所以于词于墓铭，我们均可强烈感受到苏轼那刻骨铭心的痛失知己之悲。

我们还要特别指出的是，王弗逝世后的十年间，苏轼刚丧贤妻，又葬严父，再痛失良师，不幸接踵而来。在政治上，王安石全面推行新法，他由于政见不同，横遭诬陷。新旧党争渐趋激烈，老成大臣相继罢去。新党内部也互相攻讦，争权夺利……在纷纭复杂的政坛上，苏轼虽然在自己的职责上，出自公心，竭诚尽力，但受到的总是不公正的待遇。在人生失意的苦闷中，面对宦海沉浮，尔虞我诈的官场，遥忆心上人，他该有多少衷肠倾诉。"纵使相逢应不识，尘满面，鬓如霜"，他把自己的宦海升沉，人生甘苦的无尽体味都融进了凝练的词句之中。遍检东坡有关诗文，东坡对王弗的深深眷恋之意，知己难再的切肤之痛是叩动人们心弦的地方。

在东坡《志林》中，还有一段深情忆念王弗的记载：

> 昔吾先君夫人僦宅于眉，为纱縠行。一日，二婢子悬帛，足陷于地。视之，深数尺，有大瓮，覆以乌木板。先夫人急命以土塞之。瓮有物如人咳声，凡一年乃已。人以为此有宿藏物欲出也。夫人之侄之

---

① （宋）苏轼：《苏轼文集》（全六册）卷15，中华书局1986年版，第472页。
② （宋）苏轼著，孔凡礼点校：《苏轼文集》，中华书局1986年版，第731页。
③ （宋）苏轼著，孔凡礼点校：《苏轼文集》，中华书局1986年版，第729页。

问者，闻之欲发焉。会吾迁居，之问遂僦此宅，掘丈余，不见瓮所在。其后某官于岐下，所居大柳下，雪方尺不积。雪晴，地坟起数寸。轼疑是古人藏丹药处，欲发之，亡妻崇德君曰："使吾先姑在，必不发也。"轼愧而止。①

由此可知，王弗是一个生前能使苏轼爱敬、愧服，在其死后，能令苏轼刻骨铭记，永远追想的女性。她是东坡的知己，也是东坡的闺房良友。特别是在政治上失意时，东坡就更加怀念这位生活上的伴侣，事业精神上的支柱。

三

苏轼一生有着太多的坎坷不幸，但他的一生又是幸运的，因为他有幸在王弗之后，又遇到了另一位女性知己——朝云。

朝云亦姓王，钱塘人，从苏轼《朝云墓志铭》中，我们可以略知其一生概要：

> 东坡先生侍妾曰朝云，字子霞，姓王氏，钱塘人。敏而好义，事先生二十有三年，忠敬若一。绍圣三年（1096）七月壬辰，卒于惠州，年三十四。八月庚申，葬之丰湖之上，栖禅山寺之东南。生子遁，未期而夭。盖常从比丘尼义冲学佛法。亦粗识大意。且死，诵《金刚经》四句偈以绝。铭曰：浮屠是瞻，伽蓝是依。如汝宿心，惟佛止归。②

东坡之所以眷恋爱敬朝云，一是因为朝云敏而好义，二是由于朝云对其忠敬若一。而这二者又均与苏轼立朝大节，进退出处，在复杂激烈的朝廷朋党之争中的坎坷经历有关。

朝云敏而好义，是东坡将其引为知己的重要原因。朝云聪明伶俐，能

---

① （宋）苏轼：《唐宋史料笔记丛刊·东坡志林》，中华书局1981年版，第561页。
② （宋）苏轼：《苏轼文集》（全六册）卷15，中华书局1986年版，第473页。

歌善舞，并且才识过人。东坡《送黄师是赴两浙宪》中有"白首沉下吏，绿衣有公言"①。黄师是因"两女皆嫁苏轼子"②为党人所嫉，一直屈沉下僚。"绿衣"指朝云，她曾对黄师是说："他人皆进用，而君数补外，何也？"③此即所谓"公言"。时人不解这两句诗的含义，曾询及苏轼。东坡回答："吾家朝云每见师是，怪其官职不迁耳。"④由此可见，东坡对朝云在复杂的人事纷争中，对党人嫉贤妒能，党同伐异，颠倒是非，混淆黑白胸怀不满，能够满怀同情，仗义执言是苏轼深为赞赏的。

当然，这一切基于朝云对东坡的爱敬、理解和精神上的安慰支持。据毛晋所辑《东坡笔记》载：

> 东坡一日退朝，食罢扪腹徐行，顾谓侍儿曰："汝辈且道是中何物？"一婢遽曰："都是文章。"坡不以为然。又一婢曰："满腹都是机械。"坡亦未以为当。朝云乃曰："学士一肚皮不合入时宜。"坡捧腹大笑。⑤

东坡一生刚正不阿，屡历坎坷。新党执政，他指责新法多弊；司马光执政，他又时出异议，所以在新旧党的夹攻之中，动辄得咎，"学士一肚皮不合入时宜"，可谓一语中的。内中有对东坡的理解、称赏和佩服。"东坡捧腹大笑"，当是把她引为知音的。

谁言此弱质，阅岁知盛衰。朝云令苏轼铭心感念，还在于她对于苏轼的"忠敬若一"。苏轼贬官黄州，朝云没有离去。在居黄后期，朝云"生子遁，未期而夭"。苏轼曾有《哭遁儿》诗二首，抒发了自己丧子之痛，"归来怀抱空，老泪如泻水。"⑥尤其令诗人痛苦的，是朝云的痛不欲生："我泪犹可拭，日远当日忘。母哭不可闻，欲与汝俱亡。故衣尚在架，涨乳已流床。感此欲忘生，一卧终日僵。"⑦在人生逆境中，丧子念亲，诗作

---

① （宋）苏轼著，冯应榴辑注：《苏轼诗集合注》，上海古籍出版社2001年版，第1862页。
② （元）脱脱等：《二十五史全书》第7册《宋史·黄寔传》列传第113，内蒙古人民出版社1998年版，第749页。
③ （清）何文焕辑：《历代诗话》，中华书局1981年版，第355页。
④ （宋）苏轼著，冯应榴辑注：《苏轼诗集合注》，上海古籍出版社2001年版，第1862页。
⑤ 颜中其编注：《苏东坡轶事汇编》，岳麓书社1984年版，第108页。
⑥ （宋）苏轼著，冯应榴辑注：《苏轼诗集合注》，上海古籍出版社2001年版，第1186页。
⑦ （宋）苏轼著，冯应榴辑注：《苏轼诗集合注》，上海古籍出版社2001年版，第1186页。

感情极为深挚哀痛，朝云已成为他生活中的一部分。尤令苏轼感念于怀的是，苏轼晚年远谪岭南，朝云要求同行，苏轼在《朝云诗并引》中把朝云同白居易的侍妾樊素作了比较，认为她高于古人：樊素同白居易感情很好，最后却离开了他；又把朝云同周围的人加以比较："予家有数妾，四五年间相继辞去，独朝云者随予南迁。"①认为她高出侪辈。我们据东坡当时处境心情推想，东坡未尝没有把朝云与那些读书识礼的士大夫加以比较。在朝中党争激烈，人事反复之际，士大夫多见风使舵，惟势利所向，人情淡薄，世风日下。苏轼在"我穷交游绝"②的困境中，对世态人情是体味极深的，从而对没有"随春态"，而有"傲霜枝"的朝云感到由衷的敬佩。由是之故，在朝云生前，东坡写诗词盛赞其高标逸韵。在朝云逝后又著述寄托自己的深深哀思。

在《殢人娇·赠朝云》中，苏轼以维摩自比，以散花仙女喻朝云。尤为引起我们注意的是，词中"纫兰为佩"③，句本由《离骚》化出："纷吾既有此内美兮，又重之以修能，扈江离与辟芷兮，纫秋兰以为佩。"④用屈原自喻高洁的词句去赞美朝云，充分显示了苏轼对朝云人格的敬重。东坡有着崇高的人生理想、远大抱负，他以毕生的精力执着追求。他自己注重风节操守，也以此去要求交游的宾朋，但他对人罕有如此高的评价。

苏轼把朝云引为知己，视为知音，还在于他们患难之中，休戚与共，心息相通。苏轼有一首《蝶恋花·花褪残红青杏小》⑤，历来论词者，多认为词写伤春惜春之情，乃缘情绮靡之作。但若联系与朝云有关的几段史料记载，其中情味，是令人深长思之的。

据《林下词谈》载：

> 子瞻在惠州，与朝云闲坐。时青女初至，落木萧萧，凄然有悲秋之意。命朝云把大白，唱"花褪残红"。朝云歌喉将啭，泪满衣襟。子瞻诘其故，曰："奴所不能歌者，是'枝上柳绵吹又少，天涯何处无芳草'也。"子瞻翻然大笑曰："是吾政悲秋，而汝又伤春矣。"

---

① （宋）苏轼著，冯应榴辑注：《苏轼诗集合注》，上海古籍出版社2001年版，第1972页。
② （宋）苏轼著，冯应榴辑注：《苏轼诗集合注》，上海古籍出版社2001年版，第1039页。
③ 舒大刚、曾枣庄主编：《三苏全书》第10册，语文出版社2001年版，第433页。
④ （宋）朱熹：《楚辞集注》，上海古籍出版社1979年版，第3页。
⑤ 舒大刚、曾枣庄主编：《三苏全书》第10册，语文出版社2001年版，第390页。

遂罢。

朝云不久抱疾而亡，子瞻终身不复听此词。①

惠洪《冷斋夜话》、《词苑萃编》卷11有类似的记载。论者引述及此，多曰："苏轼之所以不再听这首词，就是怕牵动他对朝云之死的伤感之情。"②而忽略了"天涯何处无芳草"的出处。此句仍由《离骚》化出——"勉远逝而无狐疑兮，孰求美而释女？何所独无芳草兮，尔何怀乎故宇？"③明乎此，才能了解此词所蕴藏的深沉内涵，才能解释何以朝云歌喉将啭，泪满衣襟，也才能够理解为什么自朝云逝后，"子瞻终身不复听此词"。因为知音已逝，知己不再，子期不在与谁弹？

正由于朝云是苏轼的知己、知音，正由于朝云在苏轼半生坎坷中给苏轼这颗伟大而孤独的心以安慰，所以朝云病逝之后，苏轼的悼亡之作至为沉痛，他悲伤朝云仙逝，自己更加孤独，"高情已逐晓云空，不与梨花同梦"。④他悔恨无仙丹灵药使朝云长生，只有用佛语为朝云赠行，慰安那高洁的灵魂："驻景恨无千岁药，赠行惟有小乘禅。"⑤他预想自己不久也会追随朝云，摆脱人世羁绊，而现在垂死暮年，只有向朝云安眠的大圣塔殷勤礼拜、默默祝祷。《悼朝云诗》凄恻悲凉，情从心生，催人泪下！不仅可与历代著名的悼亡诗词媲美，而且就其抒发的人生的知己之思，知音之赏而论，实在有逾前人。

四

翻检苏轼有关作品，我们还发现了一个有趣的现象，除王弗、朝云之外，诗人对其他女性人品情操给以激赏，或抒写了知音之赏的，大多伴随其夫君度过了坎坷艰难的迁谪生涯，给自己心爱的人以精神上的理解、支持和安慰。

---

① 颜中其编注：《苏东坡轶事汇编》，岳麓书社1984年版，第208页。
② 方智范、方笑一选编：《词林履步》，江西教育出版社1999年版，第19页。
③ （宋）朱熹：《楚辞集注》，上海古籍出版社1979年版，第197页。
④ 舒大刚、曾枣庄主编：《三苏全书》第10册，语文出版社2001年版，第304页。
⑤ （宋）苏轼著，冯应榴辑注：《苏轼诗集合注》，上海古籍出版社2001年版，第2080页。

苏轼《满江红·忧喜相寻》词序曰：

  董毅夫名钺，自梓漕得罪，罢官东川，归鄱阳，遇东坡于齐安。怪其丰暇自得，余问之，曰："吾再娶柳氏，三日而去官，吾固不戚戚，而忧柳氏不能忘怀于进退也。已而欣然，同忧患若处富贵，吾是以益安焉。"命其侍儿歌其所作《满江红》。嗟叹之不足，乃次其韵。①

  苏轼惊叹董钺的新婚妻子柳氏能够"忘怀于进退"，"同忧患若处富贵"，使其丈夫以贬谪之身其心"益安"。于是在词中他赞美董钺柳氏"箪瓢未足清欢足"②的和谐生活。他钦羡董钺得到柳氏，就如得到了《周南·汉广》中人们追求不到的汉广游女。人生在世，有这样知心的伴侣相随，实在是心灵上最大的安慰，人生莫大的幸福。"君不见《周南》歌《汉广》，天教夫子休乔木。便相将，左手抱琴收，云间宿"③，词序借董钺之口赞柳氏的风采，词中抒写了自己对朋友的由衷祝福，对柳氏的赞美。

  苏轼还有一首《定风波·常羡人间琢玉郎》是激赏友人王定国的歌女柔奴的。词前有序，略云：

  王定国歌儿曰柔奴，姓宇文氏，眉目娟丽，善应对，家世住京师。定国南迁归，余问柔："广南风土，应是不好？"柔对曰："此心安处，便是吾乡！"因为缀词云。④

  王定国与苏轼友善，因受其牵连，被贬监宾州酒脱，"南迁归"，于酒宴之上，让柔奴劝东坡酒。东坡与之对语感慨，写了《定风波》词。词中高度赞扬了柔奴的人格精神，抒发了自己的知己之感，表达了东坡对一种理想人格的追求：

---

  ① 舒大刚、曾枣庄主编：《三苏全书》第10册，语文出版社2001年版，第275页。
  ② 舒大刚、曾枣庄主编：《三苏全书》第10册，语文出版社2001年版，第275页。
  ③ 舒大刚、曾枣庄主编：《三苏全书》第10册，语文出版社2001年版，第275页。
  ④ 舒大刚、曾枣庄主编：《三苏全书》第10册，语文出版社2001年版，第328页。

常美人间琢玉郎，天教分付点酥娘。自作清歌传皓齿。风起，雪飞炎海变清凉。　万里归来颜愈少。微笑，笑时犹带岭梅香。试问岭南应不好？却道：此心安处即吾乡！①

苏轼赞誉柔奴在贬所用自作清歌抚慰定国那一颗贬谪之心。歌声起处，如雪飞炎梅，岭南酷暑转成为精神上的清凉国。他赞美柔奴由于有了在坎坷生涯中伴随支持自己心上人的义举，形象更加光彩照人。微笑之时，犹如岭梅开放。尤其结句"此心安处即吾乡"揭示了一位地位低下的女性不趋炎附势，能安处忧患的丰富内心世界和广阔的胸襟，在对柔奴的赞颂中，寄寓了作者自己对一种理想人格的追求——直面人生，看破忧患，超越人生的痛苦和坎坷，追求精神世界的丰富与圆满。正是如此，柔奴"此心安处即吾乡"的对答，使东坡大有得吾心哉之感，知己相见恨晚之意，用自己的绝妙词笔使柔奴千载留芳！

人生伴侣觅知音，患难之中重知己。如果说上述几位女性——王弗、朝云、柔奴、柳氏都是苏轼在有关作品中有抒写自己旷世知音之感的话，那么还有一位女性，则表示了被苏轼视为知己，自己能结识东坡的心灵上的满足。这就是李之仪的妻子胡文柔。李之仪《姑溪居士全集》载其妻子与苏轼互相推重之始末其详：

胡文柔……性高严，喜风节，自许与甚重，练达世故，喜论事，于人物取舍，则毫发不假借。上自六经司马氏，更及诸纂集，多所终识。于佛书则终一大藏。作小诗歌词禅颂，皆有师法，而尤精于算数。沈括存中，余少相师友，间有疑志，必邀余质于文柔。屡叹曰："得为男子，吾益友也！"余从辟苏轼子瞻府，文柔屡语余曰："子瞻名重一时，读其书，使人有杀身成仁之志。君其善同之邂逅。"子瞻过余，方从容笑语，忽有以公事至前，遂力为办理，以竟曲直。文柔从屏间叹曰："我尝谓苏子瞻未能脱书生谈土空文游说之蔽，今见其所临不苟，信一代豪杰也！"比通家，则子瞻命其子妇尊事之，常以至言妙道属其子妇，持以论难，呼为"法喜上人"。子瞻既贬，手自

---

① 舒大刚、曾枣庄主编：《三苏全书》第 10 册，语文出版社 2001 年版，第 328 页。

制衣以赙,曰:"我一女得如此等人知,我复何憾!"①

　　阅读上述记载,我们为胡文柔生不逢时而感慨:她博学多识,却难以成为一位学者;她诗词皆有师法,却难以诗词名世;她尤精于算数,也未能成为一位科学家。但她有幸的是,以其博学敏识,被沈括引为"益友";更为苏轼知重,于学问之道切磋论难。一位闺房女性,竟能从阅读苏轼诗文,感知那一颗"使人有杀身成仁之志"的伟大灵魂,从东坡处理公事的干练,叹赏其"真一代豪杰也",从而以被苏轼知重为荣。尤为令人感佩的是,苏轼被谪之时,正值"元祐党祸,烈于炽火,傍观之君子,深畏其酷,惟恐党人之尘点污之"②之时竟"手自制衣以赙",不畏不惧,该是何等胸怀!苏轼之知重胡文柔,也可谓慧眼识人。

　　东坡在人生的艰难困苦中寻觅知音,对几位女性患难知己倾注了深深的爱敬。与之同时,他的人品、学问、遭遇、追求,也得到了她们的理解,胡文柔引其为男性知己,并深以为幸。这种在宋代文坛罕见的文化现象,引起了我们探讨的极大兴趣。

五

　　为什么苏轼有高出于时人的妇女观呢?为什么他对几位女性知己倾诉了内心的挚爱、倾服和爱敬?这是我们要进一步探讨的问题。

　　综合有关资料考查,我们认为苏轼进步的妇女观首先基于诗人有一颗伟大的心灵,他对女性尊重,没有偏见,甚或有古人罕有的平等意识。他在《与朱鄂州书》中写道:

　　……天麟言岳鄂间田间小人,例只养二男一女,过此辄杀之。尤讳养女,以故民间少女多鳏夫。初生辄以冷水浸杀。其父母亦不忍,率常闭目背向,以手按之小盆中,咿嘤良久乃死……俗谓小儿病为无

---

① (宋)李之仪:《姑溪居士全集》卷50《姑溪居士妻胡氏文柔墓志铭》,收入《丛书集成新编》文学类,新文丰出版公司,第371页。

② (宋)费衮:《梁谿漫志》,上海古籍出版社1985年版,第45页。

知音之赏，知己之感

辜，此真可谓无辜矣……公能生之于万死中，其阴德十倍于雪活壮夫矣……轼向在密州遇饥年，民多弃子。因盘量劝诱米，得出剩数百石别储之，专以收养弃儿。月给六斗。比期年，养者与儿，皆有父母之爱，遂不失所。所活亦数千人。此等事在公如反掌耳。恃深契故不自外，不罪！不罪！此外，惟为民自重……①

林语堂先生《苏东坡传》几乎全文引录了这封信，且称："一信值千金，不是因为文笔动人，而是因为内容可贵。"② 可贵之处何在呢？首先可贵在苏轼以一政治家的眼光看待宋代的溺婴恶习，"例只养二男一女，过此辄杀之"，造成了严重的社会问题，"尤讳养女，以故民间少女多鳏夫"。其次可贵在作者伟大的人道主义精神，自己在力所能及的情况下，"洒泪循城拾弃孩"③，采取种种措施，救治弃婴。当自己没有了权力的时候，力劝友人匡救恶俗，力行善事。尤其要指出的是，这封信写在贬所，作者身陷困境，自顾尚且不暇，但闻鄂州陋俗，"为食不下"④。所以林语堂先生为之感慨："我总觉得，只要人道精神长在，宗教就复活了。"⑤苏轼的博大心胸，他的伟大的人道主义精神，使他几乎一视同仁地看待世上一切人，包括女性，他曾有名言曰：吾上可陪玉皇大帝，下可以陪卑田院乞儿。眼前见天下无一个不好人。所以林语堂先生激赏："要不是今天'民主'一词已遭到滥用，我们会说他是一个民主大斗士……我们今天可以说他真是一个现代人。"⑥而我们要特别指出的是，在现代人观念中尚有太多太多的封建意识时，苏轼的妇女观尤其显得可贵。

其次，如前所述，苏轼可贵的妇女观还基于苏轼在人生旅途上，在坎坷生涯中，在纷纭复杂的人事纷争中，对理想人格的追求。

本文所涉及女性，或与苏轼相从于艰难，或与东坡相知于坎坷，正是在这种特殊的生活环境中，苏轼领略了她们的风采，称誉她们的品德节操。

---

① （宋）苏轼著，顾之川校点：《苏轼文集》上，岳麓书社2000年版，第415页。
② 林语堂：《苏东坡传》，海南出版社2001年版，第262页。
③ （宋）苏轼著，冯应榴辑注：《苏轼诗集合注》，上海古籍出版社2001年版，第623页。
④ （宋）苏轼著，顾之川校点：《苏轼文集》上，岳麓书社2000年版，第415页。
⑤ 林语堂：《苏东坡传》，海南出版社2001年版，第264页。
⑥ 林语堂：《苏东坡传》，海南出版社2001年版，第43页。

岁寒乃知松柏之后凋。在苏轼生活的时代，统治者内部党派纷争，互相倾轧。忠正刚烈之士往往不能久安于朝，甚或遭谗被贬。如何对待人生的厄运和逆境，这是无数人思考过的问题。在人生逆境中，心有所守，泰然处之，这是宋儒所追求的道德修养的极高境界。苏轼所推崇的前辈范仲淹一生所追求的是"先天下之忧而忧，后天下之乐而乐"①，在人生仕宦中，"不以物喜，不以己悲"。能于"富贵贫贱毁誉欢戚不一动其心"。欧阳修曾对韩愈不能做到这一点感到不满，在《与尹师鲁书》中说：

> 每见前辈名人，当论事时，感激不避诛死，真若知义者，及至贬所则戚戚怨嗟，有不堪之穷愁形于文字，其心欢戚，不异庸人，虽韩文公不免其累。②

于是，他和友人相约，不作"戚戚之文"。东坡自"乌台诗案"之后在逆境中探求追求，他所追求的也正是这种崇高精神境界，"一点浩然气，千里快哉风"③，只要正气在胸，人生的艰难坎坷就算不了什么。他坚持理想，坚贞不屈。"吾侪虽老且穷，而道理贯心肝，忠义填骨髓，直须谈笑死生之际。"④他面对逆境，处之坦然，"回首向来萧瑟处，归去，也无风雨也无晴"⑤。他不懈追求，对人生总是充满希望，"谁道人生无再少，门前流水尚能西"⑥，"不以一身祸福，易其忧国之心"⑦。俯对尘寰，笑傲人世，胸怀坦荡，善于处穷，这多数人追求，只有极少数人达到的精神境界，这于士大夫中鲜见，却于几位女性身上体现的品德节操，怎不令东坡心悦诚服，感慨万端，引为知己，力加推崇呢！

尤其是与在几经反复、激烈残酷的朋党之争中的士大夫相比，他们为一己之私利，或党同伐异，颠倒是非，或恶意攻讦，助纣为虐，或反复无常，首鼠两端，或出卖朋友，落井下石……凡此种种，与为人忠敬若一，

---

① （宋）范仲淹著，李勇先、王蓉贵编：《范仲淹全集》，四川大学出版社2007年版，第194页。
② 曾枣庄、刘琳主编：《全宋文》第17册卷698，巴蜀书社1991年版，第81页。
③ 舒大刚、曾枣庄主编：《三苏全书》第10册，语文出版社2001年版，第262页。
④ （宋）苏轼著，顾之川点校：《苏轼文集》上，岳麓书社2000年版，第398页。
⑤ 舒大刚、曾枣庄主编：《三苏全书》第10册，语文出版社2001年版，第324页。
⑥ 舒大刚、曾枣庄主编：《三苏全书》第10册，语文出版社2001年版，第458页。
⑦ （宋）陆游：《放翁题跋·跋东坡帖》，中华书局1985年版，第28页。

不以穷通为向背的众女性相比，被东坡引为知己，称誉赞羡的众女性更显得风格高标，光彩照人。苏轼由人们的出处大节去衡量评价人物，乃是其深刻之处。他不仅对其接触的女性如此评价，对历史人物亦如此观，其《虞姬墓》诗云：

帐下佳人拭泪痕，门前壮士气如云。
仓黄不负君王意，只有虞姬与郑君。①

人生大节是不能以生死、穷通改易的。虞姬自刎明志，她高出多少改换门庭再觅新主子的项羽旧臣。诗人感于时事，缅怀古人，有感而发，颇多弦外之音。诗作于熙宁四年（1071），由此可见苏轼由出处大节评价女性的思想观念是一贯的。

再次，研讨苏轼的妇女观的成因，不能忽略其家庭、父母的影响。特别是其母程氏夫人对其一生的影响和其父母带有传奇性的和谐的夫妻关系。司马光在《程夫人墓志铭》中赞扬程夫人："妇人柔顺足以睦其族，智能足以齐其家，斯已贤矣；况如夫人能开发辅导其夫、子，使皆以文学显重天下，非识略高绝，能如是乎？"②这位识略高绝的女性，对于丈夫，既是贤妻，又是良友。当苏洵27岁欲发愤读书时曾不无忧虑地对妻子说："吾自视，今犹可学。然家待我而生，学且废生，奈何？"③而程氏夫人的回答却是："我欲言之久矣，恶使子为因我而学者。子苟有志，以生累我可矣。"④于是"罄出服玩鬻之以治生，不数年遂成富家"。⑤苏洵"由是得专志于学，遂成大儒"。⑥这一切使苏洵感念终生："昔予少年，游荡不学，子虽不言，耿耿不乐，我知子心，忧我泯没。"⑦从某种程度上讲，是程氏夫人成就丈夫最终成为"大儒"的。

程氏夫人对苏轼兄弟是慈母又是良师。在苏洵四方游学时，程氏夫人

---

① （宋）苏轼著，冯应榴辑注：《苏轼诗集合注》，上海古籍出版社2001年版，第263页。
② （宋）司马光：《司马温公集编年笺注》5，巴蜀书社2009年版，第534页。
③ （宋）司马光：《司马温公集编年笺注》5，巴蜀书社2009年版，第533页。
④ （宋）司马光：《司马温公集编年笺注》5，巴蜀书社2009年版，第533页。
⑤ （宋）司马光：《司马温公集编年笺注》5，巴蜀书社2009年版，第533页。
⑥ （宋）司马光：《司马温公集编年笺注》5，巴蜀书社2009年版，第533页。
⑦ （宋）苏洵著，张玉霞点校：《苏洵全集》1，时代文艺出版社2001年版，第186页。

成了苏轼兄弟最好的家庭教师。她常用历史教育启迪苏轼兄弟的知识，培养他们的品德，对其进行明辨是非的人格训练。程夫人教苏轼读《范滂传》的故事流传甚广。

范滂，字孟博，南阳新野人，学问气节，深得乡里敬重，"登车揽辔，有澄清天下之志"。① 但因党锢之祸为宦官所杀，临刑前，范滂与母亲诀别。范母很坚强，劝慰儿子："既得令名，复求寿考，可得兼乎？"② 母亲讲书时，少年苏轼从旁骤然相问："儿子若要做范滂，您赞许吗？"程夫人回答："你能做范滂，难道我就不能做范母吗？"范滂之母和程夫人这两位伟大的母亲，培养出了两位历史名人，范滂有"澄清天下之志"，苏轼自幼也"奋厉有天下志"，尽管他们的生命的结局都是悲剧。由于程夫人的殷殷教诲，由于程夫人的人品学养，苏轼对母亲敬服终身。前面所引《志林》所载不掘宿藏事即为显例。

当我们注目于苏轼家庭的良好影响时，我们发现在苏家这样一个有浓厚商业气息的家庭中，似乎较少封建意识上的男尊女卑观念。这由苏洵在《祭亡妻文》中流露出的感情可以略窥一二：

> 与子相好，相期百年。不知中道，弃我而先。我徂京师，不远当还。嗟子之去，曾不须臾。子去不返，我怀永哀。反复求思，意子复回。……有子六人，今谁在堂，唯轼与辙，仅存不亡。咻呴抚摩，既冠既昏，教以学问，畏其无闻。昼夜孜孜，孰知子勤？……归来空堂，哭不见人。伤心故物，感涕殷勤。嗟予老矣，四海一身。自子之逝，内失良朋，孤居终日，有过谁箴？昔予少年，游荡不学，子虽不言，耿耿不乐。我知子心，忧我泯没。感叹折节，以至今日。呜呼死矣，不可再得……惟子之坟，凿为二室，期与子同，骨肉归土，魂无不之。我归旧庐，无有改移。魂今未泯，不日来归！③

祭文感念妻子对自己的激励成就，追想妻子对儿女的抚育教养，抒发了失去良朋知己的巨大悲痛，表达了此身不死，此情永存的美好感情。根

---

① （南朝宋）范晔：《后汉书·范滂传》，中华书局1965年版，第2203页。
② （南朝宋）范晔：《后汉书·范滂传》，中华书局1965年版，第2207页。
③ （宋）苏洵著，张玉霞点校：《苏洵全集》1，时代文艺出版社2001年版，第186页。

据有关资料，我们完全可以这样说，程夫人以其人品在苏轼心目中树立了伟大女性的典范，父母和谐的夫妻关系，父亲对母亲的敬重为他以后在漫长的生活历程中尊重风节操守卓异的女性奠定了基础。

当然，形成东坡妇女观的原因是多方面的，上文所及，仅择要而言。我们简要论述了苏轼在艰难困苦中寻知音，于一生坎坷中识知己，于复杂的人事纷争中比较、探索、思考，从而形成高出时人的妇女观，并简略探讨了苏轼妇女观形成的其他因素。面对林语堂先生的赞叹："今天我们可以说他真是一个现代人。"我们再补充一句：苏轼作为一代文豪，他的妇女观超过了时人，也胜过了许多现代人。

坎坷识天意，淹留见人情

——苏轼君臣观探论

对于苏轼的君臣观，我们已关注思考多年，其间曾反复检索苏轼诗、文、词集，亦曾查阅寻味前贤今哲的敏思妙想。前贤今哲关于苏轼文学作品中有关君臣关系思考评价的资料，或针对某一作品，或针对某一时期，虽对于苏轼的君臣观并非全面观照专文论述，但对于"苏轼终是爱君"[1]"怀君之心"[2]"君臣遇合之难"的关注[3]，尤其是对于苏轼作品中所反映的"君臣之义已尽"[4]"多情"与"无情"的矛盾[5]，以及"苏轼对君为臣纲所规定的君臣关系的挑战"所展示的"民主思想的光芒"[6]的评论，珍词妙句，佳言慧思，启人思致。东坡青年时期对于理想君臣关系的探求、仕宦生涯中对独立人格的追寻、仕途坎坷中特别是"乌台诗案"被贬黄州后对于复杂官场的质疑，元祐时期对于君恩的感戴，以及晚年贬放岭海对人生对君臣关系的反省深思，最终形成了苏轼具有独立个性的君臣观。东坡笔墨自有东坡心思，深入探讨苏轼的君臣观对于我们全面理解研究苏轼无疑是具有学术意义的。

---

[1] （宋）陈元靓《岁时广记》卷31引《复雅歌词》语，见曾枣庄《苏东坡词全编》，四川文艺出版社2010年版，第27页。
[2] （宋）杨湜《古今词话》评苏词《西江月》（黄州中秋）语，见曾枣庄《苏东坡词全编》，四川文艺出版社2010年版，第59页。
[3] （宋）项安世《项氏家说》评苏词《贺新郎》（乳燕飞华屋）语，见曾枣庄《苏东坡词全编》，四川文艺出版社2010年版，第121页。
[4] （清）王文诰《苏诗总案》卷43，见孔凡礼《苏轼年谱》，中华书局1998年版，第1320页。
[5] 《苏词二首系年略考》，见张志烈《张志烈文录》，香港新天出版社2012年版，第734—739页。
[6] 王水照：《宋代文学通论》，河南大学出版社1997年版，第10页。

一　君使臣以礼，臣事君以忠
——苏轼对于"万世臣主之法"的理想追求

翻阅东坡诗文，不难发现对于君臣关系的思考贯穿东坡一生，而在求仕和仕宦早期颇具理想色彩。东坡对于明君、贤臣甚或君臣遇合之难也有明晰的认识和论析。

东坡一生坎坷，在人生政治理想的追求中，岁月沧桑，使其深感君王在政治生活中的重要地位。元祐三年（1088），苏轼在省试策问《汉文帝行事有可疑者》引述《孟子·离娄上》以凸显圣君在治国理政中的作用：

> 孟子曰："君仁莫不仁，君义莫不义，君正莫不正，一正君而国定。"[①]

东坡理想中的圣君以尧舜为楷模。他在《上初即位论治道二首》（代吕申公）中写道：

> 人君以至诚为道，以至仁为德。守此二言，终身不易，尧舜之主也。[②]

在《汉武、唐太宗优劣》中，东坡认为唐太宗可谓"贤君""乐善好德之主"：

> 轼以为古之贤君，知直臣之难得，忠言之难闻，故生尽其用，殁思其言。想见其人，形于梦寐。亦可谓乐贤好德之主矣。[③]

[①]（宋）苏轼著，张志烈、马德富、周裕锴主编：《苏轼全集校注·文集》，河北人民出版社2010年版，第663页。
[②]（宋）苏轼著，张志烈、马德富、周裕锴主编：《苏轼全集校注·文集》，河北人民出版社2010年版，第436页。
[③]（宋）苏轼著，张志烈、马德富、周裕锴主编：《苏轼全集校注·文集》，河北人民出版社2010年版，第663页。

在早年为应科举而作的《明君可与为忠言赋》中，抒写了君主明则知远能受忠告的政治理想：

> 臣不难谏，君先自明。智既审乎情伪，言可竭其忠诚。……皎如日月之照临，罔有遁形之弊；虽复药石之瞑眩，曾何苦口之疑。……上之人闻危言而不忌，下之人推赤心而无损。岂微忠之能致，有至明而为本。……故明主审逊志之非道，知拂心之为忠。不求耳目之使，每要社稷之功。①

而从"能推至公之心不以私怨杀士"的角度，东坡认为"汉高祖唐高祖皆创业之贤君"，其《汉高祖赦英布唐屈突通不降高祖》曰：

> 轼以为汉高祖、唐高祖皆创业之贤君，季布、屈突通皆一时之烈丈夫。惟烈丈夫，故能以身殉主，有死无二。惟贤君，故能推至公之心不以私怨杀士。此可以为万世臣主之法。②

对于当朝君王，东坡以为太祖、太宗、神宗堪称圣主。其《策略五》曰：

> 圣人知其然……凡皆以通上下之情也。昔我太祖、太宗既有天下，法令简约，不为崖岸。当时大臣将相，皆得从容终日，欢如平生，下至士庶人亦得以自效。③

由于神宗皇帝对于东坡的知遇再造之恩，东坡对于神宗感念终生。神宗英年早逝，苏轼撰《神宗皇帝挽词三首》，前两首充分肯定了神宗功业，表达自己的尊崇之意。其一曰：

---

① （宋）苏轼著，张志烈、马德富、周裕锴主编：《苏轼全集校注·文集》，河北人民出版社2010年版，第114—115页。
② （宋）苏轼著，张志烈、马德富、周裕锴主编：《苏轼全集校注·文集》，河北人民出版社2010年版，第649页。
③ （宋）苏轼著，张志烈、马德富、周裕锴主编：《苏轼全集校注·文集》，河北人民出版社2010年版，第800—801页。

文武固天纵，钦明又日新。化民何止圣，妙物独称神。
　　政已三王上，言皆六籍醇。巍巍本无象，刻画愧孤臣。

其二曰：

　　未易名尧德，何须数舜功。小心仍致孝，余事及平戎。
　　典礼从周旧，官仪与汉隆。谁知本无作，千古自承风。①

为君难，为臣不易，要天下大治，就要君臣相得，上下同心。所以要天下清明，明君之外，更须贤臣辅佐。东坡心目中的贤臣形象的标准是"以道事君"。其《叔孙通不能致二生》曰：

　　由此观之，大臣以道事君，不可则止；然后可以托六尺之孤，可以寄百里之命。若与时上下，随人俯仰，虽或适用于一时，何足谓之大臣、为社稷之卫哉？②

在《张九龄不肯用张守珪牛仙客》一文中，东坡认为良臣应该"砥砺名节"恪守"忠信"：

　　轼窃谓士大夫砥砺名节，正色立朝，不务雷同以固禄位，非独人臣之私义，乃天下国家所恃以安者也。若名节一衰，忠信不闻，乱亡随之。③

在《大臣论》《大臣论下》中，东坡强调贤臣要"以义正君""将相豫附"：

---

① （宋）苏轼著，张志烈、马德富、周裕锴主编：《苏轼全集校注·诗集》，河北人民出版社2010年版，第2804—2806页。
② （宋）苏轼著，张志烈、马德富、周裕锴主编：《苏轼全集校注·文集》，河北人民出版社2010年版，第653页。
③ （宋）苏轼著，张志烈、马德富、周裕锴主编：《苏轼全集校注·文集》，河北人民出版社2010年版，第658页。

以义正君而无害于国，可谓大臣矣。①

将相和调，则士豫附；士豫附，则天下虽有变而权不分。呜呼！知此，其足以为大臣矣。②

而在东坡心目中，屈原及本朝的张方平、欧阳修等均可称为一代贤臣。其作于嘉祐四年（1059）的《屈原庙赋》云：

吾岂不能高举而远游兮，又岂不能退默而深居？独嗷嗷其怨慕兮，恐君臣其愈疏。生既不能力争而强谏兮，死犹冀其感发而改行。苟宗国之颠覆兮，吾亦独何爱于久生！③

《论语·先进》曰："所谓大臣者，以道事君，不可则止。"东坡终身敬事张方平，在《乐全先生文集叙》中，他认为作为一代名臣，张方平较为理想恰当地处理了君臣关系：

公为布衣，则颀然已有公辅之望。自少出仕，至老而归，未尝以言徇物，以色假人。虽对人主，必同而后言。毁誉不动，得丧若一。真孔子所谓以道事君者。世远道散，虽志士仁人，或少贬以求用。公独以迈往之气，行正大之言，曰"用之则行，舍之则藏"，上不求合于人主，故虽贵而不用，用而不尽；下不求合于士大夫，故悦公者寡，不悦者众。然至言天下伟人，则必以公为首。④

而对于恩师欧阳修，东坡更认为欧公为一时之楷模，名臣之典范：

自欧阳子出，天下争自濯磨，以通经学古为高，以救时行道为

---

① （宋）苏轼著，张志烈、马德富、周裕锴主编：《苏轼全集校注·文集》，河北人民出版社2010年版，第414页。
② （宋）苏轼著，张志烈、马德富、周裕锴主编：《苏轼全集校注·文集》，河北人民出版社2010年版，第420页。
③ （宋）苏轼著，张志烈、马德富、周裕锴主编：《苏轼全集校注·文集》，河北人民出版社2010年版，第5页。
④ （宋）苏轼著，张志烈、马德富、周裕锴主编：《苏轼全集校注·文集》，河北人民出版社2010年版，第972页。

贤，以犯颜纳说为忠。①

在漫长的封建时代，众多的志士仁人发出过"惜乎君臣遇合之难"的感喟，东坡亦是如此。元祐六年在其代张方平所作《故龙图阁学士滕公墓志铭》中，东坡感叹：

> 天之降才，千夫一人；人之逢时，千载一君。②

在作于元祐七年之《淮阴侯庙碑》中，东坡感慨：

> 自古英伟之士，不遇机会，委身草泽，名湮灭而无称者，可胜道哉！③

在《杜正献焚圣语》中，东坡引述杜衍之语曰：

> 君臣之间，能全始终者，盖难也。④

正是有感于古今君臣遇合之难，君圣臣贤，君臣相得，有为于世，功业建树，成为东坡一生的理想追求。漫漫人生，东坡几经挫折，但正是在复杂的仕宦经历中，其政治理想化为一种诱人的理念，贯穿在他一生的政治追求之中。

---

① （宋）苏轼著，张志烈、马德富、周裕锴主编：《苏轼全集校注·文集》，河北人民出版社2010年版，第978页。
② （宋）苏轼著，张志烈、马德富、周裕锴主编：《苏轼全集校注·文集》，河北人民出版社2010年版，第1574页。
③ （宋）苏轼著，张志烈、马德富、周裕锴主编：《苏轼全集校注·文集》，河北人民出版社2010年版，第1846页。
④ （宋）苏轼著，张志烈、马德富、周裕锴主编：《苏轼全集校注·文集》，河北人民出版社2010年版，第8176页。

二　我本麋鹿性，谅非伏辕姿
——东坡览古鉴今对君臣关系的辩证思考、理性认知

九十日春晴天少，三千年事乱时多。理想终究只是理想，理想和现实之间有着太大的距离。东坡作为一代伟人，博古通今，通才绝识，在对历史的辩证思考和对现实的全面观照的基础上，形成了他对古今君臣关系的理性认知。

研味东坡丰富复杂、跌宕起伏的人生，品味其蕴涵丰富的诗词、文赋，东坡傲世独立的个性给读者以深刻的印象。仕宦之初，他在《上曾丞相书》即倡言：

> 凡学之难者，难于无私。无私之难者，难于通万物之理。……是故幽居默处而观万物之变，尽其自然之理，而断之于中。虽古之所谓贤人之说，亦有所不取。[1]

东坡为学如此，为文如此，为政如此，为人更是如此。一生坚守，不忘初心，凸显个性，遗世独立，绝不随波逐流，成就了特有的东坡风范。其晚年的《和陶杂诗十一首》其六写道："博大古真人，老聃关尹喜。独立万物表，长生乃余事。"表明他一生追求的是"独立"。曾有论者盛赞东坡性格中的"野性"之美，这野性即自然的独立个性，诚所谓"我本麋鹿性，谅非伏辕姿"。[2] 尽管历尽磨难，东坡深知自己难以为世所容，他在不同时期的诗作中抒写了自己独立人世的困惑："此身自断天休问，白发年来渐不公。"[3] "世上小儿多忌讳，独能容我真贤豪？……安能终老尘土下，

---

[1] （宋）苏轼著，张志烈、马德富、周裕锴主编：《苏轼全集校注·文集》，河北人民出版社2010年版，第5199页。

[2] （宋）苏轼：《次韵孔文仲推官见赠》，载张志烈、马德富、周裕锴主编《苏轼全集校注·诗集》，河北人民出版社2010年版，第972页。

[3] （宋）苏轼：《和邵同年戏赠贾收秀才》，载张志烈、马德富、周裕锴主编《苏轼全集校注·诗集》，河北人民出版社2010年版，第797页。

俯仰随人如桔槔。"① 但始终坚持本心，绝不屈己徇人。因为他深知俯仰随人、屈己徇人的结果就是迷失自我丧失自我。东坡在《题渊明诗二则》中有明确认知：

"秋菊有佳色，裛露掇其英。泛此无忧物，远我遗世情。一觞聊独尽，杯尽壶自倾。日入群动息，飞鸟趋林鸣。啸傲东窗下，聊复得此生。"靖节以无事自适为得此生，则凡役于物者，非失此生耶？②

东坡在《录渊明诗》中又写道：

"清晨闻扣门，倒裳自往开。问子为谁与？田父有好怀。壶浆远见候，疑我与时乖。褴缕茅檐下，未足为高栖。一世皆尚同，愿君汩其泥。深感父老言，禀气寡所谐。纡辔诚可学，违己谁非迷。且共欢此饮，吾驾不可回。"此诗叔弼爱之，予亦爱之。予尝有云："言发于心而冲于口，吐之则逆人，茹之则逆予，以谓宁逆人也，故卒吐之。"与渊明诗意不谋而合，故并录之。③

不为物移，不为名利移，不为权势移，不随人俯仰，更不屈己徇人，因为东坡深知仰人鼻息、俯仰随人的巨大危害：

昔之君子，惟荆是师；今之君子，惟温是随。所随不同，其为随一也。老弟与温相知至深，始终无间，然多不随耳。致此烦言，盖始于此。然进退得丧，齐之久矣，皆不足道。④

正是这追名逐利的官场痼疾造成了熙宁元丰和元祐期间的官场乱象。而且官场之中俯仰随人的"羊群效应"，不仅败坏了政风、士风，也败坏

---

① （宋）苏轼：《送李公恕赴阙》，载张志烈、马德富、周裕锴主编《苏轼全集校注·诗集》，河北人民出版社2010年版，第1620页。
② （宋）苏轼著，屠友祥校注：《东坡题跋校注》，上海远东出版社2011年版，第72页。
③ （宋）苏轼著，屠友祥校注：《东坡题跋校注》，上海远东出版社2011年版，第100页。
④ （宋）苏轼：《与杨元素书之十七》，载张志烈、马德富、周裕锴主编《苏轼全集校注·文集》，河北人民出版社2010年版，第6143页。

了学风、文风。东坡在《答张文潜县丞书》中指出：

> 文字之衰，未有如今日者也。其源实出于王氏。王氏之文，未必不善也，而患在于好使人同己。自孔子不能使人同，颜渊之仁，子路之勇，不能以相移。而王氏欲以其学同天下！地之美者，同于生物，不同于所生。惟荒瘠斥卤之地，弥望皆黄茅白苇，此则王氏之同也。①

在对现实人生的深刻体察和对前代君臣实际的寻味思考之中，东坡认识了在短暂人生名利竞逐中自我迷失、自我丧失的悲哀。于是他在人生磨砺之中更加彰显独立个性、独立意志和独立精神，这种精神也凸显在东坡对于古今贤君君臣关系处理的理性认知上。

东坡曾经认为"汉高祖唐高祖皆创业之贤君"，但回望前史，汉高祖认知处理君臣关系的言论，颇令东坡感慨。其《和陶杂诗十一首》其三曰：

> 真人有妙观，俗子多妄量。区区劝粒食，此岂知子房。我非徒跣相，终老怀未央。兔死缚淮阴，功狗指平阳。哀哉亦可羞，世路皆羊肠。②

诗中"兔死缚淮阴"典出《史记·淮阴侯列传》："汉六年，人有上书告楚王信反。高帝以陈平计，天子巡狩会诸侯。南方有云梦，发使告诸侯会陈：'吾将游云梦。'实欲袭信，信弗知。……（信）谒高祖于陈。上令武士缚信，载后车。信曰：'果若人言"狡兔死，走狗烹；高鸟尽，良弓藏；敌国破，谋臣亡"，天下已定，我固当烹！'"③

"功狗"之说则出自《史记·萧相国世家》：

> 汉五年，既杀项羽，定天下，论功行封。群臣争功，岁余功不

---

① （宋）苏轼著，张志烈、马德富、周裕锴主编：《苏轼全集校注·文集》，河北人民出版社2010年版，第5322页。

② （宋）苏轼著，张志烈、马德富、周裕锴主编：《苏轼全集校注·文集》，河北人民出版社2010年版，第4916页。

③ （汉）司马迁：《史记》，吉林人民出版社2005年版，第317—318页。

决。高祖以萧何功最盛，封为酂侯，所食邑多。功臣皆曰："臣等身披坚执锐，多者百余战，少者数十合，攻城略地，大小各有差。今萧何未尝有汗马之劳，徒持文墨议论，不战，顾反居臣等上，何也？"高帝曰："诸君知猎乎？"曰："知之。""知猎狗乎？"曰："知之。"高帝曰："夫猎，追杀兽兔者狗也，而发踪指示兽处者人也。今诸君徒能得走兽耳，功狗也。至如萧何，发踪指示，功人也。且诸君独以身随我，多者两三人。今萧何举宗数十人皆随我，功不可忘也。"群臣皆莫敢言。①

翻检东坡诗文集，每当览及其"功狗"之喻，"犬马"之比，思及其对君臣之义的理想追求和现实中的切身体味，让人感慨。

追怀前史，东坡在《曹袁兴亡》一文中曾认为君主贤愚，关乎国之兴亡，并认为袁绍与曹操相比，魏武帝允称明主：

> 魏武帝既胜乌桓，曰："吾所以胜者，幸也。前谏我者，万全之计也。"乃赏谏者，曰："后勿难言。"袁绍既败于官渡，曰："诸人闻吾败，必相哀。惟田别驾不然，幸其言之中也。"乃杀丰。为明主谋而不忠，不惟无罪，乃有赏。为庸主谋而忠，赏固不可得，而祸随之。今吾知孟德、本初所以兴亡者。②

而在《周瑜雅量》一文中，东坡缕述蒋干游说周瑜之事时，盛称孙权、周瑜上下同心，君臣相得，难以离间。文中引周瑜之言曰：

> 丈夫处世，遇知己之主，外托君臣之义，内结骨肉之恩，言行计从，祸福共之。假使苏、张更生，郦、陆复出，犹将抚其背而折其辞，岂足下小生所能移乎？

以孙权、周瑜祸福与共的君臣关系与曹操用荀彧而不终相较，东坡感

---

① （汉）司马迁：《史记》，吉林人民出版社2005年版，第339页。
② （宋）苏轼著，张志烈、马德富、周裕锴主编：《苏轼全集校注·文集》，河北人民出版社2010年版，第7250页。

叹："曹孟德所用，皆为人役者也。以子房待文若，然终不免杀之，岂能用公瑾之流度外之士哉！"①

东坡还批评了晋宋之际君主与臣下争善的令人不齿的无人君之度的举动。其《晋宋之君与臣下争善》曰：

> 人君不得与臣下争善。同列争善犹以为妒，可以君父而妒臣子乎？晋、宋间，人主至与臣下争作诗写字。故鲍照多累句，王僧虔用拙笔书以避祸。悲夫，以至于此哉！汉文帝言："久不见贾生，自以为过之，今乃不及。"非独无损于文帝，乃所以为文帝之盛德也。而魏明乃不能堪，遂作汉文胜贾生之论。此非独求胜其臣，乃与异代之臣争善。岂惟无人君之度，正如妒妇不独禁忌其夫，乃妒人之妾也。②

苏轼认为汉文帝自以为不及贾谊，可谓文帝之盛德；魏明帝作汉文胜贾生论，乃是妒妇"忌夫""妒妾"之流。东坡对前代君臣关系的评说，有时似乎有矛盾之处，譬如评魏武帝官渡之战对待属下的"明君"之举与信任荀彧而用人不果，但实际上正反映了东坡尊重历史，辩证思考，理性认知的君臣观。

对于当朝君主的评价，东坡亦不人云亦云，力求全面认知。作为大宋臣僚，他一方面歌颂当朝君主盛德，诸如《真宗信李沆》《仁祖盛德》《英宗惜臣子》《神宗恶告讦》，另一方面又敏感地发现盛世表象下的隐忧。他在元祐元年试馆职策问三首之《师仁宗之忠厚法神宗之励精》中指出：

> 国家承平百年，六圣相授，为治不同，同归于仁。今朝廷欲师仁祖之忠厚，而患百官有司不举其职，或至于偷；欲法神考之励精而恐监司守令不识其意，流入于刻。夫使忠厚而不偷，励精而不刻，亦必

---

① （宋）苏轼著，张志烈、马德富、周裕锴主编：《苏轼全集校注·文集》，河北人民出版社2010年版，第7254页。
② （宋）苏轼著，张志烈、马德富、周裕锴主编：《苏轼全集校注·文集》，河北人民出版社2010年版，第7280页。

有道矣。①

对于历史上的母后摄政，历代多有微词，东坡则能对于具体人物中肯评价。《论鲁隐公》作于元符三年（1100）渡海北归后，文中对历史上"母后摄政"深感不满（吕后，东汉马后、邓后，唐代武后等），但对古今贤后四人多有赞词，其说曰：

  自秦、汉以来，不修是礼，而以母后摄。孔子曰："唯女子与小人为难养也。"使与闻外事且不可，曰"牝鸡司晨，惟家之索"。而况可使摄位而临天下乎？女子为政而国安，惟齐之君王后，吾宋之曹、高、向也，盖亦千一矣。自东汉马、邓，不能无讥。而汉吕后、魏胡武灵、唐武氏之流，盖不胜其乱。王莽、杨坚遂因以异姓。②

总结历史，抚视现实，苏轼认为臣子不应虚名取誉，清谈误国："文非经国武非英，终日虚谈取盛名。至竟开门延羯寇，始知清论误苍生。"③而应该砥砺名节，忠信立朝：

  轼窃谓士大夫砥砺名节，正色立朝，不务雷同以固禄位，非独人臣之私义，乃天下国家所恃以安者也。若名节一衰，忠信不闻，乱亡随之。④

但令我们极为感佩的是，东坡指点评说古今君臣大义时，他的独立意识独立精神贯穿其中，他强调臣子仕与不仕的相对独立性："古之君子，不必仕，不必不仕。必仕则忘其身，必不仕则忘其君。譬之饮食，适于饥

---

① （宋）苏轼著，张志烈、马德富、周裕锴主编：《苏轼全集校注·文集》，河北人民出版社2010年版，第706页。

② （宋）苏轼著，张志烈、马德富、周裕锴主编：《苏轼全集校注·文集》，河北人民出版社2010年版，第473—474页。

③ （宋）苏轼：《读〈王衍传〉》，载张志烈、马德富、周裕锴主编《苏轼全集校注·诗集》，河北人民出版社2010年版，第5477页。

④ （宋）苏轼：《张九龄不肯用张守珪牛仙客》，载张志烈、马德富、周裕锴主编《苏轼全集校注·文集》，河北人民出版社2010年版，第658页。

饱而已。"① 而对于当朝士大夫为一已之利罔顾国家大义表示自己的愤慨和忧虑：

> 此间语言纷纷，比来尤甚。士大夫相顾避祸而已，何暇及中外利害大计乎？②

东坡回顾研味历史，是为了借古鉴今，他在《表忠观碑》中说："匪私于钱，惟以劝忠。非忠无君，非孝无亲。凡百有位，视此刻文。"③ 而对于当朝君臣的评说，多是直言不讳，匡救时弊，为了宋王朝的长治久安。尽管他的相关论说不断被政敌寻章摘句恶意攻击，但我们从相关资料中发现，苏轼具有独特个性的君臣观的形成，起始于在其独立精神主导下对于历史的探究和对于现实的思考，其丰富复杂的人生阅历是其不断深入研味的催化剂，而最终以一系列代表性的文学作品留存至今，耐人寻味。

三 坎坷识天意，淹留见人情
—— 东坡君臣观的独特性、超越性

苏轼一生历经仁宗、英宗、神宗、哲宗、徽宗五朝，其仕途经济，始于仁宗朝、英宗朝，真正介入朝廷政务，乃在神宗朝。但对其君臣观的思考形成有巨大影响的是神宗、哲宗两朝，对其影响巨大的是神宗、高太后、哲宗三位帝、后。诚所谓知之者神宗，用之者太后，有锥心之痛者哲宗。

神宗知之而不果用。苏轼对于神宗，感情是极为复杂的。神宗重用王安石变法改革，欲大有为于天下，苏轼旗帜鲜明地反对变法。对于苏轼的反对意见，神宗虚心纳谏，甚为宽容。据苏辙《亡兄子瞻端明墓志

---

① （宋）苏轼：《灵壁张氏园亭记》，载张志烈、马德富、周裕锴主编《苏轼全集校注·文集》，河北人民出版社2010年版，第1163页。

② （宋）苏轼：《答吕元钧三首之二》，载张志烈、马德富、周裕锴主编《苏轼全集校注·文集》，河北人民出版社2010年版，第6515页。

③ （宋）苏轼著，张志烈、马德富、周裕锴主编：《苏轼全集校注·文集》，河北人民出版社2010年版，第1799页。

铭》载：

> （熙宁）四年，介甫欲变更科举，上疑焉，使两制三馆议之。公议上，上悟曰："吾固疑此，得苏轼议，意释然矣。"即日召见，问："何以助朕？"公辞避久之，乃曰："臣窃意陛下求治太急，听言太广，进人太锐。愿陛下安静以待物之来，然后应之。"上竦然听受，曰："卿三言，朕当详思之。"①

适逢元宵节，神宗下令减价收买浙灯四千盏，苏轼上《谏买浙灯状》，神宗采纳苏轼意见，从善如流。继之，苏轼又连续上奏《上神宗皇帝书》《再上皇帝书》，全面反对新法，神宗颇为宽容。及至"徙知湖州，以表谢上。言事者摘其语以为谤，遣官逮赴御史狱。初，公既补外，见事有不便于民者，不敢言，亦不敢默视也，缘诗人之义，托事以讽，庶几有补于国。言者从而媒糵之。上初薄其过，而浸润不止，是以不得已从其请。既付狱，吏必欲置之死，锻炼久之不决。上终怜之，促具狱，以黄州团练副使安置。""五年，上有意复用，而言者沮之。上手札徙汝州，略曰：'苏轼黜居思咎，阅岁滋深，人材实难，不忍终弃。'未至，上书自言有饥寒之忧，有田在常，愿得居之。书朝入，夕报可。士大夫知上之卒喜公也。会晏驾，不果复用。"②

苏轼元祐时期青云直上，论者多以为乃太皇太后之力，而苏轼曾对好友王巩讲了自己与宣仁太后的谈话实录，对神宗知遇之恩铭记在心：

> 子瞻为学士，一日，锁院，召至内东门小殿。时子瞻半醉，命以新水漱口解酒。已而入对，授以除目：吕公著司空平章军国事，吕大防、范纯仁左右仆射。承旨毕，宣仁忽谓："官家在此。"子瞻曰："适已起居矣。"宣仁曰："有一事要问内翰，前年任何官职？"子瞻曰："汝州团练副使。""今为何官？"曰："备员翰林，充学士。"曰："何以至此？"子瞻曰："遭遇陛下。"曰："不关老身事。"子瞻曰："必是出自官家。"曰："亦不关官家事。"子瞻曰："岂大臣荐耶？"

---

① 四川大学中文系唐宋文学研究室编：《苏轼资料汇编》，中华书局1994年版，第64页。
② 四川大学中文系唐宋文学研究室编：《苏轼资料汇编》，中华书局1994年版，第65页。

曰："亦不关大臣事。"子瞻惊曰："臣虽无状，必不别有干请。"曰："久待要学士知，此是神宗皇帝之意。当其饮食而停著、看文字，则内人必曰：此苏轼文字也。神宗忽时而称之曰：奇才！奇才！但未及用学士而上仙耳。"子瞻哭失声。宣仁与上左右皆泣。已而赐坐喫茶，曰："内翰，内翰！直须尽心事官家，以报先帝知遇。"子瞻拜而出，徹金莲烛送归院。子瞻亲语余如此。①

众所周知，东坡在湖州任上被追捕入狱，既而贬谪黄州，神宗人才难得之语，神宗在其危难之际的恩眷——正是由于神宗皇帝对于东坡的知遇再造之恩，东坡对于神宗感念终生。神宗英年早逝，苏轼撰《神宗皇帝挽词三首》，前两首充分肯定了神宗功业，表达自己的尊崇之意。第三首则表达了自己怀恋感念之情："病马空嘶枥，枯葵已泫霜。余生卧江海，归梦泣嵩邙。"②

与之相应的是，挽词中言及神宗"余事及平戎"，直到元祐二年东坡在《生擒西蕃鬼章奏告永裕陵祝文》中仍在追思："谨当推本圣心，益修戎略，务在服近而来远，期于偃革以息民。仰冀威神，曲垂昭鉴。"③ 东坡对于神宗富国强兵之深心的体念是极为深切的，挽词发自内心，绝非表面文章。他在得知神宗逝世后曾寄书王巩，挚友之间，吐露了真情，所谓"无状罪废，众欲置之死，而先帝独哀之"，所谓"蒙恩尤深"，"而今而后，谁复出我于沟渎者。已矣，归耕没齿而已！"④ 对神宗的感念知遇之情，满溢于言辞之间。

熙宁、元丰变法时期对于东坡而言是一段特殊仕宦经历，由于神宗、王安石变法引发的新旧党争，政治生态复杂化。神宗对于苏轼知之而不能用，知之而不果用，从整体上讲，苏轼在这一时期是郁郁不得志的。正是在不断地外放迁调甚至贬谪之中，东坡在仕隐出处之间寻觅，在报国忠君

---

① 四川大学中文系唐宋文学研究室编：《苏轼资料汇编》，中华书局1994年版，第35页。
② （宋）苏轼著，张志烈、马德富、周裕锴主编：《苏轼全集校注·诗集》，河北人民出版社2010年版，第2807页。
③ （宋）苏轼著，张志烈、马德富、周裕锴主编：《苏轼全集校注·文集》，河北人民出版社2010年版，第4790—4791页。
④ （宋）苏轼：《与王定国》，载张志烈、马德富、周裕锴主编《苏轼全集校注·文集》，河北人民出版社2010年版，第5704页。

与独立人格之间平衡,"长恨此身非吾有,何时忘却营营",一系列诗文展示了东坡特有的思考人生探求人生的心路历程。

其《沁园春》(赴密州,早行,马上寄子由):"当时共客长安,似二陆初来俱少年。有笔头千字,胸中万卷。致君尧舜,此事何难。用舍由时,行藏在我,袖手何妨闲处看。身长健,但优游卒岁,且斗樽前。"抒写了东坡致君尧舜的初心,用舍行藏的坦荡,显示了词人在复杂的政治环境中的人生态度。《定风波》(咏红梅)中"自怜冰脸不时宜""尚余孤瘦雪霜姿""休把闲心随物态"词句与其《卜算子》(孤鸿)中"拣尽寒枝不肯栖"同一旨趣,展示了东坡独立的人格意志。《满庭芳》中"蜗角虚名,蝇头微利,算来着甚干忙。事皆前定,谁弱又谁强?……又何须抵死,说短论长"①诸语,其对于当时纷扰官场无谓的人事纷争的思考,恰如杨慎《草堂诗余》卷四所言:"先生此词在唤醒世上梦人,故不作一深语。"② 乌台诗案,缧绁惊梦,困居黄州五载,但尊主泽民之念在心,出语掷地有声:

> 吾侪虽老且穷,而道理贯心肝,忠义填骨髓,直须谈笑于死生之际……虽怀坎壈于时,遇事可尊主泽民者,便忘躯为之,祸福得丧,付与造物。③

元丰五年,神宗有意用之,手札"苏轼黜居思咎,阅岁滋深,人材实难,不忍终弃"量移汝州;东坡"上书自言有饥寒之忧,有田在常,愿得居之。书朝入,夕报可"。④ 东坡在《满庭芳》词中抒发了对神宗的感戴之情:

> 余谪居黄州五年,将赴临汝,作《满庭芳》一篇别黄人。既至南

---

① (宋)苏轼著,张志烈、马德富、周裕锴主编:《苏轼全集校注·词集》,河北人民出版社2010年版,第412页。
② (宋)苏轼著,张志烈、马德富、周裕锴主编:《苏轼全集校注·词集》,河北人民出版社2010年版,第415页。
③ (宋)苏轼:《与李公择十七首之十一》,载张志烈、马德富、周裕锴主编《苏轼全集校注·文集》,河北人民出版社2010年版,第5617页。
④ 四川大学中文系唐宋文学研究室编:《苏轼资料汇编》,中华书局1994年版,第65页。

都，蒙恩放归阳羡，复作一篇。

归去来兮，清溪无底，上有千仞嵯峨。画楼东畔，天远夕阳多。老去君恩未报，空回首，弹铗悲歌。船头转，长风万里，归马驻平坡。①

东坡在神宗朝因皇上圣明受知遇之恩，亦因朝政纷纭而被外放，被下狱贬谪，但对政治人生几番寻味，忠君为民依然是东坡的第一选择，"老去君恩未报"，东坡心中此时的君恩有着特定的情感内涵。东坡曾在元祐间对于神宗知遇之恩庇佑之情有着精要的总结："臣闻有言逆心，此古人所以颠沛；积毁销骨，非圣主莫能保全；臣本受知于裕陵，亦尝见待以国士。嘉其好直，许以能文。虽窜谪流离之余，决无可用；而哀怜收拾之意，终不少衰。"②

如果说在神宗朝身处困境的东坡依然思恋人生理想，想及时奋发，忠君报国的话，那么元祐时期是他一生仕宦的辉煌时期。

苏轼在元祐年间，备极荣耀，达到仕宦的巅峰，可谓飞黄腾达，赖正和先生《苏轼官职漫谈》曾详述苏轼在元祐年间所任官职，文简义明，可以给予我们清晰的印象。迻录其要者如下：

元丰八年三月十岁的哲宗即位，五月，苏轼复朝奉郎、知登州军州事；登州视事仅五日，诏命任礼部郎中；十二月十八日，守起居舍人；元祐元年，免试任中书舍人；九月，为翰林学士知制诰；元祐二年八月，兼任侍读；当月二十二日，受命担任实录院修撰；元祐三年正月，知贡举；元祐四年三月，为龙图阁学士、充两浙西路兵马提辖、知杭州军州事；元祐六年正月，为吏部尚书；二月初四，改命为翰林学士承旨；六月，受命兼侍读；八月，为龙图阁学士、知颍州军州事；元祐七年二月，为龙图阁学士、充淮南东路兵马提辖、知扬州军州事；八月，为龙图阁学士、守兵部尚书、兼侍读、差充南郊卤簿

---

① （宋）苏轼著，张志烈、马德富、周裕锴主编：《苏轼全集校注·词集》，河北人民出版社2010年版，第515页。

② （宋）苏轼：《谢中书舍人表二首之二》，载张志烈、马德富、周裕锴主编《苏轼全集校注·文集》，河北人民出版社2010年版，第2615页。

使；十一月，为端明殿学士、兼翰林侍读学士、守礼部尚书；元祐八年六月，知定州军州事。八年期间，仅就职位升迁而言，可谓皇恩浩荡。①

客观地讲，东坡元祐八年六月知定州军州事，九月高太后逝世，十月哲宗亲政，哲宗皇帝拒绝其上殿面辞之请，乃是其辉煌仕途的结束，晚期贬谪生涯拉开序幕。但整体上讲，元祐年间，皇恩浩荡，东坡沐浴皇恩，蒙惠高太后恩泽，春风得意，颇像秦观一句词所说："柳下桃蹊，乱分春色到人家。"在此期间，东坡"岂期枯朽之中，有此遭逢之异"②，苏轼感戴："伏念臣以草木之微，当天地之泽，七典名郡再入翰林；两除尚书，三忝侍读。虽当世之豪杰，犹未易居；矧如臣之孤危，其何能副？"③ 所以，一次次誓天指日，杀身图报：

> 恭维先帝全臣于众怒必死之中，陛下起臣于散官永弃之地，没身难报，碎首为期。④
> 臣敢不尽其所能，期于无愧！始终自誓，故常以道事君；夷险不同，则必见危而授命。⑤
> 推其类以及臣，顾何能而在此？忠义之报，死生不移。⑥
> 奉永日之清闲，未知所报；毕微生于尽瘁，终致此心。⑦
> 臣敢不早夜以思，死生不易？虽桑榆之景，已迫残年；而犬马之

---

① 赖正和：《苏轼官职漫谈》，《苏轼研究》2013 年第 4 期第 40—46 页，2014 年第 1 期第 42—50 页。
② （宋）苏轼：《登州谢上表二首之一》，载张志烈、马德富、周裕锴主编《苏轼全集校注·文集》，河北人民出版社 2010 年版，第 2606 页。
③ （宋）苏轼：《谢兼侍读表二首之一》，载张志烈、马德富、周裕锴主编《苏轼全集校注·文集》，河北人民出版社 2010 年版，第 2749 页。
④ （宋）苏轼：《登州谢上表》，载张志烈、马德富、周裕锴主编《苏轼全集校注·文集》，河北人民出版社 2010 年版，第 2602 页。
⑤ （宋）苏轼：《谢中书舍人表二首之二》，载张志烈、马德富、周裕锴主编《苏轼全集校注·文集》，河北人民出版社 2010 年版，第 2616 页。
⑥ （宋）苏轼：《谢宣召入院表二首之二》，载张志烈、马德富、周裕锴主编《苏轼全集校注·文集》，河北人民出版社 2010 年版，第 2627 页。
⑦ （宋）苏轼：《谢除侍读表二首之二》，载张志烈、马德富、周裕锴主编《苏轼全集校注·文集》，河北人民出版社 2010 年版，第 2642 页。

心，犹思后效。①

人非木石，恩重如山。……臣敢不淬励初心，激昂晚岁，誓坚必死之节，少报不赀之恩。②

虽老病怀归，已功名之无望；而衷诚思报，尚生死之不易。③

在这里，我们没有录载东坡上哲宗谢表中的相关文字，尽管我们知道哲宗初即位时年仅 10 岁，元祐年间政出高皇太后。因为从东坡一系列有关高太后的文字中，我们可以深切感知东坡对于高太后的感戴之情。

当然，元祐期间苏轼以自己独特个性从政，处于新旧党夹击之中，自言"伏念臣志大而才短，论迂而性刚。以自用不回之心，处众人必争之地，不早退缩，安能保全？是以三年翰墨之林，屡遭飞语；再岁江湖之上，粗免烦言。岂此身愚智之殊，盖所居闲剧之致。"④ 在心力交瘁之时，亦有归去来兮之想，但最终"贪恋君恩退未能"，对于朝廷特别是对于高太后的知恩图报之情贯穿于这一特定时期。

对于东坡君臣观最终定格起决定作用的是其晚期的贬谪生涯，让他在贬谪流放生涯的苦痛中回味人生、思考人生的重要人物应该是哲宗，他曾经的"学生"。如果说"贪恋君恩退未能"可以概括东坡对于元祐朝对于高太后的感恩眷恋的话，那么"多情却被无情恼"可以看作东坡对于自己和哲宗君臣关系的总结。至于"多情却被无情恼"的诸多政治内涵需要专文去探讨，限于本文主旨，我们主要从东坡君臣关系角度试加探求。

元祐八年六月，东坡知定州军州事；九月，太皇太后高氏卒；十月，哲宗亲政，有旨不允东坡面辞。国事将变，东坡是有预感的。其作于当年九月二十六日的《东府雨中别子由》云：

庭下梧桐树，三年三见汝。前年适汝阴，见汝鸣秋雨。去年秋雨

---

① （宋）苏轼：《谢宣召再入学士院二首之二》，张志烈、马德富、周裕锴主编：《苏轼全集校注·文集》，河北人民出版社 2010 年版，第 2686 页。

② （宋）苏轼：《谢兼侍读表二首之一》，载张志烈、马德富、周裕锴主编《苏轼全集校注·文集》，河北人民出版社 2010 年版，第 2695 页。

③ （宋）苏轼：《谢除龙图阁学士知颍州表二首之一》，载张志烈、马德富、周裕锴主编《苏轼全集校注·文集》，河北人民出版社 2010 年版，第 2701 页。

④ （宋）苏轼：《谢兼侍读表二首之二》，载张志烈、马德富、周裕锴主编《苏轼全集校注·文集》，河北人民出版社 2010 年版，第 2696 页。

时，我自广陵归。今年中山去，白首归无期。客去莫叹息，主人亦是客。对床定悠悠，夜雨空萧瑟。起折梧桐枝，赠汝千里行。归来知健否，莫忘此时情。①

"今年中山去，白首归无期"，一语成谶。王文诰曾谓：此篇大有慷慨，故语亦激昂之甚，非兴到之谓也。不读《朝辞赴定州状》，而欲论此诗，难矣！②那么，东坡《朝辞赴定州状》包含了哪些内容呢？首先，东坡在表状中对哲宗拒绝其上殿面辞表达了自己的不理解和批评意见："今者祥除之后，听政之初，当以通下、情除壅蔽为急务。臣虽不肖，蒙陛下擢为河北西路安抚使，沿边重地，此为首冠，臣当悉心论奏，陛下亦当垂意听纳。祖宗之法，边帅当上殿面辞，而陛下独以本任阙官迎接人众为词，降旨拒臣不令上殿，此何义也？"东坡担忧，守边重臣就任前面见皇上的惯例被打破，会造成不良影响，哲宗"听政之初，将帅不得一面天颜而去，有识之士，皆谓陛下厌闻人言，意轻边事，其兆见于此矣"。怀抱忘身忧国之心的东坡规劝哲宗识定而后动："古之圣人，将有为也，必先处晦而观明，处静而观动，则万物之情，毕陈于前。不过数年，自然知利害之真，识邪正之实，然后应物而作，故作无不成。"欲有所作为，以三年为期，谋定而后动："今陛下圣智绝人，春秋鼎盛。臣愿虚心循理，一切未有所为，默观庶事之利害与群臣之邪正，以三年为期。俟得利害之真，邪正之实，然后应物而作。使既作之后，天下无恨，陛下亦无悔，上下同享太平之利。则虽尽南山之竹，不足以纪圣功，兼三宗之寿，不足以报圣德，由此观之，陛下之有为，惟忧太早，不患稍迟，亦已明矣。"哲宗亲政之初，东坡对于政局变幻，深忧于心："臣恐急进好利之臣，辄劝陛下轻有改变，故辄进此说，敢望陛下深信古语，且守中医安稳万全之策，勿为恶药所误，实社稷宗庙之利，天下幸甚。"③

细加寻味，我们发现东坡之隐忧，意在言外，文中一则曰："臣在经

---

① （宋）苏轼著，张志烈、马德富、周裕锴主编：《苏轼全集校注·诗集》，河北人民出版社2010年版，第4225页。

② （宋）苏轼著，张志烈、马德富、周裕锴主编：《苏轼全集校注·诗集》，河北人民出版社2010年版，第4228页。

③ （宋）苏轼：《朝辞赴定州论事状》，载张志烈、马德富、周裕锴主编《苏轼全集校注·文集》，河北人民出版社2010年版，第3588—3560页。

筵，数论此事，陛下为政九年，除执政台谏外，未尝与群臣接，然天下不以为非者，以谓垂帘之际不得不尔也。"再则曰："今陛下听政之初，不行乘干出震见离之道，废祖宗临遣将帅故事，而袭行垂帘不得已之政，此朝廷有识所以惊疑而忧虑也。"透露了哲宗在高太后垂帘听政期间由于自己的被忽略而积聚的对元祐重臣的排斥、抗拒甚至敌视的心理，而这些高太后、东坡、范祖禹等皆有觉察，所以高太后病重时对大臣们有所提醒。但哲宗政治态度所向，关乎国家命运，因此东坡在当年八月会同吕希哲、吴安诗、丰稷、赵彦若、范祖禹、顾临等侍读官所上《乞校正陆贽札子上进札》，在范祖禹所撰东坡"挂名"的《听政札子》中，对哲宗苦苦规诫，一片赤诚，可以概见。因此苏诗中的"此时情"丰富、复杂且沉重。

苏轼的忧思是准确的，势有所至，事乃必然。哲宗元祐八年十月亲政，十二月即复章惇、吕惠卿官职；绍圣元年（1094）二月李清臣、邓润甫首倡"绍述"之说；四月渐复熙宁新法，责降元祐旧臣。四月，因御史虞策、来之邵言苏轼所作诰词多涉讥讪，诏落端明殿学士兼翰林侍读学士，为承议郎，贬知英州。南迁途中，御史来之邵又言苏轼虽已责降，未厌舆论，责授宁远军节度副使，惠州安置；旋又改授建昌军司马，惠州安置。国势骤变，黑云压城，尽管东坡早有预感，南迁途中仍不免"我行忽失路，归梦山千重"之叹。

当贬居惠州的东坡"已绝北归之望"[①]，在《与孙志康》书中亦曰："今北归无日，因遂自谓惠人，渐作久居计，正使终焉，亦有何不可！"[②]在白鹤峰下建造住所，准备终老岭南之时，绍圣四年，元祐大臣受到新一轮的政治迫害，朝廷追贬司马光、吕公著等，东坡再责琼州别驾，昌化军安置。四月，发惠州，子孙痛哭江边为别。其时之惨象，东坡在谢表中自言："并鬼门而东鹜，浮瘴海以南迁。生无还期，死有余责"；"臣孤老无托，瘴疠交攻。子孙恸哭于江边，已为死别；魑魅逢迎于海外，宁许生还。"[③] 东坡在《与王敏仲书》也说："某垂老投荒，无复生还之望。昨与

---

① （宋）苏轼：《与程正辅书之十三》，载张志烈、马德富、周裕锴主编《苏轼全集校注·文集》，河北人民出版社2010年版，第5965页。

② （宋）苏轼著，张志烈、马德富、周裕锴主编：《苏轼全集校注·文集》，河北人民出版社2010年版，第6209页。

③ （宋）苏轼著，张志烈、马德富、周裕锴主编：《苏轼全集校注·文集》，河北人民出版社2010年版，第2785—2786页。

长子迈诀,已处置后事矣。今到海南,首当作棺,次便作墓,乃留手疏与诸子,死则葬海外……生不挈棺,死不扶柩,此亦东坡之家风也。"① 于是,已是62岁衰病之中的老人,又在非人宜居的儋州贬处三年。直到元符三年正月,哲宗崩逝,徽宗即位,向太后同处分国事,苏轼内徙,廉州安置。行次英州,奉敕复朝奉郎,提举成都府玉局观,在外州军任便居住。而此时的东坡,已是衰病交加,于次年七月病卒于常州。从绍圣元年哲宗亲政始,东坡在岭海贬所度过了七年的贬谪岁月。其间艰难困苦,困居岭海的东坡对于社会人生进行了多维思考。

限于本文主旨,在东坡晚年对于社会人生的多维思考中,我们重在探究他的君臣观,探究他对于哲宗的评价与态度。在这里,我们要特别申明的是,人们关注研究苏东坡,往往钦慕其在多难人生中,特别是在逆境困境中的超然迈往的坡仙风范,钦慕东坡是一位"天生的乐天派"。如果我们客观理性地认识到东坡的旷达超然、乐观豁达只是他精神风范的一部分,这是没有问题的。但我们在欣赏钦慕东坡超然潇洒的坡仙风范的时候,往往有意无意地忽略了东坡走过的多难人生日益恶化的政治生态,东坡经历的仕途坎坷中的人情险恶,东坡在其超然潇洒风范产生发展中,对于日益恶化的政治生态的独到认识,以及他在困境中痛苦、挣扎、力图超脱、自我救赎的悲剧意识,诚所谓"坎坷识天意,淹留见人情"。我们曾撰文探讨东坡超然思想的产生、发展,其主要内涵及其达到的高度②,也曾撰文探研苏轼人生逆境中,对恶化的政治生态中人情事态的思考探究③。我们的观点是,东坡作为一个忠君爱国的理想主义者,其一生的政治理想的追求是执着的;但政坛纷争,朋党倾轧,败坏恶化了政治生态,他在新旧党争中深受其害,在痛苦的挣扎中寻求解脱、超脱;然而超然物外的追求在险恶的政治生态下难以达成,最终在衰病漂泊中赍志以殁。对于东坡研究而言,其人生晚年的最大的悲剧就是,险恶的政治生态裹挟,要让自幼"奋厉有天下志"的东坡在贬谪生涯中体味艰难人生,要让一个智慧的

---

① (宋)苏轼:《与王敏仲书之十六》,载张志烈、马德富、周裕锴主编《苏轼全集校注·文集》,河北人民出版社2010年版,第6244页。

② 庆振轩:《苏轼超然思想探论之一——以密州为中心》《一点浩然气 千里快哉风——苏轼超然思想探论之二》,见于《苏轼研究》2014年第2期第4—9页,第3期第18—27页。

③ 庆振轩:《问汝平生功业 黄州惠州儋州——苏轼被贬谪辞谢表探论》,见于《苏轼研究》2016年第3期,第38—45页。

生命无所事事，并且看不到未来。如果我们不能深刻认识总结北宋后期的黑暗政治，对于东坡晚期的研究就会出现偏差，没有人生的深哀剧痛，那刻意的超脱超然就会显得滑稽。

我们在朝廷的谪辞中看到了阴森狠戾之气："左承议郎新差知英州苏轼。元丰间，有司奏轼罪甚众，论法当死。先皇帝特赦而不诛，于轼恩德厚矣。朕初嗣位，政出权臣。引轼兄弟，以为己助。自谓得计，罔有悛心。忘国大恩，敢以怨报。若讥朕过失，何所不容。乃代予言，诬诋圣考。乖父子之恩，害君臣之义。在于行路，犹不戴天；顾我士民，复何面目！乃至交通阉寺，矜诧幸恩。市井不为，缙绅所耻。尚曲典章，但从降黜。今言者谓轼指斥宗庙，罪大罚轻。国有常刑，非朕可赦。宥尔万死，窜之遐服。虽轼辩足惑众，文足饰非，自绝君亲，又将奚憝！保尔余息，毋重后悔。"①

在东坡的谢表和与友朋的书信中我们时时可见东坡的失望、无望乃至绝望。东坡在惠州已绝北归之望，渡海儋州更感北归无望，所以东坡相关文字写得气象愁惨，令人不忍读之。

也是拜哲宗、章惇们所赐，即使在贬所，也居无定所，食不甘味。东坡的相关诗作记叙了自己的艰难处境，在惠州所作《迁居》诗并引曰：

> 吾绍圣元年十月二日至惠州，寓居合江楼。是月十八日，迁于嘉祐寺。二年三月十九日，复迁于合江楼。三年四月二十日，复归于嘉祐寺。时方卜筑白鹤峰之上。新居成，庶几其少安乎？
>
> 前年家水东，回首夕阳丽。去年家水西，湿面春雨细。东西两无择，缘尽我辄逝。今年复东徙，旧馆聊一憩。已买白鹤峰，规作终老计。……虽惭抱朴子，金鼎陋蝉蜕。犹贤柳柳州，庙俎荐丹荔。吾生本无待，俯仰了此世。念念自成劫，尘尘各有际。下观生物息，相吹等蚊蚋。②

在儋州，东坡"初僦官屋以蔽风雨"，元符元年四月，董必遣使过海，

---

① 《苏轼散官惠州安置制》，见司义祖《宋大诏令集》，中华书局2009年版，第774页。
② （宋）苏轼著，张志烈、马德富、周裕锴主编：《苏轼全集校注·诗集》，河北人民出版社2010年版，第4746页。

东坡被逐出官舍，遂于城南买地筑室，为屋五间。其《新居》诗曰："旧居无一席，逐客犹遭屏。"①

东坡贬谪岭海的艰难生涯在其诗文中随处可见。东坡在惠州所写《和陶岁暮作和张常侍》诗引中曰："十二月二十五日，酒尽，取米欲酿，米亦竭。时吴远游、陆道士皆客于余。因读陶渊明《岁暮和张常侍》诗，亦以无酒为叹，乃用其韵赠二子。"在诗中期待"养我岁寒枝，会有解脱年"。②贬居海南，境遇更为艰难，他在《与程秀才》第一简及与友人书中，一再言及："此间食无肉，病无药，居无室，出无友，冬无炭，夏无寒泉，然亦未易悉数，大率皆无耳。"③且言及岭海老人贬所的艰难、艰险以至不堪回首："俯仰十年，忽焉如昨。间关百罹，何所不有。顷者海外，澹乎盖将终焉；偶然生还，置之勿复道焉。"④

七年远谪，九死一生。东坡北归途中回首晚年贬所生涯，感慨万千："一生忧患萃残年，心似惊蚕未易眠。"⑤"晚途流落不堪言，海上春泥手自翻。"⑥"七年来往我何堪"⑦，遇赦北归，实出望外："七年远谪，不自意全；万里生还，适有天幸。骤从缧绁，复齿缙绅。"⑧诗中亦有庆幸之语，《赠岭上老人》诗云："鹤骨霜髯心已灰，青松合抱手亲栽。问翁大庾岭头住，曾见南迁几个回？"⑨在艰难的生命旅途中，东坡品味人生，思考

---

① （宋）苏轼著，张志烈、马德富、周裕锴主编：《苏轼全集校注·诗集》，河北人民出版社2010年版，第4991页。
② （宋）苏轼著，张志烈、马德富、周裕锴主编：《苏轼全集校注·诗集》，河北人民出版社2010年版，第4789—4790页。
③ （宋）苏轼著，张志烈、马德富、周裕锴主编：《苏轼全集校注·文集》，河北人民出版社2010年版，第6068页。
④ （宋）苏轼：《答王幼安宣德启》，载张志烈、马德富、周裕锴主编《苏轼全集校注·文集》，河北人民出版社2010年版，第5170页。
⑤ （宋）苏轼：《次韵郑介夫二首其二》，载张志烈、马德富、周裕锴主编《苏轼全集校注·诗集》，河北人民出版社2010年版，第5208—5209页。
⑥ （宋）苏轼：《次韵王郁林》，载张志烈、马德富、周裕锴主编《苏轼全集校注·诗集》，河北人民出版社2010年版，第5157页。
⑦ （宋）苏轼：《过岭二首》，载张志烈、马德富、周裕锴主编《苏轼全集校注·诗集》，河北人民出版社2010年版，第5243页。
⑧ （宋）苏轼：《提举玉局观谢表》，载张志烈、马德富、周裕锴主编《苏轼全集校注·文集》，河北人民出版社2010年版，第2787页。
⑨ （宋）苏轼著，张志烈、马德富、周裕锴主编：《苏轼全集校注·诗集》，河北人民出版社2010年版，第5237页。

人生，当其将荣辱生死经历之后，在直面惨淡人生时，东坡心中五味杂陈，他偶尔提及"君恩"，如《吾谪海南，子由雷州，被命即行，了不相知。至梧乃闻其尚在藤也，旦夕当追及，作此诗示之》曰："莫嫌琼雷隔云海，圣恩尚许遥相望。平生学道真实意，岂与穷达俱存亡。"① 汪师韩《苏诗选评笺释》卷六谓此诗："水天景色，离合情怀，一种缠绵悱恻之情，极排解乃极沉痛。"② 而在儋州所作《千秋岁》（次韵少游）词中也写到了君恩："道远谁云会，罪大天能盖。君命重，臣节在。新恩犹可觊，旧学终难改。吾已矣，乘桴且恁浮于海。"张志烈先生在注释此词时认为，"新恩"句，"此句妙含微意。盖自离定州南下后，所得到的'新命''后命'都是陆续加重打击"。③ 这"君恩""君命"的"恩惠"使得东坡"中原北望无归日"，甚至无复生还之望，不能不促使东坡深入思考哲宗与自己的君臣关系。

循此思路，我们注意到苏轼岭海期间《和陶〈咏三良〉》中对于君臣关系的思考：

> 此生太山重，忽作鸿毛遗。三子死一言，所死良已微。
> 贤哉晏平仲，事君不以私。我岂犬马哉，从君求盖帷。
> 杀身固有道，大节要不亏。君为社稷死，我则同其归。
> 顾命有治乱，臣子得从违。魏颗真孝爱，三良安足希。
> 仕宦岂不荣，有时缠忧悲。所以靖节翁，服此黔娄衣。④

苏轼此诗关乎君臣关系，更关乎苏轼人生独立意识、独立精神与生命意义的思考，所以自宋以来人们给予特别关注，《竹庄诗话》卷10引《苕

---

① （宋）苏轼著，张志烈、马德富、周裕锴主编：《苏轼全集校注·诗集》，河北人民出版社2010年版，第4835页。
② （宋）苏轼：《提举玉局观谢表》，载张志烈、马德富、周裕锴主编《苏轼全集校注·文集》，河北人民出版社2010年版，第4838页。
③ （宋）苏轼著，张志烈、马德富、周裕锴主编：《苏轼全集校注·词集》，河北人民出版社2010年版，第742页。
④ （宋）苏轼著，张志烈、马德富、周裕锴主编：《苏轼全集校注·诗集》，河北人民出版社2010年版，第4716页。

溪渔隐》云①：

> 至其晚年，所见益高，超人意表。

引《艺苑雌黄》云：

> 昔之咏三良者，有王仲宣、曹子建、陶渊明、柳子厚……曾无一语辨其事非者。惟东坡一篇云"杀身固有道……三良安足希。"……独冠绝于今古。

其冠绝于今古之处恰如论者所言，东坡君臣观已非"愚忠"、盲从，而是认为作为大臣应以道事君，"事君不以私"；臣下具有独立人格，"我岂犬马哉，从君求盖帷？"君臣一节，上下一心时，可以以身殉职，为国忘身："杀身固有道，大节要不亏。君为社稷死，我则同其归。"但君王有圣明者也有昏庸者，其政令行为关乎天下治乱，臣子就应该有听命与违命的选择，"顾命有治乱，臣子得从违"，东坡所指，不言自明。他不再局囿于一己遭遇，而是在时代的高度上理性地确立了独到的东坡的君臣观。

四　余论

综观东坡对于君臣关系的思考探讨及其君臣观的最终达成，研究其君臣观，有以下几个方面值得我们关注：

其一，东坡自幼"奋厉有天下志"，君圣臣贤，君臣相得，功业建树，有为于世，成为东坡一生的理想追求。艰难时世，东坡几经挫折，但正是在复杂的仕宦经历中，其君臣观化为诱人的政治理想，贯穿在他一生的政治追求之中。

其二，苏轼具有独特个性的君臣观的形成，基始于在其独立精神主导下对于历史的探究和对于现实的思考，其丰富复杂的人生阅历是其不断深

---

① （宋）苏轼著，张志烈、马德富、周裕锴主编：《苏轼全集校注·文集》，河北人民出版社2010年版，第4719页。

入研味的催化剂，对于历史上现实中帝王的君臣关系的研味评说，理性客观，辩证全面，是其所是，非其所非，其一系列代表性的文学作品留存至今，耐人寻味。

其三，研究东坡，特别是探究东坡的君臣观，我们不难发现东坡是一位极有血性的人，我们特别服膺于东坡独立人格，独立精神，东坡体现在君臣观上的个性特色，主要体现在与其仕宦穷通关系密切的神宗、高太后和哲宗君臣关系的处理上。东坡之能，神宗知之，高太后用之，哲宗忌之、贬之。有感于历史和现实中君臣知遇之难，东坡对于君臣知遇之恩，重在臣僚以非常之礼报答皇上的非常之礼遇。据《河南邵氏闻见录》载：东坡"移汝州，过金陵，见介甫甚欢。""子瞻曰：'某欲有言于公。'介甫色动，意子瞻辨前日事也。子瞻曰：'某所言天下事也。'介甫色定，曰：'姑言之。'子瞻曰：'大兵大狱，汉唐灭亡之兆。祖宗以仁厚治天下，正欲革此。今西方用兵，连年不解。东南数兴大狱，公独无一言以救之乎？'介甫举两指示子瞻曰：'二事皆惠卿启之，某在外安敢言？'子瞻曰：'固也。然在朝则言，在外则不言，事君之常礼耳。上所以待君者非常礼，公所以事上者，岂可以常礼乎？'介甫厉声曰：'某须说！'"[1]

王安石是受到神宗特殊礼遇的大臣，所以东坡要求他："上所以待公非常礼，公所以事上者，岂可以常礼乎？"苏东坡、王安石对于神宗都有着特殊的情怀，非寻常君臣之情，所以东坡一生崇仰感戴神宗。与之相关的是，高太后在元祐始终眷顾佑护东坡，东坡也始终对于高太后感恩戴德，忠贞不贰，并在相关文字中尊崇高太后为古今贤明太后之最。以非常之行报非常之恩，我们看到了东坡君臣观中真性情的一面。

在东坡经历过、体味过、思考过的君臣关系中，在一些具体事件、具体诗文作品上表现出东坡君臣观中真性情和独立情怀。元丰二年（1079），东坡在狱中作诗《十月二十日，恭闻太皇太后升遐。以轼罪人，不许成服，欲哭则不敢，欲泣则不可，故作挽词二章》，其中有"一声恸哭犹无所，万死酬恩更有时"之句，诗作由仁宗而及曹太后，感念知遇之恩[2]；神宗皇帝仙逝，东坡仍在谪籍，其《寄王巩书》中有"固宜作挽，少陈万

---

[1] 颜中其：《苏东坡轶事汇编》，岳麓书社1984年版，第93页。
[2] （宋）苏轼著，张志烈、马德富、周裕锴主编：《苏轼全集校注·诗集》，河北人民出版社2010年版，第2101页。

一，然有所不敢"之语，但仍作《神宗皇帝挽词三首》，对神宗极为推崇，之后在诗文中亦时时缅怀；高太后病逝，东坡有《大行太皇太后高氏挽词二首》，对太后功德备极推崇："至矣吾三后，功高汉已还。复推元祐冠，盖得永昭全。有作犹非圣，无私乃是天。侍臣谈要道，家法信家传。"① 但唯独哲宗去世，东坡未有哀挽之作，孔凡礼先生在其所著《苏轼年谱》卷39"己卯（十二日）"叙及"哲宗卒，徽宗即位"，引述了王文诰《苏诗总案》中一段文字："《总案》卷四十三：公是时不敢作挽词，故于后《和狄咸见赠》自述云：'才疏正类孔文举，痴绝还同顾长康。万里归来空泣血，七年供奉殿西廊。'又自注云：'迩英阁，在延和殿西廊下。'窃窥公意，缘无以著其悲痛，固特见于此耳。曰'才疏'，曰'痴绝'，曰'泣血'，曰'七年'，道其君臣之义已尽，此即哲宗挽词也。"② 需要指出的是，说"公是时不敢作挽词"乃王文诰推测之词，检阅东坡诗文，东坡未有类似表述。所以综观东坡晚年迁谪生涯，由哲宗、东坡"君臣之义已尽"角度思考东坡的君臣观，可以见出东坡绝不作违心之论。

与之相关的是，在东坡对神宗、高太后、哲宗君臣关系思考所做诗文的用典词句上，也可略窥端倪。"犬马盖帷"之典在东坡诗文中数见，典出《礼记·檀弓下》："敝帷不弃，为埋马也；敝盖不弃，为埋狗也。"③ 在东坡相关诗文中，见于《别黄州》："病疮老马不任鞿，犹向君王得敝帷。"④ 见于《乞常州居住表》："虽鸟雁飞集，何足计于江湖；而犬马盖帷，犹有求于君父。"⑤ 见于《杭州谢上表二首》之一："虽雨露之施，初不择物，而犬马之报，期于杀身。"⑥ 再见于《谢宣召再入学士院二首》之二："虽桑榆之景，已迫晚年；而犬马之心，犹思后效。"⑦ 又见于《谢

---

① （宋）苏轼著，张志烈、马德富、周裕锴主编：《苏轼全集校注·诗集》，河北人民出版社2010年版，第4220页。
② 孔凡礼：《苏轼年谱》，中华书局1998年版，第1320页。
③ （汉）戴圣纂辑：《礼记》，上海古籍出版社1987年版，第62页。
④ （宋）苏轼著，张志烈、马德富、周裕锴主编：《苏轼全集校注·诗集》，河北人民出版社2010年版，第2515页。
⑤ （宋）苏轼著，张志烈、马德富、周裕锴主编：《苏轼全集校注·文集》，河北人民出版社2010年版，第2594页。
⑥ （宋）苏轼著，张志烈、马德富、周裕锴主编：《苏轼全集校注·文集》，河北人民出版社2010年版，第2658页。
⑦ （宋）苏轼著，张志烈、马德富、周裕锴主编：《苏轼全集校注·文集》，河北人民出版社2010年版，第2686页。

除龙图阁学士知颍州表二首》之二:"桑榆暮齿,恐遂赍志而莫偿;犬马微心,犹恐盖棺而后定。"①由之可见,无论在神宗朝,抑或元祐时期,东坡用犬马盖帷之典,意在宣示自己"忠义之报,死生不移"的忠君报国之心。②但"七年供奉殿西廊"最终得到的是七年流贬岭海的艰危岁月。七年岁月蹉跎,七年回味人生,回想元祐间在朝为国事殚精竭虑,在地方兴利除弊;待到哲宗年纪渐长,又为了宋王朝长治久安,与僚友同上陆贽奏议,在《谢除两职守礼部尚书表》中苦口相劝,在《朝辞赴定州论事状》中谆谆告诫——东坡对于哲宗对于大宋王朝,可谓深情、倾情、多情,然而"多情反被无情恼",东坡由元祐之备极荣耀到绍圣之九死南荒,在历史的回顾总结中,在对当朝政治的回味分析中,更在自己所经历、体味、思考中,他从自己与哲宗的师生之情、君臣之义的水火两重天的变化中,使其君臣观最后在悲剧人生超越的基础上升华,从而由犬马盖帷之求发展到了"我岂犬马哉,从君求盖帷",由历史上的帝王特别是现实中哲宗之倒行逆施,认识到"顾命有治乱,臣子得从违"。在东坡后期诗文中,我们看到了诗人在苦难人生中体味超拔的心路历程,探究东坡君臣观产生发展的轨迹及其达到的高度,可以让我们从一独特角度认识东坡。

  研味东坡"坎坷识天意,淹留见人情"语意,我们自然会想到杜甫晚年的诗句"天意高难问,人情老易悲"(杜甫《暮春送马大卿公恩命追赴阙下》)③,想到张元干的词句"天意从来高难问,况人情老易悲难诉"(《贺新郎·送胡邦衡待制赴新州》)④,从"天意高难问"到"坎坷识天意",从"人情老易悲"到"淹留见人情",比较寻味,不难见出东坡的独到与超越。

---

  ① (宋)苏轼著,张志烈、马德富、周裕锴主编:《苏轼全集校注·文集》,河北人民出版社2010年版,第2703页。
  ② (宋)苏轼:《谢宣召入院表二首之二》,载张志烈、马德富、周裕锴主编《苏轼全集校注·文集》,河北人民出版社2010年版,第2627页。
  ③ 萧涤非:《杜甫诗集校注》,人民文学出版社2016年版,第5469页。
  ④ 唐圭璋:《全宋词》,中华书局1999年版,第1391页。

问汝平生功业，黄州惠州儋州

——苏轼被贬谪辞、谢表探论

研讨苏轼的多彩人生，其人生发展的关键节点格外引人注目，后人羡慕称美其仁宗朝科场得意，兄弟双双高中进士之后，又制科扬名，仁宗在读了苏轼、苏辙的制策后有"朕今日为子孙得两宰相矣"之赞叹；言及元祐间备极恩宠，苏轼自言："臣以草木之微，当天地之泽，七典名郡，再入翰林，两除尚书，三忝侍读。虽当世之豪杰，犹未易居；矧如臣之孤危，其何能副？"（《谢兼侍读表》）[1] 可谓感激涕零。然而苏轼宦海几经浮沉，在辞世前两个月，于游金山寺时作《自题金山画像》回首总结平生，则曰："心似已灰之木，身如不系之舟。问汝平生功业，黄州惠州儋州。"[2] 特别强调贬谪生涯对其人生的影响。对于苏轼迁黄谪惠渡海的经历、创作、心态，学界成果颇丰，本文拟集中探研有关苏轼贬谪的朝廷制词、苏轼相关谢表所聚焦的政坛生态和苏轼的君臣观及谪辞、谢表特色影响。琐屑之见，以就教于方家。

一 熙丰年间，反对变法；台谏交攻，神宗惜才，贬谪黄州；复杂心绪

苏轼被贬黄州，其要因是与王安石政见不同，反对变法，东坡自言：

---

[1]（宋）苏轼著，张志烈、马德富、周裕锴主编：《苏轼全集校注·文集》，河北人民出版社2010年版，第2749页。
[2]（宋）苏轼著，张志烈、马德富、周裕锴主编：《苏轼全集校注·文集》，河北人民出版社2010年版，第5573页。

"昔先帝召臣上殿，访问古今，勅臣今后遇事即言。其后臣屡论事，未蒙施行，乃复作为诗文，寓物托讽，庶几流传上达，感悟圣意，而李定、何定臣、舒亶三人，因此言臣诽谤，臣遂得罪。"(《乞郡札子》)① 直接的导火索是苏轼在《湖州谢表》中发的两句牢骚，说神宗皇帝"知其愚不适时，难以追陪新进；察其老不生事，或能牧养小民"②。"新进""生事"刺激了一些政坛投机者的神经，引起了台谏弹劾围剿的喧嚣。苏轼《杭州召还乞郡状》回顾说："先帝眷臣不衰，时因贺谢表章，即对左右称道。党人疑臣复用，而李定、何正臣、舒亶三人，构造飞语，酝酿百端，必欲致臣于死。先帝初亦不听，而此三人执奏不已，故臣得罪下狱。"悍吏皇甫遵，"将带吏卒，就湖州追摄，如捕寇贼"③，"顷刻之间，拉一太守，如驱犬鸡"④。

苏轼自元丰二年（1079）八月十八日在湖州任上被捕入御史台狱，于同年十二月二十九日开释，经历了百余日非人的牢狱生活，"苏轼下台狱，张璪与李定杂治，谋傅致轼至于死，卒不克"（《宋史·张璪传》)⑤，这是史传的简约记述；"遥怜北户吴兴守，诟辱通宵不忍闻"（周必大《二老堂诗话》)⑥，这是他人的客观记载；"柏台霜气夜凄凄，风动琅珰月向低。梦绕云山心似鹿，魂惊汤火命如鸡"（《予以事系御史台狱，狱吏稍见侵，自度不能堪，死狱中，不得一别子由，故作二诗授狱卒梁成，以遗子由》)⑦，则是苏轼自己的切身体味。由是可以想知东坡当时的处境和心境。

朝野对于乌台诗案的态度极为复杂，居心叵测，必欲置苏轼于死地，如李定、舒亶辈有之；乘人之危，推波助澜，如王珪者有之；怯懦畏祸，避之唯恐不及者有之，"我穷交旧绝"，苏轼一再在诗文中言及；但朝野上

---

① （宋）苏轼著，张志烈、马德富、周裕锴主编：《苏轼全集校注·文集》，河北人民出版社2010年版，第3216页。
② （宋）苏轼著，张志烈、马德富、周裕锴主编：《苏轼全集校注·文集》，河北人民出版社2010年版，第2577页。
③ （宋）苏轼著，张志烈、马德富、周裕锴主编：《苏轼全集校注·文集》，河北人民出版社2010年版，第3375页。
④ 颜中其注：《苏东坡轶事汇编》，岳麓书社1984年版，第56页。
⑤ （元）脱脱：《宋史》，中华书局1977年版，第10570页。
⑥ 颜中其注：《苏东坡轶事汇编》，岳麓书社1984年版，第57页。
⑦ （宋）苏轼著，张志烈、马德富、周裕锴主编：《苏轼全集校注·诗集》，河北人民出版社2010年版，第2094页。

下，营救苏轼者也颇有其人。其中既有执政大臣，如吴充、章惇；也有退居老臣如王安石、司马光等，虽政治观点不一，却均出援手。

但最终起决定作用，最令苏轼感念的是神宗皇帝和太皇太后的态度。关于神宗与曹太后对于苏轼的"国士之知"，宋人多有记载，限于篇幅，仅撷其一二。陈鹄《耆旧续闻》卷2载：

> 慈圣光献大渐，上纯孝，欲肆赦。后曰："不须赦天下凶恶，但放了苏轼足矣！"时子瞻对吏也。后又言："昔仁宗策贤良归，喜甚，曰吾今日又为子孙得太平宰相两人。盖轼、辙也，而杀之可乎？"上悟，即有黄州之贬。①

曾敏行《独醒杂志》载曰：

> 东坡坐诏狱，御史上其寄黄门之诗，神宗见之，即薄其罪，谪居黄州。……神宗爱惜人才，不忍终弃如此。②

苏辙《墓志铭》亦载：

> （苏轼）既付狱吏，必欲置之死，锻炼久之，不决。上终怜之，促具狱，以黄州团练副使安置。③

神宗对于苏轼的态度集中体现在东坡被贬黄州的谪辞中。《宋大诏令集》卷205《尚书吏部员外郎直史馆苏轼责授黄州团练副使本州安置制》曰：

> 敕。具官某。稍以时名，获跻显仕。列职儒馆，历典名城。报礼未闻，阴怀觖望。讪毁国政，出于诬欺。致言职之交攻，属宪司而辩

---

① 颜中其编注：《苏东坡轶事汇编》，岳麓书社1984年版，第59页。
② 四川大学中文系唐宋文学研究室编：《苏轼资料汇编》，中华书局1994年版，第479页。
③ （宋）苏辙著，曾枣庄、马德富校点：《栾城集》，上海古籍出版社2009年版，第1410页。

治。诐辞险说,情实具孚。虽肆宥示恩,朕欲从贷;而奸言乱众,义所不容。黜置方州,以励风俗。往服轻典,毋忘自新。可。①

"往服轻典,毋忘自新"一语,令苏轼感激涕零,其《到黄州谢表》写道:

> 臣轼言:去岁十二月二十九日,准勒责降臣检校尚书水部员外郎充黄州团练副使本州安置不得签书公事。臣已于今月一日到本州讫者。狂愚冒犯,故有常刑;仁圣矜怜,特从轻典。赦其必死,许以自新;祗服训辞,惟知感涕。
>
> 伏念臣早缘科第,误忝缙绅。亲逢睿哲之兴,遂有功名之意。亦尝召对便殿,考其所学之言;试守三州,观其所行之实。而臣用意过当,日趋于迷。赋命衰穷,天夺其魄;叛违义理,辜负恩私。茫如醉梦之中,不知言语之出。虽至仁屡赦,而众议不容。案罪责情,固宜伏斧锧于两观;推恩屈法,犹当御魑魅于三危。岂谓尚玷散员,更叨善地。投畀麋鹿之野,保全樗栎之生。臣虽至愚,岂不知幸?此盖伏遇皇帝陛下,德刑并用,善恶兼容。欲使法行而知恩,是用小惩而大戒。天地能覆盖之,而不能容之于度外;父母能生育之,而不能出之于死中。伏惟此恩,何以为报?惟当蔬食没齿,杜门思愆,深悟积年之非,永为多士之戒。
>
> 贪恋圣世,不敢杀身,庶几余生,未为弃物。若获尽力鞭捶之下,必将捐躯矢石之间。指天誓心,有死无易。②

无怪乎苏轼对神宗感念之情发自肺腑,据有关资料记载,苏轼贬谪黄州期间,神宗欲起用东坡,"而言者沮之","上手札徙汝州,略曰:'苏轼黜居思咎,阅岁滋深。人材实难,不忍终弃'"(苏辙《亡兄子瞻端明墓志铭》)③。

---

① 司义祖整理:《宋大诏令集》,中华书局1962年版,第768页。
② (宋)苏轼著,张志烈、马德富、周裕锴主编:《苏轼全集校注·文集》,河北人民出版社2010年版,第2582—2583页。
③ (宋)苏辙著,曾枣庄、马德富校点:《栾城集》,上海古籍出版社2009年版,第1410页。

《行营杂录》亦载苏轼在"神宗朝以议新法不合补外,李定之徒媒孽其诗文有讪上语,下诏狱,欲置之死。上独庇之,得出。方在狱时,宰相举轼诗云:根到九泉无曲处,世间惟有蛰龙知。此不臣也。上曰:'诗人之词,安可如此推求。'时相语塞。上一日与近臣论人才,因曰:'轼方古人孰比?'近臣曰:'颇似李白。'上曰:'不然。白有轼之才,无轼之学。'屡有意复用,而言者力沮之。一日,忽出手札曰:'苏轼黜居思咎,阅岁滋深,人才实难,不忍终弃。因量移临汝。'"①

神宗一言,有起死回生之效,故苏轼《谢量移汝州表》写道:

> 特授臣汝州团练副使本州安置不得签书公事者。稍从内迁,示不终弃。罪已甘于万死,恩实出于再生。
>
> 此盖伏遇皇帝陛下,汤德日新,尧仁天覆……故推涓滴,以及焦枯。顾惟效死之无门,杀身何益;更欲呼天而自列,尚口乃穷。徒有此心,期于异日。②

正由于苏轼的谢表"归诚君父,如对家人,如语素交,恳恻乃尔。""真情真景,最能感动。"③ 所以神宗见到谢表后能感知苏轼真诚的感戴之心,何薳《春渚纪闻》卷6《裕陵眷贤士》载:

> 公自黄移汝州,谢表既上,裕陵览之,顾谓侍臣曰:"苏轼真奇才。"时有憾公者,复前奏曰:"观轼表中,犹有怨望之语。"裕陵愕然曰:"何谓也。"对曰:"其言'兄弟并列于贤科',与'惊魂未定,梦游缧绁之中'之语。"盖言轼辙皆前应直言极谏之诏,今乃以诗词被谴,诚非其罪也。裕陵徐谓之曰:"朕已灼知苏轼衷心,实无他肠也。"于是语塞云。④

---

① 颜中其编注:《苏东坡轶事汇编》,岳麓书社1984年版,第84页。
② (宋)苏轼著,张志烈、马德富、周裕锴主编:《苏轼全集校注·文集》,河北人民出版社2010年版,第2590页。
③ (宋)苏轼著,张志烈、马德富、周裕锴主编:《苏轼全集校注·文集》,河北人民出版社2010年版,第2593页。
④ 四川大学中文系唐宋文学研究室编:《苏轼资料汇编》,中华书局1994年版,第153页。

通过以上对苏轼贬谪黄州、量移汝州有关的台谏围剿、台狱审讯及贬谪、量移的制词、诏命、谢表的梳理，对于苏轼人生重要节点的聚焦，我们可以感知到几点信息：台谏围剿的险恶用心、台狱审讯的情势凶险；皇太后、神宗皇帝对于苏轼的眷顾和庇护；朝廷政治形势复杂但未完全恶化；苏轼贬谪黄州、量移汝州之际的特殊心态。如果将上述种种与苏轼晚年再贬惠州、儋州加以对照，对于研究苏轼贬谪心态以及对于苏轼整体研究当不无启示作用。

二 改革变质，政治生态恶化，贬惠谪儋，直面现实，追求身心安处

曾有一度，学界特别关注苏轼被贬黄州的经历与其仕宦生涯文学创作的关联，这无疑是正确的。但如果我们比较分析苏轼被贬黄州与贬谪惠州、儋州是不同的政坛情势、复杂人事和东坡的特有感受，对于东坡贬谪生涯中的心路历程可能有更加深入的认识，而研究的最佳切入点就是朝廷的谪辞与作者的谢表。

元祐八年（1093）六月，苏轼以端明殿学士兼翰林侍读学士、礼部尚书除知定州。九月，高太后病逝。十月，哲宗亲政。政事将变，山雨欲来。绍圣元年（1094）二月，中书侍郎李清臣、尚书右丞邓润甫首倡"绍述"之说。四月，渐复熙宁新法，召用新党被贬者，章惇为相，责降元祐旧臣。御史虞策、来之邵言苏轼元祐所作诰词多涉讥讪，诏落端明殿学士兼翰林学士，责知英州。六月，御史来之邵等复言苏轼罪大罚轻，责授宁远军节度副使，惠州安置；旋又改授建昌军司马，惠州安置。

政坛巨变，数月之间，三降谪命，措辞之严苛，前此未有。苏轼责降英州之词乃蔡卞所作，略曰：

> 讪上之恶，众激厥怒。造言之诛，法谨于近。矧弹章之荐至，孰公议之敢私。爰正常刑，以警列位。端明殿学士、兼翰林侍读学士、左朝奉郎、知定州苏轼。行污而丑正，学辟而欺愚。顷在先朝，稍跻清贵。不惟喻德之义，屡贡怀诬之言。察其回邪，靡见听用，遂形怨诽，自取斥疏。肆予纂服之初，开以自新之路。召从方郡，服在近

班。弗讹尔心，覆出为恶。辄于书命之职，公肆诬实之辞。凡兹立法造令之大经，皆曰蠹国害民之弊政。虽托言于外，以责大臣；而用意之私，实害前烈。顾威灵之如在，岂情理之可容。深惟积辜，宜窜远服，祗夺近职，尚临一邦。是为宽恩，无重来悔。可特落端明殿学士、兼翰林侍读学士，依前左朝奉郎知英州。①

苏轼贬谪惠州的制词则出之于林希的手笔，其文曰：

左承议郎新差知英州苏轼。元丰间，有司奏轼罪甚众，论法当死。先皇帝特赦而不诛，于轼恩德厚矣。朕初嗣位，政出权臣。引轼兄弟，以为己助。自谓得计，罔有悛心。忘国大恩，敢以怨报。若讥朕过失，何所不容。仍代予言，诬诋圣考。乖父子之恩，害君臣之义。在于行路，犹不戴天；顾我士民，复何面目！乃至交通阉寺，矜诧幸恩。市井不为，缙绅所耻。尚曲典章，但从降黜。今言者谓轼指斥宗庙，罪大罚轻。国有常刑，非朕可赦。宥尔万死，窜之遐服。虽轼辩足惑众，文足饰非，自绝君亲，又将奚憝！保尔余息，毋重后悔。②

与贬谪黄州相比，贬谪英州、惠州之时，朝中御史言官乘风望指，与欲置东坡于死地者相近；但贬谪惠州之时，已全然无有皇上"人才难得"的眷顾，也无朝中大臣如王安石等人的援救；有的只是哲宗的怨望报复之心和章惇之流"以绍述为国是"，"哲宗亲政，宰相章惇托绍述以快私忿"③的凶险；更有的是林希之流为权力所诱惑所驱使，见风使舵，落井下石。据史载："（章）惇欲使（林希）典书诰，逞毒于元祐诸臣，且许以为执政。希久不得志，请甘心焉。凡元祐名臣贬黜之制，皆希为之，极其丑诋。"④ 林希其人，与二苏为同年，"在元祐作从官，与东坡为侪辈。在杭则为交承。东坡入翰苑，林以启贺曰：'父子以文章名世，盖渊云司

---

① 司义祖整理：《宋大诏令集》，中华书局1962年版，第773页。
② 司义祖整理：《宋大诏令集》，中华书局1962年版，第774页。
③ （明）陈邦瞻：《宋史纪事本末》，中华书局2015年版，第481页。
④ （明）陈邦瞻：《宋史纪事本末》，中华书局2015年版，第449页。

马之才；兄弟以方正决科，迈晁董公孙之学。'后东坡谪惠州，林草制词，极其诋訾。"(《长水日抄》)①"行子由谪词云：'父子兄弟挟机权变诈，惊愚惑众。'子由捧之泣曰：'某兄弟固无足言，先人何罪耶？'"(《野老纪闻》)② 后世讥其"一人之身，而前后矛盾若此。""以一时希意进图，而贻讥后世，权位之能移人若此！"③

揆诸时势，时有所至，事乃必然，苏轼自然心中了然，但即使如此，信而见疑，忠而被谤，面对险恶局势，亦不免悲凉之感从心而生，故谢表中有悲怆之言："伏念臣草芥贱儒，岷峨冷族。袭先人之素业，借一策以窃名。虽幼岁勤劳，实学圣人之大道；而终身穷薄，常为天下之罪人。先帝全臣于众怒必死之中，陛下起臣于散官永弃之地。恩深报蔑，每忧天地之难欺；福渺祸多，是亦古今之罕有。自悲弃物，犹欲吁天。"④ 但言及言官诬陷攻击之诏诰文字，只是申明自己乃代朝廷立言，尽心国事而已："惟上圣纂宗庙之图，方太母听帘帷之政。招延俊义，登进老成。何期章句之谀才，使掌丝纶之要职。凡一时黜陟进退之众，皆两宫威福赏罚之公。既在代言，敢思逃责？苟不能敷扬上意，尊朝廷于日月之明；则何以耸动四方，鼓号令于雷霆之震？故当昭陈功伐，直喻正邪。岂臣愚敢有于私心，盖王言不可以匿旨。当时之天夺其魄，但谓守官；今日之臣肆其言，期于必戮。"⑤

英州之贬，在东坡预料之中，所以谢表文字在恳切洒脱中透出别样风采："罪虽骇于听闻，怒终归于宽有。不独再生于东市，犹令尸禄于南州。累岁宠荣，固已太过；此时窜责，诚所宜然。瘴海炎陬，去若清凉之地；苍颜素发，谁怜衰暮之年？恩重丘山，感藏骨髓。"⑥

三月数黜，但身黜志不屈，传东坡见林希所撰制词，仅曰"林大亦能

---

① 颜中其编注：《苏东坡轶事汇编》，岳麓书社1984年版，第200页。
② 颜中其编注：《苏东坡轶事汇编》，岳麓书社1984年版，第200页。
③ 颜中其编注：《苏东坡轶事汇编》，岳麓书社1984年版，第201页。
④ （宋）苏轼：《英州谢上表》，载张志烈、马德富、周裕锴主编《苏轼全集校注·文集》，河北人民出版社2010年版，第2822页。
⑤ （宋）苏轼：《英州谢上表》，载张志烈、马德富、周裕锴主编《苏轼全集校注·文集》，河北人民出版社2010年版，第2822—2823页。
⑥ （宋）苏轼：《英州谢上表》，载张志烈、马德富、周裕锴主编《苏轼全集校注·文集》，河北人民出版社2010年版，第2823页。

作文章耶"（王大成《野老纪闻》）① 而已。

苏轼《到惠州谢表》与《英州谢上表》前后相隔半年，时势更趋恶化，东坡谢表先叙及贬谪遭遇："先奉告命，落两职、追一官，以承议郎知英州军事州。续奉告命，责授臣宁远军节度副使惠州安置。已于今月二日到惠州公参讫者。"② 次言处境险恶："仁圣曲全，本欲畀之民社；群言交击，必将致之死亡。尚荷宽恩，止投荒服。"③ 再言无辜不移之心："伏念臣性资褊浅，学术荒唐。但守不移之愚，遂成难赦之咎。"④ 终言自己贬谪中的态度："臣敢不服膺严训，托命至仁。洗心自新，没齿无怨。但以瘴疠之地，魑魅为邻。衰疾交攻，无复首丘之望；精诚未泯，空余结草之忠。"⑤

苏轼贬谪英州、惠州之谢上表因其相同时势、相近心情，可以对读。其深深打动读者内心之处，诚如王文诰所言：

> 虞策、来之邵等翻腾旧劾各条，公屡有辩奏，可复检也。此则不惟不辩，率性一担挑回，故云"固当昭陈功罚，直喻正邪"也。盖前之必辩者，原欲留其身以为国，此则已将一片热肠放下，惟有拼此身听其流转、付诸清议而已。可见其立时勇决也。此状本集不载具官年月，特为补全。俾读之者百世之下，犹见其生气凛然也。（《苏诗总案》卷三七《罢定州任进谢上表》案语）⑥

然而政局进一步恶化，苏轼于绍圣四年闰二月责授琼州别驾，移昌化军安置。关于苏轼被贬儋州，后人有不同说法。或谓当政者戏取其字之偏

---

① 颜中其编注：《苏东坡轶事汇编》，岳麓书社1984年版，第200页。
② （宋）苏轼：《到惠州谢表》，载张志烈、马德富、周裕锴主编《苏轼全集校注·文集》，河北人民出版社2010年版，第2782页。
③ （宋）苏轼：《到惠州谢表》，载张志烈、马德富、周裕锴主编《苏轼全集校注·文集》，河北人民出版社2010年版，第2782页。
④ （宋）苏轼：《到惠州谢表》，载张志烈、马德富、周裕锴主编《苏轼全集校注·文集》，河北人民出版社2010年版，第2782页。
⑤ （宋）苏轼：《到惠州谢表》，载张志烈、马德富、周裕锴主编《苏轼全集校注·文集》，河北人民出版社2010年版，第2783页。
⑥ （宋）苏轼著，张志烈、马德富、周裕锴主编：《苏轼全集校注·文集》，河北人民出版社2010年版，第2826—2827页。

旁，或谓权臣闻公之安于惠。实际上纵观前史，政治权利一旦与权奸结合，种种恶行，是难以用道理解释的。苏轼《到昌化军谢表》记述其由惠至儋行程曰："今年四月十七日，奉被告命，责授臣琼州别驾昌化军安置，臣寻于当月十九日起离惠州，至七月二日已至昌化军讫者。"①

苏轼以62岁衰病之身渡海远谪，心中哀伤尽见于谢表，如曰"并鬼门而东骛，浮瘴海以南迁。生无还期，死有余责"；"臣孤老无托，瘴疠交攻。子孙恸哭于江边，已为死别；魑魅逢迎于海外，宁许生还？"②

对照其渡海前留给王古信中所言，苏轼当时之哀痛应能洞见，信中说："某垂老投荒，无复生还之望。昨与长子迈诀，已处置后事矣。今到海南，首当作棺，次便作墓，乃留手疏与诸子，死则葬海外……生不挈棺，死不扶柩，此亦东坡之家风也。"③（《与王敏仲书》）

"所欲言者，岂有过此者乎？"④将此书与谢表两相对照，苏轼其时之处境心绪可以想知，故高嵣云："此到军后表。地故在儋耳，非人所居。故篇中写得气象愁惨，不忍卒读。"⑤陈天定云："读此而不酸心者非人也。彼僭人者亦已太甚！"⑥

面对海外贬谪之地，直面政敌倾覆之心，凄怆满怀的东坡决然前行。"伏念臣顷缘际会，偶窃宠荣。曾无毫发之能，而有丘山之罪。宜三黜而未已，跨万里以独来。"⑦依然一副傲骨，傲对群小攻讦，直面人生忧患。

苏轼以衰迈老病之身居海外"黎、蜒杂居，无复人理，资养所给，求

---

① （宋）苏轼：《到昌化军谢表》，载张志烈、马德富、周裕锴主编《苏轼全集校注·文集》，河北人民出版社2010年版，第2785页。
② （宋）苏轼：《到昌化军谢表》，载张志烈、马德富、周裕锴主编《苏轼全集校注·文集》，河北人民出版社2010年版，第2785—2786页。
③ （宋）苏轼：《与王仲敏书》，载张志烈、马德富、周裕锴主编《苏轼全集校注·文集》，河北人民出版社2010年版，第6244页。
④ （宋）苏轼：《与王仲敏书》，载张志烈、马德富、周裕锴主编《苏轼全集校注·文集》，河北人民出版社2010年版，第6244页。
⑤ （宋）苏轼：《与王仲敏书》，载张志烈、马德富、周裕锴主编《苏轼全集校注·文集》，河北人民出版社2010年版，第2787页。
⑥ （宋）苏轼：《与王仲敏书》，载张志烈、马德富、周裕锴主编《苏轼全集校注·文集》，河北人民出版社2010年版，第2787页。
⑦ （宋）苏轼：《到昌化军谢表》，载张志烈、马德富、周裕锴主编《苏轼全集校注·文集》，河北人民出版社2010年版，第2785—2786页。

辄无有"①;"食无肉,病无药,居无室,出无友,冬无炭,夏无寒泉,然亦未易悉数,大率皆无耳"②的艰难处境中,父子终日相对如苦行僧。直面人生,傲对人生又笑对人生的东坡,又再次完成了情感世界的超越。他首先要从痛苦无望的情绪中跳脱出来,以智慧精神的力量自我拯救,其在惠州所作《记游松风亭》和在海南所作《试笔自书》记载了他后期贬谪岭海时期超越解脱的心路历程:

> 余尝寓居惠州嘉祐寺,纵步松风亭下。足力疲乏,思欲就床止息。仰望亭宇,尚在木末,意谓是如何得到。良久忽曰:"此间有甚么歇不得处?"由是心若挂钩之鱼,忽得解脱。若人悟此,虽两阵相接,鼓声如雷霆,进则死敌,退则死法,当恁么时,也不妨熟歇。③
>
> 吾始至南海,环视天水无际,凄然伤之,曰:'何时得出此岛耶?'已而思之,天地在积水中,九州在大瀛海中,中国在少海中,有生孰不在岛者?覆盆水于地,芥浮于水,蚁附于芥,茫然不知所济。少焉水涸,蚁即径去,见其类,出涕曰:'几不复与子相见。岂知俯仰之间,有方轨八达之路乎?'念此可为一笑。④

尘世的苦难经历了智慧的洗礼之后,一念清净,从此海阔天空,东坡在瘴海炎陬找到了心灵的栖息地。

苏轼一生道理贯心肝,忠义填骨髓,在朝忠君,执政为民,只要是尊主泽民之事,便忘躯为之。往事已矣,无怨无悔;此时既然黑白颠倒,是非难辨,政敌必欲置之死地而后快,东坡笑傲岭海,刘克庄《书杜诗帖》载曰:"公自绍圣以后,诗文未尝有贬谪之叹。"随遇而安,一切随缘,世事洞达,人情洞明,"超然自得,不改其度"。(《与元老侄孙书》)其《答参寥书》曰:

---

① (宋)苏轼:《与程全父十二首》,载张志烈、马德富、周裕锴主编《苏轼全集校注·文集》,河北人民出版社2010年版,第6063页。
② (宋)苏轼:《与程秀才三首》,载张志烈、马德富、周裕锴主编《苏轼全集校注·文集》,河北人民出版社2010年版,第6068页。
③ (宋)苏轼著,张志烈、马德富、周裕锴主编:《苏轼全集校注·文集》,河北人民出版社2010年版,第8113页。
④ (宋)苏轼著,张志烈、马德富、周裕锴主编:《苏轼全集校注·文集》,河北人民出版社2010年版,第8704页。

> 专人远来，辱手书，并示近诗，如获一笑之乐，数日慰喜忘味也。某到贬所半年，凡百粗遣，更不能细说，大略只似灵隐天竺和尚退院，却住一个小村院子，折足铛中，罨糙米饭吃，便过一生也得。其余，瘴疠病人，北方何尝不病，是病皆死得人，何必瘴气。但苦无医药。京师国医手里死汉尤多。参寥闻此一笑，当不复忧我也。故人相知者，即以此语之，余人不足与道也。①

在与亲朋的书信中，东坡一再表达了看破世相，一切随缘的超迈之怀。其《与程正辅》书中说："某睹近事，已绝北归之望，然中心甚安之，未说妙理达观，但譬如元是惠州秀才，累举不第，有何不可！"② 在《与孙志康》书中亦曰："今北归无日，因遂自谓惠人，渐作久居计，正使终焉，亦有何不可！"③

身似不系之舟的迁客逐臣，追求的是此心安处。随遇而安，无欲则刚，消释了他数十年的思乡之念，"日啖荔枝三百颗，不辞长作岭南人"，在惠州他如斯说；"本是海南民，寄生西蜀州"，在儋州他又如是说。故乡在梦中，故乡在心中，此心安处是吾乡，东坡的乡情、乡愁、乡思得以升华，东坡已不仅仅属于巴蜀。

东坡能安处岭海的奥秘，其随遇而安的典型表现之一，是"见人即喜"。在险恶的政治环境中生活的东坡曾经孤独，"寂寂东坡一病翁，白须萧散满霜风"，其《纵笔》诗中有"溪边古路三叉口，独立斜阳数过人"之句，孤独使其深知人与人和谐相处的可贵，其《与周彦质》书中说："李公弼承许远访，何幸如之！海州穷独，见人即喜，况君佳士乎！"在苏轼《书上元夜游》中我们看到了与海南老书生畅游元宵月夜的身影：

> 己卯上元，予在儋州，有老书生数人来过，曰："良月嘉夜，先生能一出乎？"予欣然从之。步城西，入僧舍，历小巷，民夷杂糅，

---

① （宋）苏轼著，张志烈、马德富、周裕锴主编：《苏轼全集校注·文集》，河北人民出版社2010年版，第6721页。
② （宋）苏轼著，张志烈、马德富、周裕锴主编：《苏轼全集校注·文集》，河北人民出版社2010年版，第5965页。
③ （宋）苏轼著，张志烈、马德富、周裕锴主编：《苏轼全集校注·文集》，河北人民出版社2010年版，第6209页。

屠沽纷然，归舍已三鼓矣。舍中掩关熟睡，已再鼾矣。放杖而笑，孰为得失？过问先生何笑，盖自笑也。然亦笑韩退之钓鱼无得，更欲远去，不知走海者未必得大鱼也。①

东坡能平衡调整心态的过人之处还在于即使在贬谪的困境中，也时时处处注意发现和创造生活中的美感，并保持浓厚的生活情趣和情感愉悦。

苏轼在儋州有《谪居三适》三首，以一日"旦""午""夜"时间为序，描写"理发""坐睡""濯足"三个生活场景；这些日常生活琐事，在苏轼谪居的生活体验中，给他带来了快乐和享受，称："旦起理发，一乐也；午窗坐睡，二乐也；夜卧濯足，三乐也。"②

苏轼还有一篇《书四适赠张鹗》，其文曰：

张君持此纸，求仆书，且欲发药。不知药，君当以何品？吾闻《战国策》中有一方，吾尝服之，有效，故以奉传。其药四味而已，一曰"无事以当贵"，二曰"早寝以当富"，三曰"安步以当车"，四曰"晚食以当肉"。夫已饥而食，蔬食有过于八珍。而既饱之余，虽刍豢满前，惟恐其不持去也。若此可谓善处穷者矣。然而于道则未也。安步自佚，晚食自美，安以当车与肉为哉？车与肉犹存乎胸中，是以有此言也。③

由是可知谪居中的东坡善于处穷，不仅追求随缘自适，更追求理得心安。

苏轼贬谪岭海常以诗文自娱。陶渊明、柳宗元诗文长置左右，目为谪居二友。在扬州其间，苏轼曾作和陶《饮酒》二十首，贬谪岭海，决心尽和陶诗而后已，相关著述作为研讨苏轼晚期心态的最珍贵资料，历来受到关注，黄庭坚《跋子瞻和陶诗》云："子瞻谪岭南，时宰欲杀之。饱吃惠

---

① （宋）苏轼著，张志烈、马德富、周裕锴主编：《苏轼全集校注·文集》，河北人民出版社2010年版，第8127页。

② （宋）苏轼著，张志烈、马德富、周裕锴主编：《苏轼全集校注·诗集》，河北人民出版社2010年版，第4948页。

③ （宋）苏轼著，张志烈、马德富、周裕锴主编：《苏轼全集校注·文集》，河北人民出版社2010年版，第7459—7460页。

州饭，细和渊明诗。"① 但我们应该特别注意的是，苏轼在以陶柳诗文、自作诗文自娱之外，苏过相关创作给予老人的心理抚慰。苏过23岁侍父南行，北归已是三十，"丁年而往，二毛而归"，伴随苏轼度过了岭海七年人生最为艰难的岁月，七年远谪，父子情深，苏过成为东坡贬谪生涯中难以替代的精神支撑。晁说之说苏过之于乃翁"翁板则儿筑之，翁樵则儿薪之，翁赋诗著书，则儿更端起拜之。为能须臾乐乎先生者也"（晁说之《叔党墓志铭》）。苏轼自己也说：

> 轼穷困，本坐文字，盖愿刳形去智而不可得者。然幼子过，文益奇，在海外孤寂无聊，过时出一篇见娱，则为数日喜，寝食有味。以此知文章如金玉珠贝，未易鄙弃也。（《与刘沔书》）②

岭海岁月，东坡游踪所至，常有诗作，苏过的唱和，往往使乃父喜不自胜。老夫观儿子所画枯木竹石图，诗赞"老可能为竹写真，小坡今与石传神"；读苏过所撰《志隐》，东坡喜不自禁，"吾真可安于岛夷矣！"

每每阅看相关资料，苏轼苏过父子深情令人动容。东坡亲子之爱这人性中最温暖最柔软的地方与其直面人生、笑对人生的浩然之气，形成了苏轼伟大人格精神的最为稳固的两极支撑。

三 以谪辞、谢表为聚焦点，可以略窥东坡的君臣观以及相关谪辞、谢表的特色

以东坡谪辞、谢表为聚焦点所集中反映的宋代政坛的翻覆混乱，前文已有涉及，我们极为感兴趣的是东坡在盛年、晚年历经贬谪后的君臣观。

苏轼对于神宗，感情是极为复杂的。神宗重用王安石变法改革，欲大有为于天下，苏轼旗帜鲜明地反对变法。对于苏轼的反对意见，神宗虚心纳谏，甚为宽容。

---

① 四川大学中文系唐宋文学研究室编：《苏轼资料汇编》，中华书局1994年版，第93页。
② （宋）苏轼著，张志烈、马德富、周裕锴主编：《苏轼全集校注·文集》，河北人民出版社2010年版，第5336页。

苏辙《亡兄子瞻端明墓志铭》载：

（熙宁）四年，介甫欲变更科举，上疑焉，使两制三馆议之。公议上，上悟曰："吾固疑此，得苏轼议，意释然矣。"即日召见，问："何以助朕？"公辞避久之，乃曰："臣窃意陛下求治太急，听言太广，进人太锐。愿陛下安静以待物之来，然后应之。"上竦然听受，曰："卿三言，朕当详思之。"①

恰逢元宵节，神宗下令减价收买浙灯四千盏，苏轼上《谏买浙灯状》，神宗采纳苏轼意见，从善如流。继之，苏轼又连续上奏《上神宗皇帝书》《再上皇帝书》，全面反对新法，神宗颇为宽容。及至"徙知湖州，以表谢上。言事者摘其语以为谤，遣官逮赴御史狱。初，公既补外，见事有不便于民者，不敢言，亦不敢默视也，缘诗人之义，托事以讽，庶几有补于国。言者从而媒蘖之。上初薄其过，而浸润不止，是以不得已从其请。既付狱吏，必欲置之死，锻炼久之，不决。上终怜之，促具狱，以黄州团练副使安置"。"五年，上有意复用，而言者沮之。上手札徙汝州，略曰：'苏轼黜居思咎，阅岁滋深，人材实难，不忍终弃。'未至，上书自言有饥寒之忧，有田在常，愿得居之。书朝入，夕报可。士大夫知上之卒喜公也。会晏驾，不果复用。"②

苏轼元祐时期青云直上，论者多以为乃太皇太后之力，而苏轼曾对好友王巩讲了自己与宣仁太后的谈话实录，对神宗知遇之恩铭之在心：

子瞻为学士。一日锁院，召至内东门小殿。时子瞻半醉，命以新水漱口解酒，已而入对，授以除目：吕公著司空平章军国事，吕大防、范纯仁左右仆射。承旨毕，宣仁忽谓："官家在此。"子瞻曰："适已起居矣。"宣仁曰："有一事要问内翰，前年任何官职？"子瞻曰："汝州团练副使。""今为何官？"曰："备员翰林，充学士。"曰：

---

① （宋）苏辙著，曾枣庄、马德富校点：《栾城集》，上海古籍出版社 2009 年版，第 1410 页。
② （宋）苏辙著，曾枣庄、马德富校点：《栾城集》，上海古籍出版社 2009 年版，第 1410 页。

"何以至此？"子瞻曰："遭遇陛下。"曰："不关老身事。"子瞻曰："必是出自官家。"曰："亦不关官家事。"子瞻曰："岂大臣荐论耶？"曰："亦不关大臣事。"子瞻惊曰："臣虽无状，必不别有干请。"曰："久待要学士知，此是神宗皇帝之意。当其饮食而停箸、看文字，则内人必曰：'此苏轼文字也。'神宗忽时而称之曰：'奇才，奇才！'但未及用学士而上仙耳。"子瞻哭失声，宣仁与上左右皆泣。已而赐坐吃茶，曰："内翰、内翰！直须尽心事官家，以报先帝知遇。"子瞻拜而出，撤金莲烛送归院，子瞻亲语余如此。（王巩《随手杂录》）[1]

由于神宗皇帝对于东坡的知遇再造之恩，东坡对于神宗感念终生。神宗英年早逝，苏轼撰《神宗皇帝挽词三首》，前两首充分肯定了神宗功业，表达自己的尊崇之意。

其一曰：

文武固天纵，钦明又日新。化民何止圣，妙物独称神。
政已三王上，言皆六籍醇。巍巍本无象，刻画愧孤臣。[2]

其二曰：

未易名尧德，何须数舜功。小心仍致孝，余事及平戎。
典礼从周旧，官仪与汉隆。谁知本无作，千古自承风。[3]

第三首则表达了自己怀恋感念："病马空嘶枥，枯葵已泫霜。余生卧江海，归梦泣嵩邙。"[4]

与之相应的是，挽词中写神宗"余事及平戎"，元祐二年则在《生擒

---

[1] 四川大学中文系唐宋文学研究室编：《苏轼资料汇编》，中华书局1994年版，第35页。

[2] （宋）苏轼著，张志烈、马德富、周裕锴主编：《苏轼全集校注·诗集》，河北人民出版社2010年版，第2804页。

[3] （宋）苏轼著，张志烈、马德富、周裕锴主编：《苏轼全集校注·诗集》，河北人民出版社2010年版，第2806页。

[4] （宋）苏轼著，张志烈、马德富、周裕锴主编：《苏轼全集校注·诗集》，河北人民出版社2010年版，第2807页。

西蕃鬼章奏告永裕陵祝文》写道："谨当推本圣心，益修戎略，务在服近而来远，期于偃革以息民。仰冀威神，曲垂昭鉴。"①东坡对于神宗富国强兵之深心的体念是极为深切的，挽词发自内心，绝非表面文章。他在得知神宗逝世后曾寄书王巩，挚友之间，吐露了真情，所谓"无状罪废，众欲置之死，而先帝独哀之"，所谓"蒙恩尤深"，"而今而后，谁复出我于沟壑者。归耕没齿而已矣！"（《答王定国》）②对神宗的感念知遇之情，漫溢于言辞之间。

对于君臣知遇之恩，东坡重在臣僚以非常之礼报答皇上的非常之礼遇。《邵氏闻见录》载东坡"移汝州，过金陵，见介甫甚欢"：

> 子瞻曰："某欲有言於公。"介甫色动，意子瞻辨前日事也。子瞻曰："某所言者，天下事也。"介甫色定，曰："姑言之。"子瞻曰："大兵大狱，汉唐灭亡之兆。祖宗以仁厚治天下，正欲革此。今西方用兵，连年不解。东南数兴大狱，公独无一言以救之乎？"介甫举两指示子瞻曰："二事皆惠卿启之，某在外，安敢言？"子瞻曰："固也。然在朝则言，在外则不言，事君之常礼耳。上所以待公者，非常礼；公所以事上者，岂可以常礼乎？"介甫厉声曰："某须说。"③

王安石是受到神宗特殊礼遇的大臣，所以东坡要求他"上所以待公非常礼，公所以事上者，岂可以常礼乎？"东坡、安石对于神宗都有着特殊的情怀，非寻常君臣之情。

如果我们将东坡对于神宗和哲宗的不同情怀加以对照，更可以见出其君臣观特色之一斑。

苏轼与哲宗的君臣关系是个值得探讨的问题。苏轼在哲宗朝八年为官又七年远谪。八年为官，备极荣耀，达到仕宦的巅峰。赖正和先生《苏轼官职漫谈》详述苏轼在哲宗朝所任官职，列其要者如下：

元丰八年三月十岁的哲宗即位，五月，苏轼复朝奉郎、知登州军州

---

① （宋）苏轼著，张志烈、马德富、周裕锴主编：《苏轼全集校注·文集》，河北人民出版社2010年版，第4790页。
② （宋）苏轼著，张志烈、马德富、周裕锴主编：《苏轼全集校注·文集》，河北人民出版社2010年版，第5673页。
③ （宋）邵伯温著，康震校注：《邵氏闻见录》，三秦出版社2005年版，第151页。

事；登州视事仅五日，诏命任礼部郎中；十二月十八日，守起居舍人；元祐元年，免试任中书舍人；九月，为翰林学士知制诰；元祐二年八月，兼任侍读；当月二十二日，受命担任实录院修撰；元祐三年正月，知贡举；元祐四年三月，为龙图阁学士、充两浙西路兵马提辖、知杭州军州事；元祐六年正月，为吏部尚书；二月初四，改命为翰林学士承旨；六月，受命兼侍读；八月，为龙图阁学士、知颍州军州事；元祐七年二月，为龙图阁学士、充淮南东路兵马提辖、知扬州军州事；八月，为龙图阁学士、守兵部尚书、兼侍读、差充南郊卤簿使；十一月，为端明殿学士、兼翰林侍读学士、守礼部尚书；元祐八年六月，知定州军州事。

八年期间，仅就职位升迁而言，可谓皇恩浩荡。但也是在哲宗朝，自哲宗亲政之后，苏轼一贬再贬，在岭海度过了七年流贬生涯，前文已就苏轼后期贬谪的谪辞、谢表加以介绍，此不赘述。

我们关注的是苏轼对于哲宗身后的评价和态度，对于这一点，曾枣庄先生《苏轼评传》、刘乃昌先生《苏轼》均未涉及，李一冰《苏东坡大传》说：

> 二月底，三月初，海南始得皇帝崩逝的消息。苏轼遵制成服，因是罪官，不敢作挽词。①

苏轼未作挽词，应是诸多论著如曾枣庄先生《苏轼评传》、刘乃昌先生《苏轼》未予置评的原因。但我们要讨论的是，神宗逝世，苏轼在《与王巩书》中明确表示自己"蒙恩尤深"，"宜作挽词，少陈万一，然有所不敢者耳"，但仍然作了挽词三首。元丰八年与元符三年（1100），苏轼具为戴罪之身，何以作神宗挽词而不作哲宗挽词？说到底，还是感情问题。孔凡礼先生在《苏轼年谱》中引用了《苏诗总案》中的一段话，颇有助于这一问题的进一步讨论：

> 《总案》卷四十三：公是时不敢作挽词，故于后《和狄咸见赠》自述云："才疏正类孔文举，痴绝还同顾长康。万里归来空泣血，七年供奉殿西廊。"又自注云："迩英阁，在延和殿西廊下。"窃窥公意，

---

① 李一冰：《苏东坡大传》，九州出版社2006年版，第484页。

缘无以著其悲痛，固特见于此耳。曰"才疏"，曰"痴绝"，曰"泣血"，曰"七年"，道其君臣之义已尽，此即哲宗挽词也。①

《和狄咸见赠》一诗见《苏轼全集校注》第5211页，诗题为《次韵韶州狄大夫见赠》，其诗回顾与哲宗之际遇，忠心事君，却远谪海康，衣食无着，疾病连年，才疏痴绝，"七年远谪，不自意全，万里生还，适有天幸。"其与哲宗，君臣之义，尽见于此。

东坡关于君臣际遇的思考，还见于其词作《蝶恋花》（花褪残红）。此词寓言。关于此词之作年，我们赞同张志烈先生的考论，乃东坡"绍圣元年闰四月三日后离定南行路途触景而发"，"其上下片的意象群各有一个核心，上片的核心就是'枝上柳绵吹又少，天涯何处无芳草'，下片的核心就是'多情却被无情恼'"。"'多情却被无情恼'正是他多年来对宋王朝一片忠心却被遭贬岭南的最恰当的写照。他在赴定州任而哲宗拒绝见他时所上《朝辞赴定州言事状》中有一长段诉说"，"这段正是'多情'对'无情'的诉说。反反复复，绕来绕去，其心可见。此后，带着这种心情到定州，其所作为都是'多情'的表现"。"直到闰四月三日，接到的却是无情的谪命"，"所以'多情却被无情恼'是他此时此刻内心深处矛盾聚焦点之一"。

苏轼正是带着这种思考来到岭海贬所，特殊境遇使他更加深入思考这个问题。《冷斋夜话》载："东坡渡海，惟朝云王氏随行。日诵'枝上柳绵'二句，为之流泪，病极，犹不释口。"《林下诗谈》亦载：

> 子瞻在惠州，与朝云闲坐，时青女初至，落木萧萧，凄然有悲秋之意。命朝云把大白，唱"花褪残红"。朝云歌喉将啭，泪满衣襟。子瞻诘其故，答曰："奴所不能歌，是'枝上柳绵吹又少，天涯何处无芳草'也。"子瞻翻然大笑曰："是吾正悲秋，而汝又伤春矣。"遂罢。朝云不久抱疾而亡，子瞻终身不复歌此词。②

---

① 孔凡礼：《苏轼年谱》，中华书局1998年版，第1320页。
② （宋）苏轼著，张志烈、马德富、周裕锴主编：《苏轼全集校注·词集》，河北人民出版社2010年版，第695页。

循此思路，我们还注意到苏轼岭海期间《和陶咏三良》中君臣关系的思考：

> 此生太山重，忽作鸿毛遗。三子死一言，所死良已微。
> 贤哉晏平仲，事君不以私。我岂犬马哉，从君求盖帷。
> 杀身固有道，大节要不亏。君为社稷死，我则同其归。
> 顾命有治乱，臣子得从违。魏颗真孝爱，三良安足希。
> 仕宦岂不荣，有时缠忧悲。所以靖节翁，服此黔娄衣。①

苏轼此诗关乎君臣关系，更关乎人生价值生命意义的思考，所以宋人给予特别关注，《苏轼全集校注》第4719页集评《竹庄诗话》卷10引苕溪渔隐云：

> 至其晚年，所见益高，超人意表。

引《艺苑雌黄》云：

> 昔之咏三良者，有王仲宣、曹子建、陶渊明、柳子厚……曾无一语辨其事非者。惟东坡一篇云"杀身固有道……三良安足希。"……独冠绝于今古。

王水照先生的《苏轼研究》有两处提及苏轼《和陶〈咏三良〉》，给予了高度评价，认为苏诗"一反陶诗原作之意，严厉批判三良为秦穆公殉葬是违背'事君不以私'的愚忠行为，鲜明地提出'君为社稷死，我则同其归。顾命有治乱，臣子得从违'的君臣关系的原则，这里重点在君命可能有'乱'，臣子可以有违，多么可贵的民主性思想闪光！"王水照先生还注意到苏轼《和陶〈咏三良〉》与其早期诗作《秦穆公墓》和黄州时期《别黄州》的变化。

纵观苏轼为神宗、高太后所写挽词，再将之与哲宗去世之后的相关文

---

① （宋）苏轼著，张志烈、马德富、周裕锴主编：《苏轼全集校注·诗集》，河北人民出版社2010年版，第4716页。

字对照研读，苏轼的君臣观已由前期的注重君臣知遇之恩发展到重视思考臣子独立的人生价值和生命意义。他反对愚忠，事君不在私恩，重在忠于国家社稷的大节；君上之遗命有对也有错，臣下有听从或不遵从的选择。从中我们可以看到东坡后期君臣观所达到的高度，诚所谓"所见益高，超人意表"。

探讨相关谪辞、谢表的创作特色在当时及后世的影响，是我们感兴趣的另一方面。

有宋一代，翰林学士、中书舍人、知制诰乃清要之职，因其代朝廷立言，深受重视；至北宋中后期，更因涉及朋党之争，制诰著文，更关切时势及臣僚命运。史料所载为我们透露了个中信息：

> 章惇尝言："元祐初，司马光作相，用苏轼掌制，所以能振动四方，安得斯人而用之！"或曰："林希可。"会希赴成都，过阙，惇欲使典书诰，逞毒于元祐诸臣，且许以为执政。希久不得志，请甘心焉。凡元祐名臣贬黜之制，皆希为之，极其丑诋……读者无不愤叹。①

正因为翰林学士、中书舍人上承王命或秉承权相之命，在复杂的权力之争中，即不能稍有疏忽：

> 绍圣元年三月诏以苏辙为端明殿学士、知汝州。中书舍人吴安诗草制，有"风节天下所闻"及"原诚终是爱君"之语，帝怒，命别撰词。苏辙止散官知汝州，吴安诗寻亦罢为起居舍人。②

谪辞不能稍有疏忽，谢表就更不能有不妥之处，据何薳《春渚纪闻》卷6《裕陵眷贤士》载：

> 公自黄移汝州，谢表既上，裕陵览之，顾谓侍臣曰："苏轼真奇才。"时有憾公者，复前奏曰："观轼表中，犹有怨望之语。"裕陵愕

---

① （明）陈邦瞻：《宋史纪事本末》，中华书局2015年版，第449页。
② （清）李铭汉撰，张兴武等校点：《续通鉴纪事本末》，甘肃人民出版社2005年版，第997页。

然曰："何谓也。"对曰："其言'兄弟并列于贤科'，与'惊魂未定，梦游缧绁之中'之语。"盖言轼、辙皆前应直言极谏之诏，今乃以诗词被谴，诚非其罪也。裕陵徐谓之曰："朕已灼知苏轼衷心，实无他肠也。"于是语塞云。①

由是可知，如果不是神宗"灼知苏轼衷心"，"憾公者"就会无中生有，罗织罪名。所以苏轼谢表撰文皆深思熟虑之作。

此外，朝中朋党纷争，任职翰林学士、中书舍人，撰写相关诏诰、谪辞的官员，或意气用事，逞才使气，或受命权臣，恶意报复，无论意愿如何，均需出彩之笔。从代元祐政坛立言的苏轼和代哲宗、章惇立言的林希所撰诏诰都可略窥一二。朱弁《曲洧旧闻》卷5载：

吕惠卿之谪也，词头始下，刘贡父当草制。东坡呼曰："贡父平生作刽子，今日才斩人也！"贡父急引疾而出。东坡一挥而就，不日传都下，纸为之贵。②

陈长方《步里客谈》卷1亦载：

元祐中，东坡行吕吉甫责词，叙神考初用而中弃之曰："先皇帝求贤如不及，从善若转圜。始以帝尧之聪，姑试伯鲧，终焉孔子之圣，不信宰予。"又曰："喜则摩足以相欢，怒则反目以相视。"既而语人云："三十年作刽子，今日方剐得一个有肉汉！"③

《吕惠卿责授建宁军节度副使本州安置不得签书公事》乃东坡得意之作，但从有关资料也可看出，东坡有意气用事之嫌。也正是为此，苏轼元祐期间所撰诏诰成为日后政敌攻击的口实。《皇宋治迹统类》载，绍圣元年四月，"御史虞策言：'苏轼作诰诏，语涉讥讪，望劾实施行。'殿中侍御史来之邵言：'轼臣先朝，久以罪废。至元祐擢为中书舍人、翰林学士。

---

① 四川大学中文系唐宋文学研究室编：《苏轼资料汇编》，中华书局1994年版，第153页。
② 颜中其编注：《苏东坡轶事汇编》，岳麓书社1984年版，第116—117页。
③ 颜中其编注：《苏东坡轶事汇编》，岳麓书社1984年版，第117页。

轼凡作文字,讥斥先朝,援古况今,多引衰世之事,以快忿怨之私。'又刘拯言:'苏轼敢以私忿行于诏诰中,厚诬丑诋;轼于先朝,不臣甚矣。'"①

时至绍圣,朝中政治生态日趋恶化,吕惠卿们得以大行其道。但即使如此,相关制词仍值得关注。《野老纪闻》载:"绍圣初(林文节)在外制,行元祐诸公谪词,是非去取,固时相风旨,然而命词似西汉诏令,有王言体,于苏子瞻一词,尤不草草。苏见之曰:'林大亦能作文章耶!'"②以我们今天来看,是非去取,绝非一句"时相风旨"可以了却,林希其人之德行历史已有定论。我们在这里要着重讨论的是苏轼与遭贬相关的谢表的特点。概言之,有关元祐党人特别是苏轼、苏辙兄弟的谪辞,章惇林希处心积虑,用心险恶,而被贬者只有在谢表中申述与表达自己的立场与态度。所以有关谢表不仅仅关涉相关人员仕途前程,更是性命攸关,所以"尤不草草"。

研究苏轼被贬之后的谢表,我们仍将谪黄与贬惠、徙儋期间诸谢表加以对照解析。首先就心理准备与心理感受而言,苏轼对于贬谪黄州和后期流贬岭南海外反应迥别。苏轼被贬黄州,"其始弹劾之峻,追取之暴,人皆为轼危"(孔平仲《孔氏谈苑》)③,但当其时,上有神宗、太后之重视、庇护,中有王安石、吴充、章惇执正之言,外有司马光、张安平等人营救,苏轼面对突降之灾,虽有赴死之念,时有惊魂不定之忧,但只是一场虚惊。与之相应的是,"苏子瞻以诗得罪,贬黄州,责词云:'黜置方州,以励风俗;往服宽典,毋忘自新。'"(吕陶《净德集》)④"元丰末,移汝州团练副使,制词云:'苏某谪居之久,念咎已深;人材实难,不忍终弃。'"(陈鹄《耆旧续闻》)⑤ 所以苏轼"只影自怜,命寄江湖之上;惊魂未定,梦游缧绁之中"(《谢量移汝州表》)⑥乃其贬谪心境实写;而其"天地能覆盖之,而不能容之于度外;父母能生育之,而不能出之于生

---

① 颜中其编注:《苏东坡轶事汇编》,岳麓书社1984年版,第201页。
② 颜中其编注:《苏东坡轶事汇编》,岳麓书社1984年版,第200页。
③ 颜中其编注:《苏东坡轶事汇编》,岳麓书社1984年版,第57页。
④ 颜中其编注:《苏东坡轶事汇编》,岳麓书社1984年版,第64页。
⑤ 颜中其编注:《苏东坡轶事汇编》,岳麓书社1984年版,第84页。
⑥ (宋)苏轼著,张志烈、马德富、周裕锴主编:《苏轼全集校注·文集》,河北人民出版社2010年版,第2590页。

死。"(《到黄州谢表》)① "稍从内迁,示不终弃。罪已甘于万死,恩实出于再生。"(《谢量移汝州表》)② 则是苏轼对神宗"出于独断"佑护自己的感恩。

后期苏轼贬惠、谪儋的政治生态与处境心境则与被贬黄州大不相同,虽依然是台谏交攻,用心险恶,但更主要的是哲宗挟多年对元祐大臣之积怨,新党挟数年被贬斥疏远之积愤,章惇、蔡卞、张商英、赵挺之辈已沦为地道的政客,对于政事、人事,已无是非之念,而多党派倾轧,挟嫌报复之心,于是林希、蔡卞诸人秉承风旨,在制词中对元祐大臣肆意丑诋。一时间政坛翻云覆雨,黑云压城。相关诏诰集中体现了哲宗朝政坛生态恶化的讯息,所以对于政局将变已有预感的苏轼,其所谓谢表更是"著意之作"。其《英州谢上表》言在元祐朝"掌丝纶之要职":"凡一时黜陟进退之众,皆两宫威福赏罚之公。既在代言,敢思逃责?苟不能敷扬上意,尊朝廷于日月之明;则何以耸动四方,鼓号令于雷霆之震?故当昭陈功伐,直喻正邪。岂臣愚敢有于私心,盖王言不可以匿旨。"直陈胸臆,直言担责,毫不回护。至若"瘴海炎陬,去若清凉之地"③数语,更见其直面人生坎坷苦难之凛然正气。其《到惠州谢上表》依然显不怨不悔之志,"伏念臣性资褊浅,学术荒唐。但守不移之愚,遂成难赦之咎"④。其《到昌化军谢表》则言谪贬流离之危难:"并鬼门而东鹜,浮瘴海以南迁。生无还期,死有余责。""臣孤老无托,瘴疠交攻。子孙恸哭于江边,已为死别;魑魅逢迎于海外,宁许生还。"⑤

当我们把关注的视点集中在苏轼被贬谪的谢表上,还发现徽宗登基后苏轼遇赦后的谢表,更为集中地反映了贬所生涯的艰危和遇赦后的欣喜感激。如言贬所危难:

---

① (宋)苏轼著,张志烈、马德富、周裕锴主编:《苏轼全集校注·文集》,河北人民出版社2010年版,第2582页。
② (宋)苏轼著,张志烈、马德富、周裕锴主编:《苏轼全集校注·文集》,河北人民出版社2010年版,第2590页。
③ (宋)苏轼著,张志烈、马德富、周裕锴主编:《苏轼全集校注·文集》,河北人民出版社2010年版,第2822—2823页。
④ (宋)苏轼著,张志烈、马德富、周裕锴主编:《苏轼全集校注·文集》,河北人民出版社2010年版,第2582页。
⑤ (宋)苏轼著,张志烈、马德富、周裕锴主编:《苏轼全集校注·文集》,河北人民出版社2010年版,第2785—2786页。

伏念臣顷以狂愚,遽遭谴责。……投畀遐荒,幸逃鼎镬。风波万里,顾衰病以何堪;烟瘴五年,赖喘息之犹在。怜之者嗟其已甚,嫉之者恨其太轻。考图经止曰海隅,其风土疑非人世。食有并日,衣无御冬。凄凉百端,颠踬万状。恍若醉梦,已无意于生还。(《移廉州谢上表》)①

如言使命初至时先是忧惧然后惊喜的心情:

使命远临,初闻丧胆。诏词温厚,亟返惊魂。拜望阙庭,喜溢颜面。否极泰遇,虽物理之常然;昔弃今收,岂罪余之敢忘?伏膺知幸,挥涕无从。(《移廉州谢上表》)②

如言对朝廷感激之情:

悯臣以孤忠援寡,察臣以众忌遭惎。许以更新,庶几改过。虽有天地化育之德,不能使臣之再生;虽父母有鞠育之恩,不能全臣于必死。报期碎首,言岂渝心!濯去泥土,已有遭逢之便;扩开云日,复观于变之时。(《移廉州谢上表》)③

海上囚拘,分安死所;天边涣汗,招许生还。驻世之魂,自招合浦;感恩之泪,欲涨溟波……今天子发政施仁,无一夫之失所。凡在名籍,举赐洗湔。俾离一海之中,复至五岭之外,拜天恩之优厚,知圣化之密庸。挈是破家,航以一苇。蛟鳄潜底,风涛不惊。遂齐编户之民,不为异域之鬼。视偕飞走,施谢乾坤。天日弥高,徒极驰心于魏阙,乡关入望,尚期归骨于眉山。残生无与于杀身,余识终同于结草。④

---

① (宋)苏轼著,张志烈、马德富、周裕锴主编:《苏轼全集校注·文集》,河北人民出版社2010年版,第2827页。

② (宋)苏轼著,张志烈、马德富、周裕锴主编:《苏轼全集校注·文集》,河北人民出版社2010年版,第2827页。

③ (宋)苏轼著,张志烈、马德富、周裕锴主编:《苏轼全集校注·文集》,河北人民出版社2010年版,第2828页。

④ (宋)苏轼:《谢量移永州表》,载张志烈、马德富、周裕锴主编《苏轼全集校注·文集》,河北人民出版社2010年版,第2831—2832页。

"七年远谪,不自意全;万里生还,适有天幸。骤从缧绁,复齿缙绅。"①从苏轼这几篇谢表中,我们看到了苏轼用极为简洁的文字对平生遭际的回顾,对贬所生涯的控诉,写出了遇赦后的惊喜和对朝廷的感激之情。揆诸实际,虽语句泣血,语气含哀,均是真情。我们不认为这是表面文章,有哀怜自全之意。因为综观苏轼贬谪黄州、惠州、儋州之一系列谢表,结合与之相关的谪辞,它们确乎集中反映了朝廷政局的风云变化,谢表更集中体现了苏轼面对危难时的特殊心态,其对人生历程的回顾,简洁扼要;其面对流贬的毅然决然,撼人心魄;其对于贬所艰危的叙写,直言不讳,乃是其七年远谪的真实写照,是我们研究苏轼贬谪生涯的第一手资料。所以,其谢表之价值值得特别关注。

在苏轼接受史上,前人已对此有所关注,虽然切入角度不同,但合而观之,颇能启人思致。储欣评《到黄州谢表》曰:"此表是公著意之作,字筋句骨,语语圆成,学者所常潜心玩味也。"② 学者们在对东坡相关谢表潜心玩味中发现,正因为谢表乃东坡用心措意之文,所以用典使事,颇有警策之句,朱翌《猗觉寮杂记》卷5曰:

> 东坡《黄州谢表》云:"天地能覆载之,而不能容之于度外;父母能生育之,而不能出之于死中。"③至今脍炙人口。盖用《后汉·袁敞传》:"天地父母能生臣俊,不能使臣俊当死复生。"

巩丰《后耳目志》评东坡过海谢表曰:

> (吕祖谦)先生尝爱东坡谢表云:"臣无毫发之能,而有丘山之罪;宜三黜而未已,跨万里而独来。"萧然出四六畦町之外。④

---

① (宋)苏轼:《提举玉局观谢表》,载张志烈、马德富、周裕锴主编《苏轼全集校注·文集》,河北人民出版社2010年版,第2787—2788页。
② (宋)苏轼著,张志烈、马德富、周裕锴主编:《苏轼全集校注·文集》,河北人民出版社2010年版,第2586页。
③ (宋)苏轼著,张志烈、马德富、周裕锴主编:《苏轼全集校注·文集》,河北人民出版社2010年版,第2586页。
④ 四川大学中文系唐宋文学研究室编:《苏轼资料汇编》,中华书局1994年版,第646页。

有论者在谢表中看到了时势的艰危，章惇们用心之险恶，东坡所面对的艰难，陈天定评《到昌化军谢表》云："读此而不酸心者非人也。彼憸人者亦已太甚！"① 高嵣亦云："此到军后表。地故在儋耳，非人所居。故篇中写得气象愁惨，不忍卒读。"② 储欣更曰："人非木石，读此谁不废书而泣。"③

有论者从谢表之中看到了东坡胸怀坦荡，直面贬途的凛然正气。王文诰云："虞策、来之邵等翻腾旧劾各条，公屡有辩奏，可覆检也。此则不惟不辩，率性一担挑回，故云'固当昭陈功罚，直喻正邪'也。盖前之必辩者，原欲留其身以为国，此则已将一片热肠放下，惟有拼此身听其流转，付诸清议而已。可见其立时勇决也。此状本集不载具官年月，特为补全。俾读之者百世之下，犹见其生气凛然也。"④

也有论者在品味阅读中，发现东坡谢表警策之句的影响，梁玉绳《清白士集》卷23曰：

> 东坡《谢量移汝州表》："疾病连年，人皆相传其已死；饥寒并日，臣亦自厌其余生。"范石湖《甲辰人日病中六言诗》："人应见怜久病，我偏自厌余生。"元遗山《感事诗》："人皆传已死，我自厌余生。"郭钰《晚眺诗》："饥寒久已厌吾生。"俱用坡语。⑤

更有论者在东坡谢表及相关诗文与前人的比较中，发现了东坡特有的善于处穷，为人叹服的坡仙风范，洪迈《容斋随笔》卷8《韩公潮州表》条曰：

> 韩文公谏佛骨表，其词切直，至云："凡有殃咎，宜加臣身，上天监临，臣不怨悔。"坐此贬潮州刺史。而谢表云："臣于当时之文，

---

① （宋）苏轼著，张志烈、马德富、周裕锴主编：《苏轼全集校注·文集》，河北人民出版社2010年版，第2787页。
② （宋）苏轼著，张志烈、马德富、周裕锴主编：《苏轼全集校注·文集》，河北人民出版社2010年版，第2787页。
③ 四川大学中文系唐宋文学研究室编：《苏轼资料汇编》，中华书局1994年版，第1137页。
④ （宋）苏轼著，张志烈、马德富、周裕锴主编：《苏轼全集校注》，河北人民出版社2010年版，第2826—2827页。
⑤ 四川大学中文系唐宋文学研究室编：《苏轼资料汇编》，中华书局1994年版，第1439页。

未有过人者。至论陛下功德，与《诗》《书》相表里，作为歌诗，荐之郊庙，虽使古人复生，臣亦未肯多逊。而负罪婴衅，自拘海岛，怀痛穷天，死不闭目，伏惟天地父母，哀而怜之。"考韩所言，其意乃望召还。宪宗虽有武功，亦未至编之《诗》《书》而无愧，至于"纪泰山之封，镂白玉之牒，东巡奏功，明示得意"等语，摧挫献佞，大与谏表不侔，当时李汉辈编定文集，惜不能为之除去。东坡自黄州量移汝州，上表云："伏读训词，有'人材实难，不忍终弃'之语，臣昔在常州，有田粗给饘粥，欲望许令常州居住。辄叙徐州守河及获妖贼事，庶因功过相除，得从所便。"读者谓与韩公相类，是不然。二表均为归命君上，然其情则不同。坡自列往事，皆其实迹，而所乞不过见地耳，且略无一佞词，真为可服。①

袁桷云：

昌黎公《潮州谢表》，识者谓不免有哀矜悔艾之意。坡翁《黄州谢表》，悔而不屈，哀而不怨，过于昌黎多矣。然余尝读《岭海谢表》，有云："人皆相传其已死，臣亦自厌其余生。"言至于此章、蔡之罪，可胜数哉！②

何曰愈《退庵诗话》卷4亦曰：

韩退之《谏佛骨》一表，维持圣教，至今读之犹凛凛有生气。而贬潮州《示侄孙湘》诗，乃悲怆作楚囚态。诗与文何相悬殊也！白香山贬江州云："雨露施恩无厚薄，蓬蒿随分有荣枯。"可谓乐天知命。东坡贬黄州云："长江绕郭知鱼美，好竹连山觉笋香。"；贬儋耳云："垂天雌霓云端下，快意雄风海上来。"作达语。三公皆一代名臣，文章学问，偃蹇遭际，处处多同。而胸襟则不无少间。③

---

① 四川大学中文系唐宋文学研究室编：《苏轼资料汇编》，中华书局1994年版，第523页。
② 四川大学中文系唐宋文学研究室编：《苏轼资料汇编》，中华书局1994年版，第875页。
③ 四川大学中文系唐宋文学研究室编：《苏轼资料汇编》，中华书局1994年版，第1517页。

无论是东坡谢表中晚年回首对平生遭际的总结回顾，对贬所艰难生涯的控诉，对遇赦后欣喜感激之情的流露，抑或是后世的论者从其谢表的品味解读中服膺的东坡谢表的警策和特色成就，东坡笔下时势艰危和迁客的苦痛忧伤，以及谢表的影响和与前人相比较而展示的特有风范，这一切都说明东坡被贬期间的系列谢表集中浓缩了丰富的文化信息。

　　研究东坡人生关键节点的贬谪生涯，使我们的目光聚焦在有关的谪辞和系列谢表上，时隔千年，在对一代文化巨人的贬谪生涯的审视中，我们不仅从相关谪辞谢表中触摸到特有时代的脉动，政坛时势的动荡起伏，政坛各色人物在政治的风口浪尖上的去就从违中所显示的人格人性；而且能从其精心结撰的谢表中，真切地感受到苏轼在不同时期被贬的心声心态，其直面贬谪苦难的风范，在作者的心声心画中，我们看到了东坡对于神宗、哲宗的不同态度，看到了东坡晚年君臣观的高度。东坡的一系列贬谪中的谢表，见时代政坛风云变幻，是其贬谪时期精神人格的浓缩，遣词为文，时见警策，影响当代及后世，值得关注研讨。

为国不可生事，亦不可以畏事

——苏轼元祐时期军事思想探论

元祐时期在苏轼一生之中是一个特殊的时期，言其特殊，一方面是指其仕宦上的巅峰时期。他在元祐时期颇受朝廷重用，以他自己的话说就是：

> 臣以草木之微，当天地之泽，七典名郡，再入翰林，两除尚书，三忝侍读。虽当世之豪杰，犹未易居；矧如臣之孤危，其何能副？①

而另一方面，由于元祐时期朝中党争的激烈复杂，由于苏轼在元祐初期既支持废除新法，贬谪新党，又反对司马光全面废除新法，且与洛党"因嬉笑而成仇雠"②，长期处于新旧党夹攻之中。八年之间，调动频繁，有一半的时间在地方上做官。他曾十分痛苦地说自己往往"坐席未暖，召节已行，筋力疲于往来，日月逝于道路。……朝廷非不用臣，愚蠢自不安位"③。因此，对于朝廷的重用，太后的恩宠，苏轼感激涕零，誓死以报，在有关文表中一再表白：

> 臣荷先帝之遇，保全之恩，又蒙陛下非次拔擢，思慕感涕，不知所报，冒昧进计……④

---

① 郭预衡主编，徐志奇、胥洪泉等注：《文白对照唐宋八大文钞·东坡文钞》，广东教育出版社2002年版，第149页。
② 张崇琛、林家英、庆振轩、赵建新：《中国古代作家作品研究》，兰州大学出版社2002年版，第183页。
③ （宋）苏轼著，李之亮笺注：《苏轼文集编年笺注》，巴蜀书社2011年版，第551页。
④ （宋）苏轼：《东坡奏议》卷3，《苏文忠公全集》，明成化本，第823页。

臣等非不知言出怨生，既忝近臣，理难缄默。①

今侍从之中，受恩之深，无如小臣，臣而不言，谁当言者。②

但他冒死建言的结果，却是动辄得咎，政敌们"共出死力，构造言语"③，无端攻击，数年之中，屡被围攻，使其心力交瘁，深知"不改其操，知无不言，则仇怨交攻，不死即废"④。

因此，元祐时期，处于仕宦巅峰和处于新旧党夹攻中的苏轼的心态是十分复杂的，也是值得深入探讨的。限于篇幅，本文拟对坡公元祐时期的军事思想进行研讨。

有宋一代，自一统大业奠定之后，即相继面临契丹、西夏、金、元蒙的侵扰攻略，在民族矛盾和阶级矛盾交织发展的情况下，士大夫皆好言兵，成为一代风气，喜论兵，乐从戎是宋儒时代忧患意识的表露。苏轼生当其时，奋厉有当世志，再加上其父苏洵的影响，苏轼在一生的不同阶段，在军事上均有个人的见解，而其元祐时期在政在位之时的议论举措尤为值得我们关注。

相对整个北宋时期而言，元祐时期是一个相对和平稳定的历史时期。除了元祐二年（1087）西夏联合吐蕃侵扰，因种谊擒鬼章而即请和之外，不仅高太后"无意甲兵"，其他邻国也相戒生事。因此，对苏轼元祐时期军事思想的研究，主要集中于其两任边州所提出的对策和举措、针对鬼章被擒所提出的"和、战、守"三者辩证关系的方略，以及针对辽和高丽提出的防范措施。下文依次言之。

元祐之于苏轼，以出知边州始，又以出知重难边州终。其针对当时边防实际存在的问题提出的建议对策及相关举措，乃其军事思想的重要组成部分。

严格地说，苏轼知登州是在元丰八年（1085），但元丰八年三月神宗逝世，五月王圭卒，朝廷起用旧党，拉开了元祐更化的序幕，苏轼正是在此时被起用知登州的。所以，从苏轼元祐时期军事思想的整体研究考虑，

---

① （宋）苏轼：《东坡奏议》卷4，《苏文忠公全集》，明成化本，第845页。
② （宋）苏轼：《东坡奏议》卷4，《苏文忠公全集》，明成化本，第843页。
③ （宋）苏轼：《东坡奏议》卷5，《苏文忠公全集》，明成化本，第862页。
④ （宋）苏轼：《东坡奏议》卷5，《苏文忠公全集》，明成化本，第856页。

我们把知登州时期（尽管到任只有五日），纳入我们的研究视野。

"登虽小郡，地号极边。"苏轼在登州时间虽短，但就他个人了解到的登州防御的具体情况，离开登州后，他在《登州召还议水军状》中建言献策。他认为，登州地近契丹，号为极边，自宋王朝建国以来，常在登州驻重兵，练习水战，早晚传烽，以通警急。特别是自庆历二年（1042）以来，这里设四指挥，成为京东一路的屏障。契丹知宋有备，所以未曾有事。但后来人们"见其久安，便谓无事"[1]，经常调遣这里的兵力，四指挥轮番出差，无法教习水战，武备堕废。他要求朝廷明确降旨，"四指挥兵士并不得差往别州屯驻"[2]，以加强这一带的边防。苏轼在登州任仅留五日，所以对登州水军他只是提出教习之建议而未及实施。而在定州，他从元祐八年十月二十二日到达定州，于绍圣元年四月贬知英州，计半年有余，使他既能清醒地认识到定州边防之弊，又能提出相应对策并付诸实施。

定州是北邻契丹的军事重镇，但由于太平日久，边备十分松弛。苏诗"承平百年烽燧冷"[3] 即是他初至定州所看到的边防状况的极好概括。面对定州军备的实际状况，苏轼建言："臣窃见北虏久和，河朔无事，沿边诸郡，军政少弛，将骄卒惰，缓急恐不可用，武艺军装，皆不逮陕西、河东远甚。虽据即目边防事势，三五年间，必无警急；然居安虑危，有国之常备，事不素讲，难以应猝。"[4]

为了加强边防，苏轼在定州短短的几个月内，采取了一系列十分具体的措施。首先是整饬军纪，"事不可悉数"。苏轼于《乞降度牒修定州禁军营房状》中列举数事：

……如甲仗库子军人张金，一年之间，持仗入库，前后盗铜锣十二面。监官明知，并不申举。又有帐设什物库子军人田平等，二年之间，盗帐设什物八百余件，银二百五十余两，恣意典卖。军城寨人户采斫禁山，开种为田，公然起税，住坐者一百八十余家。城中有开柜

---

[1] （宋）苏轼：《东坡奏议》卷2，《苏文忠公全集》，明成化本，第819页。
[2] （宋）苏轼：《东坡奏议》卷2，《苏文忠公全集》，明成化本，第819—820页。
[3] （宋）苏轼：《东坡奏议》卷3，《苏文忠公全集》，明成化本，第433页。
[4] （宋）苏轼：《东坡奏议》卷14，《苏文忠公全集》，明成化本，第974页。

坊人百余户，明出牌镑，召军民赌博。若此之类，未易悉数。①

指出军政混乱的结果："是致法令不行，禁军日有逃亡，聚为盗贼，民不安居。"②

苏轼到任后，"备见其事"③，采取果断措施，严惩贪赃枉法的首犯，"张金、田平等，皆以付狱按治"④；"侵斫禁山人逐次察觉，依法勘断张德等九人"⑤；"开柜坊人出榜召人告捉，有王京等四十家，陈首改业。其余并走出州界"⑥。在其治理之下，"军民自此稍知有朝廷法令，逃军衰少，贼盗亦稀"⑦。警众是为了革弊，为了定州军纪的整肃，苏轼又致力于改善禁军的生活和居住条件，派人修治禁军营房。

然后是增修弓箭社。影响军队战斗力的有多种因素，由于积弊日久，苏轼发现，沿边禁军即使经过整饬，也"缓急恐不可用"⑧。为什么呢？因其"骄惰既久，胆力耗惫，虽近戍短使，辄与妻孥泣别，被甲持兵，行数十里，即便喘汗"⑨，如果马上对其严加训练，又恐邻国疑虑，招致战事。为万全计，苏轼上奏朝廷，请加强边州弓箭社的作用。

作为民间组织，保家卫国本为一体，且自澶渊之盟以来，边民自己组织的弓箭社，无论家业高下，每户出一人，推选家资武艺出众者为头领，他们自立赏罚，严于官府。"带弓而锄，佩剑而樵"⑩，一面耕作，一面备边，遇有紧急之事，击鼓集合，顷刻可致千人。他们"人自为战，虏甚畏之"⑪。弓箭社因王安石变法期间推行保甲法有所削弱。苏轼根据巩固边防的需要，认为"弓箭社实为边防要用，其势决不可废"⑫。并条悉上闻。

---

① （宋）苏轼：《东坡奏议》卷14，《苏文忠公全集》，明成化本，第973页。
② （宋）苏轼：《东坡奏议》卷14，《苏文忠公全集》，明成化本，第973页。
③ （宋）苏轼：《东坡奏议》卷14，《苏文忠公全集》，明成化本，第973页。
④ （宋）苏轼：《东坡奏议》卷14，《苏文忠公全集》，明成化本，第973页。
⑤ （宋）苏轼：《东坡奏议》卷14，《苏文忠公全集》，明成化本，第973页。
⑥ （宋）苏轼：《东坡奏议》卷14，《苏文忠公全集》，明成化本，第973页。
⑦ （宋）苏轼：《东坡奏议》卷14，《苏文忠公全集》，明成化本，第973页。
⑧ （宋）苏轼：《东坡奏议》卷14，《苏文忠公全集》，明成化本，第974页。
⑨ （宋）苏轼：《东坡奏议》卷14，《苏文忠公全集》，明成化本，第975页。
⑩ （宋）苏轼：《东坡奏议》卷14，《苏文忠公全集》，明成化本，第975页。
⑪ （宋）苏轼：《东坡奏议》卷14，《苏文忠公全集》，明成化本，第975页。
⑫ （宋）苏轼：《东坡奏议》卷14，《苏文忠公全集》，明成化本，第976页。

同在登州的有关举措一样，除了提出并实施相关军事上的建议和举措之外，苏轼作为地方官，还往往提出并实施一些减轻边民负担、救助当地饥民的方略。安边尤须安民，苏轼深知此理。在定州，他上奏朝廷，请求减价常平米赈灾，又要求朝廷允许他将仓中陈米贷与各户，待丰收时以新米还官。这样做的结果，"不惟乘此饥年，人户缺粮，优加赈济；又使官中却得新好白米充军粮支遣；及免年深转至损坏，尽为土壤"①。这是一个既切实可行，又深谋远虑的巩固国防的策略。

元祐时期苏轼军事思想的研讨应该特别关注的是他对宋与西夏、契丹的和战及外交策略的论述和建言献策。

元祐初年，西夏再次进犯宋境，元祐二年八月，种谊收复洮州，擒吐蕃宰相鬼章，西夏见形势不利，再次求和。因高太后"无意用兵"，准备许和，苏轼连上章疏，明确表达了自己的思想观点，今具见于《三苏全集·集部·苏轼文集》卷22、卷23 四篇奏札中（《论擒获鬼章称贺太速札子》《因擒鬼章论西羌夏人事宜札子》《乞诏边吏无进取及论鬼章事宜札子》《乞约鬼章讨阿里骨札子》）。

综观苏轼同时期的四篇奏札，苏轼安边息民之策在以下几个方面应予以重视。首先是针对擒获鬼章之后朝廷态度和处置措施献计建言。对于"生擒西蕃首领鬼章"②，虽是"偏师独克"③"固亦可庆"④，因为"俘获丑虏，功诚不细，赏功劝后，固不应轻"⑤。但对宰相"欲以明日称贺"⑥，苏轼认为不妥，原因在于边疆出兵非一，战争仍在继续，"朝廷方欲缉治边防，整肃骄慢，若捷奏朝至，举朝夕贺，则边臣闻之，自谓不世之奇功；或恩札太过，则将骄卒惰，后无以使"⑦。所以苏轼提出了"镇之以静，示之以不测"⑧的方略。与《论擒获鬼章称贺太速札子》密切相关的是，《乞诏边吏无进取及论鬼章事宜札子》，在这篇奏札中，苏轼再次提及

---

① （宋）苏轼：《东坡奏议》卷14，《苏文忠公全集》，明成化本，第982页。
② （宋）苏辙：《栾城集》卷47，四部丛刊景明嘉靖蜀藩活字本，第429页。
③ （宋）苏轼：《东坡奏议》卷4，《苏文忠公全集》，明成化本，第837页。
④ （宋）苏轼：《东坡奏议》卷4，《苏文忠公全集》，明成化本，第837页。
⑤ （宋）苏轼：《东坡奏议》卷4，《苏文忠公全集》，明成化本，第937页。
⑥ （宋）苏轼：《东坡奏议》卷4，《苏文忠公全集》，明成化本，第937页。
⑦ （宋）苏轼：《东坡奏议》卷4，《苏文忠公全集》，明成化本，第937页。
⑧ （宋）李焘：《续资治通鉴长编》卷404，清文渊阁四库全书本，第5114页。

"新获鬼章,威震戎狄"①,要防止边将骄横之气,避免出现"边臣贾勇,争欲立功,以为河南之地,指顾可得"②,若战事不断,"使诸羌知中国有进取不已之意,则寇愈深而兵不解"③。所以建议朝廷"深诏边吏,叛则讨之,服则安之,自今以往,无取尺寸之地,无焚庐舍,无杀老弱,如此期年,诸羌可传檄而定"④。

针对朝中把鬼章作为人质的"良策",苏轼认为,就鬼章"凶豪素贵"⑤之个性而言,必不甘于困辱,"将不食求死"⑥;即或不然,其"老病愁愤"⑦,"自非久生之道"⑧。而鬼章若死,边乱无已。苏轼认为应该"放汝生还,质之天地,示以必信"⑨,以服其心。"自古西羌之患,惟恐解仇结盟"⑩,而西羌本与西夏世仇,而鬼章本与阿里骨不协,若许以生还,"其众必相攻"⑪,若所在为仇敌,"正中国之利"⑫。

对于《乞诏边吏无进取及论鬼章事宜札子》,茅坤曾给予极高的评价:"此乃文忠公搏虎手处,惜乎世不能用。"⑬并且认为《乞约鬼章讨阿里骨札子》应"与前二札并看"⑭。

《乞约鬼章讨阿里骨札子》是苏轼于元祐二年十月七日,"闻阿里骨上章请命,议者或欲许其自新"⑮的消息后上的一道奏札。苏轼认为,阿里

---

① (宋) 苏轼:《东坡奏议》卷4,《苏文忠公全集》,明成化本,第839页。
② (宋) 苏轼:《东坡奏议》卷4,《苏文忠公全集》,明成化本,第839页。
③ (宋) 苏轼:《东坡奏议》卷4,《苏文忠公全集》,明成化本,第839页。
④ (宋) 苏轼:《东坡奏议》卷4,《苏文忠公全集》,明成化本,第840页。
⑤ (宋) 苏轼:《东坡奏议》卷4,《苏文忠公全集》,明成化本,第840页。
⑥ (宋) 苏轼:《东坡奏议》卷4,《苏文忠公全集》,明成化本,第840页。
⑦ (宋) 苏轼:《东坡奏议》卷4,《苏文忠公全集》,明成化本,第840页。
⑧ (宋) 苏轼:《东坡奏议》卷4,《苏文忠公全集》,明成化本,第840页。
⑨ (宋) 苏轼:《东坡奏议》卷4,《苏文忠公全集》,明成化本,第840页。
⑩ (宋) 苏轼:《东坡奏议》卷4,《苏文忠公全集》,明成化本,第840页。
⑪ (宋) 苏轼:《东坡奏议》卷4,《苏文忠公全集》,明成化本,第840页。
⑫ (宋) 苏轼:《东坡奏议》卷4,《苏文忠公全集》,明成化本,第840页。
⑬ (明) 茅坤:《东坡文钞》卷4,《唐宋八大家文钞》卷120,清文渊阁四库全书本,第1044页。
⑭ (明) 茅坤:《东坡文钞》卷4,《唐宋八大家文钞》卷120,清文渊阁四库全书本,第1046页。
⑮ (明) 茅坤:《东坡文钞》卷4,《唐宋八大家文钞》卷120,清文渊阁四库全书本,第1046页。

骨"凶狡反复，必无革面洗心之理"①；他做出"上章请命"②之举，是因为其"部族新破，众叛亲离，恐吾乘胜致讨，力未能支，姑匿情忍垢，以就大事"③。若其"蓄力养锐"④，"羽翼既成"⑤，"必为中原之忧"⑥。有鉴于此，苏轼认为朝廷应采取强硬政策，建议朝廷既不纳其通和之请，又不削夺其官爵，存而勿论，置之度外，阴使边臣以计图之。计之所出，即其文札中所言，"约鬼章讨阿里骨"⑦，"以夷狄攻夷狄"⑧。

对于苏轼有关鬼章被擒连续所上四篇奏章，前人曾认为应综合研究，黄震《黄氏日钞》卷62说：

> 论鬼章凡四状，谓阿里骨董毡贼臣，伪书求立，执政不审，轻授节钺，而鬼章叛。今虽得鬼章，不足辄贺，亦不可轻杀。当责其与温溪心共讨阿里骨，所谓以夷狄攻夷狄。且乞戒边吏，毋扰郡县诸羌之地，使兵连无穷，可谓精密之见矣。⑨

即就鬼章被擒之后，针对朝廷系列举措，苏轼的针对性的进策献言诚如黄震所言，"可谓精密之见"⑩。但苏轼诸札之中对于西羌夏人的和战之论尤为值得重视，因为对鬼章事件的处置，事关眼前，可权宜处理；而对

---

① （明）茅坤：《东坡文钞》卷4，《唐宋八大家文钞》卷120，清文渊阁四库全书本，第1046页。
② （明）茅坤：《东坡文钞》卷4，《唐宋八大家文钞》卷120，清文渊阁四库全书本，第1046页。
③ （明）茅坤：《东坡文钞》卷4，《唐宋八大家文钞》卷120，清文渊阁四库全书本，第1046页。
④ （明）茅坤：《东坡文钞》卷4，《唐宋八大家文钞》卷120，清文渊阁四库全书本，第1046页。
⑤ （明）茅坤：《东坡文钞》卷4，《唐宋八大家文钞》卷120，清文渊阁四库全书本，第1046页。
⑥ （明）茅坤：《东坡文钞》卷4，《唐宋八大家文钞》卷120，清文渊阁四库全书本，第1046页。
⑦ （明）茅坤：《东坡文钞》卷4，《唐宋八大家文钞》卷120，清文渊阁四库全书本，第1046页。
⑧ （明）茅坤：《东坡文钞》卷4，《唐宋八大家文钞》卷120，清文渊阁四库全书本，第1046页。
⑨ （宋）黄震：《读文集》，《黄氏日钞》卷62，元后至元刻本，第1187页。
⑩ （宋）黄震：《读文集》，《黄氏日钞》卷62，元后至元刻本，第1187页。

西羌、夏人的和战问题，则是长远的战略问题。

对西羌夏人的和战问题，苏轼在《乞约鬼章讨阿里骨札子》中略有提及，态度明确且强硬，原因在于：

> ……夏贼逆天犯顺，本因轻料朝廷，以为必不能讨己，今若便从阿里骨之请，则其所料，良不为过。西蕃小丑，朝为叛逆，暮许通和，则夏国之请，理无不许。二寇滔天自若，欲战欲和，无不可者，则西方之忧，无时而止矣。①

而在《因擒鬼章论西羌夏人事宜札子》中，对有关和战问题的透辟分析，更具战略眼光。就时势而论，"安危之机，正在今日，若应之有道，处之有术，则安边息民，必自是始。不然，将骄卒惰，以胜为灾，亦不足怪"②，于是奏札"先陈前后致寇之由"③，作为建言献策的事实依据。

苏轼认为，在昔神宗朝，"用兵累年，虽中国靡弊，然夏人困折，亦几于亡"④，"饥羸之余，乃始款塞"⑤。"当时执政大臣谋之不深"⑥，未能乘势制服夏人，反而厌兵，许其求和，并赐予无数，"既使虏因吾资以德其民"⑦，"又使其窥我厌兵欲和之意"⑧，使夏人认为"欲战欲和，权皆在我"⑨，轻犯边陲，"利则进"⑩，不利"复求和"⑪，遗患无穷。

而眼前之见，乃是阿里骨乘董毡之死，匿丧不发，伪书鬼章温溪心等名以请于朝，当时执政"以省事为安，因其妄请，便授节钺，阿里骨自知不当立，而忧鬼章之讨也，故欲借力于西夏以自重，于是始有解仇结好之谋。而鬼章亦不平朝廷之以贼臣君我也，故怒而盗边。夏人知诸羌之叛

---

① （宋）苏轼：《东坡奏议》卷4，《苏文忠公全集》，明成化本，第841页。
② （宋）苏轼：《东坡奏议》卷4，《苏文忠公全集》，明成化本，第837页。
③ （宋）苏轼：《东坡奏议》卷4，《苏文忠公全集》，明成化本，第837页。
④ （宋）苏轼：《东坡奏议》卷4，《苏文忠公全集》，明成化本，第837页。
⑤ （宋）苏轼：《东坡奏议》卷4，《苏文忠公全集》，明成化本，第837页。
⑥ （宋）苏轼：《东坡奏议》卷4，《苏文忠公全集》，明成化本，第837页。
⑦ （宋）苏轼：《东坡奏议》卷4，《苏文忠公全集》，明成化本，第837页。
⑧ （宋）苏轼：《东坡奏议》卷4，《苏文忠公全集》，明成化本，第837页。
⑨ （宋）苏轼：《东坡奏议》卷4，《苏文忠公全集》，明成化本，第837页。
⑩ （宋）苏轼：《东坡奏议》卷4，《苏文忠公全集》，明成化本，第837页。
⑪ （宋）苏轼：《东坡奏议》卷4，《苏文忠公全集》，明成化本，第837页。

也，故起而和之"①。详知"前后致寇之由"②，苏轼还预测西羌夏人的策略意图：

> 意谓二圣在位，恭默守成，仁恕之心，著于远迩，必无用武之意，可肆无厌之求；兰会诸城，鄜延五寨，好请不获，势胁必从；猖狂之后，求无不获。计不过此耳。③

在知己知彼的基础上，苏轼认为，安边息兵，"待敌之要"④ 在于"但使吾兵练士饱，斥候精明，虏无大获，不过数年，必自折困，今虽小劳，后必坚定"⑤。只有国富民强，欲战欲和，主动权才能掌握在自己手中，才能避免"复蹈前日之失"⑥——"则是欲战欲和，权皆在虏，有求必获，不获必叛。虽偷一时之安，必起无穷之衅"⑦。

对于朝中"似以畏事为无事者"⑧，苏轼给予了严正的批评，认为"为国不可以生事，亦不可以畏事，畏事之弊，与生事均"⑨。他恰切地比喻说："譬如无病而服药，与有病而不服药，皆可以杀人。夫生事者，无病而服药也；畏事者，有病而不服药也。"⑩

苏轼所论，切中时弊，切实可行，既有解决眼前问题之现时性，又有关乎国家安危的长远战略眼光，所以茅坤《苏文忠公文钞》卷4认为：

> 此疏处分，与欧阳公之议西事，并关朝廷之大者，可谓经国手。⑪

苏轼在元祐时期的军事思想还表现在他对于宋朝和契丹、高丽外交及

---

① （宋）苏轼：《东坡奏议》卷4，《苏文忠公全集》，明成化本，第838页。
② （宋）苏轼：《东坡奏议》卷4，《苏文忠公全集》，明成化本，第838页。
③ （宋）苏轼：《东坡奏议》卷4，《苏文忠公全集》，明成化本，第838页。
④ （宋）苏轼：《东坡奏议》卷4，《苏文忠公全集》，明成化本，第838页。
⑤ （宋）苏轼：《东坡奏议》卷4，《苏文忠公全集》，明成化本，第839页。
⑥ （宋）苏轼：《东坡奏议》卷4，《苏文忠公全集》，明成化本，第838页。
⑦ （宋）苏轼：《东坡奏议》卷4，《苏文忠公全集》，明成化本，第838页。
⑧ （宋）苏轼：《东坡奏议》卷4，《苏文忠公全集》，明成化本，第839页。
⑨ （宋）苏轼：《东坡奏议》卷4，《苏文忠公全集》，明成化本，第839页。
⑩ （宋）苏轼：《东坡奏议》卷4，《苏文忠公全集》，明成化本，第839页。
⑪ （明）茅坤：《东坡文钞》卷4，《唐宋八大家文钞》卷120，清文渊阁四库全书本，第1042页。

商业交往方面的重视。《孙子兵法·谋攻篇》中说："上兵伐谋，其次伐交"①，外交活动往往和军事行动密切相关。在北宋和契丹、西夏时战时和的复杂关系中，外交的作用显得重要而微妙。苏轼对此极为重视。关于苏轼对高丽在外交活动中带有军事目的的防范问题，王水照先生所著《论苏轼的高丽观》所论已详，我们在这里重提这个问题，旨在说明，苏轼针对高丽问题的论述，其指向乃在契丹。高丽的地理位置及与契丹、北宋的复杂关系决定了这一点。此择要述之。苏轼在元祐期间曾先后向朝廷呈奏七篇札子，论奏相关问题。所论具见于《论高丽进奏状》《论高丽进奏第二状》《乞令高丽僧从全州归国状》《乞禁商旅过外国状》以及《论高丽买书利害札子》三首。他在元祐八年二月初一所上《论高丽买书利害札子》提出了"五害"说，论述十分详尽：

……（宋）所得贡献，皆是玩好无用之物，而所费皆是帑廪之实，民之膏血。此一害也。所至差借人马什物，搅扰行市，修饰亭馆，民力暗有陪填。此二害也。高丽所得赐予，若不分遗契丹，则契丹安肯听其来贡？显是借寇兵而资盗粮。此三害也。高丽名为慕义来朝，其实为利，度其本心，终必为北虏用，何也？虏足以制其死命，而我不能故也。今使者所至，图画山川形胜，窥测虚实，岂复有善意哉？此四害也。庆历中，契丹欲渝盟，先以增置塘泊为中国之曲，今乃招来其与国，使频岁入贡，其曲甚于塘泊。幸今契丹恭顺，不敢生事，万一异日有桀黠之虏，以此借口，不知朝廷何以答之？此五害也。②

客观地讲，苏轼对于高丽与宋外交上可能产生的弊害，远虑近忧，情理俱到。苏轼不仅在道理上分析论列利害，且自己在身当其事时，根据具体情况，或不令高丽使者"住滞"③，或因对方妄请，"不为奏闻"④，或"处置接待事件，不令过当"⑤。从方方面面见出苏轼对相关问题的重视。

---

① （春秋战国）孙武：《孙子》卷上，续古逸丛书景宋刻武经七书本，第2页。
② （宋）苏轼：《东坡奏议》卷13，《苏文忠公全集》，明成化本，第957—958页。
③ （宋）苏轼：《东坡奏议》卷10，《苏文忠公全集》，明成化本，第958页。
④ （宋）苏轼：《东坡奏议》卷10，《苏文忠公全集》，明成化本，第958页。
⑤ （宋）苏轼：《东坡奏议》卷10，《苏文忠公全集》，明成化本，第958页。

在本文中，我们主要探讨苏轼元祐时期的军事思想，而从苏轼上述几篇与高丽有关的奏札中，我们有一个突出的感觉，表面上看，苏轼行文直指高丽使者，但其旨归则在强调国家对契丹的防范。苏轼在行文中一再说：

……（高丽）使者所至，图画山川，购买书籍，议者以为所得赐予，大半归之契丹。虽虚实不可明，而契丹之强，足以祸福高丽；若不阴相计构，则高丽岂敢公然入朝中国？有识之士，深以为忧。①

据泉州纲首徐成状称，有商客王应升等，冒请往高丽国公凭，却发船入大辽国买卖，寻捉到王应升等二十人，及船中行货，并是大辽国南挺银丝钱物，并有过海祈平安将入大辽国愿子二道。本司看详，显见闽、浙商贾因往高丽，遂通契丹，岁久迹熟，必为莫大之患。②

……乞三省密院相度裁定，一依庆历、嘉祐《编敕》施行。不惟免使高丽因缘猾商时来朝贡，搔扰中国，实免中国奸细因往高丽，遂通契丹之患。③

高丽所得赐予，若不分遗契丹，则契丹安肯听其来贡？显是借寇兵而资盗粮……高丽名为慕义来朝，其实为利，度其本心，终必为虏用，何也？虏足以制其死命，而我不能故也。……

臣闻河北榷场，禁出文书，其发甚严，徒以契丹故也。今高丽与契丹何异？若高丽可与，即榷场之法可废。④

……臣所以区区论奏者，本为高丽契丹之与国，不可假以书籍。⑤

……臣所忧者，文书积与高丽，而流于北虏，使敌人周知山川险要边防利害，为患至大。⑥

引述东坡有关议论文字，我们说苏轼这七篇奏札，名为论奏与高丽的有关问题，但其旨归，则忧在契丹，文本具在，应无疑问。至于苏轼的观

---

① （宋）苏轼：《东坡奏议》卷16，《苏文忠公全集》，明成化本，第866页。
② （宋）苏轼：《东坡奏议》卷8，《苏文忠公全集》，明成化本，第892页。
③ （宋）苏轼：《东坡奏议》卷8，《苏文忠公全集》，明成化本，第894页。
④ （宋）苏轼：《东坡奏议》卷10，《苏文忠公全集》，明成化本，第957—958页。
⑤ （宋）苏轼：《东坡奏议》卷10，《苏文忠公全集》，明成化本，第960页。
⑥ （宋）苏轼：《东坡奏议》卷10，《苏文忠公全集》，明成化本，第960页。

点"在现今韩国学者中颇有非议,是一个甚为复杂、也极敏感的问题"①,但如果我们认真考查一下当时契丹与高丽、北宋的利害关系,是会很自然地得出"苏轼的高丽观具有历史的正当性"②的结论的。

苏轼鉴古览今,完全从国家民族的利益出发,从国防和军事而言,主要涉及以下几个方面的问题。首先是关于防止因图书输出而失密,影响或损害国家形象和利益的问题。这不仅在当时具有"其历史的正确性"③,而且在中外古今紧张对峙的敌对双方的对外关系中也是常态。

由于宋辽关系常处于时战时和变化复杂的关系之中,所以两国之间相互禁书流出。据有关史料载:天圣五年(1027)二月二日,中书门下上言,辽国使臣和商人"将带皇朝臣僚著撰文集印本传布往彼,其中多有论说朝廷防遏边鄙机宜事件,深不便稳"④。于是宋王朝颁布了相应诏令,后来成为普遍施行的政策;康定元年(1040)五月,京师"无图之辈及书肆之家,多将诸色人所进边机文字,镂刻鬻卖,流布于外"⑤,宋廷下诏:"委开封府密切根捉,许人陈告,勘鞫闻奏。"⑥至和二年(1055)五月,翰林学士欧阳修上言,"京师近有雕布宋贤文集,其间或议论时政得失,恐传之四夷不便,乞焚毁,从之"。⑦因此,苏轼的禁书之议无可非议,因为禁书中涉及"论说朝廷防遏边鄙机宜事件"⑧、"边机文字"⑨,"传之四夷不便"⑩。

其次是涉及使者中"图画山川形胜,窥测虚实"⑪,虑为间谍所用之事,也是北宋朝廷一直密切关注并加以防范的重要问题。据沈括《梦溪笔谈》卷13载,熙宁时"高丽入贡,所经州县,悉要地图"⑫,"山川道路,

---

① 王水照:《苏轼研究》,中华书局2015年版,第317页。
② 王水照:《苏轼研究》,中华书局2015年版,第334页。
③ 王水照:《苏轼研究》,中华书局2015年版,第334页。
④ (清)徐松:《刑法二》,《宋会要辑稿》,稿本,第8404页。
⑤ (清)徐松:《刑法二》,《宋会要辑稿》,稿本,第8409页。
⑥ (清)徐松:《刑法二》,《宋会要辑稿》,稿本,第8409页。
⑦ (宋)李焘:《续资治通鉴长编》卷179,清文渊阁四库全书本,第2168页。
⑧ (清)徐松:《刑法二》,《宋会要辑稿》,稿本,第8404页。
⑨ (清)徐松:《刑法二》,《宋会要辑稿》,稿本,第8409页。
⑩ (宋)李焘:《续资治通鉴长编》卷179,清文渊阁四库全书本,第2168页。
⑪ (宋)苏轼:《东坡奏议》卷13,《苏文忠公全集》,明成化本,第957页。
⑫ (宋)沈括:《梦溪笔谈》卷13,四部丛刊续编景明本,第58页。

形势险易，无不备载"①，到了扬州被陈升之赚取后"聚而焚之"②。高丽使者的做法实在是令人疑虑的。苏轼的弟弟苏辙甚而说："高丽之人所至游观，伺察虚实，图写形胜，阴为契丹耳目"③。"或言契丹遣亲信隐于高丽使者之中，高丽密分赐予，归为契丹，几半之奉。"④多人记载略同，可见苏轼的奏札绝非无中生有。

　　同时，可以印证苏轼论奏观点的还有高丽在与辽宋复杂关系中的态度和外交政策趋向。早在文宗十二年（1058），文宗初萌与宋复交之念，内史门下省表示反对，认为"国家结好北朝，边无警急，民乐其生，依此保邦，上策也。昔庚戌之岁，契丹问罪书云：'东结构于女真，西往来于宋国，是欲何谋？'又云'其于中国，实无所资，如非永绝契丹，不宜通使宋朝'。"⑤高丽朝廷采纳了这些意见，也就是说，当是之时，高丽朝廷认为从地缘接近，从国家安全利益考虑，认定与契丹通好，"以此保邦"⑥，才是"上策"；而与宋通好，"实无所资"⑦，还要付出"永绝契丹"⑧的沉重代价。熙宁初，高丽礼宾省给宋福建转运使罗拯的信中更直言不讳地说："蕞尔平壤，迩于大辽，附之则为睦邻，疏之则为劲敌。虑边骚之弗息，蓄陆奢之靡遑。"⑨由此可见，苏轼基于地缘学及高丽与辽宋关系的利害判断是十分准确的。

　　至于在与高丽外交交往之中，财政上耗费巨大的问题，应该从三个层面分析。一是接待及回赠，所费巨人。苏轼在杭州曾亲自接待来使，且在朝中担任翰林学士期间，所撰有关诏草无虑数十，其中耗费他是十分清楚的。二是专门修建亭馆，劳民伤财。他在赴任登州途中，曾亲见建造有关亭馆给百姓带来的沉重负担，赋诗寄慨（《苏轼诗集》卷26《元丰七年，有诏京东、淮南筑高丽亭馆，密、海二州，骚然有逃亡者，轼过之，叹其壮丽，留一绝云》）。三是其家学渊源的影响。其父苏洵《权书·六国》

---

① （宋）沈括：《梦溪笔谈》卷13，四部丛刊续编景明本，第58页。
② （宋）沈括：《梦溪笔谈》卷13，四部丛刊续编景明本，第58页。
③ （宋）苏辙：《栾城集》卷45，四部丛刊景明嘉靖蜀藩活字本，第417页。
④ （宋）苏辙：《栾城集》卷45，四部丛刊景明嘉靖蜀藩活字本，第417页。
⑤ （明）郑麟趾：《高丽史》卷8世家卷8，明景泰二年朝鲜活字本，第100页。
⑥ （明）郑麟趾：《高丽史》卷8世家卷8，明景泰二年朝鲜活字本，第100页。
⑦ （明）郑麟趾：《高丽史》卷8世家卷8，明景泰二年朝鲜活字本，第100页。
⑧ （明）郑麟趾：《高丽史》卷8世家卷8，明景泰二年朝鲜活字本，第100页。
⑨ （元）脱脱：《宋史》卷487列传第246，清乾隆武英殿刻本，第5097页。

中的一段话应引起我们重视，苏洵说："六国破灭，非兵不利，战不善，弊在赂秦。赂秦而力亏，破灭之道也。"① 因此，苏轼奏札中有关"借寇兵而资盗粮"②之论有现实考虑和家学影响的双重因素。

综观苏轼元祐期间一系列改革军事弊政的举措和诸多相关奏札所反映的军事思想，我们感到有下列几个方面值得探讨。

其一，元祐时期，相对而言，是宋王朝边患战事较少的时期，正是在这个特定的时期，苏轼在政治舞台上有了可以比较充分地发表个人政见的机会，从苏轼一系列改革军政弊病的举措和论奏中，我们感受最深的是苏轼安不忘危，有备无患，在军事思想上，强兵固本，以己为主，掌握战争主动权的观念。对西羌夏人的和战问题，一方面是对目前所临的边防局势的针对性对策，另一方面就宋廷而言，也是具有战略眼光的军事问题。苏轼认为，对于西羌夏人的屡叛屡和、屡和屡叛的问题，应该应之有道，处之有术，以达到长远的"安边息民"的目的。为达到这一长远目标，就要排除朝廷"畏事求和"的做法，避免西羌夏人窥知宋廷厌兵欲和之意，轻犯边陲，利进败和，欲战欲和，权皆在敌的积弊，进而强兵固防，兵练士饱，达到知己知彼，进可攻，退可守，和有所恃，掌握"欲战欲和，权皆在我"③的主动权。

应该看到，终宋一世，宋王朝与契丹、金人、西夏、元蒙一直处于时和时战的十分复杂的军事形势之中。总结历史，许多有识之士都认识到"宋代最有害于战备思想的是'和'"。在宋廷之中，上至皇帝，下至臣僚，贿敌求和，息事宁人的观念时有流露，而让敌国有隙可乘。西夏即掌握了宋廷畏事求和的心理，"以和备战"，运用和来窥伺边境，收买爪牙，充实力量，麻痹宋方，乘虚入侵。因为"欲战欲和，权皆在虏"④，给国家带来无尽弊害，在历经靖康之难后，宋人对宋廷"畏事求和"之弊有了清醒的认识，王庭珪一针见血地指出北宋败亡的原因是，"敌独以一和字误中国"。其说谓："自靖康之初，迄于今日，敌独以一和字误中国。何为循

---

① （明）茅坤：《老泉文钞》卷7，《唐宋八大家文钞》卷113，清文渊阁四库全书本，第979页。
② （宋）苏轼：《东坡奏议》卷13，《苏文忠公全集》，明成化本，第957页。
③ （宋）苏轼：《东坡奏议》卷4，《苏文忠公全集》，明成化本，第837页。
④ （明）茅坤：《东坡文钞》卷4，《唐宋八大家文钞》卷120，清文渊阁四库全书本，第1044页。

而用之，犹未已也？士大夫执请和之议，非独至愚无识，其处心积虑，止欲固爵位，保名宠，苟安目前无事而已。非有奇谋远虑，为宗庙社稷万世计也。且向来何尝不与之和哉！我之礼意日加，而彼之奸恶日肆；我之金币日遣，而彼之求索愈无穷。"① 王庭珪之上书在宋室南渡之后，国破家亡，痛入骨髓，故言辞激烈。实际上"敌独以一和字误中国"，并不自靖康之初始。苏轼其时已鉴往慨今，呼吁朝廷强兵固本，以求和战之权掌握在自己手中，其虑不可谓不深。贿敌以求和，乃是"借寇兵而资盗粮"，与"敌独以一和字误中国"，同样言简义明，且可谓警顽起懦。如果苏轼的居安思危，防患于未然，强兵固本，既不生事，又不畏事的以己为主，处处掌握主动的军事思想得以贯彻执行，靖康之祸应是可以避免的。

遗憾的是，苏轼的建言献策，当朝未予采纳。及宋室南渡，南宋朝廷依然在和战守三者之中，以和为主，沮军民抗战之心，助敌军嚣张之气。在其时有识之士论说和战守三者利害关系的言论中，我们时时可见苏轼的先见之明。孝宗隆兴二年（1164），王质上疏劝孝宗深察和战守之事。他为孝宗献计，应合和战守三者为一，即以战为主，以守为战，以和备战。（《雪山集》卷1《论和战守疏》）袁燮对此的解释是："为今之计，莫若以守为主，俟其可战而战，则是以守为战；俟其可和而和，则是以守为和；和不可恃则战，战或未胜则守。合和战守为一，操纵在我，彼岂得而邀我哉！"② 李纲身在前线，感受最深，十分精要地阐释道："和战守其本一事，能守而后可战，能战而后可和。不务战守，而惟和是务，必致误国。"③ 但是，由于南宋小朝廷一味偏安求和，李纲等人的建策依然未被采纳。北南宋相继败亡，和战之争一直是朝廷议论的一个焦点，但强兵固本、以战为主之正论在关键时刻往往被否决，如此江山坐付人，是十分惨痛的历史教训。

此外，如果我们联系苏轼在不同时期有关国防军事方面的论述，更能看到其军事思想的系统性、现实性、灵活性。苏轼在参加制科考试时曾上了二十五篇《策论》，《进策》中《策断》上、中、下三篇，都是苏轼为抗击辽和西夏而提出的策略。除此之外，《策略第二》、《策别》中的《教

---

① （宋）王庭珪：《卢溪文集》卷26，清文渊阁四库全书本，第94页。
② （宋）袁燮：《絜斋集》卷17，清武英殿聚珍版丛书本，第189页。
③ （宋）李纲：《梁溪集》卷80，清文渊阁四库全书本，第484页。

战守》，以及《训军旅》都讲到同一问题。

苏轼系统地总结了北宋王朝对辽和西夏妥协求和的教训，认为大臣不为长久之计，每年"出金缯数十百万以资强虏"①之失策，他分析了当时的形势，认为赂敌以求和，和补课恃，"其势必至于战"②。但朝野上下及物质准备都不利于战，"天下之人，骄惰脆弱，如妇人孺子不出于闺门。论战斗之事，则缩颈而股栗；闻盗贼之名，则掩耳而不愿听"③。正是针对眼前形势，苏轼主张积极备战。

在对外战争上，苏轼一直主张争取主动，要战守的主动权在我。他说："用兵有权，权之所在，其国乃胜。"④"欲天下之安，则莫若权在中国；欲权在中国，则莫若先发而后罢，示之以不惮，形之以好战。"⑤但战争不是盲目的，苏轼深刻全面分析了宋王朝与西夏契丹的关系，认为契丹对宋的威胁要比西夏大。但两相权衡，"兵之所加"⑥，应先西夏而后契丹。苏轼通过大小强弱和战关系的分析，提出了深刻的见解，他认为如果全面备战，西夏、契丹都是可以战胜的。

在神宗朝，针对宋神宗"意在富强，即位以来，缮甲治兵，伺候邻国"⑦，而"群臣百僚，窥见此意，多言用兵"⑧的情况，苏轼代张方平写了《谏用兵书》，告诫朝廷"军事一兴，横敛随作，民穷而无告，其势不为大'盗'，无以自全"⑨，应谨慎边事。这和元祐期间上疏戒边将生事是一致的。

因此，联系苏轼一生的军事思想，十分可贵的一点即强国固本，掌握和战的主动权；不畏事，亦不妄生事。

特别令我们从人格精神上佩服苏轼的是，苏轼在元祐期间虽然可谓飞黄腾达，备极荣耀，有了在军事边防上充分发表自己言论的机会，但在政敌的恶意围攻之下，已是心力交瘁。其出守定州之时，又值朝政巨变，个

---

① （宋）苏轼：《东坡应诏集》卷1，《苏文忠公全集》，明成化本，第740页。
② （宋）苏轼：《东坡应诏集》卷4，《苏文忠公全集》，明成化本，第760页。
③ （宋）苏轼：《东坡应诏集》卷4，《苏文忠公全集》，明成化本，第759—760页。
④ （宋）苏轼：《东坡应诏集》卷5，《苏文忠公全集》，明成化本，第769页。
⑤ （宋）苏轼：《东坡应诏集》卷5，《苏文忠公全集》，明成化本，第770页。
⑥ （宋）苏轼：《东坡应诏集》卷5，《苏文忠公全集》，明成化本，第770页。
⑦ （宋）苏轼：《东坡应诏集》卷15，《苏文忠公全集》，明成化本，第984页。
⑧ （宋）苏轼：《东坡应诏集》卷15，《苏文忠公全集》，明成化本，第984页。
⑨ （宋）苏轼：《东坡应诏集》卷15，《苏文忠公全集》，明成化本，第985页。

人命运再现危机之际，但他敢于为国直言，临危难勇于任事的勇决态度，让人叹服。

宋人有两则记载，可以略见苏轼在朝中上言、在定州改革军政弊病的恶劣环境：

> 轼在翰苑，颇以言语文章规切时政。毕仲游与之书曰："夫言语之累，不特出口者为言，其形于诗歌，赞于赋颂，托于碑铭，著于序记者，皆言语也。今知畏于口，而未畏于文，是其所是，则见是者喜；非其所非，则蒙非者怨；喜者未必能济君之谋，而怨者或已败君之事矣。官非谏官，职非御史，而好是非人，危身触讳以游其间，殆犹抱石而救溺也。"轼不能从。①
>
> 李端叔名之仪，其先景城人，后居当涂。举进士，力学善著文，为东坡所知。元祐八年九月，坡出帅中山，辟掌机宜文字。是时，时事将变，端叔策知其然，相与反复议论，先生是之曰："自是知相从之日益难得，期与子游戏于文词翰墨，以寓其乐。"②

立朝为政，是其所是，非其所非，虽危身触讳而不避，更何况边防军事乃国家大事；及出守定州，国事将变，虽已洞悉一切，但仍于危难之际，勇于革弊政，固国防。因此研究苏轼元祐时期之军事思想，其有关国防军事思想的战略远见性、深刻性、针对性、一贯性，固然值得称道，其一有机会，即亲革弊政，把个人的思想理论付诸实践的作风，更值得推崇。特别是在复杂的政治环境中，其论述，"莫非据古而切于事"③，"比立朝，遂将力行其所言"④，"虽见险犹不止也"⑤，其为国家舍身忘我的精神与其一生的军事著述和具体举措是紧密联系在一起的。这是我们在搜检相关资料时感受最深的一个方面。

---

① （元）陈桱：《通鉴续编》卷10，清文渊阁四库全书本，第282—283页。
② （宋）苏轼著，施元之注：《施苏诗》卷34，清文渊阁四库全书本，第537页。
③ （宋）李之仪：《姑溪居士集》文集卷15序题跋，清文渊阁四库全书本，第239页。
④ （宋）李之仪：《姑溪居士集》文集卷15序题跋，清文渊阁四库全书本，第239页。
⑤ （宋）李之仪：《姑溪居士集》文集卷15序题跋，清文渊阁四库全书本，第239页。

第三编

以利人为得道

——苏轼科技活动探论

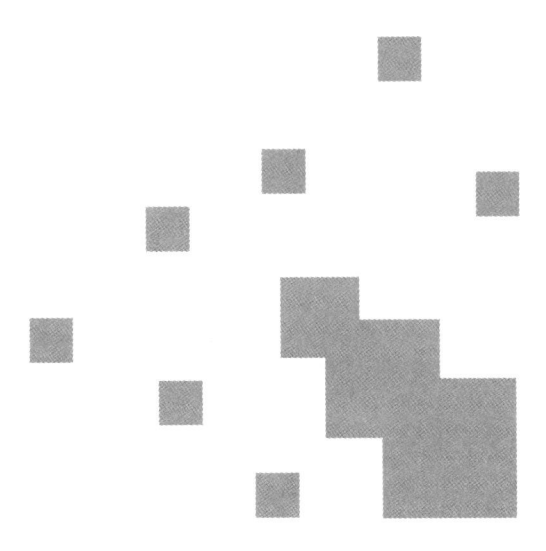

苦己以利人

——苏轼科技活动简论

中国古代几千年的封建社会，创造了灿烂的文明，其科学技术在当时的领先地位，举世公认。在我国古代科技发展上，既有大批专司科技的职业官吏，更有众多名不见经传的下层劳动者出身的土科学家，而以文人身份直接参与科技活动者则并不多见。这方面苏轼是一个典范，因此，对其研究就颇有意义。

苏轼是宋代最伟大、最著名的天才作家，他多才多能，才华横溢，诗词散文皆精。书法上并为名家，被誉为北宋四大家之一。在绘画上，他又是"湖洲画派"的开派者之一。由是之故，历来研讨苏轼者，多注目于他的政治主张，文学理论和诗词文赋，以及他书法绘画上的成就和特点，对他当时参与科技方面的活动则有忽略。本文选此题目，一是想对苏轼研究做些补轶，二是想对中国科技人物史做些研究，以就教于方家。

一

遍检苏轼有关诗文及宋人有关记载，苏轼所参与和从事的一些科技活动，尤其是在科技普及方面作出的贡献，引起我们极大的兴趣，这些一向不大被人注意的史料对于研究我国古代科技史确是十分珍贵的。

众所周知，华夏文明源远流长，曾为世界科技进步作出过不可磨灭的贡献，但我们也必须看到，在以农为本的漫长封建社会里，士人视科技为末技，文学创作极少涉及科技题材。所以论者提及李白《秋浦歌》（炉火照天地）这首歌颂冶炼工匠的诗作，慨叹其"在我国浩如烟海的古典诗歌中较为罕见,因而极为可贵"。① 逮及苏轼,人们更发现其《无锡道中赋水车》《石炭》《秧马》"甚为奇特"②,"它们不是传统的咏物诗选择的雅趣物件,而是关系着人民生活生产的劳动工具与燃料"③。但当我们从研究苏轼的科技活动的视角审视这些作品时,可以认为,这三首作品中,《无锡道中赋水车》乃是一首借咏物忧悯天下的诗作,其他二首则是值得我们特别珍视,其中凝结着苏轼推广普及石炭与秧马应用的苦心的记实之作。

苏轼《石炭》诗作于彭城(徐州)任上,其序云:

> 彭城旧无石炭。元丰元年(1078)十二月遣人访获于州之西南白土镇以北。以冶铁作兵,犀利胜常。④

石炭即煤,据《汉书·地理志》记载:"豫章郡出石,可燃为薪。"⑤可知早在汉代煤已作为燃料使用。但据诗序,我们可以确切地说,直到苏轼在彭城任上遣人勘查挖掘煤炭,徐州父老才知道煤作为燃料的便利。苏轼的《石炭》诗更是热情赞美煤的功用,不啻是绝美的推广煤炭应用的"广告诗":

> 君不见前年雨雪行人断,城中居民风裂骭。湿薪半束抱衾裯,日暮敲门无处换。岂料山中有遗宝,磊落如磐万车炭。流膏迸液无人知,阵阵腥风自吹散。根苗一发浩无际,万人鼓舞千人看。投泥泼水愈光明,烁玉流金见精悍。南山栗林渐可息,北山顽矿何劳锻。为君铸作百炼刀,要斩长鲸为万段。⑥

苏轼这位北宋诗坛上的一流诗人,用他那无所不能的妙笔,热情抒发了对民生疾苦的关心以及寻找到煤炭解决了燃料问题之后的欢欣。更为引人注目的是诗人着意渲染和强调了煤炭的用途:取暖、做饭、冶炼。在解

---

① 俞平伯:《唐诗鉴赏辞典》,上海辞书出版社2013年版,第244页。
② 谢桃坊:《苏轼诗研究》,巴蜀书社1987年版,第212页。
③ 谢桃坊:《苏轼诗研究》,巴蜀书社1987年版,第212页。
④ (宋)苏轼:《东坡》卷10,《苏文忠公全集》,明成化本,第106页。
⑤ 吴晓煜:《中国煤炭史志资料钩沉》,煤炭工业出版社2002年版,第31页。
⑥ (宋)苏轼:《东坡》卷10,《苏文忠公全集》,明成化本,第106页。

苦己以利人

决了取暖做饭燃料问题的同时也起到了保护山林的作用。还有冶炼问题的解决,有利于巩固国防。对于徐州父老而言,这实在是亘古未有的"万人鼓舞千人看"的大事。也许会有人说,这一切似乎与严格意义上的科技活动无关,在此,我们需要特别指出的是,苏轼的《石炭》诗和序,叙述了他组织人力、勘查探访并推广应用煤炭的全过程,用诗的语言介绍了煤炭的功用。这首诗,只有放在特定的历史时期,才能洞见其鲜明特色。正像诗人当日的组织人力、勘查手段、推广应用的方式在今人看来未免"原始"一样。但当日没有"原始"科技,也就没有今天的现代科技,这是毋庸置疑的。

在苏轼的有关诗作中,最能体现其在科技推广应用方面的苦心的是他的《秧马歌》。该诗作于晚年南迁途中。其序曰:

> 过庐陵,见宣德郎致仕曾君安止,出所作《禾谱》,文既温雅,事亦详实,惜其所缺,不谱农器也。予昔游武昌,见农夫皆骑秧马。以榆枣为腹欲其滑,以楸桐为背欲其轻,腹如小舟,昂其头尾,背如覆瓦,以便两髀雀跃于泥中,系束藁其首以缚秧。日行千畦,较之伛偻而作者,劳佚相绝矣。[1]

苏轼在遭受诬陷打击而迁谪南荒之际,却能置个人生死祸福于度外,不忘忧虑民生。这段序文,语言简洁。概括了秧马的型制、功用及推广使用的效益,其良苦用心尽括其中。与之相得益彰的是他的《秧马歌》:

> 春云濛濛雨凄凄,春秧欲老翠剡齐。嗟我归子行呢水,朝分一垅幕千畦。腰如箜篌首啄鸡,筋烦骨殆声酸嘶。我有铜马手自提,头尻轩昂腹胁低。背如覆瓦去角圭,以我两足为四蹄。竦踊滑汰如兔鹜,纤纤束藁亦可贵。何用繁缨与月题,却从畦东走畦西。山城欲闭鼓鼙,忽作的卢跃檀溪。归来挂壁从高栖,了无刍秣饥不啼。少壮骑汝逮老鳖,何曾蹙轶防颠挤,锦鞯公子朝金闺,笑我一生蹋牛犁,不知自有木駃騠。[2]

---

[1] (宋)苏轼:《东坡后集》卷4,《苏文忠公全集》,明成化本,第439页。
[2] (宋)苏轼:《东坡后集》卷4,《苏文忠公全集》,明成化本,第439页。

我国是一个以农为本的传统农业国。农业上生产工具的革新创造，其重要性不下于培植良种。在这首诗中，作者有声有色地赞誉秧马，其目的是宣传推广使用。他详述秧马型制，操作及效用，用对比手法指出用与不用秧马劳逸迥殊，以及使用秧马安全、高效且无饲养之劳，等等。尽管苏轼用了夸张渲染笔法，但并未给人失实之感，而是引起读者更大的兴趣，使之更有吸引力。然而在特定的历史时期，再加诗人贬逐之身，他写《秧马歌》以图推广使用的用心没有几人能够领略。查慎行注苏诗引《周益公题跋》云：

> 东坡年五十九，南迁过太和县作《秧马歌》赠曾移忠。心声心画，惟意所适，殆是得意之作。既到岭南，往往录示邑宰。[1]

为了推广应用秧马，诗人抓住了推广普及的关键，"往往录示邑宰"，希望地方长官予以重视，大力推广。然而其结果却是"顷来江西，作《秧马歌》以教人，罕有从者"[2]。究其原委，封建时代职业官僚们对科技的冷漠，固然是一个重要原因。而苏轼作为贬谪之身，当时党祸正烈。地方官员避嫌畏祸也是一个不容忽视的原因。所以一旦有人推广，苏轼自然喜不自胜。在苏轼不懈的努力下，终于遇到了"勤民恤农"的林抃，他们不仅试制了秧马，而且加以改良，使之在惠州广泛使用。

苏轼一生奋厉有天下志，心在匡世济民，勘察推广石炭和秧马是很自然的事。与之相应的是他在推广应用医药方面的贡献。

苏轼性好医学，由来已久。在黄州，他结交了医学造诣很深的聋医庞安常，曾认真地对医理药性进行过研究。中医，现代人称为经验医学。苏轼热心于收集验方，同时推五行之理，研究治病用药的奥秘。《与庞安常书》记下了他悉心探究医理的过程。精研药理为了医民，收集验方为了济世。黄州谪居期间，在没有行动自由、廪入不继的情况下，他用在同乡巢谷处"苦求得之"[3]的"圣散子"良方，在疫病流行之时，"合此药散之，

---

[1] （宋）苏轼著，（清）王文诰注：《苏轼全集》，时代文艺出版社2001年版，第2145页。
[2] （宋）苏轼：《苏东坡全集》卷116，北京燕山出版社2009年版，第3173页。
[3] （宋）苏轼著，（明）王如锡编：《东坡养生集》，福建科学技术出版社2013年版，第51页。

所活不可胜数"①。元祐四年（1089）七月，他到杭州任所，恰值当地淫雨之患后又逢大旱，水旱之灾后，疫病流行。身为地方长官，他充分利用职权之便防疫治病。采取了两项措施，一是设置病坊，二是施药。他拨出节余的官钱，又自捐黄金五十两，选僧人主持施医工作。他自费修合药剂"圣散子"。药有特效，苏轼说，此药表里虚实，一切不问，凡阴阳二毒状至危急者，连续饮服数剂，立即汗出气通。如遇时疫流行，用大釜煎煮，不问老少良贱，各服一大盏，可使疫气不入其门。即使平常疫病，空腹一服，也能饮食用备常。有病可以治病，无病可以预防，确是"济世之具、卫家之宝"。② 这万应灵丹似的"圣散子"，所用都是中下品药料，每服药成本只要一钱，"略计每千钱，即得千服，所济已及千人"③，"去年春，杭之民病，得此药全活者，不可胜数"④。

苏轼晚年迁谪惠州，再一次陷于困境。"某睹近事，已绝北归之望。"⑤他手中没有了权，也没有钱，不能再做有计划有组织的大规模的有利于国计民生的事情，但苏轼值得后人钦敬之处在于，他虽已花甲之年，身居蛮荒，但仍尽自己最大的力量，济世利民。落后的惠州，生活上最缺乏的是医学。而且又因气候风土关系，瘴毒是普遍的地方病。于是他平日好研医理，遍集秘方的爱好，在这里有了用武之地，苏轼到惠州不久，即采购药材，合药施舍。遇到当地采购不到的药材，他便远向广州购。寓惠期间，苏轼还在自己住宅之后，开辟园田，种植药草。有安神开心的人参，明目乌发的枸杞，清火益目的甘菊，解毒御瘴的薏苡，等等。一为自己保健，二为施药济人。

---

① （宋）苏轼著，（明）王如锡编：《东坡养生集》，福建科学技术出版社2013年版，第51页。

② （宋）苏轼著，（明）王如锡编：《东坡养生集》，福建科学技术出版社2013年版，第51页。

③ （宋）苏轼著，（明）王如锡编：《东坡养生集》，福建科学技术出版社2013年版，第268页。

④ （宋）苏轼著，（明）王如锡编：《东坡养生集》，福建科学技术出版社2013年版，第268页。

⑤ 李之亮：《苏轼文集编年笺注》，巴蜀书社2011年版，第140页。

二

　　苏轼一生的科技活动涉及范围相当广泛，闲居之中，他曾研究酿酒、制墨，在水利工程建设上也时有创见，人们向他请教秧马和图式，还向他请教种松之法。这位"上医原自能医国"①的一代英杰，"道大难容，才高为累"②，一生漂泊，九死南荒。但他所至之处，都尽最大努力为当地人民尽自己的绵薄之力。惠州人民铭记南迁中苏轼在教育的普及、科技的推广、医药的施舍方面的贡献。直至新中国成立前国立惠州中学的校歌仍有词曰：

　　　　坡公南渡，文明一播。③

　　苏轼是中国文化史上的全才，也是科技史上的奇才。回顾总结他的一生，我们完全可以这样说，仅凭苏轼在科技方面的贡献，也足以使他在中国文化史居一席之地。

　　苏轼致力于科技的发展应用，从一方面体现了他爱民济物的人生理想。换言之，作为一个政治家思想家，他清醒地认识到科技对于国计民生的重要作用。他勘查推广石炭，研制改良秧马，研讨药理广泛施药都是基于这种自觉的认识。在贬谪海南途中，他建议王敏仲用竹筒引山涧之水解决广泛饮水问题，信中明确表示，若工程建成，"一城贫富，同饮阴凉，其利便不在言也"。④ 所以早在宋代，人们就已深切地感知苏轼致力科技的苦心，"陆宣公为忠州别驾，避谤不作书。又以地多瘴病，钞集验方五十卷，寓爱人利物之心，文忠苏公手书药法，亦在琼州别驾时，其用意一也"。⑤ 了解了苏轼的科技活动中寓爱人利物之心，就可以理解他何能以政

---

　　① 温长路：《健康长寿与成语典故》，中医古籍出版社2004年版，第211页。
　　② 苏灿主编：《千古英雄 苏东坡图传》，四川人民出版社2007年版，第373页。
　　③ 惠阳地区文联、惠阳地区文化局、惠州市文联合编：《苏轼与惠州》，惠阳地区行政公署印刷厂1982年印，第10页。
　　④ （宋）苏轼著，（清）王文诰注：《苏轼全集》，时代文艺出版社2001年版，第4578页。
　　⑤ （宋）周必大：《文忠集》卷18，清文渊阁四库全书本，第129页。

治家的博大、思想家的深沉、诗人的热情、科学家的严谨投入科技活动的探索。

苏轼致力于科技活动从另一方面反映出他的生活观，此公兴趣广泛，博学多才，潜心钻研，好奇心强，这也许正是他成为一代诗词大家的原因。从我们掌握的并不全面的资料看，苏轼科技活动范围涉及农林、矿产、酿酒、造墨、水利、建筑、医学，等等，这既为他从事文学创作奠定了生活基础，又使他成为行行精通的奇才。在黄州和杭州两次用"圣散子"防治疫病，就得力于他精通医理，深知药性，以至于"活人无数"。治病用药，差之毫厘疑似之间，便有死生祸福之异。后人不顾表里虚实，不知辩证施治，轻用"圣散子"，收到的却是相反的效果。"宣和中，此药盛行于京师，太学诸生信之尤笃，杀人无数。"①

我们对他的多才多艺钦敬赞羡之时，还应指出，苏轼的科技活动大多是在极为艰难的环境——迁谪之中成就的。他以罪黜之身推广秧马，曾遇到重重困难。"顷来江西，作《秧马歌》以教人，罕有从者。"② 何以故？原因在于："元祐党祸，烈于炽火。小人交扇其焰。旁观之君子，深畏其酷，惟恐党人之尘点污之也。"③ 因此，他在南迁途中向王敏仲提出以竹筒引水的建议后，特意在信中提及："某喜公济物之意，故密以告。可否更在熟筹，慎勿令人知出于不肖也。"④ 于身世艰危之中，不忘利人济物，使后人阅其有关文字感慨不可胜言。

三

对于苏轼这位驰名中外的大文豪，我们选择了这样一个特殊的角度进行探究，在叹赏钦服之余，我们感到，苏轼致力于科技活动在多方面给我们以启示。

从苏轼这位在现代意义上讲并非专业科技人员的有关活动可以看出，

---

① （宋）叶梦得：《避暑录话》卷上，明津逮秘本，第10页。
② （宋）苏轼：《苏东坡全集》卷116，北京燕山出版社2009年版，第3173页。
③ （宋）费衮：《梁谿漫志》卷4，清知不足斋丛书本，第23页。
④ （宋）苏轼著，张志烈、马德富、周裕锴主编：《苏轼全集校注·文集》卷56，河北人民出版社2010年版，第6239页。

早在九百年前的宋代，科技已相当发达，在当时确处在世界领先的地位。李约瑟先生曾称苏轼的好友沈括《梦溪笔谈》是世界科技史上的标志。苏轼的有关活动可以佐证中外学者科技史研究中这一既成观点。除去我们上文提到的有关事例不论，我们还应看到，在苏轼的倡导之下，王敏仲在广州修建了当时举世罕见的"自来水供水系统"。苏轼又对其维修完善提出了周密的设想："闻遂作管引蒲涧水，甚善。每竿上须钻一小眼如绿豆大，以小竹针室之，以验通塞。道远，日久无不塞之理。若无以验之，则一竿之塞，辄累百竿矣。仍愿公擘画少钱，令岁入五十余竿竹不住抽换，永不废。僭言，必不讶也。"① 早在九百年前建成的广州自来水供水系统工程，堪称世界科技史上的奇观。

此外，苏诗《赠眼医王彦若》无疑是记录宋代眼科水平的珍贵文献。元丰八年，苏轼在张安道乐全堂会见了眼医王彦若，他久患目疾，赖以为治。目睹王彦若神技，他写诗盛赞王彦若针治目翳技术超绝。毫无疑问，用手术器械割治白内障手术的应用，是当时领先世界的医学成果。王彦若则是精通此道的专家，在世界科技史上，我们的祖先曾有过令人目眩的辉煌，苏轼有关活动涉及的这一切可以作为佐证。而像苏轼这样的科技活动却往往为人忽略，是十分令人遗憾的事情。尤为令人痛惜的是，由于种种原因，当时已达到相当水平的科技成果，没有被及时推广利用，有些甚至失传了。封建官僚，他们只管个人利害，仕途升迁，形成了可怕的"科技冷漠病"，为了避嫌，他们可以对苏轼推广秧马的苦心视若无睹。至于名医王彦若割治眼翳的高超技术，在苏轼写出那首著名诗章后不久，即已世人罕知。苏辙告诉他的后人说："眼医王彦若，在张文定公门下。坡公于文定坐上赠之诗，引喻证据，博辩详切高深。后学读之茫然。坡公敏于著述如此。"②

研讨苏轼有关科技活动，我们的主要目的还是想汲取对发展今日科技可资借鉴的东西。首先，苏轼作为当时文坛第一流的文学家完全自觉参与科技成果的推广应用，写出了堪称当之无愧的科技推广和科普文学作品，值得今日效仿。我们说苏轼完全自觉地参与推广和科普文学创作，乃在于

---

① （宋）苏轼著，（清）王文诰注：《苏轼全集》，时代文艺出版社2001年版，第4579—4580页。

② （宋）苏籀：《栾城遗言》，清粤雅堂丛书本，第7页。

他的行动目的。有关文学作品创作目的十分明确,"顷来江西,作《秧马歌》以教人"①。创作《秧马歌》是为了秧马的推广应用。我们说他的有关作品是当之无愧的科普文学作品,乃在于这些作品体现了科学性和文学性的有机结合。他的《石炭》《秧马歌》如此,《赠眼医王生彦若》如此,有关的尺牍书简也是如此。在我国历史上,第一流的文学家有意识地积极地创作科普文学,参与普及推广科技工作。苏轼无疑是极为典型的,特别在今天,科学技术的发展应用普及推广亟须文学支持,而科普文学的创作又日见冷落,科普作家纷纷转行。在当今文坛名家、有关专家不屑从事写科普文学的时候,苏轼自觉参与科技活动的做法应大力提倡。

其次,苏轼参与科技活动的一些具体做法——把有关科技活动与地方行政力量结合起来,值得我们借鉴。在徐州勘查开采推广石炭,在杭州建安乐坊施药,苏轼都是直接运用手中掌握的行政力量;在晚年以迁谪之身推广秧马,建议修建广州供水系统,他或将诗作"录示邑宰"②,或直接向地方行政官员建议。抓住了地方行政部门,就抓住了科技活动切实实行的关键,也许,只有在今天我们才能总结政策确定之后,干部是一个决定的因素的至理名言。但当年苏轼在有关科技活动中是已清楚地认识到这一点的。为了加快祖国的建设步伐,党和国家倡导"科学技术是第一生产力"。而在科技发展过程中最大的障碍,是社会各阶层相当一部分人科技意识淡漠。科技开发关键在领导。所以加强人们的科技意识,特别是各级主管人员的科技意识,刻不容缓。这是苏轼有关科技活动给我们的第二点启示。

最后,苏轼参与科技活动的献身精神值得倡导。苏轼把参与科技活动视作追求人生理想的一部分,抱着"遇事有可尊主泽民者,便忘躯为之。祸福得丧,付与造物"③的政治激情投入其中,体现了一种不惜自我牺牲的高贵品质。"圣散子"秘方,苏轼向巢谷"苦求得之"④,并与之相约"不传人,指江水为誓"⑤,但他为了传世济人,宁可毒誓及身,也要传之

---

① (宋)苏轼:《苏东坡全集》卷116,北京燕山出版社2009年版,第3173页。
② (宋)苏轼著,(清)王文诰注:《苏轼全集》,时代文艺出版社2001年版,第2145页。
③ (宋)苏轼著,(明)王如锡编:《东坡养生集》,福建科学技术出版社2013年版,第180页。
④ (宋)苏轼著,(明)王如锡编:《东坡养生集》,福建科学技术出版社2013年版,第51页。
⑤ (宋)苏轼著,(明)王如锡编:《东坡养生集》,福建科学技术出版社2013年版,第51页。

后世。苏轼《钱子飞施药》一文记下了钱子飞为人治疗"大风疾"(麻风病)很有效,却受鬼神威胁的传说,而后笔锋一转,写道:"子飞不察,为鬼所胁。若余则不然,苟病者得愈,愿代受其苦!"① 可谓掷地有声。这种九死未悔富于自我牺牲的精神令人钦敬。直至今日,这种为了科技事业九死未悔百折不回执着追求的敬业精神仍是应该发扬光大的。

　　苏轼研究是学术界研究的热点,近年来国内外的专家学者从不同角度对诗、词、文、赋、文学思想进行探讨,取得了可喜的成果。但对苏轼参与科技活动的史实却罕有人论及。我们选取这一角度去研究苏轼,或将有助于对苏轼这位"行动的人物""百姓的朋友和斗士",这"一个伟大的灵魂"② 以全面的认识。不当之处,望学界同仁指正。

---

① (宋)苏轼著,(明)王如锡编:《东坡养生集》,福建科学技术出版社2013年版,第50页。

② 林语堂:《苏东坡传》,宋碧云译,台北:远景出版事业公司1970年版,第155页。

千金不换囊中术，上医元自能医国

——苏轼与医学文化探论之一

我国医学文化源远流长，内涵丰富。在《国语·晋语八》即有"上医医国，其次疾人"之说①；逮及唐代，孙思邈《备急千金要方·诊候》倡言：古之为医者，上医医国，中医医人，下医医病。②有宋一代，一改前人"巫觋乐师，百工之人，君子不齿"（韩愈《师说》）③之成见，执政者对于医学卫生事业十分重视，视医术为仁者之术，医生的地位有了很大的提高，医学得到进步和发展。"士人尚医"成为一代医学文化的特色。据吴曾《能改斋漫录》卷13载：

> 范文正公微时，尝诣灵祠求祷，曰："他时得位相乎？"不应，复祷之曰："不然，愿为良医。"亦不许。既而叹曰："夫不能利泽生民，非大丈夫平生之志。"他日，有人谓公曰："大丈夫之志于相，理则当然。良医之技，君何愿焉？无乃失于卑耶？"公曰："嗟乎，岂为是哉。古人有云：'常善救人，故无弃人；常善救物，故无弃物。'且大丈夫之于学也，固欲遇神圣之君，得行其道。思天下匹夫匹妇有不被其泽者，若己推而内之沟中。能及小大生民者，固惟相为然。既不可得矣，夫能行救人利物之心者，莫如良医。果能为良医也，上以疗君亲之疾，下以救贫民之厄，中以保身长年。在下而能及小大生民者，舍夫良医，则未之有也。"④

---

① （东周）左丘明：《国语》，陈桐生译注，中华书局2013年版，第528页。
② （唐）孙思邈：《备急千金要方》，辽宁科学技术出版社1997年版，第3页。
③ （唐）韩愈：《韩愈文集汇校笺注》，中华书局2010年版，第140页。
④ （宋）吴曾：《能改斋漫录》，中华书局1960年版，第381页。

于是，在时代思潮的熏陶下，在范仲淹的直接影响下，宋代文士不仅崇仰其先忧后乐的圣贤精神，而且服膺其"不为良相，则为良医"的淑世情怀。

苏轼作为宋型文化的典型代表，用丰富人生诠释了"上医医国，中医医人，下医医病"的人文内涵，本文试图就其"上医医国"之高论加以探讨，以就教于同好。

苏轼一生之志在于致君尧舜，匡扶社稷，治国之病，祛民之疾，以求宋王朝兴利去弊，长治久安。于是深谙天下治乱，熟知诸子百家，又究心当朝政事民心，且对于医药文化有特殊兴趣的东坡，在论说国策政事之时，会自然而然地以病喻世，以医喻政，时有高论。并且其以医喻政之思想行为贯穿其一生，融入其文学创作的指导理念。其在《凫绎先生诗集叙》中说：

> 先生之诗文，皆有为而作，精悍确苦，言必中当世之过，凿凿乎如五谷必可以疗饥，斩斩乎如药石必可以伐病。其游谈以为高，枝词以为观美者，先生无一言焉。[1]

虽为评价他人诗文，实为东坡夫子自道。有为人生著有为之言，且言必中当世之过，以期匡时济世，苏轼践行一生。但在不同时期，则针对现实政治，全面深入论析，阐述政治主张，对症下药。

一　仁宗朝针对上下晏安之政局，希望振荡涤刷卓然有立

苏轼自幼即奋厉有天下志，初入仕途，其全面系统的政治见解主要体现在嘉祐六年参加制科考试所撰二十五篇《进论》和二十五篇《进策》，以及制科考试所作《王者不制夷狄论》《礼以养人为本论》等六论。这一系列著述代表了苏轼仁宗朝的政治主张，且影响了他一生的政治生涯。有

---

[1] （宋）苏轼著，张志烈、马德富、周裕锴主编：《苏轼全集校注·文集》，河北人民出版社2010年版，第968—969页。

论者认为苏轼"从政治、经济、军事等各方面向皇帝提出了一系列的革新建议,比王安石《上仁宗皇帝言事书》的议论更为透辟"①。

苏轼的策论乃"深思极虑"之作(《策总叙》)②,在策论中作者借古鉴今,为当代政治视症把脉,十分准确地指出了时政之弊:

> 国家无大兵革几百年矣。天下有治平之名,而无治平之实;有可忧之势,而无可忧之形。此其有未测者也。方今天下,非有水旱盗贼人民流离之祸,而咨嗟怨愤,常若不安其生;非有乱臣割据四分五裂之忧,而休养生息,常若不足于用;非有权臣专制擅作威福之弊,而上下不交,君臣不亲;非有四夷交侵边鄙不宁之灾,而中国皇皇,常有外忧。此臣所以大惑也。

苏轼对于仁宗朝的总体评判是"有治平之名,而无治平之实",他以医喻政,十分形象地形容时政病象曰:

> 今夫医之治病,切脉观色,听其声音,而知病之所由起。曰"此寒也,此热也";或曰"此寒热之相搏也",及其他,无不可为者。今且有人恍然而不乐,问其所苦,且不能自言,则其受病有深而不可测者矣。其言语饮食,起居动作,固无以异于常人,此庸医之所以为无足忧,而扁鹊、仓公之所以望而惊也。

苏轼对症下药,阐述了自己的治疗方案:

> 其病之所由起者深,则其所以治之者,固非卤莽因循苟且之所能去也。……方今之势,苟不能涤荡振刷而卓然有所立,未见其可也。臣尝观西汉之衰,其君皆非有暴鸷淫虐之行,特以怠惰驰废,溺于宴安,畏期月之劳而忘千载之患,是以日趋于亡而不自知也。(《策略

---

① 程千帆、吴新雷:《两宋文学史》,上海古籍出版社1991年版,第132页。
② (宋)苏轼著,张志烈、马德富、周裕锴主编:《苏轼全集校注·文集》,河北人民出版社2010年版,第771页。

一》)①

苏轼针对时政之病开列的"药方",就是要仁宗改革弊政,励精图治,要"涤荡振刷,而卓然有所立"。具体地讲就是苏轼所论述的《课百官》《安万民》《教战守》《厚财货》《训军旅》等一系列的变革主张。

令我们感兴趣的是具体到其《策别课百官》之三《决壅蔽》依然是以医喻政,苏轼认为要政治上卓然有立,就要破除壅蔽,下情上达,上令下行,得心应手。他形象地比喻说:

> 今夫一人之身,有一心两手而已,疾痛苛痒,动于百体之中,虽其甚微不足以为患,而手随至。夫手之至,岂其一一而听之心哉?心之所以素爱其身者深,而手之所以素听于心者熟,是故不待使令而卒然以自至。圣人之治天下,亦如此而已。百官之众,四海之广,使其关节脉理,相通为一,扣之而必闻,触之而必应。夫是以天下可使为一身,天子之贵,士民之贱,可使相爱,忧患可使同,缓急可使救。②

苏轼明确指出当时"壅蔽"之症候:

> 天下有不幸而诉其冤,如诉之于天;有不得已而谒其所欲,如谒之于鬼神。公卿大臣不能究其详悉,而付之于胥吏。故凡贿赂先至者,朝请而夕得;徒手而来者,终年而不获。至于故常之事,人之所当得而无疑者,莫不务为留滞,以待请属。举天下一毫之事,非金钱无以行之。(《决壅蔽》)③

纤毫之事,务为留滞,乃其时政坛奇观,苏轼为之开列的药方简单明了,要根治朝廷壅蔽之病,关键在于"仁宗励精庶政,督察百官,果断而

---

① (宋)苏轼著,张志烈、马德富、周裕锴主编:《苏轼全集校注·文集》,河北人民出版社 2010 年版,第 775 页。
② (宋)苏轼著,张志烈、马德富、周裕锴主编:《苏轼全集校注·文集》,河北人民出版社 2010 年版,第 817 页。
③ (宋)苏轼著,张志烈、马德富、周裕锴主编:《苏轼全集校注·文集》,河北人民出版社 2010 年版,第 817—818 页。

力行也"(《辩试馆职策问札子》之二)①:

  励精莫如自上率之,则壅蔽决矣。(《策别课百官》之三《决壅蔽》)②

苏轼以一身之疾痛苛痒、关节脉理与心、手关系喻政通人和,上令下行,下情上达,理明而词畅。

苏轼早期的政治主张已经可以见出其稳健的执政风格,他提倡渐进的政治变革,反对操之过急。他把养生医理与治国方略结合起来,略谓:

  夫法者,末也,又加以惨毒繁难,而天下常以为急;礼者,本也,又加以和平简易,而天下常以为缓。如此而不治,则又从而尤之曰:"是法未至也",则因而急之。甚矣!人之惑也。平居治气养生,宣故而纳新,其行之甚易,其过也无大患,然皆难之而不为。悍药毒石,以搏去其疾,则皆为之。此天下之公患也。呜呼!王者得斯说而通之,礼乐之兴,庶乎有日矣。(《礼以养人为本论》)③

尽管苏轼在纵论天下大势时曾说:"请言当今之势,夫天下有二患:有立法之弊,有任人之失。"但二者相较:"臣窃以为当今之患,虽法令有所未安,而天下之所以不大治者,失在于任人,而非法制之罪也。"(《策略三》)④ 所以我们研讨苏轼早期的政治主张,在两个方面印象极深:一是其论之全面深入;二是其以医喻政的特色。正如浦起龙评价其《决壅蔽》篇所言:

  胥吏窃权而事积,是壅蔽,是病;任人励精而自上率,是决之之

---

① (宋)苏轼著,张志烈、马德富、周裕锴主编:《苏轼全集校注·文集》,河北人民出版社2010年版,第3105页。
② (宋)苏轼著,张志烈、马德富、周裕锴主编:《苏轼全集校注·文集》,河北人民出版社2010年版,第818—819页。
③ (宋)苏轼著,张志烈、马德富、周裕锴主编:《苏轼全集校注·文集》,河北人民出版社2010年版,第201—202页。
④ (宋)苏轼著,张志烈、马德富、周裕锴主编:《苏轼全集校注·文集》,河北人民出版社2010年版,第786—787页。

方，是药。(《决壅蔽·集评》)①

二 神宗朝针对纷纭朝政，力主安靖，反对政令迭出

由苏轼前期的政论、策论，我们已可看出其与王安石政见有所异同，及至熙宁三年（1070），苏轼态度鲜明地反对王安石变法，其《上皇帝书》以养生喻治国，其言曰：

> 夫国之长短，如人之寿夭；人之寿夭在元气，国之长短在风俗。世有尪羸而寿考，亦有盛壮而暴亡。若元气犹存，则尪羸而无害。及其已耗，则盛壮而愈危。是以善养生者，慎起居，节饮食，导引关节，吐故纳新。不得已而用药，则择其品之上、性之良，可以久服而无害者，则五脏和平而寿命长。不善养生者，薄节慎之功，迟吐纳之效，厌上药而用下品，伐真气而助强阳，根本已空，僵仆无日。天下之势，与此无殊。故臣愿陛下爱惜风俗，如护元气。(《上皇帝书》)②

其《再上皇帝书》亦以医喻政，他将王安石新法施行中"立条例司、遣青苗使、敛助役钱、行均输法"喻为医生用人的生命来试验毒药："臣以为此法，譬之医者之用毒药，以人之死生，试其未效之方。"断言："今日之政，小用则小败，大用则大败，若力行而不已，则乱亡随之。"③尽管苏轼在此后的政治生涯中对自己早年对待新法的态度有反思，有改变，但其曾激烈反对新法，以医喻政，是确凿无疑的。

苏轼以医喻政，批评熙宁变法，还突出表现其写于熙宁九年的《盖公堂记》。文章针对当时政坛王安石、吕惠卿、韩绛的政务纷纭，加以批评，"以医为喻，起尽议论，却将正意一证"。（茅坤《苏文忠公文钞》卷

---

① （宋）苏轼著，张志烈、马德富、周裕锴主编：《苏轼全集校注·文集》，河北人民出版社2010年版，第821页。
② （宋）苏轼著，张志烈、马德富、周裕锴主编：《苏轼全集校注·文集》，河北人民出版社2010年版，第2881—2882页。
③ （宋）苏轼著，张志烈、马德富、周裕锴主编：《苏轼全集校注·文集》，河北人民出版社2010年版，第2944—2945页。

25《盖公堂记》)① 洪迈《容斋五笔》卷4《东坡文章不可学》引述了《盖公堂记》大段文字后，也给予了高度评价。苏轼《盖公堂记》写道：

> 始吾居乡，有病寒而咳者，问诸医，医以为蛊，不治且杀人。取其百金而治之，饮以蛊药，攻伐其肾肠，烧灼其体肤，禁切其饮食之美者。期月而百疾作，内热恶寒，而咳不已，累然真蛊者也。又求于医，医以为热，授之以寒药，旦朝吐之，暮夜下之，于是始不能食。惧而反之，则钟乳、乌喙杂然并进，而瘭疽痈疥眩瞀之状，无所不至。三易医而病愈甚。里老父教之曰："是医之罪，药之过也。子何疾之有？人之生也，以气为主，食为辅。今子终日药不释口，臭味乱于外，而百毒战于内，劳其主，隔其辅，是以病也。子退而休之，谢医却药而进所嗜，气完而食美矣，则夫药之良者，可以一饮而效。"从之。期月而病良已。
>
> 昔之为国者亦然。吾观夫秦自孝公以来，至于始皇，立法更制，以镌磨锻炼其民，可谓极矣。萧何、曹参亲见其断丧之祸，而收其民于百战之余，知其厌苦憔悴无聊，而不可与有为也，是以一切与之休息，而天下安。(《盖公堂记》)②

而为萧、曹建言"治道贵清静而民自定"③者即盖公也。洪迈认为：是时熙宁中，公在密州为此说者，以讽王安石新法也。其议论病之三易，与秦汉之所以兴亡治乱，不过三百言而尽之。④ 言苏轼《盖公堂记》讽刺新法，大致不差。苏轼撰文前后，变法派人事更迭，法令纷纭，熙宁七年四月，王安石罢相，出知江宁府；韩绛为相，吕惠卿参知政事。罢方田法。熙宁八年二月，王安石复相。十月，吕惠卿罢知陈州。又罢手实法。熙宁九年十月，王安石第二次罢相，以吴充、王珪为相，冯京知枢密院

---

① （宋）苏轼著，张志烈、马德富、周裕锴主编：《苏轼全集校注·文集》，河北人民出版社2010年版，第1084页。

② （宋）苏轼著，张志烈、马德富、周裕锴主编：《苏轼全集校注·文集》，河北人民出版社2010年版，第1079—1080页。

③ （宋）苏轼著，张志烈、马德富、周裕锴主编：《苏轼全集校注·文集》，河北人民出版社2010年版，第1080页。

④ （宋）苏轼著，张志烈、马德富、周裕锴主编：《苏轼全集校注·文集》，河北人民出版社2010年版，第1084页。

事。关于新党内讧，史料多有记载，《宋史纪事本末·王安石变法》条载：

> 初，吕惠卿迎合王安石，建立新法，安石故力援引，骤至执政。惠卿既得志，有射羿之意，忌王安石复用，遂欲逆闭其途，凡可以害安石者，无所不用其智。一时朝士见惠卿得君，谓可倾安石以媚惠卿，遂更朋附之。……时韩绛颛处中书，事多稽留不决，且数与惠卿争论，度不能制，密请帝复用安石，帝从之。惠卿闻之不安，乃条列安石兄弟之失数事，面奏，意欲上意有二。上封惠卿所言以示安石，安石上表，有"忠不足以取信，故事事欲须自明；义不足以胜奸，故人人与之立敌"。盖谓是也。既而安石承召命，即倍道而进，七日至汴京。①

正是面对或预见人事纷更，苏轼有感而发，"三易医而病愈甚"，"昔之为政者亦然"，借医喻政，借古喻今，颇中时病，故陈基《夷白斋稿》卷21曰：

> 苏长公辈论秦汉间得失，引医为喻，而卒归之于清净，天下至今颂之。②

三　元祐年间，针砭时弊，视病发药

苏轼上医医国的理念贯穿其一生，元祐年间针对西北战事纷争，其一系列奏章，见解独到。《因擒鬼章论西羌夏人事宜札子》针对朝廷欲屈己求和，以求暂时安宁的局势，坦言：

> 今朝廷意在息民，不惮屈己。而臣献言，乃欲艰难其请，不急于和，似与圣意异者。然古之圣贤欲行其意，必有以曲成之，未尝直情而径行也。将欲翕之，必固张之，将欲取之，必固予之。夫直情而径

---

① （明）陈邦瞻：《宋史纪事本末》，中华书局1977年版，第364页。
② 四川大学中文系唐宋文学研究室编：《苏轼资料汇编》，中华书局1994年版，第922页。

行，未有获其意者也。若权其利害，究其所至，则臣之愚计，于安边息民，必久而固，与圣意初无小异。然臣窃度朝廷之间，似欲以畏事为无事者，臣窃以为过矣。夫为国不可以生事，亦不可以畏事；畏事之弊，与生事均。譬如无病而服药，与有病而不服药，皆可以杀人。夫生事者，无病而服药也；畏事者，有病而不服药也。乃者阿里骨之请，人人知其不当予。而朝廷予之，以求无事，然事之起，乃至于此。不几于有病而不服药乎？今又欲遽纳夏人之使，则是病未除而药先止，其与几何？臣于侍从之中，受恩至深，其于委曲保全与众独异，故敢出位先事而言，不胜恐悚待罪之至。①

元祐七年（1092）十一月，屡历世患的苏轼，被任命为端明殿学士兼翰林侍读学士、守礼部尚书。面对已经成年的哲宗，出于对哲宗多年的观察和隐隐的不安，他在《谢除两职守礼部尚书表》二首之二中说：

恭维皇帝陛下，即位以来，学如不及，问道八年，寒暑不废。讲读之官，谈王而不谈霸，言义而不言利。八年之间，指陈至理，何啻千万。虽所论不同，然其要不出六事：一曰慈，二曰俭，三曰勤，四曰慎，五曰诚，六曰明。慈者，谓好生恶杀，不喜兵刑；俭者，谓约己省费，不伤民财；勤者，谓躬亲庶政，不迩声色；慎者，谓畏天法祖，不轻人言；诚者，谓推心待下，不用智数；明者，谓专信君子，不杂小人。此六者，皆先王之陈迹，老生之常谈。言无新奇，人所易忽。譬之饮膳，则为谷米羊豕，虽非异味，而有益于人；譬之药石，则为蓍术参苓，虽无近效，而有益于命。若陛下信受此言，如御饮膳，如服药石，则天人自应，福禄难量。而臣等所学先王之道，亦不为无补于世。②

对于此表，曾枣庄先生曾一针见血地指出："开药方就证明有病，开

---

① （宋）苏轼著，张志烈、马德富、周裕锴主编：《苏轼全集校注·文集》，河北人民出版社2010年版，第5133页。

② （宋）苏轼著，张志烈、马德富、周裕锴主编：《苏轼全集校注·文集》，河北人民出版社2010年版，第2760页。

的什么药方就证明有什么病。苏轼要求哲宗慈、俭、勤、慎、诚、明，可见他感到已经成年的哲宗存在不慈、不俭、不勤、不慎、不诚、不明的问题。"①

苏轼的担心不幸成为事实，所开列的药方没有起到应有的作用。元祐八年五月，东坡竭尽忠贞，在《乞校正陆贽奏议上进札子》中再一次对症下药，略谓：

> 窃谓人臣之纳忠，譬如医者之用药。药虽进于医手，方多传于古人。若已经效于世间，不必皆从于己出。伏见唐宰相陆贽，才本王佐，学为帝师。论深切于事情，言不离于道德。智如子房，而文则过，辩如贾谊，而术不疏，上以格君心之非，下以通天下之志。但其不幸，仕不遇时。德宗以苛刻为能，而贽谏之以忠厚。德宗以猜疑为术，而贽劝之以推诚。德宗好用兵，而贽以消兵为先。德宗好聚财，而贽以散财为急。至于用人听言之法，治边驭将之方，罪己以收人心，改过以应天道，去小人以除民患，惜名器以待有功，如此之流，未易悉数。可谓进苦口之药石，针害身之膏肓。使德宗尽用其言，则贞观可得而复。②

苏轼与吕希哲等认为陆贽奏议"聚古今之精华，实治乱之龟鉴"，期望其"必能发圣性之高明，成治功于岁月"。但对于已成见在胸的哲宗而言，苏轼们的良苦用心，他"听而不受，受而不信，信而不行"，历史已经走到了新的转折点。

于是"知其不可为而为之"，苏轼在《朝辞赴定州论事状》中再一次告诫哲宗：

> 臣又闻为政如用药方。今天下虽未大治，实无大病。古人云："有病不治，常得中医。"虽未能尽除小疾，然贤于误服恶药、觊万一之利而得不救之祸者远矣。臣恐急进好利之臣，辄劝陛下轻有改变。

---

① 曾枣庄：《苏轼评传》，四川人民出版社1981年版，第194页。
② （宋）苏轼著，张志烈、马德富、周裕锴主编：《苏轼全集校注·文集》，河北人民出版社2010年版，第3566—3567页。

故辄进此说，敢望陛下深信古语，且守中医安稳万全之策，勿为恶药所误。实社稷宗庙之利，天下幸甚。①

尽管此时肺腑之言，对于哲宗已如秋风过耳，全然不起作用，然而苏轼以医喻政的拳拳爱国之心铭刻在历史上，其系列雄文为后人珍视。也正是从相近角度考虑，韩昌箕精选了苏轼策论百篇，并高度评价说：

> 东坡先生集中所著策论一百余篇，羽翼经史，阐析理道，近禆时务，远备边功，当时仁庙读之，未尝不叹为奇才。至其因时制宜，视病发药，在嘉祐则务变更，在熙宁则务安静，在元祐则主免役，一是之从而不徇人为爱憎。仁人之言，其利溥矣。（韩昌箕《苏文忠公策论选叙》）②

其言苏轼不同时期的政论、策论"因时制宜，视病发药"，匡救时弊，利在天下，是很中肯的评价。也是苏轼"上医医国"的目的所在。

由于特殊的社会现实，宋世士大夫有极高的参政议政热情，从"庆历新政"到"熙宁变法"，从范仲淹到欧阳修，再到王安石、苏东坡，一代具有突出的政治家思想家色彩的文学家，开口揽时事，论议争煌煌，为使宋王朝长治久安，他们对于当代社会，特别是现实政治，都有各自全面深刻的认识和论析。值苏轼关涉时势之际，由于宋代统治者对医学文化的重视和普及，士大夫由于对医学养生的重视，以及对于现实政治的关切，"以医论政""以医喻政"者渐多。方健所著《范仲淹评传》已注意到范仲淹由于"先天不足，后天失调"，常年劳累多病在身，所以十分注重养生。③ 范仲淹曾向韩琦、尹洙等推荐养生之术，推荐药方。他劝告韩琦："宜少服药，专于惜气养和，此大概养生之说也。道书云'集气成真'是也。惟节慎补气咽津之术可行也，余皆迂怪。"（《与韩魏公书》之九）④

---

① （宋）苏轼著，张志烈、马德富、周裕锴主编：《苏轼全集校注·文集》，河北人民出版社2010年版，第3590页。
② 四川大学中文系唐宋文学研究室编：《苏轼资料汇编》，中华书局1994年版，第1072页。
③ 方健：《范仲淹评传》，南京大学出版社2001年版，第112—115页。
④ （宋）范仲淹：《范仲淹全集》，李勇先、王蓉贵校点，四川大学出版社2007年版，第670页。

如果说范仲淹重视医学，多在于亲友养生治病，那么博闻强记的王安石，虽《难经》《素问》无所不读，偶尔会以医喻政。王安石《上时政疏》中说："《书》曰：'若药不瞑眩，厥疾弗瘳。'臣愿陛下以终身之狼疾为忧，而不以一日之瞑眩为苦。"① 其在《上凌屯田书》中也说："俞拊，疾医之良者也。其足之所经，耳目之所接，有人以此，狼疾焉而不治，则必燄然以为已病也。"② 王安石乃以古代良医自喻，欲对现实政治投以猛药。王安石之外，"以医喻政""以医论政"者时有其人。

庆历三年（1043），仁宗擢用韩琦、范仲淹，罢免夏竦，蔡襄针对政局和仁宗用人方略进言，认为"天下之势譬犹病者，陛下既得良医矣，信任不疑，非徒愈病，而又寿民；医虽良，术不得尽用，则病且日深，虽有和、扁，难责效矣"③，道出了国医良术对于治国的重要作用，同时表示了对朝廷用人多疑的担忧。熙宁四年，正值王安石变法之际，右谏议大夫吕诲在其所上乞致仕表中"以身疾喻朝政"曰："臣本无宿疾，偶值医者用术乖方，妄投药剂，浸成风痹，遂艰步行，非祗惮炙庋之苦，又将虞心腹之变。势已及此，为之奈何？虽然，一身之微，固未足惜，其如九族之托，良以为忧！"④ 王安石变法，法非不善，用人不当，所用之人，或因法以病民。熙宁九年，王安石罢相，吴充、王珪同平章事，吴充欲有所变革，司马光贻书吴充，以病喻政曰："自新法之行，中外汹汹。民困于烦苛，迫于诛敛，愁怨流离，转死沟壑，日夜引领，冀朝廷觉悟，一变弊法。……今病虽已深，犹未至膏肓，失今不治，遂为痼疾矣。"⑤ 元祐更化，司马光执政，"凡王安石、吕惠卿所建新法划革略尽"，毕仲游针对朝中复杂人事关系、政治情势上书司马光曰："以此救前日之弊，如人久病而少间，其父子、兄弟喜见颜色而不敢贺者，以其病之犹在也。"⑥ 亦以病喻政。元祐四年，蔡确因"车盖亭诗案"被贬，范纯仁上言太后，认为"圣朝宜务宽厚，不可以语言文字之间，暧昧不明之过，窜诛大臣。今举动宜为将来法，此事甚不可开端也。且以重刑除恶如以猛药治病，其过也

---

① （宋）王安石：《王文公文集》，上海人民出版社1974年版，第18页。
② （宋）王安石：《王文公文集》，上海人民出版社1974年版，第45页。
③ （明）陈邦瞻：《宋史纪事本末》，中华书局1977年版，第239页。
④ （明）陈邦瞻：《宋史纪事本末》，中华书局1977年版，第351—352页。
⑤ （明）陈邦瞻：《宋史纪事本末》，中华书局1977年版，第366—367页。
⑥ （明）陈邦瞻：《宋史纪事本末》，中华书局1977年版，第418—419页。

不能无损焉"。绍述、崇宁，政局翻覆，陆佃论政，主张"参用元祐人才，尤恶奔竞"，尝曰："今天下势如人大病向愈，当以药饵辅养之，须共安平。苟为轻事改作，是使之骑射也。"① 虽时势不一，用则意与范纯仁相近。大观三年（1109），以何执中为尚书左仆射兼门下侍郎，太学生陈朝老诣阙上书曰："今陛下知蔡京之奸，解其相印，天下之人鼓舞有若更生。及相执中，天下黯然失望。执中虽不敢若京之蠹国害民，然碌碌常质，初无过人。天下败坏至此，如人一身脏腑受沴已深，岂庸庸之医所能起乎！执中夤缘攀附，致位二府，亦已大幸。遽俾之经体赞元，是犹以蚁负山，多见其不胜任也。"②

综合分析上述史料，尽管相关论者政治立场、论事视角各别，但其以良医以喻贤才，用庸医借指庸才，以病况喻时政，从一个侧面见出北宋中后期"以医喻政"的特点。但也正是在这综合比照中，我们更能见出苏轼上医医国宏论所达到的深度和广度，在传统政治文化、医学文化中的造就及地位。

相比较而言，苏轼对于医学更为精通，并且自觉地以医喻政，以医论政，借医寓理，留下诸多妙论。除上文论及篇目外，其《休兵久矣而国益困》《代滕甫论西夏书》亦是如此。后者曰：

> 近者因病求医，偶悟一事，推之有政，似可施行，惟陛下财幸。臣近患积聚。医云：据病，当下，一月而愈；若不下，半年而愈。然中年以后，一下一衰，积衰之患，终身之忧也。臣私计之，终不以一月之快，而易终身之忧。遂用其言，以善药磨治半年而愈。初不伤气，体力益完。因悟近日臣僚献言欲用兵西方，皆是医人欲下一月而愈者也。其势亦未必不成，然终非臣子深爱君父欲出万全之道也。③

正由于如此，茅坤曾推崇《乞校正陆贽奏议上进札子》一文说：

---

① （明）陈邦瞻：《宋史纪事本末》，中华书局1977年版，第481页。
② （明）陈邦瞻：《宋史纪事本末》，中华书局1977年版，第493—494页。
③ （宋）苏轼著，张志烈、马德富、周裕锴主编：《苏轼全集校注·文集》，河北人民出版社2010年版，第3679页。

长公所最得意识见,亦最得意奏条。借挚之所苦口于德宗者,感动主上。(《乞校正陆挚奏议上进札子·集评》)①

所以一生志在"上医医国"的苏轼,"以医喻政"是其为文为政的一大特色,至今仍有借鉴意义,值得我们深入研讨。前贤偶有论及,启迪之下,草就此文,以彰贤者,以就教于同好。

---

① (宋)苏轼著,张志烈、马德富、周裕锴主编:《苏轼全集校注·文集》,河北人民出版社2010年版,第3573页。

胸次岂无医国策，囊中幸有活人方

——苏轼与医学文化探论之二

据不完全统计，东坡现存涉及医学文化的诗文、书信多达二百余篇，蕴含了丰富的思想内涵。东坡并非职业意义上的一位医师，但他救死扶伤，利人济世，具备医者本色；东坡博极群书，知识广博，其广集验方，辨识药性，阐明医理，理通义明，凸显博通物理的医家特色；东坡作为政治家、思想家、文学家，在医学文化的论说中自然而然地将医重验方与为政为国注重汲取历史经验结合起来，将医学养生理论与国家长治久安联系起来，将医者仁心与个人道德修为精神境界联系起来，其丰富内涵可以给予我们多方面的启悟，故不揣浅陋，草就拙文，以就教于方家。

一 蒐集推介验方，借医家验方喻历史借鉴
——东坡博通物理的医家特色

我们研究苏轼与医学文化，其中一个重要的因素就是他并非一般意义上的医生，而是一位广泛的社会学意义上的"医者"，尽管一些《中医史》《养生学》因其在中国医学史上的影响和地位而加以介绍。因此我们也注意到，苏轼在医学方面并无师承。其医学造诣来自个人爱好与研味，更来自与当代一些医学名家的交流切磋。众所周知，中医特别重视医疗经验的积累，现代人称"经验医学"，所以苏轼的医学活动特点引起我们关注的兴趣。作为思想家、学者，苏轼注重向前代医学名家学习，特别注意收集验方、名方。在一个特殊的领域展现了一个"博极群书而善穷物理"的医者特色。

据我们粗略统计，苏轼诗文中涉及医学、医药、医理的篇章有数百篇

之多。仅在《杜处士传》中即涉及药名 80 余种①，虽嫌以文为戏，亦可略见东坡医药知识之广博。

东坡精研药性，精于医理，出于传统中医经验医学的特性，他特别重视验方的效用，致力于收集推广验方。东坡之高论曰：

> 窃谓人臣之纳忠，譬如医者之用药。药虽进于医手，方多传于古人。若已经效于世间，不必皆从于己出。②

东坡为政汲取历史经验如此，东坡为医收集使用验方亦如此。其所传验方，或得之前世名家，其《与何德顺二首》之一曰：

> 辱书抱朴子小神丹方，极感真意。此不难修制，当即服饵。然此终是外物，惟更加功静观也。③

东坡在《答李端叔十首》之八中向李之仪推荐"服之立效。其后传数人，皆神妙"的治臂痛方，"其方元只是《王氏博济方》中方，但人不知耳"。④（按：《王氏博济方》，北宋王兖撰。王兖潜心医术，博采禁方二十余年，从七千余道药方中精选出五百余方，编成此书。原本久佚，今有辑本。）

或得之于宫禁秘方，如《宪宗姜茶汤》，东坡曰：

> 宪宗赐马总治泻痢腹痛方，以生姜和皮切碎，如粟米，用一大盏，并草茶相等，煎服。元祐二年，文潞公得此疾，百药不效。而余

---

① （宋）苏轼著，张志烈、马德富、周裕锴主编：《苏轼全集校注·文集》，河北人民出版社 2010 年版，第 1360 页。
② （宋）苏轼：《乞校正陆贽奏议上进札子》，载张志烈、马德富、周裕锴主编《苏轼全集校注·文集》，河北人民出版社 2010 年版，第 3237 页。
③ 张志烈、马德富、周裕锴主编：《苏轼全集校注·文集》，河北人民出版社 2010 年版，第 6694 页。
④ （宋）苏轼著，张志烈、马德富、周裕锴主编：《苏轼全集校注·文集》，河北人民出版社 2010 年版，第 5783—5784 页。

传此方，得愈。①

再如《裕陵偏头疼方》，东坡记述说：

> 裕陵传王荆公偏头疼方，云是禁中秘方，用生萝卜汁一蚬壳注鼻中，左痛注右，右痛注左，或两鼻皆注亦可。虽数十年患，皆一注而愈。荆公与仆言之，已愈数人矣。②

关于神宗如何把此方传于王安石，而后再传给东坡，《墨庄漫录》卷5有较为详细的记述：

> 王文公安石为相日，奏事殿中。忽觉偏头痛不可忍，遽奏上请归治疾，裕陵令且在中书偃卧。已而小黄门持一小金杯药少许，赐之云："左痛即灌右鼻，右即反之，左右俱痛并灌之。"即时痛愈。明日入谢，上曰："禁中自太祖时有此数十方，不传人间，此其一也。"因并赐此方。苏轼自黄州归，过金陵，安石传其方，用之如神，但目赤，少时头痛即愈。法用新萝卜，取自然汁，入生龙脑少许调匀，昂头使人滴入鼻窍。③

有的验方来自道家秘方，东坡《与富道人二首》之二感谢富道人："承录示秘方及寄遗药，具感厚意。"④ 其《与林子中五首》之四亦载一药方"得之于一道人"：

> 所要元素方，本非亲传于元素。盖往岁得之于一道人，后以与单骧，骧以传与可，与可云试之有验，仍云元素，即此方也。某即不曾

---

① （宋）苏轼著，张志烈、马德富、周裕锴主编：《苏轼全集校注·文集》，河北人民出版社2010年版，第8371页。

② （宋）苏轼著，张志烈、马德富、周裕锴主编：《苏轼全集校注·文集》，河北人民出版社2010年版，第8372页。

③ 魏泰著，穆公校点：《墨庄漫录》，《宋元笔记小说大观》，上海古籍出版社2001年版，第4690页。

④ （宋）苏轼著，张志烈、马德富、周裕锴主编：《苏轼全集校注·文集》，河北人民出版社2010年版，第6681页。

验,今纳元初传本去,恐未能有益,而先奉縻垂竭之橐也。又初传者,若非绝世隐沦之人为之,恐有灾患。不敢不纳去,又不敢不奉闻。慎之!慎之!①

有的验方得之于朋友之间的推荐、东坡家传及亲身体验,其《钱子飞施药》曰:

> 王荀元龙言:钱子飞有治大风方,极验,常以施人。一日梦人云:"天使已以此病人,君违天怒,若施不已,君当得此病,药不能救。"子飞惧,遂不施。仆以为天之所病,不可疗耶?则药不应复有效。药有效者,则是天不能病。当是病之祟畏是药,假天以禁人尔。晋侯之病,为二竖子。李子豫赤丸,亦先见于梦。盖有或使之者。子飞不察,为鬼所胁。若余则不然。苟病者得愈,愿代受其苦。家有一方,以傅皮肤,能下腹中秽恶。在黄州试之,病良已,今当常以施人。②

袁彦方为足疾所苦,东坡得知威灵仙、牛膝二药,患者"服之有奇验",因药物之效,东坡"屡尝目击,知君疾苦,故详以奉白"。读东坡此类文字,在了解其推广验方的努力之外,尝服膺其"苟病者得愈,愿代受其苦"的仁者之心。

东坡反对以各种理由将可以解人病苦的秘方秘而不宣,"子飞不察,为鬼所胁",给予钱子飞委婉批评。东坡蒐集、推广秘方之良苦用心在《圣散子方》上得到最集中的体现。

苏轼有《圣散子叙》与《圣散子后叙》,叙及《圣散子方》得之不易及其神异疗效。言其来之不易云:

> 其方不知所从出,得之于眉山人巢君谷。谷多学,好方秘,惜此

---

① (宋)苏轼著,张志烈、马德富、周裕锴主编:《苏轼全集校注·文集》,河北人民出版社2010年版,第6147页。
② (宋)苏轼著,张志烈、马德富、周裕锴主编:《苏轼全集校注·文集》,河北人民出版社2010年版,第8369页。

方不传其子。余苦求得之……巢初授余，约不传人，指江水为盟。余窃隘之，乃以传蕲水人庞君安时。安时以善医闻于世，又善著书，欲以传后，故以授之，亦使巢君之名，与此方同不朽也。①

言其奇效则曰：

自古论病，惟伤寒最为危急。其表里虚实，日数证候，应汗应下之类，差之毫厘，辄至不救。而用《圣散子》者，一切不问。凡阴阳二毒，男女相易，状至危急者，连饮数剂，即汗出气通，饮食稍进，神守完复，更不用诸药连服取差。其余轻者，心额微汗，止尔无恙。药性微热，而阳毒发狂之类，服之即觉清凉，此殆不可以常理诘也。

若时疫流行，平旦于大釜中煮之，不问老少良贱，各服一大盏，即时气不入其门。平居无疾，能空腹一服，则饮食倍常，百疾不生。真济世之具，卫家之宝也。……谪居黄州，比年时疫，合此药散之，所活不可胜数。②

其《圣散子后叙》又曰：

《圣散子》主疾，功效非一。去年春，杭之民病，得此药全活者，不可胜数。③

然而有关《圣散子方》的功用却成为医学史上一桩公案，在东坡笔下，在黄、在杭均全活者"不可胜数"，由是之故，"乃以传蕲水人庞君安时"，"亦使巢君之名，与此方同不朽也"。④ 在南宋周煇《清波别志》中也记载：苏文忠公知杭州，以私帑金五十两助官缗，于城中置病坊一所，

---

① （宋）苏轼著，张志烈、马德富、周裕锴主编：《苏轼全集校注·文集》，河北人民出版社2010年版，第1036页。
② （宋）苏轼著，张志烈、马德富、周裕锴主编：《苏轼全集校注·文集》，河北人民出版社2010年版，第1036页。
③ （宋）苏轼著，张志烈、马德富、周裕锴主编：《苏轼全集校注·文集》，河北人民出版社2010年版，第1039页。
④ （宋）苏轼著，张志烈、马德富、周裕锴主编：《苏轼全集校注·文集》，河北人民出版社2010年版，第1036页。

名安乐，以僧主之。三年医愈千人，与紫衣。① 安乐坊"以僧主之"，医愈千人赐紫，足见病人有记录，医疗制度也很正规。安乐坊之设，苏轼曾出资襄助，并且撰文招募研制"圣散子"信士的告示。东坡曰：

> 《圣散子》主疾，功效非一。去年春，杭之民病，得此药全活者，不可胜数。所用皆中下品药，略计每千钱即得千服，所济已及千人。由此积之，其利甚博。凡人欲施惠而力能自办者，犹有所止；若合众力，则人有善利，其行可久。今募信士就楞严院修制，自立春后起施，直至来年春夏之交，有入名者，径以施送本院。昔薄拘罗尊者，以诃梨勒施一病比丘，故获报身，身常无众疾。施无多寡，随力助缘。疾病必相扶持，功德岂有限量？仁者恻隐，当崇善因。②

由之可知，楞严院正是苏轼这次大规模施药治病的总部，所有志愿的医僧、施药的信士，都要到楞严院集中登记，然后统筹安排。在东坡的倡导下，宋代有了第一所公办私募的医疗机构，亦即医院的雏形——安乐坊。

然而，这样一剂来自民间，东坡得之于眉山人巢谷，名医庞安常认同，在黄州、杭州防疫、治疗均收显效的方药，宋代及后世均有用之"杀人无数"的记载，叶梦得《避暑录话》卷1记载了东坡与《圣散子方》的因缘之后，续曰："宣和后，此药盛行于京师，太学诸生信之尤笃，杀人无数，今医者悟，始废不用。"③

何以如此呢？明人俞弁在其著述中缕述南宋末"永嘉瘟疫，服此方被害者不可胜纪"和北宋末太学生信之"杀人无数"之后，试图探究个中奥秘，认为中医讲究辨证施治，"坡翁谪居黄州时，其地濒江多卑湿，而黄之居人所感者，或因中湿而病，或因雨水浸淫而得，所以服此药而多效"。后世之人"本以活人"，然不细辨药性，不辨阴阳，不随地域不同而加以

---

① （南宋）周煇：《清波别志》，上海古籍出版社1991年版，第99页。
② （宋）苏轼著，张志烈、马德富、周裕锴主编：《苏轼全集校注·文集》，河北人民出版社2010年版，第1039页。
③ （宋）苏轼著，张志烈、马德富、周裕锴主编：《苏轼全集校注·文集》，河北人民出版社2010年版，第2592页。

变通，造成"一概施治，杀人利于刀剑"的结果。①

令人颇感兴趣的是，孔凡礼先生在《苏轼年谱》中依据叶梦得对于"俗方"的另一处记载，提出了自己的解释：《避暑录话》卷上另一则云"俗方施之贫下人多验，富贵人多不验"。②巢谷之方，或得之民间，故施之太学诸生而多不验。

细检东坡诗文，他在《治暴下法》中已经记述讨论了相关问题：

> 欧阳文忠公尝得暴下，国医不能愈。夫人云："市人有此药，三文一帖，甚效。"公曰："吾辈脏腑，与市人不同，不可服。"夫人使以国医药杂进之，一服而愈。公召卖者厚遗之，求其方，久之，乃肯传。但用车前子一味为末，米饮下二钱匕，云："此药利水道而不动气，水道利而清浊分，谷藏自止矣。"③

由是而论，中医之辨证施治，因人而异，当有南北地域、男女长幼、春夏秋冬、富贵贫贱之考究，庸医杀人当与良方无涉。庞安常《伤寒总病论》乃是宋代具有代表性的医学著作。周必大《跋山谷书东坡圣散子传》曰：

> 山谷作庞安常《伤寒论后序》云：前序海上道人诺为之，故虚右以待。"道人"指东坡也。今又书《圣散子传》，若安常所谓"得二公而名彰"者耶！④

因小见大，由此亦可见出东坡在与名医、僧道徒交往中，切磋探讨医理，收集验方方面所作的努力与贡献。从一个医者的角度，蒐集、推广使用验方，应是分内之事，纪昀《四库全书总目提要》中对此给予高度评价：

---

① （明）俞弁：《续医说》卷3，上海科学技术出版社1984年版。
② 上海古籍出版社编：《宋元笔记小说大观》，上海古籍出版社2001年版，第2596页。
③ （宋）苏轼著，张志烈、马德富、周裕锴主编：《苏轼全集校注·文集》，河北人民出版社2010年版，第8415页。
④ 四川大学中文系唐宋文学研究室编：《苏轼资料汇编》，中华书局1994年版，第550页。

轼杂著时言医理，于是事亦颇究心。盖方药之事，术家能习其技而不能知其所以然，儒者能明其理而又往往未经实验。此书以经效之方而集于博通物理者之手，故宜非他方所能及矣。①

纪昀"此书以经效之方而集于博通物理者之手，故宜非他方所能及矣"之论深契我心，东坡以一政治家、思想家、文学家兼行医道，他的独到的思想特色还集中体现在以医家验方施治之道喻指借鉴历史经验为当代政治治理之用的深心。他在《乞校正陆贽奏议上进札子》中倡言：

窃谓人臣之纳忠，譬如医者之用药，药虽进于医手，方多传于古人。若已经效于世间，不必皆从于己出。②

于是该文成为东坡最得意的奏章。东坡也曾在《代滕甫论西夏书》中以医理论军政，其说曰：

臣幼无学术，老不读书。每欲披竭愚忠，上补圣明万一，而肝肺枯涸，卒无可言。近者因病求医，偶悟一事，推之有政，似可施行，近者因病求医，偶悟一事，推之有政，似可施行。惟陛下财幸。臣近患积聚。医云："据病，当下，一月而愈；若不下，半年而愈。然中年以后，一下一衰，积衰之患，终身之忧也。"臣私计之，终不以一月之快，而易终身之忧。遂用其言，以善药磨治半年而愈。初不伤气，体力益完。因悟近日臣僚献言欲用兵西方，皆是医人欲下一月而愈者也。其势亦未必不成，然终非臣子深爱君父欲出万全之道也。③

论者认为此文乃"缓急机宜，老于兵事之说"④，我们在这里也领略了

---

① 四川大学中文系唐宋文学研究室编：《苏轼资料汇编》，中华书局1994年版，第1280页。
② （宋）苏轼著，张志烈、马德富、周裕锴主编：《苏轼全集校注·文集》，河北人民出版社2010年版，第3566页。
③ （宋）苏轼著，张志烈、马德富、周裕锴主编：《苏轼全集校注·文集》，河北人民出版社2010年版，第3679页。
④ （宋）苏轼著，张志烈、马德富、周裕锴主编：《苏轼全集校注·文集》，集评引储欣语，河北人民出版社2010年版，第3689页。

其精于医理之论，特别是将医理与军政之道融通之博大精深。

二 救死扶伤，谨慎用药，利人济世
——东坡的医者本色

苏轼在《墨宝堂记》中说："蜀之谚曰：'学书者纸费，学医者人费。'此言虽小，可以喻大。世有好功名者，以其未试之学，而骤出之于政，其费人岂特医者之比乎？"① 东坡博古通今，对于苛政杀人、酷吏杀人、庸医杀人，深恶痛绝，其《医者以意用药》写道：

> 欧阳文忠公尝言：有患疾者，医问其得疾之由，曰："乘船遇风，惊而得之。"医取多年柂牙为柂工手汗所渍处，刮末，杂丹砂、茯神之流，饮之而愈。今《本草注》引《药性论》云："止汗用麻黄根节及故竹扇，为末服之。"文忠因言："医以意用药，多此比。初似儿戏，然或有验，殆未易致诘也。"予因谓公："以笔墨烧灰饮学者，当治昏惰耶？推此而广之，则饮伯夷之盥水，可以疗贪；食比干之馂余，可以已佞；舐樊哙之盾，可以治怯；嗅西子之珥，可以疗恶疾矣。"公遂大笑。元祐六年闰八月十七日，舟行入颍州界，坐念二十年前见文忠公于此，偶记一时谈笑之语，聊复识之。②

庸医无识，尚可理解；庸医误人，则医关人命。东坡也曾对病家无知而被愚弄的现象给予揭露，在《书柳子厚牛赋后》中言及：海南陋习"以巫为医，以牛为药。间有饮药者，巫辄云：'神怒，病不可复治。'亲戚皆为却药，禁医不得入门，人牛皆死而后已。"③ 其在《跋赤溪山主颂》中更指出："昔张鲁以五斗米治病，戒病者相语不得云'未差也'，若云尔

---

① （宋）苏轼著，张志烈、马德富、周裕锴主编：《苏轼全集校注·文集》，河北人民出版社2010年版，第1127页。
② （宋）苏轼著，张志烈、马德富、周裕锴主编：《苏轼全集校注·文集》，河北人民出版社2010年版，第8364页。
③ （宋）苏轼著，张志烈、马德富、周裕锴主编：《苏轼全集校注·文集》，河北人民出版社2010年版，第7383页。

者，终身不差也。故当时以张鲁为神。其事类此。"①

东坡是一位医者，他深通医理，熟知药性，也曾视疾施药。

其《与陈大夫八首》之二记载东坡在黄州"但晚来儿媳病颇加，须且留家中与斟酌药饵"。②受其影响，其子亦通医术。其《与友人一首》言在惠州"疾疫方行，家人皆病，老躯亦自昏愦也。儿子方合药救疗"。③具体到家庭亲族日常养生治病方面，苏轼在家书中告诫亲人就医要求名医，陆游《跋东坡问疾帖》中说：

> 东坡先生忧其亲党之疾，委曲详尽如此，则爱君忧国之际可知矣。其曰"勿使常医弄疾"，天下之至言。读之使人感叹弥日。④

医关人命，非同儿戏，东坡作为医者，友朋染疾，他为介绍名医名方，百姓之疾，亦为百方救治。苏颂有疾，东坡为其介绍名医庞安常。友人患足疾，东坡写信为其详细介绍方药：

> 闻公服何首乌，是否？此药温厚无毒，李习之《传》正尔。啖之。无炮制。今人用枣或黑豆之类蒸熟，皆损其力。仆亦服此，但采得阴干，便杵罗为末，枣肉或炼蜜和入木臼中，万杵乃丸，服，极有力，无毒。恐未得此法，故以奉白。⑤

袁彦方苦于足疾，苏轼为其详介《威灵仙方》：

> 累日欲上谒，竟未暇。辱教，承足疾未平，不胜驰系。足疾惟葳灵仙、牛膝二味为末，蜜丸，空心服，必效之药也。但葳灵仙难得真

---

① （宋）苏轼著，张志烈、马德富、周裕锴主编：《苏轼全集校注·文集》，河北人民出版社2010年版，第7384页。
② （宋）苏轼著，张志烈、马德富、周裕锴主编：《苏轼全集校注·文集》，河北人民出版社2010年版，第6251页。
③ （宋）苏轼著，张志烈、马德富、周裕锴主编：《苏轼全集校注·文集》，河北人民出版社2010年版，第8609页。
④ 四川大学中文系唐宋文学研究室编：《苏轼资料汇编》，中华书局1994年版，第528页。
⑤ （宋）苏轼著，张志烈、马德富、周裕锴主编：《苏轼全集校注·文集》，河北人民出版社2010年版，第6398页。

者，俗医所用，多藁本之细者尔。其验以味，极苦，而色紫黑，如胡黄连状，且脆而不韧，折之，有细尘起，向明示之，断处有黑白晕，俗谓之有鸲鹆眼。此数者备，然后为真，服之有奇验。肿痛拘挛皆可已，久乃有走及奔马之效。二物当等分，或视脏气虚实，加减牛膝，酒及熟水皆可下，独忌茶耳。犯之，不复有效。若常服此，即每岁收檿皂荚芽之极嫩者，如造草茶法，贮之，以代茗饮。此效，屡尝目击。知君疾苦，故详以奉白。①

东坡晚年被贬惠州、儋州期间，因当地风土之恶，瘴毒是普遍的地方病，老百姓病无医药，所以东坡一到惠州、儋州，就注意采集种植药材、收购药材，合药治病。据其在惠州所作《小圃五咏》，东坡在园圃中所种药物有安定心神的人参，明目保肝的枸杞，清热祛火的甘菊，解毒御瘴的薏苡，强身健体的地黄。在其《与王敏仲书》之十三中说：

治瘴止用姜、葱、豉三物，浓煮热呷，无不效者。而土人不作豉，又此州无黑豆，闻五羊颇有之，便乞为致三硕，得为作豉，散饮疾者。②

东坡采药种药，求索药物原料和制药剂，除自己养生疗疾，主要还是利人济世，由"得作为豉，散饮疾者"可知个中信息。直至晚年北归，依然"遇有疾者，必为发药，并疏方示之"③。其《书药方赠民某君》即是显例：

予在儋耳，民有相殴内损者，不下粥饮，且不能言。予以家传接骨丹疗之，乃能言。又以南岳活血丹授之，下少黑血，乃能食，然尚呻号不能转动也。小圃中有地黄，然地瘠，根细如发，乃并叶捣治，饮、傅之，取血块升余，遂能起行。此人与进士黎先觉有亲，乃书以

---

① （宋）苏轼著，张志烈、马德富、周裕锴主编：《苏轼全集校注·文集》，河北人民出版社2010年版，第6677页。
② （宋）苏轼著，张志烈、马德富、周裕锴主编：《苏轼全集校注·文集》，河北人民出版社2010年版，第6242页。
③ （宋）何薳：《春渚纪闻》卷6，《馈药染翰》，第2421页。

授之，使多植此药，以救人命。①

对于一位不知姓名的儋州平民，东坡尽心医救，显现了医者本色。

苏轼是一位医者，又是一位八任州郡的地方行政长官，在研究东坡科技活动和广告意识时我们就发现，东坡是一位自觉地运用行政效力推动公益活动的社会活动家，在医学文化的建树上亦是如此。元祐四年（1089），苏轼出知杭州，水涝之后又逢大旱，灾荒与疾疫并作，东坡在公共医疗方面开创了历史：

> 公又多作饘粥、药剂，遣吏挟医，分坊治病，活者甚众。公曰："杭，水陆之会，因疫病死，比他处常多。"乃裒羡缗得二千，复发私橐，得黄金五十两，以作病坊，稍畜钱粮以待之，至于今不废。②

正由于东坡长期的地方行政经验，他还关注到一个特殊群体——监狱病囚的的医疗情况，并提出建设性意见。在《乞医疗病囚状》中，东坡请求军巡院及各州司理院应有专人专责，"各选差衙前一名，医人一名，每县各选差曹司一名，医人一名，专掌医疗病囚，不得更充他役，以一周年为界"。并提出赏罚激励之法，有关医疗经费按州县囚犯人数，专立款项。钱款可从免役宽剩钱或坊场钱中拨付。治疗病囚，"每十人失一以上为上等，失二为中等，失三为下等，失四以上为下下。上等全支，中等支二分，下等不支，下下科罪，自杖六十至杖一百止"。"若医博士、助教有缺，则比较累岁等第最优者补充。如此，则人人用心，若疗治其家人，缘此得活者必众。"③但东坡建议，未受重视。元祐七年，东坡《与张嘉父书七首》之三告诫身为狱吏的张嘉父对于病囚深加留意：

> 君为狱吏，人命至重，愿深加意。大寒大暑，囚人求死不获，及

---

① （宋）苏轼著，张志烈、马德富、周裕锴主编：《苏轼全集校注·文集》，河北人民出版社2010年版，第8769页。
② （宋）苏辙：《亡兄端明子瞻墓志铭》，见曾枣庄主编《三苏全书》，语文出版社2002年版，第19—214页。
③ （宋）苏轼著，张志烈、马德富、周裕锴主编：《苏轼全集校注·文集》，河北人民出版社2010年版，第2999—3000页。

病者多，为吏卒所不视，有非病而致死者。仆为郡守，未尝不躬亲按视。若能留意于此，远到之福也。①

从书信中我们可以得知东坡为疗治病囚所做的努力："仆为郡守，未尝不躬亲按视。"他希望每个狱吏都能尽职尽责。

晚年贬谪岭海，东坡在与广州太守王古的书信中建议其建造病坊，"广州商旅所聚，疾疫之作，客先僵仆，因熏染居者，事与杭相类。莫可擘划一病院，要须有岁入课利供之，乃长久之利，试留意。""津遣孤孀，救药疾疠，政无急于此者矣，非敏仲莫能行之。"②东坡为政一方，躬亲力行；在被剥夺了权力与行事自由时，他也寄希望于掌握行政权力的友朋。

贬谪儋州，地僻民贫，对于当地以巫为医之陋习，东坡写柳宗元的《牛赋》以遗僧人道赟，寄希望于佛教徒的劝化诱导。③

概言之，从一个医者角度看东坡，他救死扶伤，谨慎用药，利人济世，竭尽所能，尽显东坡的医者本色；但他又是一位历任州郡的政治家，他深知政治权利在普惠民生方面的重要作用，于是自觉地运用行政之力推行医学机构的建制，试图在制度规范中推行医疗设想，并想借宗教劝俗化愚的功用消除地方陋习，这一切又显示了苏轼在医学文化史上独到的特色，让人赞叹之余，将黄庭坚《见子瞻灿字韵诗次韵》中"诚求活国医，何忍弃和缓"吟味再三。

三　为名医留传，与医家切磋
——东坡医学文字可补医史、药典之缺

有宋一代，由于统治者的提倡重视，由于医学在现实生活中的重要作用，逐步形成士人尚医的时代特点，浸淫所及，人们评价人物功德建树，

---

① （宋）苏轼著，张志烈、马德富、周裕锴主编：《苏轼全集校注·文集》，河北人民出版社2010年版，第5864页。
② （宋）苏轼：《与王敏仲十八首》，载张志烈、马德富、周裕锴主编《苏轼全集校注·文集》，河北人民出版社2010年版，第6236页。
③ （宋）苏轼著，张志烈、马德富、周裕锴主编：《苏轼全集校注·文集》，河北人民出版社2010年版，第7383页。

往往兼及其医学方面的修为，论及世人博识通才，也包括其医学知识和造诣。李经纬在《中国科技史料》上撰文《北宋皇帝与医学》，据有关资料统计，北宋皇帝有关医药的诏令，即有248条之多。① 王安石在《答曾子固书》书中曾自负地说：

  然世之不见全经久矣，读经而已，则不足以知经。故某自百家诸子之书，至于《难经》《素问》《本草》、诸小说，无所不读；农夫女工，无所不问，然后于经为能知其大体而无疑。②

  《宋史·苏颂传》言及苏颂博学多能，亦言（苏颂）"自书契以来，经史、九流、百家之说，至于图纬、律吕、星官、算法、山经、本草，无所不通"。《宋史·沈括传》亦言"括博学善文，于天文、方志、律历、音乐、医药、卜算，无所不通"。时代风气所趋，东坡在向王安石推荐秦观时，亦在诗词才能、行义修饬之外特别强调其"博综史传，通晓佛书，讲习医药，明练法律，若此类未易以一二数也。才难之叹，古今共之，如观之辈，实不易得"。③

  苏轼在日常交往中尤其注意与当世医学名家切磋医理，学习经验，于有意无意之间留存了宋代医学的珍贵资料。其所论及的当代医家即有单骧、庞安常、张君房、张玄隐、张君宜、王彦若等。不惮辞费，就其所言医家，略引一二。其《单庞二医》曰：

  蜀人单骧者，举进士不第，顾以医闻。其术虽本于《难经》《素问》，而别出新意，往往巧发奇中，然未能十全。仁宗皇帝不豫，诏孙兆与骧入侍，有间，赏赉不赀。已而大渐，二子皆坐诛，赖皇太后仁圣，察其非罪，坐废数年。今骧为朝官，而兆死矣。尔来黄州邻邑人庞安常者，亦以医闻，其术大类骧，而加以针术妙绝。然患聋，自不能愈，而愈人之疾甚神。此古人所以寄论于目睫也耶？骧、安常皆

---

① 李经纬：《北宋皇帝与医学》，《中国科技史料》1989年第3期。
② （宋）王安石：《答曾子固书》，《临川先生文集》卷73，国家图书馆出版社2018年版，第73页。
③ （宋）苏轼著，张志烈、马德富、周裕锴主编：《苏轼全集校注·文集》，河北人民出版社2010年版，第5393—5384页。

不以贿谢为急，又颇博物通古今，此所以过人也。元丰五年三月，予偶患左手肿，安常一针而愈，聊为记之。①

有《枳枸汤》一首，记蜀中名医张玄隐之子有起死回生之术，其文曰：

眉山有杨颖臣者，长七尺，健饮啖，倜傥人也。忽得消渴疾，口饮水数斗，食倍常而数溺。服消渴药逾年，疾日甚，自度必死，治棺敛，嘱其子于人。蜀有良医张玄隐之子，不记其名，为诊脉，笑曰："君几误死矣。"取麝香当门子，以酒濡之，作十许丸。取枳杞子为汤，饮之，遂愈。问其故。张生言："消渴消中，皆脾衰而肾败，土不能胜水，肾液不上沂，乃成此疾。今诊颖臣，脾脉热而肾不衰。当由果实、酒过度，虚热在脾，故饮食兼人，而多饮水，水既多，不得不多溺也，非消渴也。麝香能败酒，瓜果近辄不实，而枳杞亦能胜酒。屋外有此木，屋中酿酒不熟，以其木为屋，其下亦不可酿酒。故以此二物为药，以去酒、果之毒也。②

东坡《赠眼医王彦若》和《治内障眼》不仅为眼医王彦若立传，也是医学史上诊治白内障的珍贵资料。其诗曰：

针头如麦芒，气出如车轴。间关络脉中，性命寄毛粟。而况清净眼，内景含天烛。琉璃贮沆瀣，轻脆不任触。而子于其间，来往施锋镞。笑谈纷自若，观者颈为缩。运针如运斤，去翳如拆屋。常疑子善幻，他技杂符祝。子言吾有道，此理君未瞩。形骸一尘垢，贵贱两草木。世人方重外，妄见瓦与玉。而我初不知，刺眼如刺肉。君看目与翳，是翳要非目。目翳苟二物，易分如麦穀。宁闻老农夫，去草更伤谷。鼻端有余地，肝胆分楚蜀。吾于五轮间，荡荡见空曲。如行九轨

---

① （宋）苏轼著，张志烈、马德富、周裕锴主编：《苏轼全集校注·文集》，河北人民出版社2010年版，第8369页。
② （宋）苏轼著，张志烈、马德富、周裕锴主编：《苏轼全集校注·文集》，河北人民出版社2010年版，第8373页。

道，并驱无击毂。空花谁开落，明月自胐朒。请问乐全堂，忘言老尊宿。(彦若，乐全先生门下医也)①

由于是东坡有意为之的得意之作，东坡此诗"多自书与人"。王彦若治疗白内障的医术，代表了宋代的最高水平。

东坡《记张君宜医》记载了宋时两位治疗臃肿的名医：

> 近世医官仇鼎疗臃肿，为当时第一，鼎死，未有继者。今张君宜所能，殆不减鼎。然鼎性行不甚纯淑，世或畏之。今张君用心平和，专以救人为事，殆过于鼎远矣。②

东坡为医者立传，不仅看重医术，更重医德人品，同时也欣赏医者的博学多识。如上文批评仇鼎"性行不甚纯淑"的同时，赞赏张君宜"用心平和，专以救人为事"。东坡在《与李端伯宝文三首》之二中如此介绍张君房："张君房助教，陵井人。本治儒学，已而为医，有过人者。智识通变，而性极厚，恐欲知之。"③ 在《与遵老三首》之三中言范姓医者"本学之外，又通历算，甚可佳也"。④ 其《菱芡桃杏说》亦载："今日见提举陈贻叔，云：'舒州有医人李惟熙者，为人清妙，善论物理'。"⑤ 东坡何以会在重医术、医德人品之外还重医者之博学广识，他在《单庞二医》中明确地说："襄、安常皆不以贿谢为急，又颇博物通古今，此所以过人也。"⑥ 联系上文所引王安石对于一流学者的"博通物理"无所不知的极高要求，在东坡心目中一流之医者亦当如是。

---

① (宋)苏轼著，张志烈、马德富、周裕锴主编：《苏轼全集校注·文集》，河北人民出版社2010年版，第2787—2788页。
② (宋)苏轼著，张志烈、马德富、周裕锴主编：《苏轼全集校注·文集》，河北人民出版社2010年版，第8469页。
③ (宋)苏轼著，张志烈、马德富、周裕锴主编：《苏轼全集校注·文集》，河北人民出版社2010年版，第6394页。
④ (宋)苏轼著，张志烈、马德富、周裕锴主编：《苏轼全集校注·文集》，河北人民出版社2010年版，第6774页。
⑤ (宋)苏轼著，张志烈、马德富、周裕锴主编：《苏轼全集校注·文集》，河北人民出版社2010年版，第8419页。
⑥ (宋)苏轼著，张志烈、马德富、周裕锴主编：《苏轼全集校注·文集》，河北人民出版社2010年版，第8369页。

东坡相关文字涉及最多的是庞安常，合而观之，应是一篇极好的《庞安常传》。在黄州，东坡结交了医术造诣极深的聋医庞安常，过从甚密。《东坡志林·游沙湖》曾记载东坡患手肿之疾，庞安常一针而愈的经历：

> 黄州东南三十里，为沙湖，亦曰螺师店。余将买田其间，因往相田。得疾，闻麻桥人庞安时善医而聋，遂往求疗。安时虽聋，而颖悟过人，以纸画字，不尽数字，辄了人深意。余戏之曰："余以手为口，君以眼为耳，皆一时异人也。"疾愈，与之同游清泉寺。寺在蕲水郭门外二里许。有王逸少洗笔泉，水极甘，下临兰溪，溪水西流。余作歌云："山下兰芽短浸溪，松间沙路净无泥，萧萧暮雨子规啼。谁道人生难再少？君看流水尚能西，休将白发唱黄鸡。"是日，极饮而归。①

庞安常是医治伤寒病的专家，有《伤寒总病论》传世，东坡得其书，在回信中大加赞扬：

> 惠示《伤寒论》，真得古圣贤救人之意，岂独为传世不朽之资，盖已义贯幽明矣！②

东坡与庞安常，交往既多，知之也深，东坡尚有两则文字言及庞安常，一则曰：

> 尔来黄州邻邑人庞安常者，亦以医闻，其术大类骧，而加以针术妙绝。然患聋，自不能愈，而愈人之疾甚神。此古人所以寄论于目睫也耶？骧、安常皆不以贿谢为急，又颇博物通古今，此所以过人也。元丰五年三月，予偶患左手肿，安常一针而愈，聊为记之。③

---

① （宋）苏轼著，张志烈、马德富、周裕锴主编：《苏轼全集校注·文集》，河北人民出版社2010年版，第7747页。

② （宋）苏轼著，张志烈、马德富、周裕锴主编：《苏轼全集校注·文集》，河北人民出版社2010年版，第5940页。

③ （宋）苏轼：《单庞二医》，载张志烈、马德富、周裕锴主编《苏轼全集校注·文集》，河北人民出版社2010年版，第8359页。

再则曰：

庞安常为医，不志于利，得法书古画，辄喜不自胜。九江胡道士，颇得其术，与余用药，无以酬之，为作行草数纸而已，且告之曰："此安常故事，不可废也。"参寥子病，求医于胡，自度无钱，且不善书画，求余甚急。余戏之曰："子粲、可、皎、彻之徒，何不与下转语作两首诗乎？"庞二安常与吾辈游，不日索我于枯鱼之肆矣。①

庞安常有博物通古今之学，挟愈人治病如神之医术，乃当世医而儒者，东坡则是儒而医者，二人因敬重而交游，探讨切磋医理亦成为他们交往的内容之一，东坡《答庞安常书》曰：

端居静念，思五脏皆止一，而肾独有二，盖万物之所始终，生之所出，死之所入也。故《太玄》："罔、直、蒙、酋、冥。"罔为冬，直为春，蒙为夏，酋为秋，冥复为冬，则此理也。人之四肢九窍，凡两者，皆水属也。两肾、两足、两外肾、两手、两目、两鼻，皆水之升降出入也。手、足、外肾，旧说固与肾相表里，而鼻与目，皆古未之言也，岂亦有之，而仆观书少不见耶？以理推之，此两者其液皆咸，非水而何？仆以为不得此理，则内丹不成，此又未易以笔墨究也。古人作明目方，皆先养肾水，而以心火暖之，以脾固之。脾气盛则水不下泄，心气下则水上行，水不下泄而上行，目安得不明哉！孙思邈用磁石为主，而以朱砂、神曲佐之，岂此理也夫。安常博极群书，而善穷物理，当为仆思之。是否？一报。②

苏轼、庞安常两位"博极群书，而善穷物理"的"一世异人"相互切磋，推五行运行之理，研究治病用药的原理，定然会各有会心。

宋代历史上知名的佛道徒，大多通晓医理，苏轼在与他们的交往中，

---

① （宋）苏轼：《与胡道师》，载张志烈、马德富、周裕锴主编《苏轼全集校注·文集》，河北人民出版社2010年版，第6682页。
② （宋）苏轼著，张志烈、马德富、周裕锴主编：《苏轼全集校注·文集》，河北人民出版社2010年版，第5941—5942页。

往往谈禅论道，论养生医理。陈天定《古今小品》说苏轼"《送圣寿聪长老偈》即药即病，即病即药，说得八面玲珑"。[①] 实际上东坡在与许多僧道徒的交往中，都多涉摄生之理的内容，诸如《胜相院经藏记偈》《广州东莞资福寺罗汉阁记偈》等，也都是"即病即药，即药即病"，佛理与医理，"说得八面玲珑"。

四　富于言而妙于理
——东坡医学养生论的丰富内涵

　　传统的医学文化博大精深，但我们从不同层面都可以看到苏轼对传统医学文化融合吸收发展并形成东坡思想的个性特色。从"上医医国，中医医人，下医医病"之论，人们探究苏轼作为"医国手"，在治国理政治理方面自然吸取医学文化菁华，以医论政，以医论军，借医论事的政治家思想家的深刻独到；从"上医治未病，中医治欲病，下医治已病"，再到"上医听声，中医察色，下医诊脉"，论者探究苏轼的养生哲学以及医者本色。

　　查检有关资料，苏轼有很多诗文与养生有关，诸如《论养生》《问养生》《续养生论》《记道人养生语》《养生诀》《养生偈》《梁工说》《跋嵇叔夜养生论后》《记养黄中》等。在东坡与亲友书信往来中，更时时提及养生，如言子由养生、自己养生有得；打趣陈季常养生有名无实，等等。其中有丰富的资料有待挖掘。

　　正由于如此研究苏轼与传统医学文化，以讨论养生方面最多，诸如余塔山《东坡论养生"三戒"》、华祝考《苏轼"安""和"养生论》、曹瑛《苏轼养生与防病观》、丹珠《苏东坡的养生之道》、朱安义的《苏轼养生之道述论》和胡金旺《苏轼与"离铅坎汞"说》等。由论文题目可知，有关论文或就东坡养生论某一观点论之，或是笼统加以介绍。其中胡金旺之文论东坡炼丹说最专，朱安义之文探讨东坡养生说最为全面。《苏轼养生之道述论》一文从"苏轼重视养生的原因""苏轼的养生理念""苏轼

---

① （宋）苏轼著，张志烈、马德富、周裕锴主编：《苏轼全集校注·文集》，河北人民出版社2010年版，第1078页。

的养生方法"三个方面进行论述,十分全面。

有鉴于此我们不拟重复论列,仅就有关文章之未及,我们心有所感者略引端绪,希望推进有关讨论。

在当代社会中,由于生活水平的日益丰富提高,或从服食养生、健康长寿的角度,或从中医治未病、治欲病的角度,药酒、药膳,滋补药物大行其道。是药三分毒,东坡关于无病而食药的观点,可以引以为戒。东坡曾与莫君陈论养生,莫氏在其所著《月河所闻集》记载了东坡"无病服药,病由药生"的名言。[1]

东坡在与疾病抗争过程中体味到的"警戒持养之方"值得借鉴。其《与石幼安一首》写道:

> 春夏服药,且喜平复。某近缘多病,遂获警戒持养之方,今极精健。而刚强无病者,或有不测之患。乃知羸疾,未必非长生之本也,惟在多方调适。[2]

民间流行"人养病,病养人"之说,是说人在生病之后需要疗养、调养、静养,是谓养病期间"人养病";同时,正由于有病,会特别注意"警戒持养之方",三折肱而成良医,因祸得福。

东坡养生强调顺其自然。他在《与子由弟一首》之一中,以植物自然生长喻养生:

> 或为予言,草木之长,常在昧明间。早起伺之,乃见其拔起数寸,竹笋尤甚。夏秋之交,稻方含秀,黄昏月出,露珠起于其根,累累然忽自腾上,若推之者,或缀于茎心,或缀于叶端。稻乃秀实,验之信然。此二事,与子由养生之说契,故以此为寄。[3]

在《顾恺之画黄初平牧羊图赞》中表达了相近的观念:

---

[1] 孔凡礼:《苏轼年谱》,中华书局2005年版,第890页。
[2] (宋)苏轼著,张志烈、马德富、周裕锴主编:《苏轼全集校注·文集》,河北人民出版社2010年版,第6282页。
[3] (宋)苏轼著,张志烈、马德富、周裕锴主编:《苏轼全集校注·文集》,河北人民出版社2010年版,第6628页。

先生养生如牧羊，放之无何有之乡。止者自止行者行，先生超然坐其旁，挟策读书羊不亡。①

养生要顺其自然，"养生如牧羊"，如草木之长，不能违背人情物理，过于求新求奇，过犹不及。所以东坡针对蒲宗孟沐浴养生的豪奢之举，给予批评劝告。在《与王敏仲十八首》之五中，东坡阐明了自己的养生理念：

近颇觉养生事绝不用求新奇，惟老生常谈，便是妙诀。咽津纳息，真是丹头，仍须用寻常所闻般运沂流法，令积久透彻乃效也。孟子曰："事在易而求诸难，道在迩而求诸远。"董生云："尊其所闻则高明，行其所知则光大。"②

养生妙诀，正出于"老生常谈"，因为那是经验之谈；养生的"丹头"，乃是吐纳调息，"寻常所闻"的方法，"积久透彻"才有效果。东坡所论，简洁明了。"寓于言而明于理"，是东坡养生论的特色。

养生乃是为了防止疾病健身长寿，但在东坡眼中养生又和个人的精神状态道德修为有关。他在《记子由修身》中说：

子由言：有一人死而复生，问冥官："如何修身，可以免罪？"答曰："子且置一卷历，书日之所为，暮夜必记之。但不可记者，是不可言不可作也。无事静坐，便觉一日似两日，若能处置此生，常似今日，得至七十，便是百四十岁。人世间何药可能有此效：既无反恶，又省药钱。此方人人收得，但苦无好汤使，多咽不下。"③

苏轼、苏辙兄弟讨论的修身长生之方要求精神境界上升到不做"不可

---

① （宋）苏轼著，张志烈、马德富、周裕锴主编：《苏轼全集校注·文集》，河北人民出版社2010年版，第2357页。
② （宋）苏轼著，张志烈、马德富、周裕锴主编：《苏轼全集校注·文集》，河北人民出版社2010年版，第6232—6233页。
③ （宋）苏轼著，张志烈、马德富、周裕锴主编：《苏轼全集校注·文集》，河北人民出版社2010年版，第8468页。

言不可作"之事，这需要较高的道德修养，所以"此方人人收得，但若无好汤使，多咽不下"。

"三过门间老病死，一弹指顷去来今"①，养生可以健身，可以防治疾病，可以长寿，但长生却未必。所以，苏轼的养生态度值得玩味。东坡在《与程正辅七十一首》之五十五中说自己"颇好丹砂，不惟有意于却老，亦欲玩物之变以自娱也"。② 在养练之中追求健康长寿，也在养练中体味自然物理变化的奥秘，以愉悦心性。

论及东坡的养生理论，我们不能不言及其将养生文化与政治文化融合的特色。东坡在《论管仲》一文明确指出：

> 吾以谓为天下如养生，忧国备乱如服药。养生者，不过慎起居饮食、节声色而已。节慎在未病之前，而服药在已病之后。今吾忧寒疾而先服乌喙，忧热疾而先服甘遂，则病未作而药已杀人矣。彼八人者，皆未病而服药者也。③

东坡明言"为天下如养生"，文中所言"彼八人者"乃是指其所论汉景帝杀周亚夫、曹操杀孔融、晋文帝杀嵇康、晋景帝杀夏侯玄、宋明帝杀王彧、齐后主杀斛律光、唐太宗杀李宗羡、武后杀裴炎。诚所谓"未病而服药，病由药生"。

东坡总结历史以养生为论，论列宋代政治也以养生为喻，强调强体固本、结人心、厚风俗、重道德。其《上皇帝书》曰：

> 夫国之长短，如人之寿夭；人之寿夭在元气，国之长短在风俗。世有尪羸而寿考，亦有盛壮而暴亡。若元气犹存，则尪羸而无害。及其已耗，则盛壮而愈危。是以善养生者，慎起居，节饮食，导引关节，吐故纳新。不得已而用药，则择其品之上、性之良、可以久服而

---

① （宋）苏轼著，张志烈、马德富、周裕锴主编：《苏轼全集校注·诗集》，河北人民出版社2010年版，第1144页。
② （宋）苏轼著，张志烈、马德富、周裕锴主编：《苏轼全集校注·文集》，河北人民出版社2010年版，第6032页。
③ （宋）苏轼著，张志烈、马德富、周裕锴主编：《苏轼全集校注·文集》，河北人民出版社2010年版，第487页。

无害者，则五脏和平而寿命长。不善养生者，薄节慎之功，迟吐纳之效，厌上药而用下品，伐真气而助强阳，根本已空，僵仆无日。天下之势，与此无殊。故臣愿陛下爱惜风俗，如护元气。①

东坡论国之强根固本之论，引起后人的重视，顾炎武《日知录》卷13《宋世风俗》指出："当时论新法者多矣，未有若此之深切者。根本之言，人主所宜独观而三复也。"② 总结历史兴亡，关注当朝盛衰，苏轼治国如养生之说颇有见地，也使其养生论别具韵味。

五 医者仁心，以利人为得道
——东坡医德医品的精神境界

检索品味东坡有关医学文化的文献资料，首先打动我们的是东坡医者情怀所达到的精神境界。东坡的医者仁爱之心首先是和他的经世济民的仁爱之心相通的。其一生在为政为人方面，远师陆贽，近效范仲淹，其《乞校正陆贽奏议札子》足见其对于陆贽为政为文的崇仰之意，晚岁被贬，陆贽也是他效法的榜样，周必大《题苏季真家所藏东坡墨迹》说：

> 陆宣公为忠州别驾，避谤不著书，又以地多瘴疠，抄集验方五十卷，寓利人爱物之心。文忠苏公，手书药法，亦在琼州别驾时，其用意一也。③

而对于范仲淹，苏轼自幼即充满景慕之心，入仕之后，尝以不及见为恨。范仲淹"不为名相，则为良医"的名言，也融入东坡一生的为人行事之中。

苏轼的医者仁心既见于其一生的医学活动中，也见于其诗文的夫子自

---

① （宋）苏轼著，张志烈、马德富、周裕锴主编：《苏轼全集校注·文集》，河北人民出版社2010年版，第2881—2882页。
② （宋）苏轼著，张志烈、马德富、周裕锴主编：《苏轼全集校注·文集》，河北人民出版社2010年版，第2941页。
③ 四川大学中文系唐宋文学研究室编：《苏轼资料汇编》，中华书局1994年版，第552页。

道，其《书〈东皋子传〉后》曰：

> 余饮酒终日，不过五合，天下之不能饮，无在予下者。然喜人饮酒，见客举杯徐引，则余胸中为之浩浩焉，落落焉，酣适之味，乃过于客。闲居未尝一日无客，客至，未尝不置酒，天下之好饮，亦无在予上者。常以谓人之至乐，莫若身无病而心无忧。我则无是二者矣。然人之有是者，接于予前，则予安得全其乐乎？故所至，常蓄善药，有求者则与之，而尤喜酿酒以饮客。或曰："子无病而多蓄药，不饮而多酿酒，劳己以利人，何也？"余笑曰："病者得药，吾为之体轻；饮者困于酒，吾为之酣适，盖专以自为也。"①

其《书柳子厚〈牛赋〉后》更曰：

> 岭外俗皆恬杀牛，而海南为甚。客自高化载牛渡海，百尾一舟，遇风不顺，渴饥相倚以死者无数。牛登舟皆哀鸣出涕。既至海南，耕者与屠者常相半。病不饮药，但杀牛以祷，富者至杀十数牛。死者不复云，幸而不死，即归德于巫。以巫为医，以牛为药，间有饮药者，巫辄云："神怒，病不可复治。"亲戚皆为却药，禁医不得入门，人、牛皆死而后已。
>
> 地产沉水香，香必以牛易之黎。黎人得牛，皆以祭鬼，无脱者。中国人以沉水香供佛燎帝求福，此皆烧牛肉也，何福之能得？哀哉！予莫能救，故书柳子厚《牛赋》以遗琼州僧道赟，使以晓喻其乡人之有知者，庶几其少衰乎？②

读苏轼此类文字，常叹服坡公仁者胸襟。他深知"人之至乐，莫若身无病而心无忧"，所以对于其所接触的民众，总是尽力"全其乐"，以故"所至常蓄善药，有求者则与之"，已达到了"病者得药，吾为之体轻；饮

---

① （宋）苏轼著，张志烈、马德富、周裕锴主编：《苏轼全集校注·文集》，河北人民出版社2010年版，第7页。

② （宋）苏轼著，张志烈、马德富、周裕锴主编：《苏轼全集校注·文集》，河北人民出版社2010年版，第23—24页。

者困于酒，吾为之酣适"的精神境界。东坡尝谓：古之学者为己，今之学者为人。较之于冠冕堂皇的高唱为人为天下的虚伪者而言，苏轼坦言自己所为"盖专以自为也"，做了利人济物之事，不是为了夸饰，而是为了自己人格精神的完善与完美。其《与陈季常十六首》之十五亦倡言：

"善言不离口，善药不离手。"此乃古人之要言，可书之座右也。①

东坡蓄药治疾与其参政议政一样，善言善药，善心善政，不顾难易，尽力为之。即使在病中，亦不忘民瘼疾苦，其《臂痛谒告，作三绝句示四君子》其三曰：

小阁低窗卧晏温，了然非默亦非言。维摩示病吾真病，谁识东坡不二门。②

"维摩示病"典出《维摩诘经·文殊师利问疾品》。维摩诘言："从痴有爱，则我病生。以一切众生病，是故我病。若一切众生得不病者，则我病灭。"检阅品读东坡此类作品，品解之下，叹服其佛心医德，向往其圣贤人格。此类作品与其《浣溪沙》词中"万顷风涛不记苏。雪晴江上麦千车，但令人饱我愁无"③的精神情怀同一机杼。

东坡以前代和当时名医为楷模，曾以孙思邈自喻，其《题孙思邈真》诗曰：

先生一去五百载，犹在峨眉西崦中。自为天仙足官府，不应尸解坐虻虫。④

---

① （宋）苏轼著，张志烈、马德富、周裕锴主编：《苏轼全集校注·文集》，河北人民出版社2010年版，第5886页。
② （宋）苏轼著，张志烈、马德富、周裕锴主编：《苏轼全集校注·文集》，河北人民出版社2010年版，第3667页。
③ 曾枣庄：《苏词汇评》，四川文艺出版社2000年版，第245页。
④ （宋）苏轼著，张志烈、马德富、周裕锴主编：《苏轼全集校注·诗集》，河北人民出版社2010年版，第2629页。

纪昀《纪评苏诗》卷24以"自寓兀傲"四字评价此诗。

检索东坡有关医疗文化的大量诗文,其中大部分乃在贬谪黄州、惠州、儋州所作,更加令人感佩其医者仁爱之心在精神层面所达到的高度。

探讨研味东坡的医德、医品、医学实践、医学论著和其在医学史上的建树和地位,我们也曾自我提醒,试图仅从纯粹医者的角度去加以研味,我们也发现了东坡在蒐集验方,合剂施药,探研药性医理,辨证施治方面的医者本色,其有关著述可以补医史药典之缺。但研味之中,时时吸引我们的仍有其博极群书而精于物理的博物家的独到特色,其作为政治家、思想家,不时借医说理,借医喻世,且寓于言而明于理的智者魅力。因此探研苏轼与医学文化,可以让我们从一个特定角度认识东坡在中国文化史上的崇高地位。

洗浴·养生·浴德·净心

——苏轼与医学文化探论之三

学术界普遍认为两宋时期"是中国文化发展的第三个高峰期"①，总体上讲，"两宋文化的丰富多样性、变古特征，以及忧患意识、理性精神、人文精神，在中国文化史上留下了光辉的一页"②。但赵宋王朝的文化盛况，是由一个时代在文化上的卓越建树和诸多彪炳史册的文化名家相继创造和支撑的。苏轼无疑是两宋文化史上最著名的大家之一。在这位历史文化巨人身上，从不同的角度反射出宋代文化的鲜明特征与丰厚内涵，苏轼身后，不同时代的苏轼爱好者研究者对之加以梳理和探讨，为我们今日的进一步研究奠定了基础。本文仅从苏轼与沐浴文化这一角度进行研讨，不当之处，望匡正。

一 由日常生活到怡情养生
——东坡沐浴文化的生活表述

"沐浴是苏轼日常生活中的癖好之一"③，苏轼不仅嗜好沐浴，而且喜欢用一支生花妙笔记载下一系列在不同时期、不同地域、不同场所、不同心境下的沐浴场景和心境。即就东坡现存诗文来看，其所记载的沐浴习俗涉及日常生活的诸多方面。

根据有关文献记载，传统的沐浴文化发展至宋代，已经大为普及，已

---

① 郑师渠：《总序》，《中国文化通史·两宋卷》，北京师范大学出版社2009年版，第17页。
② 郑强盛：《中国文化通史·两宋卷·绪言》，北京师范大学出版社2009年版，第4页。
③ 李一冰：《苏东坡大传》，九州出版社2006年版，第163页。

经有了公共浴室。都市中的浴室或称"浴堂巷",或称"香水行","所在浴处,必挂壶于门"。更多的浴室设在寺院,仅苏轼诗文中言及自己或朋友沐浴的寺院浴堂就有多所,并且不仅著名的名刹设有浴堂,较为偏远的村寺也有浴室,其《与王定国四十一首》之一曰:"所云出入,盖往村寺沐浴,及寻蹊傍谷钓鱼采药,聊以自娱耳。"①

苏轼有关沐浴文化的诗文涉及日常生活的诸多方面。贬居黄州,东坡与家人饮食沐浴依赖江水,其《与范子丰八首》之八曰:

> 临皋亭下不数十步便是大江,其半是峨眉雪水,吾饮食沐浴皆取焉,何必归乡哉!②

苏轼出守杭州,疏浚六井,其水利设施造福一方,包括钱塘百姓的沐浴饮食日用,其《钱塘六井记》曰:

> 明年春,六井毕修,而岁适大旱,自江淮至浙右井皆竭,民至以罂缶贮水,相饷如酒醴。而钱塘之民肩足所任,舟楫所及,南至龙山,北至长河,盐官海上,皆以饮牛马,给沐浴。③

沿袭前代,宋王朝官员有"休沐"制度,休沐日停止公务,也称"休务",《初学记》二十:"休假亦曰休沐。汉律:吏五日得一下沐,言休息以洗沐也。"遇上皇帝寿诞等特殊日子,可以提早休假,其《兴龙节侍宴前一日,微雪……》诗中写道:"天风淅淅飞玉沙,诏恩归沐休早衙。"④

休沐日亲朋可以往来聚会,其《临江仙》(送李公恕)词写道:"自

---

① (宋)苏轼著,张志烈、马德富、周裕锴主编:《苏轼全集校注·文集》,河北人民出版社2010年版,第5673页。
② (宋)苏轼著,张志烈、马德富、周裕锴主编:《苏轼全集校注·文集》,河北人民出版社2010年版,第5424页。
③ (宋)苏轼著,张志烈、马德富、周裕锴主编:《苏轼全集校注·文集》,河北人民出版社2010年版,第1201页。
④ (宋)苏轼著,张志烈、马德富、周裕锴主编:《苏轼全集校注·诗集》,河北人民出版社2010年版,第3374页。

古相从休务日，何妨低唱微吟。"① 东坡有多篇文字写及休沐日的生活状况，其《与米元章二十八首》之四曰："自承至京，欲一见，每遇休沐，人客沓至，辄不敢出。公又不肯见过，思仰不可言。"② 有时东坡在僧寺浴堂会和朋友不期而遇，其《沐浴启圣僧舍，与赵德麟邂逅》诗曰："南山北阙两非真，东颖西湖迹已陈。季子来归初可喜，老聃新沐定非人。酒清不醉休休暖，睡稳如禅息息匀。自笑尘劳馀一念，明年同泛越溪春。"③

由于佛寺浴堂的清幽环境，东坡和友人也会相约沐浴休憩，论艺品茶，其《书鲁直浴室题名后（并鲁直题)》向我们透露了个中信息：

  浴室院有蜀僧令宗，画达磨以来六祖师，人物皆绝妙。其山川花木毛羽衣盂诸物，画工能知之，至于人有怀道之容，投机接物，目击而百体从之者，未易为俗人言也。此壁列于冠盖之区，而湮伏不闻者数十年。晚得蜀人苏子瞻乃发之。物不系于世道兴衰，亦有数如此。此寺井泉甘寒，汶师碾建溪茶，常不落第二。故人陈季常，林下士也，寓棋箪于此。苏子瞻、范子功数来从，故予过门必税驾焉。元祐三年，鲁直题。

  后五百岁浴室丘墟，六祖变灭，苏、范、黄、陈尽为鬼录，而此书独存，当有来者会予此心，拊掌一笑。是月十五日戊子，子瞻书。④

作为一般官员，衣冠整洁，勤勉吏事是基本的要求，所谓"洗沐作小吏，裹头束其腰"。⑤ 东坡在徐州作为地方长官，参与重阳聚会也要新沐整装："浅霜侵绿，发少仍新沐。"⑥ 重阳新沐雅集，端午则有蓄兰沐浴之习，

---

  ① （宋）苏轼著，张志烈、马德富、周裕锴主编：《苏轼全集校注·词集》，河北人民出版社2010年版，第205页。
  ② （宋）苏轼著，张志烈、马德富、周裕锴主编：《苏轼全集校注·文集》，河北人民出版社2010年版，第6454页。
  ③ （宋）苏轼著，张志烈、马德富、周裕锴主编：《苏轼全集校注·诗集》，河北人民出版社2010年版，第4121页。
  ④ （宋）苏轼著，张志烈、马德富、周裕锴主编：《苏轼全集校注·文集》，河北人民出版社2010年版，第8089页。
  ⑤ （宋）苏轼：《刘丑厮诗》，载张志烈、马德富、周裕锴主编《苏轼全集校注·诗集》，河北人民出版社2010年版，第4260页。
  ⑥ （宋）苏轼：《千秋岁》，载张志烈、马德富、周裕锴主编《苏轼全集校注·词集》，河北人民出版社2010年版，第229页。

东坡《贴子词》其六曰:"一扇清风洒面寒,应缘飞白在冰纨。坐知四海蒙膏泽,沐浴君恩德似兰。"①

东坡在朝为官,遵五日休沐之制,贬放黄州、岭海,亦不时沐浴,其《安国寺浴》写道:"老来百事懒,身垢犹念浴。衰发不到耳,尚烦月一沐。山城足薪炭,烟雾濛汤谷。尘垢能几何,翛然脱羁梏。披衣坐小阁,散发临修竹。心困万缘空,身安一床足。岂惟忘净秽,兼以洗荣辱。默归毋多谈,此理观要熟。"② 在惠州,东坡曾多次在白水山温泉沐浴。其《记游白水岩》载:"绍圣元年十二月十二日,与幼子过游白水山佛迹院,浴于汤池,热甚,其源殆可以熟物。"③ 其《题白水山》又载:"绍圣二年三月四日,詹使君邀予游白水山佛迹寺,浴于汤泉,风于悬瀑之下,登中岭,望瀑所从出。"④

由东坡的相关诗文记载,我们可以见出,沐浴不仅已经作为清洁卫生的习惯与人们的日常生活密切关联,而且在人生的特殊阶段也不可或缺,譬如"洗儿会"。据《东京梦华录》载:"洗儿会,亲宾盛集。浴儿毕,落胎发,遍谢座客,致宴享焉。"⑤ 东坡有诗文涉及"洗儿"。

在黄州,侍妾朝云产子,三朝洗儿,东坡感慨赋诗:"人皆养子望聪明,我被聪明误一生。惟愿孩儿愚且鲁,无灾无难到公卿。"⑥

也是在黄州,闻有洗儿之会,东坡欣然为赋。《春渚纪闻》载:

> 徐黄州之子叔广,十四秀才,先生与其舅张仲谟书所谓"十三、十四皆有俊性者"是也。尝出先生醉墨一轴,字画欹倾,龙蛇飞动,乃是张无尽过黄州,而黄州有四侍人,适张夫人携其一往婿家,为浴

---

① (宋)苏轼著,张志烈、马德富、周裕锴主编:《苏轼全集校注·诗集》,河北人民出版社2010年版,第5370页。
② (宋)苏轼著,张志烈、马德富、周裕锴主编:《苏轼全集校注·诗集》,河北人民出版社2010年版,第2158页。
③ (宋)苏轼著,张志烈、马德富、周裕锴主编:《苏轼全集校注·文集》,河北人民出版社2010年版,第8109页。
④ (宋)苏轼著,张志烈、马德富、周裕锴主编:《苏轼全集校注·文集》,河北人民出版社2010年版,第8111页。
⑤ (南宋)孟元老著,王云五编:《东京梦华录》,商务印书馆1936年版,第101页。
⑥ (宋)苏轼著,张志烈、马德富、周裕锴主编:《苏轼全集校注·诗集》,河北人民出版社2010年版,第2485页。

儿之会。无尽因戏语云："厥有美妾，良由令妻。"公即续之为小赋云："道得征章郑赵，姓称孙姜阎齐。浴儿于玉润之家，一夔足矣。侍坐于冰清之仄，三英粲兮。"①

绍圣四年（1097）正月，在海南贬所，新浴后的东坡欣知弟子由第四孙斗老"洗三"，赋诗《借前韵贺子由生第四孙斗老》为贺："今日散幽忧，弹冠及新沐。况闻万里孙，已报三日浴。"②

在东坡有关沐浴文化的诗文中，我们还看到他和苏辙以沐浴为内容的唱和诗作。绍圣四年，苏辙在贬所作《浴罢》一诗，颇述贬居困窘之状，如言："逐客例幽忧，多年不洗沐。予发栉无垢，身垢要须浴。""茅檐容病躯，稻饭饱枵腹。形骸但癯瘁，气血尚丰足。微阳阅九地，浮彩见双目。枯槁如束薪，坚致比温玉。长斋虽云净，阅月聊一沃。石泉瀄巾帨，土釜煮桃竹。南窗日未移，困卧久弥熟。"时有不平之音："颠隮本天运，愤恨当谁复。"③得知子由贬所生活之艰和心情之愤，东坡委婉规劝，作《次韵子由浴罢》：

理发千梳净，风晞胜汤沐。闭息万窍通，雾散名干浴。頹然语默丧，静见天地复。时令具薪水，漫欲濯腰腹。陶匠不可求，盆斛何由足。（海南无浴器，故常干浴而已。）老鸡卧粪土，振羽双瞑目。倦马辗风沙，奋鬣一喷玉。垢净各殊性，快惬聊自沃。云母透蜀纱，琉璃莹蕲竹。稍能梦中觉，渐使生处熟。《楞严》在床头，妙偈时仰读。返流归照性，独立遗所瞩。未知仰山禅，已就季主卜。安心会自得，助长毋相督。④

苏过亦有《次韵叔父浴罢》一诗，有"谪居百事乏，唯喜薪水足"之

---

① 颜中其：《苏东坡轶事汇编》，岳麓书社1984年版，第83页。
② （宋）苏轼：《借前韵贺子由生第四孙斗老》，载张志烈、马德富、周裕锴主编《苏轼全集校注·诗集》，河北人民出版社2010年版，第4965页。
③ 曾枣庄、舒大刚主编：《三苏全书》，语文出版社2001年版，第16、448页。
④ （宋）苏轼著，张志烈、马德富、周裕锴主编：《苏轼全集校注·诗集》，河北人民出版社2010年版，第4959页。

句①，对照阅读，可由谪居沐浴见出二苏谪所困境，子由之愤恨，东坡之超旷。但我们更感兴趣的是，东坡次韵诗与相关诗文所透露的沐浴文化方面的信息。

从东坡相关文字叙述中可见，宋代的温泉之浴应为"汤池"。其《记游白水岩》曰："绍圣元年十二月十二日，与幼子过游白水山佛迹院，浴于汤池，热甚，其源殆可以熟物。"②而偏远山林中的温泉汤池或因地制宜，甚或因陋就简："余之所闻汤泉七，其五则今三子之所游，与秦君之赋所谓匡庐、汝水、尉氏、骊山，其二则余之所见凤翔之骆谷与渝州之陈氏山居也。皆弃于穷山之中，山僧野人之所浴，麋鹿猿猱之所饮。"③僧寺、都市之浴堂，沿袭前代，当多为汤池；亦有木质浴器，东坡有诗写借宿海会寺沐浴休息之情状："大钟横撞千指迎，高堂延客夜不扃。杉槽漆斛江河倾，本来无垢洗更轻。倒床鼻息四邻惊，纷如五鼓天未明。木鱼呼粥亮且清，不闻人声闻履声。"④杉槽漆斛，洗浴之具。杉槽，杉木槽。王安石《道光泉诗》："云涌浴槽朝自暖。"斛，木量器（十斗为斛），此用为容器。应可采信。

而家用浴器，多为陶制，艰困之中，以瓦代陶。在《次韵子由浴罢》诗中，苏轼言在海南沐浴没有陶制浴器："陶匠不可求，盆斛何由足。"⑤在《谪居三适·夜卧濯足》中则写道："今我逃空谷，孤城啸鸺鹠。得米如得珠，食菜不敢馏。况有松风声，釜鬲鸣飕飕。瓦盆深及膝，时复冷暖投。"⑥温泉乃利用地热资源，寺院浴堂、居家沐浴则多用柴薪，苏轼黄州所作《安国寺浴》曰："山城足薪炭，烟雾濛汤谷。"⑦在《次韵子由浴

---

① 舒大刚：《苏过诗文编年笺注》，中华书局2007年版，第105页。
② （宋）苏轼著，张志烈、马德富、周裕锴主编：《苏轼全集校注·文集》，河北人民出版社2010年版，第8109页。
③ （宋）苏轼：《书游汤泉诗后》，载张志烈、马德富、周裕锴主编《苏轼全集校注·文集》，河北人民出版社2010年版，第7595页。
④ （宋）苏轼：《宿海会寺》，载张志烈、马德富、周裕锴主编《苏轼全集校注·诗集》，河北人民出版社2010年版，第990页。
⑤ （宋）苏轼著，张志烈、马德富、周裕锴主编：《苏轼全集校注·诗集》，河北人民出版社2010年版，第991页。
⑥ （宋）苏轼著，张志烈、马德富、周裕锴主编：《苏轼全集校注·诗集》，河北人民出版社2010年版，第4952—4953页。
⑦ （宋）苏轼著，张志烈、马德富、周裕锴主编：《苏轼全集校注·诗集》，河北人民出版社2010年版，第2158页。

罢》中又说："时令具薪水，漫欲濯腰腹。"①

"新浴觉身轻，新沐感发稀。风乎悬瀑下，却行咏而归。仰观江摇山，俯见月在衣。步从父老语，有约吾敢违？"② 洗濯沐浴有益身心健康，苏轼有多首诗文叙写个人沐浴后的快适惬意。从《宿海会寺》《安国寺浴》到《次韵子由浴罢》，再到《谪居三适》之《夜卧濯足》，甚至在《次韵子由浴罢》中以鸡和马之"土浴"为喻，来说明沐浴以舒心适性的道理："老鸡卧粪土，振羽双瞑目。倦马辗风沙，奋鬣一喷玉。垢净各殊性，快惬聊自沃。"

海南的谪居生涯是异常艰难的，即就日常沐浴而言，因"海南无浴器，故常乾浴而已"。所谓"乾浴"，《云笈七笺》卷32《杂修摄·导引按摩》曰："又法，摩手令热，摩身体由上至下，名曰乾浴。"与中医之推拿按摩相似。

苏词中有《如梦令》两首，写其在泗州雍熙塔僧寺浴堂沐浴的感受，其一曰：

> 水垢何曾相受，细看两俱无有。寄语揩背人，尽日劳君挥肘。轻手，轻手，居士本来无垢。

李一冰先生对此颇感兴趣，评论说："凡有浴池洗澡经验的人，必会觉得非常有趣，而且好像'擦背'这个行业，在宋代用寺院经营的浴室里已经有了。"③ 当代洗浴之搓背、修脚、按摩种种服务，无非令浴者身心快适，东坡千年以前在浴堂已享受搓背的服务了。

苏轼喜欢沐浴，追求身心健康，身心愉悦，但同时又反对借洗浴而讲排场竞奢靡之风。据李廌《师友谈记》载蒲宗孟性豪奢，东坡曾加以劝诫：

> 叔党又曰：蒲公有大洗面、小洗面、大濯足、小濯足、大澡浴、

---

① （宋）苏轼：《宿海会寺》，载张志烈、马德富、周裕锴主编《苏轼全集校注·诗集》，河北人民出版社2010年版，第4959页。
② （宋）苏轼：《和陶渊明归园田居六首》，载张志烈、马德富、周裕锴主编《苏轼全集校注·诗集》，河北人民出版社2010年版，第4509页。
③ 李一冰：《苏东坡大传》，九州出版社2017年版，第227页。

小澡浴。盖一日两洗面、两濯足,间日则浴焉。小洗面,一易汤,用二人,惟颒其面而已。大洗面,三易汤,用五人,肩颈及焉。小濯足,一易汤,用二人,惟踵踝而已。大濯足,三易汤,用四人,膝股及焉。小澡浴,则汤用三斛,人用五六。大澡浴,则汤用三斛,人用八九。口脂、面药、熏炉、妙香次第用之,人以为劳,公不惮也。盖公以文章显用,为时大臣,志气磊落,奉养雅洁故也。项公有书与东坡,自云晚年有所得。东坡答之曰:"闻所得甚高,固以为慰,然复有二,尚欲奉劝,一曰俭,二曰慈。"此言,真蒲公之所当闻也。①

俭以养廉,慈以养德,东坡奉劝蒲传正笃信沐浴养生之外,不要走向奢费之极端。

前文论及东坡在《次韵子由浴罢》言及"乾浴",道家用以养生;实际上东坡业已有意识地把沐浴卫生与养生保健结合在一起,其《次韵子由浴罢》起首即曰:"理发千梳净,风晞胜汤沐。闭息万窍通,雾散名乾浴。颓然语默丧,静见天地复。"苏轼在《养生诀上张安道》中自注:

闭息,最是道家要妙。先须闭目净虑,扫灭妄想,使心源湛然,诸念不起,自觉出入息调匀,即闭定口鼻。②

东坡一生注重保健养生,心有所得,有多篇诗文名作,诸如《养生偈》《养生诀》《论养生》等;对于东坡之养生理论,应有专文论述。限于题旨,我们在探讨东坡沐浴卫生以及沐浴养生之作后,侧重探研东坡由洗身到洗心,由浴身到浴德,儒释道兼容的沐浴文化的深厚内涵。

---

① (宋)李廌:《苏叔党言蒲传正奉养过度》,《师友谈记》,载《唐宋史料笔记》,中华书局丛书 2008 年版,第 26 页。
② (宋)苏轼著,张志烈、马德富、周裕锴主编:《苏轼全集校注·文集》,河北人民出版社 2010 年版,第 8348 页。

二　由洗身除垢到洗心浴德
——东坡沐浴文化的精神蕴涵

探讨东坡沐浴文化的特色与内涵，我们还是认可有宋一代儒释道兼容，以儒为主的时代特点在苏轼文化思想中的有机融合与复杂体现。苏轼苏辙兄弟情深，苏辙在《亡兄子瞻端明墓志铭》中说：

> 公之于文，得之于天。少与辙皆师先君，初好贾谊、陆贽书，论古今治乱，不为空言。既而读《庄子》，喟然叹息曰：'吾昔有见于中，口未能言，今见《庄子》，得吾心矣'。乃出《中庸论》，其言微妙，皆古人所未喻。……既而谪居于黄，杜门深居，驰骋翰墨，其文一变，如川之方至，而辙瞠然不能及矣。后读释氏书，深悟实相，参之孔、老，博辩无碍，浩然不见其涯矣。①

对于认知儒释道思想对于东坡的影响，苏辙此论大有助益。但我们还是注意到苏辙似有意在论述儒释道思想对于东坡影响的同时，强调东坡对于儒学的贡献。如赞其《中庸论》"其言微妙，皆古人所未喻"；言其继承父志，完成《易传》；"复作《论语说》，时发孔子之秘"；"最后居海南，作《书传》，推明上古之绝学，多先儒所未达。既成三书，抚之叹曰：'今世要未能信，后有君子，当知我矣'。"关于儒释道思想对于东坡的影响，前人论之亦多，在这里我们主要讨论其沐浴文化中体现的儒释道思想。

由于东坡对于儒家经典研味极深且有自己独到理解，儒家文化精髓自然而然地融入其沐浴文化。东坡遵父命完成《易传》，《易·系辞上》曰："圣人以此洗心，退藏于密。"儒者之学，学为圣人；而欲为圣人，当时时荡涤心中杂念，其《泗州南山监仓萧渊东轩二首》其二"北望飞尘苦昼

---

① 四川大学中文系唐宋文学研究室编：《苏轼资料汇编》，中华书局1994年版，第71—72页。

霾，洗心聊复寄东斋"①就化用系辞之义；《论语·先进》叙写孔门各言其志，孔子有"吾与点也"之叹，从而"暮春者，春服既成。冠者五六人，童子六七人，浴乎沂，风乎舞雩，咏而归"成为儒者人生理想之境。东坡在其和陶诗中注入自己的理想憧憬：

  新浴觉身轻，新沐感发稀。风乎悬瀑下，却行咏而归。仰观江摇山，俯见月在衣。步从父老语，有约吾敢违？②

  苏轼南迁途中，经过大庾岭，面对未来凶险难测之贬谪生涯，东坡一怀浩然之气，自恃平生心无愧，思想于此一念之间，洗濯身心，然后忘却一切过往，达到自己神往的神秘精神世界。由《过大庾岭》一诗，可以看到东坡内在意识中儒道兼容，自成一格：

  一念失垢污，身心洞清净。浩然天地间，惟我独也正。今日岭上行，身世永相忘。仙人抚我顶，结发授长生。③

  由具体字面我们可以看到东坡对儒家理想人格的坚守，《孟子·公孙丑上》载："我知言，我善养吾浩然之气。敢问何谓浩然之气？曰：难言也。其为气也，至大至刚。以直养而无害，则塞乎天地之间。"④《庄子·德充符》亦载："受命于地，唯松柏独也在，在冬夏青青；受命于天，惟舜独也正。"⑤ 学为圣人，东坡坚信自己秉持了精神自然的正气。由是之故，赵汸《东山存稿》卷5《跋东坡墨迹后》高度评价此诗，认为东坡"以垂老之年，当转徙流离之际，而浩然无毫发顾虑，非此事素定于中者，

---

  ① （宋）苏轼著，张志烈、马德富、周裕锴主编：《苏轼全集校注·诗集》，河北人民出版社2010年版，第2739页。
  ② （宋）苏轼：《和陶渊明归园田居六首之三》，载张志烈、马德富、周裕锴主编《苏轼全集校注·诗集》，河北人民出版社2010年版，第4509页。
  ③ （宋）苏轼著，张志烈、马德富、周裕锴主编：《苏轼全集校注·诗集》，河北人民出版社2010年版，第4391页。
  ④ （战国）孟轲著，金良年译注：《孟子译注》，上海古籍出版社2004年版，第58页。
  ⑤ （战国）庄子著，孙道海译注：《庄子》，中华书局2007年版，第95页。

殆未易能"。① 在惠州贬所，东坡依然坚信浩然之气在我，无怨无悔。由其《思无邪斋铭并叙》则可见出东坡儒、释融通，洗涤身心，追求浩然面世的精神境界：

> 东坡居士问法于子由。子由报以佛语，曰："本觉必明，无明明觉。"居士欣然有得于孔子之言曰："《诗》三百，一言以蔽之，曰思无邪。"夫有思皆邪也，无思则土木也，吾何自得道？其惟有思而无所思乎？于是幅巾危坐，终日不言。明目直视，而无所见；摄心正念，而无所觉。于是得道。乃名其斋曰思无邪，而铭之曰：
>
> 大患缘有身，无身则无病。廓然自圆明，镜镜非我镜。如以水洗水，二水同一净。浩然天地间，惟我独也正。②

东坡《过大庾岭》的洗濯身心已然超出了一般沐浴的字面含义。"脱身声利中，道德自濯磨。"东坡一生宦海浮沉，深受古圣先贤精神道德陶冶的东坡，已经自然而然地在沐浴文化中融入了道德濯磨。《礼记·儒行》有"有澡身而浴德"之语，至傅玄《澡盘铭》衍生为"与其澡于水，宁澡于德。水之清，犹可秽也；德之修，不可废也"。东坡一生于道德学问服膺恩师欧阳修，由其《六一居士集叙》可以见出他对欧阳修道德楷模的尊崇和自己的人生追求：

> 自欧阳子出，天下争自濯磨，以通经学古为高，以救时行道为贤，以犯颜谏说为忠。③

苏轼八岁入天庆观北极院，师从道士张易简读小学，漫漫人生，对于道家道教濡染认知亦深，因此，其与沐浴文化有关诗文中，时时可见道

---

① （宋）苏轼著，张志烈、马德富、周裕锴主编：《苏轼全集校注·诗集》，河北人民出版社2010年版，第4392页。
② （宋）苏轼著，张志烈、马德富、周裕锴主编：《苏轼全集校注·诗集》，河北人民出版社2010年版，第2186—2187页。
③ （宋）苏轼著，张志烈、马德富、周裕锴主编：《苏轼全集校注·文集》，河北人民出版社2010年版，第978页。

家、道教文化的影子。

最为常见的是，东坡作为地方长官或以常人身份求神、祈雨必遵照有关礼仪要求，斋戒沐浴。其《书颍州祷雨诗》载：

> 元祐六年十月，颍州久旱，闻颍上有张龙公神祠，极灵异，乃斋戒遣男迨与州学教授陈履常往祷之。迨亦颇信道教，沐浴斋居而往。①

在身心洗濯以追求精神净化方面，可以时时在其诗文中见到老、庄的经典典故以及道家沐浴文化的影响。《仙家沐浴身心经》曰："沐浴内净者，虚心无垢；外净者，身垢尽除。存念真一，离诸色染。"从东坡在定州所作《醮上帝青词三首》《醮北岳青词》中都可看到其洗心归命的愿心：

> 臣今稽首投诚，洗心归命。誓除骄慢，永断贪嗔。幸不死于岭南，得退归于林下。少驻桑榆之暮景，庶几松柏之后凋。②
>
> 稽首投诚，斋心悔过。庶一念之清净，洗千劫之尘劳。③

苏轼对于老、庄研味极深，沐浴思虑之间，应心即发，诸如以下诸作：

> 二山在咫尺，灵药非草木。玄芝生太元，黄精出长谷。仙都浩如海，岂不供一浴。何当从山火，束缊分寸烛。④
>
> 永辞角上两蛮触，一洗胸中九云梦。……解衣浴此无垢人，身轻可试云间凤。⑤

---

① （宋）苏轼著，张志烈、马德富、周裕锴主编：《苏轼全集校注·诗集》，河北人民出版社2010年版，第7638页。

② （宋）苏轼：《醮上帝青词三首》，载张志烈、马德富、周裕锴主编《苏轼全集校注·文集》，河北人民出版社2010年版，第6821页。

③ （宋）苏轼：《醮北岳青词》，载张志烈、马德富、周裕锴主编《苏轼全集校注·文集》，河北人民出版社2010年版，第6827页。

④ （宋）苏轼：《和陶读〈山海经〉》，载张志烈、马德富、周裕锴主编《苏轼全集校注·诗集》，河北人民出版社2010年版，第4634页。

⑤ （宋）苏轼：《同正辅表兄游白水山》，载张志烈、马德富、周裕锴主编《苏轼全集校注·诗集》，河北人民出版社2010年版，第4652—4653页。

但令凡心一洗濯，神人仙药不我遐。山中归来万想灭，岂复回顾双云鸦。①

《次韵正辅同游白水山》东坡在多篇诗文中用到《庄子·田子方》"老聃新沐"的典故，其《沐老图赞并引》可谓代表，兹引录如下：

李伯时作《老子新沐图》，遗道士寒拱辰，赵郡苏某见而赞之。
老聃新沐，晞发于庭。其心淡然，若忘其形。夫子与回，见之而惊。入而问之，强使自明。曰：岂有已哉，夫人皆然。惟役于人，而丧其天。其人苟忘，其天则全。②

论者亦认为"此为苏轼得之于老庄之重要的哲学思想与美学思想"，这种物我两忘，不役于物不役于人的绝对天然状态，谓之天全。

当然总览苏轼有关沐浴文化的诗文，与佛教释典有关的最多。并且在历经劫难之后，东坡明确表示皈依佛门，通过"归诚佛僧求一洗之"，试图达到"物我相忘，身心皆空""一念清净，染污自落"的境界，东坡中年贬谪黄州与晚年流贬岭海期间多有表述，其《黄州安国寺记》曰：

元丰二年十二月，余自吴兴守得罪，上不忍诛，以为黄州团练副使，使思过而自新焉。其明年二月至黄。舍馆粗定，衣食稍给，闭门却扫，收招魂魄，退伏思念，求所以自新之方。反观从来举意动作，皆不中道，非独今以得罪者也。欲新其一，恐失其二，触类而求之，有不可胜悔者，于是喟然叹曰："道不足以御气，性不足以胜习。不锄其本，而耘其末，今虽改之，后必复作，盍归诚佛僧，求一洗之？"得城南精舍曰安国寺，有茂林修竹，陂池亭榭。间一二日辄往，焚香默坐，深自省察，则物我相忘，身心皆空，求罪垢所以生而不可得。一念清净，染污自落，表里翛然，无所附丽，私窃乐之。旦往而暮还

---

① （宋）苏轼著，张志烈、马德富、周裕锴主编：《苏轼全集校注·诗集》，河北人民出版社2010年版，第4658页。
② （宋）苏轼著，张志烈、马德富、周裕锴主编：《苏轼全集校注·文集》，河北人民出版社2010年版，第2517页。

者，五年于此矣。①

这是东坡明确系统地自述其归诚佛门的原因，实际上，在纷繁复杂的社会人生中，东坡一直在寻找身心安放之所，寻找灵魂的栖息地。在熙宁七年（1074）所作《听僧昭素琴》中即寓禅意于琴音，欲洗濯胸中不平之气、不和之心：

> 至和无攫醳，至平无按抑。不知微妙声，究竟何从出。散我不平气，洗我不和心。此心知有在，尚复此微吟。②

贬居黄州，东坡在不断思考这个问题，在不同时间点有多次类似表述：

> 愿从二圣往，一洗千劫非。③
> 心困万缘空，身安一床足。岂惟忘净秽，兼以洗荣辱。④
> 前年开阁放柳枝，今年洗心归佛祖。梦中旧事时一笑，坐觉俯仰成今古。⑤

元祐年间所作《修法云寺浴室疏》亦曰：

> 浴为净因，佛所深赞。以一念顷破尘垢缘，于三际中获妙湛乐。永惟悉达，常感此以受生；爰逮跋陀，亦因之而悟法。⑥

---

① （宋）苏轼著，张志烈、马德富、周裕锴主编：《苏轼全集校注·文集》，河北人民出版社2010年版，第1237页。

② （宋）苏轼著，张志烈、马德富、周裕锴主编：《苏轼全集校注·诗集》，河北人民出版社2010年版，第1150页。

③ （宋）苏轼：《游净居寺》，载张志烈、马德富、周裕锴主编《苏轼全集校注·诗集》，河北人民出版社2010年版，第2132页。

④ （宋）苏轼：《安国寺浴》，载张志烈、马德富、周裕锴主编《苏轼全集校注·诗集》，河北人民出版社2010年版，第2158页。

⑤ （宋）苏轼：《和蔡景繁海州石室》，载张志烈、马德富、周裕锴主编《苏轼全集校注·诗集》，河北人民出版社2010年版，第2474页。

⑥ （宋）苏轼：《修法云寺浴室疏》，载张志烈、马德富、周裕锴主编《苏轼全集校注·文集》，河北人民出版社2010年版，第6847页。

绍圣政坛巨变，东坡贬惠，其《与南华辩老十三首》之一曰："窜逐流离，愧见方外人之旧。达观一视，延馆加厚，洗心皈依，得见祖师。幸甚！幸甚！"①

岭海迁谪。备极艰难，更加深东坡洗心皈依之心，其《南华六祖塔功德疏》曰：

> 再过祖师塔下，全家瞻礼，饭僧设浴。以致感恩念咎之意，为禳灾祈福之因。
>
> 伏以窜流南海，前后七年；契阔死生，丧亡九口。以前世罪孽，应堕恶道；故一生忧患，常倍他人。今兹北还，粗有生望，伏愿六祖普觉真空大鉴禅师，示大慈悯，出普光明。怜幼稚之何辜，除其疾恙；念余生之无极，赐以安闲。轼敢不自求本心，永离诸障；期成道果，以报佛恩。②

在作于同时同地的诗作中，东坡更明确表示："扁舟震泽定何时，满眼庐山觉又非。不向南华结香火，此生何处是真依。"③

东坡与沐浴文化有关诗文，涉及佛教沐浴文化者居多，究其原委，仅就宋代沐浴文化的角度看，首先在于宋代僧寺多涉浴堂，以至于李一冰先生认为"宋代浴室为寺院专业"④，宋代都城、僧寺多设浴堂是因为佛门鼓励僧众修建浴堂，修建浴堂为佛门"修德七法"之一：

一者，兴立佛图僧房堂阁；二者，园果浴池树木清凉；三者，常施药疗救众病；四者，作牢坚船济度人民；五者，安设桥梁过度羸弱；六者，近道作井渴乏得饮；七者，造作清厕施便利处。

从佛门"修德七法"，我们可以看到佛教"接地气"信众众多的奥秘。修建浴堂浴池使人洗浴身心，对于濡染佛学甚深的东坡而言，自然心有所

---

① （宋）苏轼著，张志烈、马德富、周裕锴主编：《苏轼全集校注·文集》，河北人民出版社2010年版，第6749页。

② （宋）苏轼著，张志烈、马德富、周裕锴主编：《苏轼全集校注·文集》，河北人民出版社2010年版，第6834页。

③ （宋）苏轼：《昔在九江，与苏伯固唱和》，载张志烈、马德富、周裕锴主编《苏轼全集校注·诗集》，河北人民出版社2010年版，第5216页。

④ 李一冰：《苏东坡大传》，九州出版社2017年版，第499页。

契，所以有"全家瞻礼，饭僧设浴。以致感恩念咎之意，为禳灾祈福之因"的心愿。

其次，我们从相关文献中可以了解东坡与诸多僧寺及高僧大德的密切关系。东坡一生中曾多次寓居借宿于僧院，在汴京，曾三次寓居兴国寺浴室，在黄州曾寓居定慧院，在惠州曾寓居嘉祐寺。较长时间寓居，日常洗浴自不待言。在东坡长期仕宦生涯中，因公私之故，他也曾多次借宿僧寺，有关僧寺遍及南北，就其诗文涉及而言，即有《二十七日，自阳平至斜谷，宿于南山中蟠龙寺》《七月二十四日，以久不雨，出祷蟠溪。是日宿虢县。二十五日晚，自虢县渡渭，宿于僧舍曾阁。阁故曾氏所建也。夜久不寐，见壁间有前县令赵荐留名，有怀其人》《七年九月，自广陵召还，复馆于浴室东堂。八年六月乞会稽，将去，汶公乞诗，乃复用前韵三首》《元祐六年六月，自杭州召还，汶公馆我于东堂。阅旧诗卷，次诸公韵三首》《少年时，尝过一村院，见壁上有诗，云："夜凉疑有雨，院静似无僧。"不知何人诗也。宿黄州禅智寺，寺僧皆不在，夜半雨作，偶记此诗，故作一绝》《壬寅二月，有诏令郡吏分往属县减决囚禁。自十三日受命出府，至宝鸡、虢、郿、周至四县。既毕事，因朝谒太平宫，而宿于南溪溪堂，遂并南山而西，至楼观、大秦寺、延生观、仙游潭。十九日乃归。作诗五百言，以记凡所经历者寄子由》《去岁，与子野游逍遥堂。日欲没，因并西山叩罗浮道院，至已二鼓矣。遂宿于西堂。今岁索居儋耳，子野复来相见，作诗赠之》《立秋日祷雨，宿灵隐寺，同周、徐二令》《自雷过廉，宿于兴廉村净行院》《雨中宿净行院》《金山寺与柳子玉饮，大醉，卧宝觉禅榻，夜分方醒，书其壁》《定慧院寓居月夜偶出》《是日自蟠溪，将往阳平，憩于麻田青峰寺之下院翠麓亭》《是日宿水陆寺，寄北山清顺僧二首》《雪夜独宿柏仙庵》《雪后到乾明寺，遂宿》《宿建封寺，晓登尽善亭，望韶石三首》《宿海会寺》《宿余杭法喜寺，寺后绿野堂，望吴兴诸山，怀孙莘老学士》《宿临安净土寺》《圆通禅院，先君旧游也。四月二十四日晚至，宿焉》等诗作数十首。其所交往名僧大德数量亦多，在在可数。佛学高深，其所论谈涉及释典秘奥，亦涉国政民生，饮食坐卧，机锋相摩，对东坡诗文时时有激发之功。

当然，研讨东坡沐浴文化与佛教的关联，我们还注意到人们津津乐道的东坡前世佛缘。东坡前世曾经为僧之说，见于东坡《答陈师仲主簿书》：

轼亦一岁率常四五梦至西湖上，此殆世俗所谓前缘者。在杭州尝游寿星院，入门便悟曾到，能言其院后堂殿山石处，故诗中尝有"前生已到"之语。①

东坡前世为僧之说见于宋人多部笔记，诸如《春渚纪闻》《冷斋夜话》等。

也正因为东坡与佛门关系密切，所以历来研究东坡者多为留意，时发"此翁精于佛法"之叹。林语堂先生《苏东坡传》设《诗人、名妓与和尚》《东坡居士》两章；李一冰先生《苏东坡大传》亦有"湖寺寻僧""诗僧参寥""庐山纪游"几节。

东坡精于佛家之言，于是在东坡有关沐浴文化的诗文中，我们可以时时见到佛家沐浴文化与东坡的日常生活、思想变化、精神追求密切相关。"晚凉沐浴罢，衰发稀可数。浩歌出门去，暮色入村坞。"②"沐罢巾冠快晚凉"③，东坡沐浴僧寺，除少数诗句抒写自己洗浴的舒心惬意的感觉之外，更多的是抒发了在特定时期特定场所沐浴的特定情感。

浴为净因，东坡意向佛门洗心皈依，主要是告别过往平生一念失垢污，心染诸障，意在"散我不平气，洗我不和心"，达到一念清净，染污自落，物我两忘，身心皆空的境界。而佛教学说，佛门高僧，佛法净水，让他窥见了一线光明。"八解之浴池，定水湛然满。布以七净华，浴此无垢人。"（《维摩诘经·佛道品》）东坡在诗文中一再祈望"法水洗无垢"，《无量义经·说法品二》曰："法譬如水，能洗垢秽……其法水者，亦复如是，能洗众生诸烦恼垢。"东坡说："平日学道，熟观真妄，正为今日。但当审察本心，无为客尘幻垢所污。"④客尘、幻垢，指身心烦恼。佛典指示了去除身心烦恼之路径，《维摩诘经·问疾品》："菩萨断除客尘烦恼而起大悲。"注："什曰：心本清净，无有尘垢。尘垢事会乃生，于心为客尘

---

① （宋）苏轼：《答陈师仲主簿书》，载张志烈、马德富、周裕锴主编《苏轼全集校注·文集》，河北人民出版社2010年版，第5327页。
② （宋）苏轼：《宿临安净土寺》，载张志烈、马德富、周裕锴主编《苏轼全集校注·诗集》，河北人民出版社2010年版，第693页。
③ （宋）苏轼：《留别金山寺宝觉圆通二长老》，载张志烈、马德富、周裕锴主编《苏轼全集校注·诗集》，河北人民出版社2010年版，第1110页。
④ （宋）苏轼：《与滕达道六十八首》，载张志烈、马德富、周裕锴主编《苏轼全集校注·文集》，河北人民出版社2010年版，第5587—5588页。

也。肇曰：心遇外缘，烦恼横起，故名客尘。"《圆觉经》："善男子，当知身心皆为幻垢。垢相永灭，十方清净。"

东坡一生数遭诬罔，政敌洗垢求瘢，往往纠结于文字语言之间，东坡颇有焚弃笔砚之想，虽然"可以言而不言，不可以言而言，虽贤人君子有不能免也"[①]，晚年南迁惠州途中作《南华寺》诗，回味平生，诗中曰："我本修行人，三世积精练。中间一念失，受此百年谴。抠衣礼真相，感动泪雨霰。借师锡端泉，洗我绮语砚。"[②] 所谓"绮语"即藻饰或不实之语。《四十二章经·善恶并明》载："众生以十事为善，亦以十事为恶。何等为十？身三，口四，意三。口四者：两舌、恶口、妄言、绮语。"《法苑珠林》卷105《五戒·戒相》亦载："又《成实论》云：虽是实语，以非时故，即名绮语。或是时以随顺衰恼无利益故，故虽利益以言无本，义理不次，恼心说故，皆名绮语。"刘辰翁批点《苏东坡诗集》评此诗曰："忏悔的实，非有意于为诗。"[③]

东坡关乎沐浴文化的诗文，随处可见，反复阅看，我们惊叹有关佛教学说与世俗生活的密切结合程度，也叹服东坡的佛学造诣，以及其有关沐浴文化的诗文对于佛教文化的吸收与融通。

把东坡与沐浴文化作为一个独立的问题、作为一个整体来研究探讨，综合分析有关资料，我们发现东坡沐浴文化有独到的特别值得关注之处。其一，东坡沐浴文化内容的丰富多彩，它涉及沐浴的类型：温泉浴、汤沐、乾浴、足浴等；涉及沐浴的器具，浴堂浴池、木制、陶制、瓦制浴器等；涉及沐浴服务，诸如搓背。大凡日常洗浴所需，可以知其大略；至于僧寺浴堂可以品茶、下棋、约会朋友、欣赏书画，愉悦身心，僧寺浴堂的宗教氛围的营造更予人以深刻印象。综上所论，东坡沐浴文化所涉及的卫生、养生、澡身浴德，心灵净化的丰富内涵，值得关注。正由于此，东坡沐浴文化可以弥补研究宋代或古代沐浴文化资料之不足；作为研究宋代沐浴文化的独特个例，无以替代。其二，苏轼沐浴文化研究对于苏轼整体研

---

① （宋）苏轼：《南华长老题名记》，载张志烈、马德富、周裕锴主编《苏轼全集校注·文集》，河北人民出版社2010年版，第1243页。
② （宋）苏轼著，张志烈、马德富、周裕锴主编：《苏轼全集校注·诗集》，河北人民出版社2010年版，第4401页。
③ （宋）苏轼著，张志烈、马德富、周裕锴主编：《苏轼全集校注·诗集》，河北人民出版社2010年版，第4404页。

究而言，是一个独特的角度，通过这个独特视角，我们可以剖析东坡沐浴文化中儒释道思想文化的融通，进一步深入探知宋代儒释道兼容并包时代特色。从东坡个人而言，其早期对于佛道是有微词的，但几经坎坷阅世渐深之后，他深刻认识了儒道、儒释在现实世界特别是在精神层面相互融通的内在合力，于是儒老融通，以儒释佛，兼容并包，融通儒释道以为己用，以为世用，在不同层面上形成东坡思想的个性特色。其作于建中靖国元年正月一日的《南华长老题名记》曰：

> 明公告东坡居士曰："宰官行世间法，沙门行出世间法。世间即出世间，等无有二。"……乃为论儒释不谋而同者以为记。[1]

而在南迁途中所作《南华寺》一诗亦记载了东坡的特定情怀。纪昀《纪评苏诗》卷38评该诗："触境寄慨，不同泛作禅语。"又高度评价该诗"我本修行人"八句：

> 此方是东坡游南华寺诗，不可移掇他人；是此时东坡游南华寺诗，不可移掇他时。此为诗中有人。[2]

当时当地的《南华寺》诸诗文，"诗中有人""文中有人"，对于研究东坡与沐浴文化，对于借以整体研究探讨东坡的内心世界，其价值意义显而易见。

---

[1] （宋）苏轼著，张志烈、马德富、周裕锴主编：《苏轼全集校注·文集》，河北人民出版社2010年版，第1244页。

[2] （宋）苏轼著，张志烈、马德富、周裕锴主编：《苏轼全集校注·诗集》，河北人民出版社2010年版，第4404—4405页。

第四编

在自觉的超越中完善自我

——"苏海"蠡测

意所乐则为之，何患乎穷达

——苏轼对"穷而后工"说的承继与拓展

欧阳修《梅圣俞诗集序》"非诗之能穷人，殆穷者而后工也"①的"穷而后工"说，远承屈原、司马迁"发愤抒情""发愤著书"之说，近承韩愈"夫和平之音淡薄，而愁思之声要妙；欢愉之辞难工，而穷苦之言易好"②之论，在我国古代文学史、批评史上产生了深远影响。后世学者或奉为不易之论，或从不同角度提出质疑，考察欧阳修"穷而后工"说传承流布的过程，苏轼的观点引起我们特别的关注，在此辨析其论，以就教于同好。

一

自欧公提出"穷而后工"说，自宋以来将之奉为不易之论者代不乏人。南宋李纲《五峰居士文集序》即认为：

> 欧阳文忠公有言："非诗能穷人，殆穷而后工。"信哉！士达则寓意于功名，穷则潜心于文翰，故诗必待穷而后工者，其用志专，其造理深，其历世故险阻，艰难无不备尝故也。③

---

① 李之亮：《欧阳修集编年笺注》第3册，巴蜀书社2007年版，第177页。
② （唐）韩愈著，刘真伦、岳珍校注：《韩愈文集汇校笺注》第3册，中华书局2010年版，第1121—1122页。
③ 洪本健：《欧阳修资料汇编》上册，中华书局1995年版，第192页。

清代陆鏊批驳了葛胜仲、陈师道"诗能达人"说，认为"士之穷达有命，诗之精深微妙，惟穷者而后工耳"。① 明代孙琮甚至认为"若穷而后工四字，是欧公独创之言，实为千古不易之言"。②

也有论者引述相关作家创作事例为欧公之论作注：

> 欧阳永叔序梅氏集，谓诗"多出于古穷人之辞"，凡数十言，以为"非诗之能穷人，殆穷者而后工也"。……按司马迁《与任安书》曰："文王拘而演《周易》，仲尼厄而作《春秋》……《诗》三百篇，大抵圣贤发愤之所为作也。此人皆意有郁结，不得通其道。"③

然而翻检现存有关资料，我们发现自宋至清，对"穷而后工"说的质疑与批评者也代不乏人。范仲淹作为欧阳修政治改革与文学改革的挚友，其出身较之欧阳修更为贫寒，而对于贫困于人生的影响与欧公认识不同。庆历二年（1042），范仲淹在奏议中上言：

> 怀才抱艺之人，一落散地，终身不齿。兽穷则变，人穷则诈，古人之所慎也。④

另据魏泰《东轩笔录》记载，范仲淹曾针对孙复的遭遇感叹"贫之为累亦大矣"：

> 范文正公在睢阳掌学，有孙秀才者索游上谒，文正赠钱一千。明年，孙生复道睢阳谒文正，又赠十千，因问："何为汲汲于道路？"孙秀才戚然动色曰："老母无以养，若日得百钱，则甘旨足矣。"文正曰："吾观子辞气，非乞客也，二年仆仆，所得几何，而废学多矣。吾今补子为学职，月可得三千以供养，子能安于为学乎？"孙生再拜大喜。于是授以《春秋》，而孙生笃学不舍昼夜，行复修谨，文正甚

---

① 洪本健：《欧阳修资料汇编》下册，中华书局1995年版，第1226页。
② 洪本健：《欧阳修资料汇编》上册，中华书局1995年版，第708页。
③ 洪本健：《欧阳修资料汇编》上册，中华书局1995年版，第528页。
④ （宋）范仲淹著，李勇先、王蓉贵校点：《范仲淹全集》下册，四川大学出版社2007年版，第1485页。

爱之。明年，文正去睢阳，孙亦辞归。后十年，闻泰山下有孙明复先生以《春秋》教授学者，道德高迈，朝廷召至太学，乃昔日索游孙秀才也。文正叹曰："贫之为累亦大矣，傥因循索米至老，则虽人才如孙明复者，犹将汨没而不见也。"①

范仲淹认为诗歌创作应该兼容并包风格多样，应该全面反映风俗人情，有益于道德人心。他在《唐异诗序》中说：

> 诗之为意也，范围乎一气，出入乎万物，卷舒变化，其体甚大。故夫喜焉如春，悲焉如秋，徘徊如云，峥嵘如山，高乎如日星，远乎如神仙，森如武库，锵如乐府。羽翰乎教化之声，献酬乎仁义之醇。上以德于君，下以风于民。不然，何以动天地而感鬼神哉！而诗家者流，厥情非一。失志之人其辞苦，得意之人其辞逸，乐天之人其辞达，觏闵之人其辞怒。如孟东野之清苦，薛许昌之英逸，白乐天之明达，罗江东之愤怒，此皆与时消息，不失其正者也。②

诗家者流，厥情非一，范仲淹的认识是全面而深刻的，与之同时，他尖锐地批评当时诗坛为文造情无病呻吟的习气。其说曰：

> 五代以还，斯文大剥。悲哀为主，风流不归……其或不知而作，影响前辈，因人之尚，忘己之实，吟咏性情而不顾其分，风赋比兴而不观其时。故有非穷途而悲，非乱世而怨，华车有寒苦之述，白社为骄奢之语。学步不至，效颦则多。以至靡靡增华，愔愔相滥。仰不主乎规谏，俯不主乎劝诫，抱郑卫之奏，则夔旷之赏，游西北之流，望江海之宗者有矣。③

---

① （宋）魏泰著，穆公校点：《东轩笔录》，载《宋元笔记小说大观》卷14，上海古籍出版社2001年版，第2777页。
② （宋）范仲淹著，李勇先、王蓉贵校点：《范仲淹全集》上册，四川大学出版社2007年版，第185—186页。
③ （宋）范仲淹著，李勇先、王蓉贵校点：《范仲淹全集》下册，四川大学出版社2007年版，第186页。

尽管范仲淹没有像后来张耒批评秦观那样明确指出诸多"悲愁凄婉，郁塞无聊者之言"是囿于"世之文章多出于穷人，故后之为文者喜为穷人之辞"①，但其与欧阳修同时而持论不同，值得关注。在学界，不断有学者指出，"穷而后工"之"穷"，非指生活之穷困，乃指仕途穷通之穷。但不容讳言，仕途之穷通与生活之富贵、贫穷关系密切。所以，范仲淹的观点值得关注。

二

欧公之后，人们从多方面对"非诗能穷人""穷而后工"之说加以诠释和探讨，东坡的相关议论引起我们极大兴趣。检索相关资料，将诸家之说与东坡之论加以对照，能加深我们对东坡诗论的了解。

苏轼出于欧门，对于一生钦仰的恩师著名的《梅圣俞诗集序》以及梅尧臣本人的诗歌创作、人生遭际极为熟悉，并在诗文中表示自己"非诗能穷人""穷而后工"的理念来自欧阳公：

> 轩轩青田鹤，郁郁在樊笫。既为物所縻，遂与吾辈同。今来始谢去，万事一笑空。新诗如洗出，不受外垢蒙。清风入齿牙，出语如风松。霜髭茁病骨，饥坐听午钟。非诗能穷人，穷者诗乃工。此语信不妄，我闻诸醉翁。②

且在诗中喻示"诗穷后工"。在《次韵和王巩》诗中，他以李白贬放、杜甫躬耕来比况与激励经历了贬谪生涯的王巩：

> 谪仙窜夜郎，子美耕东屯。造物岂不惜，要令工语言……天欲成就之，使触羝羊藩。孤光照微陋，耿如月在盆。归来千首诗，倾泻五

---

① （宋）张耒著，李逸安等点校：《张耒集》下册，中华书局1990年版，第752页。
② （宋）苏轼著，（清）王文诰注：《苏轼诗集》第2册，中华书局1982年版，第576—577页。

石樽。①

此外，在苏轼诗作中，我们可以不断地看到这样的诗句："秀语出寒饿，身穷诗乃亨。"②"有客独苦吟，清夜默自课。诗人例穷蹇，秀句出寒饿。何当暴雪霜，庶以蹑郊、贺。"③"慎勿怨谤谗，乃我得道资。淤泥生莲花，粪壤出菌芝。赖此善知识，使我枯生荑。吾言岂须多，冷暖子自知。"④"恶衣恶食诗更好，恰是霜松啭春鸟。"⑤

喜欢苏轼的读者还发现"秀句出寒饿"，一见于苏诗《病中大雪》，又见于《次韵仲殊雪中游西湖》。而不同意"诗穷后工"之论的，则批评说："东坡云'诗人例穷蹇，秀句出寒饿。'此言误人不少。"并且说："退之'愁苦之音易好'，永叔'穷而后工'，皆不可信。"⑥而实际上，只要细细翻检东坡诗论，就会发现苏轼对于"非诗能穷人""穷而后工"之说曾给予特别关注，并有自己独到的思考。

苏轼从自己对于人生的思考和诗史的考察中，态度鲜明地指出"诗能穷人，所从来尚矣，而于轼特甚"。⑦并且在与友人书信中坦陈诗文贾祸给予自己心灵和创作上的影响。他多次言及因"乌台诗案"被贬黄州之后的处境与心态：

> 轼少年时，读书作文，专为应举而已。既及进士第，贪得不已，又举制策，其实何所有。而其科号为直言极谏，故每纷然诵说古今，考论是非，以应其名耳。人苦不自知，既以此得，因以为实能之，故譊譊至今，坐此得罪几死。……得罪以来，深自闭塞，扁舟草履，放浪山水间，与渔樵杂处，往往为醉人所推骂，辄自喜渐不为人识。平生亲友无一字见及，有书与之亦不答，自幸庶几免矣。……自得罪后，不敢作文字。此书虽非文，然信笔书意，不觉累幅，亦不须示

---

① （宋）苏轼著，（清）王文诰注：《苏轼诗集》第5册，中华书局1982年版，第1441页。
② （宋）苏轼著，（清）王文诰注：《苏轼诗集》第6册，中华书局1982年版，第1750页。
③ （宋）苏轼著，（清）王文诰注：《苏轼诗集》第1册，中华书局1982年版，第159页。
④ （宋）苏轼著，（清）王文诰注：《苏轼诗集》第6册，中华书局1982年版，第1805页。
⑤ （宋）苏轼著，（清）王文诰注：《苏轼诗集》第6册，中华书局1982年版，第1871页。
⑥ 洪本健：《欧阳修资料汇编》下册，中华书局1995年版，第1172页。
⑦ （宋）苏轼著，孔凡礼点校：《苏轼文集》第4册，中华书局1986年版，第1428页。

人。必喻此意。①

　　某所不敢作者，非独铭志而已。至于诗赋赞咏之类，但涉文字者，举不敢下笔也。忧患之余，畏怯弥甚，必望有以亮之。②

　　今余老不复作诗，又以病止酒，闭门不出，门外数步即大江，经月不至江上，眊眊焉真一老农夫也。③

　　自得罪后，虽平生厚善，有不敢通问者……诗能穷人，所从来尚矣，而于轼特甚。④

甚至友朋离别，亦抄写古人之诗寄意。其说云：

　　此李少卿赠苏子卿之诗也。予本不识陈君式，谪居黄州，倾盖如故。会君式罢去，而余久废作诗，念无以道离别之怀，历观古人之作辞约而意尽者，莫如李少卿赠苏子卿之篇，书以赠之。春秋之时，三百六篇皆可以见志，不必己作也。⑤

晚年被贬惠州，苏轼仍有类似的表述：

　　轼平生以文字言语见知于世，亦以此取疾于人，得失相补，不如不作之安也。以此常欲焚弃笔砚，为喑默人。而习气宿业，未能尽去，亦谓随手云散鸟没矣……轼穷困，本坐文字，盖愿刳形去智而不可得者。然幼子过文益奇，在海外孤寂无聊，过时出一篇见娱，则为数日喜，寝食有味。以此知文章如金玉珠贝，未易鄙弃也。⑥

　　此诗幸勿示人，人不知吾侪游戏三昧，或以为诟病也。⑦

---

① （宋）苏轼著，孔凡礼点校：《苏轼文集》第4册，中华书局1986年版，第1432—1433页。
② （宋）苏轼著，孔凡礼点校：《苏轼文集》第4册，中华书局1986年版，第1579页。
③ （宋）苏轼著，孔凡礼点校：《苏轼文集》第1册，中华书局1986年版，第318页。
④ （宋）苏轼著，孔凡礼点校：《苏轼文集》第4册，中华书局1986年版，第1428页。
⑤ （宋）苏轼著，孔凡礼点校：《苏轼文集》第5册，中华书局1986年版，第2089页。
⑥ （宋）苏轼著，孔凡礼点校：《苏轼文集》第4册，中华书局1986年版，第1429—1430页。
⑦ （宋）苏轼著，毛九苞编：《重编东坡先生外集》，齐鲁书社1997年版，第833页。

即使在元祐时期，对于以文罪人、以诗罪人、以言罪人影响下的浇薄世风，苏轼依然言之惊心"感叹亲友之间动成陷阱"①：

> 某启。自公去后，事尤可骇。平生亲友，言语往还之间，动成坑阱，极纷纷也。不敢复形于纸笔，不过旬日，自闻之矣。得颍藏拙，余年之幸也。自是刳心钳口矣。此身于我稍切，须是安处，千万相信。日与乐全翁游，当熟讲此理也。某甚欲得南都，而侄女子在子开家，亦有书来，云子开欲之，故不请。想识此意。②

也正是在对繁难人生的体验探究中，苏轼对"诗能穷人"颇多感慨：

> 贵、贱、寿、夭，天也。贤者必贵，仁者必寿，人之所欲也。人之所欲，适与天相值实难。譬如匠庆之山而得成鐻，岂可常也哉！因其适相值，而责之以常然，此人之所以多怨而不通也。至于文人，其穷也固宜。劳心以耗神，盛气以忤物，未老而衰病，无恶而得罪，鲜不以文者。天人之相值既难，而人又自贼如此，虽欲不困，得乎？③

文人固穷，诗人命运多舛，因其"劳心以耗神，盛气以忤物，未老而衰病，无恶而得罪"也。

在欧阳修之后，人们已从不同的角度对诗是否能与穷人进行探讨，陈师道即有"诗能达人"之论。苏轼阅古览今，有十分精到的见解。他不断地考问诗人何以穷困的原委：

> 渊明得一食，至欲以冥谢主人，此大类丐者口颊也。哀哉！哀哉！非独余哀之，举世莫不哀之也。饥寒常在身前，声名常在身后，二者不相待，此士之所以穷也。④

---

① 孔凡礼：《苏轼年谱》，中华书局1998年版，第993页。
② （宋）苏轼著，孔凡礼点校：《苏轼文集》第4册，中华书局1986年版，1526页。
③ （宋）苏轼著，孔凡礼点校：《苏轼文集》第1册，中华书局1986年版，第320页。
④ （宋）苏轼著，孔凡礼点校：《苏轼文集》第5册，中华书局1986年版，第2112页。

而对于人们何以会纷纭其说，或谓"非诗能穷人"，或言"诗能穷人"，或倡"诗能达人"，苏轼的见解至为透彻：

> 诗能穷人，所从来尚矣，而于轼特甚。今足下独不信，建言诗不能穷人，为之益力。其诗日已工，其穷殆未可量，然亦在所用而已。不龟手之药，或以封，安知足下不以此达乎？人生如朝露，意所乐则为之，何暇计议穷达。云能穷人固缪，云不能穷人者，亦不免有意于畏穷也。江淮间人好食河豚，每与人争河豚本不杀人，尝戏之，性命自予有，美则食之，何与我事。①

苏轼曾自言平生乐事无过于作文为诗："某平生无快意事，惟做文章。意之所到，则笔力曲折，无不尽意，自谓世间乐事无逾此者。"② 为时为事有为而作的诗文，却动辄得咎，屡受攻讦，苏轼的心情是复杂的。但直面人生坎坷，屡经变故的苏轼依然一怀浩然之气：

> 示及新诗，皆有远别惘然之意，虽兄之爱我厚，然仆本以铁心石肠待公，何乃尔耶？吾侪虽老且穷，而道理贯心肝，忠义填骨髓，直须谈笑于死生之际，若见仆困穷便相于邑，则与不学道者大不相远矣。兄造道深，中必不尔，出于相好之笃而已。然朋友之义，专务规谏，辄以狂言广兄之意耳。兄虽怀坎壈于时，遇事有可尊主泽民者，便忘躯为之，祸福得丧，付与造物。非兄，仆岂发此！③

正由于其无意于"畏穷"，能够直面人生，笑对人生，所以其对于"诗能穷人""诗能达人"的认识全面而深刻。由是言之，周裕锴先生在《宋代诗学通论》中的推论对我们颇多启示，他认为："因为欧阳修强调'非诗能穷人，殆穷而后工也'，我怀疑就是针对同时代的宋祁而发的。宋祁认为，诗蕴藏于天地之间，有才之人可以获得，'然造物者吝之，若取之无限，则辄穷踬其命，而怫戾所为'（《宋景文集拾遗》卷15《淮海丛

---

① （宋）苏轼著，孔凡礼点校：《苏轼文集》第4册，中华书局1986年版，第1428页。
② （北宋）何薳：《春渚纪闻》，中华书局1983年版，第84页。
③ （宋）苏轼著，孔凡礼点校：《苏轼文集》第4册，中华书局1986年版，第1500页。

编集序》）。"① 但我们依据苏轼"云能穷人固缪，云不能穷人者，亦不免有意于畏穷也"进行推想，欧公非有意于畏穷者，但其似有所讳而言。何以故？因欧公一生仕宦，正直立朝，直言敢谏，在复杂激烈的政治斗争中，一贬夷陵，再贬滁州，其《与高司谏书》《朋党论》等名文皆为诱因，甚至小人无端诬谤，也从其词中寻章摘句。所以以欧公之阅历，焉能不知诗能罪人、文能罪人？盖因《梅圣俞诗集序》乃为友人而作，且梅之特点集中于诗穷而后工。欧公之文，简而有法，于此可见。而欧公所讳言处，苏轼直谓"诗能穷人，所从来尚矣"；并认为诗文创作，意所乐则为之，何患乎穷达；"云能穷人固缪，云不能穷人者，亦不免有意于畏穷也"，何等明达。读苏轼此论，使人有醍醐灌顶之感。

三

苏轼对于"穷而后工"也有个人独到的见解，他认为，文学艺术创作之工，需要多方面的因素。他在早期的《南行前集叙》中倡言诗文创作"非能为之为工，乃不能不为之为工"之说：

> 夫昔之为文者，非能为之为工，乃不能不为之为工也。山川之有云雾，草木之有华实，充满勃郁，而见于外，夫虽欲无有，其可得耶！自少闻家君之论文，以为古之圣人有所不能自已而作者。故轼与弟辙为文至多，而未尝敢有作文之意。②

在创作上，诗画一理，书画一理。苏轼论书法，认为"书初无意于佳乃佳"③，其对尚意书法的阐述与其诗文创作"乃不能不为之为工"的理论是一致的。苏轼《小篆般若心经赞》写道：

> 善哉李子小篆字，其间无篆亦无隶。心忘其手手忘笔，笔自落纸

---

① 周裕锴：《宋代诗学通论》，上海古籍出版社2007年版，第122页。
② （宋）苏轼著，孔凡礼点校：《苏轼文集》第1册，中华书局1986年版，第323页。
③ （宋）苏轼著，孔凡礼点校：《苏轼文集》第5册，中华书局1986年版，第2183页。

非我使。正使匆匆不少暇,倏忽千百初无难。稽首《般若多心经》,请观何处非《般若》。①

心忘其手,手忘其笔,兴到挥毫,任笔自为,是文学艺术创作的至高境界。

学富后工是苏轼诗文创作论的另一观点。刘勰《文心雕龙》中说:"积学以储宝,酌理以富才,研阅以穷照,驯致以怿辞。"②继承传统之论,结合自己的观察体验,他常鼓励后学勤奋向学,积学储宝,博观约取。其《与张嘉父》书中说:

> 凡人为文,至老,多有所悔。仆尝悔其少作矣,若著成一家之言,则不容有所悔。当且博观而约取,如富人之筑大第,储其材用,既足而后成之,然后为得也。愚意如此,不知是否?③

他在《题文潞公诗》又说:

> 轼尝得闻潞公之语矣,其雄才远度,固非小子所能窥测,至于学问之富,自汉以来,出入驰骋,略无遗者,下迨曲技小数,靡不究悉,虽笃学专门之师,莫能与之较,然世不以此称公,岂勋德所掩覆故耶?今观其幼时诗,精审研密,句句皆有所考,盖其积之也久矣。④

宋代由于"兴文教""抑武事"的基本国策,科举制的发展与渐趋完善,读书人社会地位空前提高,社会上下对于教育格外重视,再加上印刷术的进步,宋代士人对于硕学鸿儒的崇尚成为一代风气,反映到文学创作上,以文字为诗,以学问为诗,以至以学问为词,成为文学创作发展的趋向。学富后工,才富后工是人们普遍认可的观点。

然而对于诗文创作而言,仅仅有创作的欲望和满腹的才学是不够的。

---

① (宋)苏轼著,孔凡礼点校:《苏轼文集》第5册,中华书局1986年版,第618页。
② (南朝)刘勰著,周振甫译注:《〈文心雕龙〉译注》,江苏教育出版社2006年版,第396页。
③ (宋)苏轼著,孔凡礼点校:《苏轼文集》第4册,中华书局1986年版,第1564页。
④ (宋)苏轼著,孔凡礼点校:《苏轼文集》第5册,中华书局1986年版,第2129页。

苏轼以自己的学习经验教诲后学，诗歌创作还需勤习而后工。其《答陈传道五首》之一中说：

> 知日课一诗，甚善。此技虽高才，非甚习不能工也。圣俞昔尝如此。某近绝不作诗，盖有以，非面莫究。①

值得注意的是，这里提到梅尧臣"昔尝如此"，也是勤习而后工。令我们极感兴趣的是，苏轼《记欧阳公论文》告诉后学，勤习而工也是欧阳修的观点：

> 顷岁孙莘老，识欧阳文忠公，尝乘间以文字问之。云："无他术，惟勤读书而多为之，自工。世人患作文字少，又懒读书，每一篇出，即求过人。如此，少有至者。疵病不必待人指摘，多作自能见之。"此公以其尝试者告人，故尤有味。②

如果再联系欧公创作"三多""三上"之言，则苏公以欧、梅二公和自己之"尝试者告人"，其言尤其有味而耐思。

苏轼还在"穷而后工""不能不为之而工"和才高学富勤习后工的基础上，倡言诗文创作志昌而后工、守道守正后工。他在诗中写道：

> 昌身如饱腹，饱尽还当饥。昌诗如膏面，为人作容姿。不如昌其气，郁郁老不衰。虽云老不衰，劫坏安所之。不如昌其志，志一气自随。养之塞天地，孟轲不吾欺。人言魏勃勇，股栗向小儿。何如鲁连子，谈笑却秦师。慎勿怨谤讟，乃我得道资。淤泥生莲花，粪壤出菌芝。赖此善知识，使我枯生荑。吾言岂须多，冷暖子自知。③

苏轼可能与王晋卿多次讨论身处忧患，如何昌志守正的问题，所以他在《题王晋卿诗后》又写道：

---

① （宋）苏轼著，孔凡礼点校：《苏轼文集》第5册，中华书局1986年版，第1575页。
② （宋）苏轼著，孔凡礼点校：《苏轼文集》第5册，中华书局1986年版，第2055页。
③ （宋）苏轼著，王文诰辑注：《苏轼诗集》第6册，中华书局1982年版，第1805页。

晋卿为仆所累。仆既谪齐安，晋卿亦贬武当。饥寒穷困，本书生常分，仆处不戚戚固宜，独怪晋卿以贵公子罹此忧患，而不失其正，诗词益工，超然有世外之乐，此孔子所谓"可与久处约长处乐"者。①

他更在《送人序》中主张"夫学以明礼，文以述志，思以通其学，气以达其文。古之人道其聪明，广其见闻，所以学也，正志完气，所以言也"。② 在复杂的现实人生中，如何直面人生坎坷忧患，如何历险如夷超越困苦，而正气完志、笑对尘寰、超然乐处，是苏轼一生都在思考与追求的精神境界。

只是对苏轼相关诗文论大致的梳理，我们就可以发现，苏轼认为诗文创作需要多方面的要素，需要生活的历练、学识的积累、道德修养和良好的创作心态。其得之于欧公的"穷者诗乃工"仅仅是其中一端而已。在苏轼相关论述背后，我们可以看到时代的影响，也可以看到欧阳修的影响，但更多的是苏轼独立的思考，作为一代文坛巨擘，以其所尝试者示人，使人启悟良多。尤为让人感佩的是其贯通古今，不为苟同的治学精神和人格力量。苏轼在入仕之初曾经宣示：

轼不佞，自为学至今，十有五年。以为凡学之难者，难于无私。无私之难者，难于通万物之理。故不通乎万物之理，虽欲无私，不可得也。己好则好之，己恶则恶之，以是自信则惑也。是故幽居默处而观万物之变，尽其自然之理，而断之于中。其所不然者，虽古之所谓贤人之说，亦有所不取。③

东坡对于欧公"穷而后工"说的承继与批评正是其人格精神的一种体现。

---

① （宋）苏轼著，孔凡礼点校：《苏轼文集》第5册，中华书局1986年版，第2137页。
② （宋）苏轼著，孔凡礼点校：《苏轼文集》第1册，中华书局1986年版，第325页。
③ （宋）苏轼著，孔凡礼点校：《苏轼文集》第4册，中华书局1986年版，第1379页。

四

　　东坡出自欧门，欧、苏相承，二人均倡导诗文创作的多样化风格。所以，同出苏门，陈师道有"诗能达人"之说，而张耒则在《送秦观从苏杭州为学序》中直言批评秦观诗文创作存在的情实不一、无病呻吟的弊病。认为秦观"内有事亲之喜，外有朋友之乐，冬裘而夏絺，甘食而清饮"，其为诗文则"大抵悲愁凄婉，郁塞无聊者之言"，其原因在于受"诗穷后工"说的影响——"世之文章多出于穷人，故后之为文者，喜为穷人之词。秦子无忧而为忧者之词，殆出此耶？"① 而苏轼则从多方面论述了诗文创作的要素。

　　由于欧、苏在文学史上的重要地位，他们的相关观点在后世引起高度重视，在"诗能穷人"抑或"诗能达人"的争论中，也有论者认为诗能穷人，亦能达人。祝穆《事文类聚》即列出"因诗致穷"和"诗能达人"二类。至王世贞、沈长卿则衍"诗能穷人"说为"文章九命"说、"文章十命"说；清代王晫亦衍"诗能达人"论为正面的"文章九命"说。诗能穷人亦能达人，是历史之真实存在。相关争议，吴承学《诗能穷人与诗能达人——中国古代对于诗人的集体认同》一文已经有极为深入的讨论。问题在于，诗人该如何看待这份生活的"赐予"。

　　历览欧、苏之后人们对于"诗能穷人"与"诗穷后工"说的讨论，更能见出苏轼见解的独到全面与深刻。宋代吴子良在《荆溪林下偶谈》中曾说："和平之言难工，感慨之词易好，近世文人能兼之者，惟欧阳公。如《吉州学记》之类，和平而工者也；如《丰乐亭记》之类，感慨而好者也。然《丰乐亭记》意虽感慨，辞犹和平。至于苏子美集序之类，则纯乎感慨矣。"② 吴子良所说欧公纯乎感慨的苏子美集序之类，应该包括《梅圣俞诗集序》。欧阳修在《江邻几文集序》中说："自尹师鲁之亡，逮今二十五年之间，相继而殁，为之铭者至二十人，又有余不及铭与虽铭而非交且旧者，皆不与焉。呜呼，何其多也！不独善人君子难得易失，而交游零

---

① （宋）张耒著，李逸安等点校：《张耒集》下册，中华书局1990年版，第752页。
② 洪本健：《欧阳修资料汇编》上册，中华书局1995年版，第385页。

落如此，反顾身世死生盛衰之际，又可悲夫！而其间又有不幸罹忧患、触网罗，至困厄流离以死，与夫仕宦连蹇、志不获伸而殁，独其文章尚见于世者，则又可哀也欤！然则虽其残篇断稿，犹为可惜，况其可以垂世而行远也？故余于圣俞、子美之殁，既已铭其圹，又类集其文而序之，其言尤感切而殷勤者，以此也。"①

欧公说得很明白，其所感慨于诸友人者，感叹其"仕宦连蹇，志不获伸而殁，独其文章尚见于世"。亦即黄震所说《梅圣俞诗集序》"惜圣俞幸生盛世，'老不得志，而为穷者之诗。'"② 林云铭《古文析义》所说"痛惜其以穷而老"③ 非幸其穷也。誉其所长而惜其所遇，乃欧公之用意处。明代孙琮曾甚为直接地指出："欧公作希文神道碑，其事业多不胜记，故止记其大者；作《圣俞墓志铭》，其事业少无可记，故并记其纤悉。"④

由是而论，后人认为欧公"穷而后工"乃不易之论者，或认为欧公此论未详考诗史，为一偏之论者，多未究悉欧公之用心。东坡继欧公之后主盟文坛，其受欧公沾溉既深，对欧公知之也深。所以对欧公之诗学思想，特别是对其"非诗能穷人，殆穷而后工"之说，既有承继，更有拓展。纵观欧公诗穷后工说的影响，清代王之绩极为赞成东坡之论：

> 予喜玉局云："人生如朝露，意所乐则为之，何暇计议穷达？云能穷人者固缪，云不能穷人者，亦未免有意于讳穷也。"⑤

至于"词达而工""学富而公""才富而工"，以及"穷者工，达者亦工""穷于遇，未穷于道"诸说，多未出苏公论诗之局囿，使人更感苏轼作为一代文坛巨擘，站在时代的制高点上，上下古今，纵横捭阖，以其所思考、所经历、所尝试者示人，使人于崇仰之余，多有启悟。

---

① （宋）欧阳修著，李之亮笺注：《欧阳修集编年笺注》第3册，巴蜀书社2007年版，第209页。
② 洪本健：《欧阳修资料汇编》上册，中华书局1995年版，第409页。
③ 洪本健：《欧阳修资料汇编》上册，中华书局1995年版，第819页。
④ 洪本健：《欧阳修资料汇编》中册，中华书局1995年版，第717页。
⑤ （清）王之绩：《评注才子古文》，清刻本，第766页。

亦师亦友话文同
——苏轼与文同研究二题

一

检索相关文献，论者发现苏家父子与文同颇多诗文、书信交往，对此详加考述并加以系年的为罗琴女士《文同与二苏的交游及交往诗文系年考》，其开拓之功自不待言。然详加检索，罗先生个别诗文的系年及统计篇目还可讨论。罗琴先生在文章中说：

> 文同有关苏轼的诗文今存19首（篇），苏洵有关文同的诗1首，苏轼有关文同的诗文79首（篇），苏辙有关文同的诗文55首（篇）。[①]

有罗琴先生大作在先，后之研讨文同、苏轼交游诗文者多祖其说，试举两例：2006年吉林大学库万晓硕士论文《文同与苏轼关系研究》即沿述其论；喻世华先生有多篇研究苏轼大作发布，但亦在文章中写道："根据罗琴女士的考证……苏轼有关文同的诗文79首（篇）。"[②] 但详加检索，据罗琴女士一文统计苏轼与文同有关诗文篇目容或有误。

问题主要表现在三个方面，其一，罗文某些字面易令人重复计算。比

[①] 罗琴：《文同与二苏的交游及交往诗文系年考》，《西南民族学院学报》2001年第10期。
[②] 喻世华：《亦师亦友亦兄亦弟——论苏轼与文同的忘年交谊》，《重庆交通大学学报》2012年第5期。

如文中《小简》出现3次：

"熙宁十年（1077），丁巳，文同60岁"引苏轼《小简》两篇，其一为文同与苏辙议儿女婚事，苏轼作《小简》："今日沿汴赴任，与弟同行。闻与可之议姻，极为喜幸。……"其二为文同寄赠六言小集，苏轼有书答谢。苏轼《小简》："寄惠六言小集，古人之作，今世未有见……"

"元丰元年，戊午1078年，文同61岁"引苏轼《小简》一篇："见乞浙郡，不知得否？……若得与兄联棹南行，一段异事也。"

此三篇《小简》分别见于苏轼《与文与可书十一首》之三、之五、之九。元丰元年有关文字又云：

> 苏轼与文同书信往来《苏轼文集·佚文汇编》卷二收《与文与可十一首》，其中六首皆作于本年。又收《与文与可三首》，亦作于本年。

而对苏轼三篇《小简》没有明确其已收于《与文与可十一首》，极易引起重复计算。

其二，罗文在文末认为苏轼与文与可交游诗文"尚有以下诸作写作时间地点不明，未能系年，即苏轼的《文与可琴铭》《文与可画墨竹屏风赞》《戒坛院文与可墨竹赞》《文与可枯木赞》《跋文与可论草书后》《跋文与可纤竹》《与可拾诗》"，计有7篇。但其"熙宁四年，辛亥1071年，文同54岁"即有以下一段文字：苏轼过颍州（安徽阜阳），拜谒欧阳修，盛赞文同诗才。《仇池笔记》卷下，"余昔时对欧阳公颂文与可诗云：'美人却扇坐，羞落庭下花。'公曰：'世间元有此句，与可拾得耳！'"查苏轼《仇池笔记》卷下有《与可拾诗》①，文字与罗文所引完全相同。则《与可拾诗》可以系于熙宁四年。文字表述可明确为"《仇池笔记》卷下《与可拾诗》条"云云，且不可重复计算。而《文与可琴铭》，也见于"元丰四年，辛酉1081年"系年，文曰："苏轼作《文与可琴铭》，写明'元丰四年六月二十三日'。"如此，则不可列入难以系年之作。如此之类，易引起篇目计算的误差。

其三，涉及苏轼与文同交游的诗文尚有未系年及未被列入难以系年篇

---

① 曾枣庄等编：《三苏全书》第5册，语文出版社2001年版，第323页。

目者数篇，罗文"元丰元年，戊午1078年"下引苏轼《与李公择书》云："迈往南京，为舍弟此月十一日嫁一女与文与可子，呼去干事。"此书见于苏轼《与李公择书十七首》之五。注云"元丰元年秋冬作于徐州"。① 但文与可亡后，苏轼作于元丰二年或三年的《与李公择书》，却未被收录。其文云：

> 与可之亡，不惟痛其令德不寿，又哀其极贫，后事索然。而子由婿其少子，颇有及我之累。所幸其子贤而文，久远却不复忧，唯目下不可不助他耳。

此书见于苏轼《与李公择书十七首》之第十五。② 苏轼与友人书信往来颇多，其《与朱康叔二十首》第一书亦涉及文同身后事："与可船旦夕到此，为之泫然。想公亦尔也。"(《与朱康叔二十首之一》)③ 该书"元丰三年四月作于黄州"。④

元祐元年，文同之子文务光病逝之后，苏轼寄书劝慰文同夫人，书云："事已无可奈何，千万宽中强解勉也。舍弟妇自闻逸民之丧，忧恼殊甚，恐久成疾。"(《与亲家母一首》)⑤

《文骥字说》，见于《苏轼全集校注》第1046页。文骥为文务光之子，文同之孙。文分两部分。前一部分作于元祐三年（1088）九月十八日；后一部分作于是年十月。文曰：

> 马之于德，力尽于蹄啮，智尽于窃衔诡衔。以蹄啮之力为千里，以窃诡之智为道迷，此之为骥。文与可学士之孙，逸民秀才之子，苏

---

① （宋）苏轼著，张志烈、马德富、周裕锴主编：《苏轼全集校注·文集》，河北人民出版社2010年版，第5606—5607页。
② （宋）苏轼著，张志烈、马德富、周裕锴主编：《苏轼全集校注·文集》，河北人民出版社2010年版，第5626页。
③ （宋）苏轼著，张志烈、马德富、周裕锴主编：《苏轼全集校注·文集》，河北人民出版社2010年版，第6471页。
④ （宋）苏轼著，张志烈、马德富、周裕锴主编：《苏轼全集校注·文集》，河北人民出版社2010年版，第6472页。
⑤ （宋）苏轼著，张志烈、马德富、周裕锴主编：《苏轼全集校注·文集》，河北人民出版社2010年版，第8635—8636页。

子由侍郎之外孙，小名骥孙，因名之曰骥。不称其力称其德，字之曰元德。元祐三年外伯翁东坡居士书。

东坡居士言：骥孙才五岁，入吾家，见先府君画像，曰："我尝见于大慈寺中和院。"试呼出相之，骨法已奇，神气沉稳。此儿一日千里，吾辈犹及见之。他日学问，知骥之在德不在力，尚不辜东坡之言。元祐三年十月癸酉门下后省书。

实际上，在罗琴女士文章刊发之后，研究文同与苏轼交游关系的文章已经引用苏轼《与亲家母》《文骥字说》。如2011年4月17日三苏祠博物馆徐丽《苏轼与文同》一文即曰："苏轼与文同亦亲亦友的关系并没有因文同的病逝而结束。苏轼对文家一直非常关心和关注。元祐元年七月，文务光去世，苏轼致信对文家表示慰问，并打算让长子苏迈回川探视。"所叙即苏轼《与亲家母》书信的内容。徐文又曰："元祐三年十月，苏轼作《文骥字说》……对文家寄予厚望。"

苏轼与文同的"交往"终东坡一生。元符三年（1100）二月所作《题过所画枯木竹石》三首之一诗曰：

老可能为竹写真，小坡今与石传神。
山僧自觉菩提长，心境都将付卧轮。①

诗作感怀文与可之墨竹传神写照，对幼子苏过得其真传感到欣慰。此外，苏轼作年未详的《书张少公判状》亦少有论者言及，其文曰：

张旭为常熟尉，有父老讼事，为判其状，欣然持去。不数日，复有所讼，亦为判之。他日复来，张甚怒，以为好讼。叩头曰：非敢讼也，诚见少公笔势殊妙，欲家藏之尔。张惊问其详，则其父盖天下工书者也。张由此尽得笔法之妙。古人得笔法有所自，张以剑器，容有是理。雷太简乃云闻江声而笔法进，文与可亦言见蛇斗而草书长，此

---

① （宋）苏轼著，张志烈、马德富、周裕锴主编：《苏轼全集校注·诗集》，河北人民出版社2010年版，第5065页。

殆谬也。①

除上述篇目外，还有明代李日华《六研斋三笔》录载，《苏轼资料汇编》收录，孔凡礼《苏轼年谱》卷21引述，顾易生等《宋金元文学批评史》引用并名为《书竹石后》一文，移录如下：

> 昔岁，余尝偕方竹逸寻净观长老，至其东斋小阁中，壁有与可所画竹石，其根茎脉缕，牙角节叶，无不臻理，非世之工人所能者。与可论画竹木，于形既不可失，而理更当知；生死新老，烟云风雨，必曲尽真态，合于天造，厌于人意；而形理两全，然后可言晓画。故非达才明理，不能辩论也。今竹逸求余画竹，因妄袭与可法则为之，并书旧事为赠。元丰五年八月四日，眉山苏轼。②

尚有曾枣庄先生《三苏文艺思想》第220页所录《答明上人》《苏轼全集校注》第8502页收录的《与明上人二颂》之一：

> 字字觅奇险，节节累枝叶。咬嚼三十年，转更无交涉。

有收录于《苏轼全集校注》第7704页，包括了《与可拾诗》内容的《书昙秀诗》：

> 予在广陵，与晁无咎、昙秀道人同舟送客山光寺。客去，予醉卧舟中。昙秀作诗云：扁舟乘兴到山光，古寺临流胜气藏。惭愧南风知我意，吹将草木作天香。予和云：闲里清游借隙光，醉时真境发天藏。梦回拾得吹来句，十里南风草木香。予昔对欧阳文忠公诵文与可诗云："美人却扇坐，羞落庭下花。"公云："此非与可诗，世间元有此句，与可拾得耳。"后五年，秀来惠州，见予，偶记此事。

---

① （宋）苏轼著，张志烈、马德富、周裕锴主编：《苏轼全集校注·文集》，河北人民出版社2010年版，第7796页。

② 孔凡礼：《苏轼年谱》，中华书局2005年版，第546页。

因此，合而观之，苏轼与文同交游的诗文，在罗琴女士大作统计的基础上，去除重复，添加缺失，有关诗文应为86首（篇）。这是研究苏轼文同交游的基础。

二

在部分介绍文同或研究苏轼与文同关系的文章中，往往误以为二人乃表兄弟的关系。诸如徐丽《苏轼与文同》一文即认为：

> 苏轼与文同的交往就很独特，苏轼与文同是远亲，苏轼称文同为从表兄——不仅如此，文同的儿子还与苏辙的女儿结为姻亲，苏文两家亲上加亲，这种深厚的亲情和友情，使得苏轼在文同去世后十四年还有祭文同的文字出现，十分难得。

有些文章在题目中径称"苏轼有个表哥叫文同"[①]，"苏轼表哥文同：诗词书画'四绝'"[②]。但揆诸实际，苏轼从未称文同为"从表兄"，苏轼与文同并非表兄弟关系。查阅有关史料，苏轼在与文同书信往来、诗文唱酬以及追念缅怀中，或称"余友文与可""友人文与可""吾友文君名同"，或称"与可老兄""老兄"；文同之子与苏辙之女联姻，苏轼称文同"亲家翁"；文同去世，苏轼称其为"亡友"；有时苏轼谦称"劣弟"；在《祭文与可文》《再祭文与可文》中均自称"从表弟"。这一切都意在"以见与可于予亲厚无间者也"（《筼筜谷偃竹记》）。但正由于苏轼"从表弟"的自称，人们误以为苏轼、文同乃表兄弟。而此误传较早见于叶梦得，其说曰：

> 文同，字与可，蜀人，与苏子瞻为中表兄弟，相厚。为人靖深，超然不撄世故。善画墨竹，作诗骚亦过人。熙宁初，时论既不一，士大夫好恶纷然。同在馆阁，未尝有所向背。时子瞻数上书论天下事，

[①] 李北山：《苏轼有个表哥叫文同》，《齐鲁晚报》2014年12月17日。
[②] 黄勇：《苏轼表哥文同：诗词书画"四绝"》，《华西都市报》2015年9月12日。

退而与宾客言，亦多以时事为讥笑，同极以为不然，每苦口力戒之，子瞻不能听也。出为杭州通判，同送行诗有"北客若来休问事，西湖虽好莫吟诗"之句，及黄州之谪，正坐杭州诗语，人以为知言。①

关于苏轼文同非表兄弟的问题，孔凡礼《苏轼年谱》、罗琴《文同与二苏交往及交游诗文系年》均有明晰的文字论述，兹摘录于下：

> （苏轼和文同洋州园池三十首）《金石录续编》卷十六著录，题作《寄题与可学士洋州园池三十首》，下署"从表弟苏轼上"，此前云"熙宁九年三月四日东武西斋"……详考史实，苏、文实非中表，"从表弟"云云不过极言其亲近，非同一般。《佚文汇编》卷二《与张安道》第一简末云"从表侄苏轼顿首"。苏轼与张方平（安道）亦无亲戚关系，称"从表侄"，亦极言其亲近。②

罗琴女士亦就苏轼《文与可字说》刻石署名"从表弟苏轼"加以考述：

> 苏轼作《文与可字说》。南宋乾道中汪应辰主持刻石于成都府治之《西楼书帖》有落款云："熙宁八年四月二十三日从表弟苏轼上。"文同为西汉蜀郡太守文翁之后，其后一直定居永泰。文同"曾祖彦明，祖廷蕴，考昌翰，皆儒服不仕"，"考公以公赠尚书都官郎中，妣李氏，仁寿县太君"。"文同娶卫氏，追封旌德县君。再娶李氏，封永和县君。"（范百禄《文公墓志铭》）三苏为武则天朝宰相苏味道之后，世居眉州，家世渐衰。苏洵妻程氏，苏轼前妻王弗，继室王闰之，苏辙妻史氏，苏、文两家皆不显，无官场之往来，分居永泰与眉州，无婚姻之关系。因此，文同与二苏实无中表关系。苏轼自称为文同之"从表弟"，乃是表示一种亲密、亲切之意。③

---

① 四川大学中文系唐宋文学研究室编：《苏轼资料汇编》，中华书局1994年版，第237—238页。
② 孔凡礼：《苏轼年谱》，中华书局1998年版，第329—330页。
③ 罗琴：《文同与二苏的交游及交往诗文系年考》，《西南民族学院学报》2001年第10期。

总而言之，因苏轼自称"从表弟"而撰文言苏轼、文同乃中表兄弟是望文生义，苏、文不是中表兄弟。也正由于此，苏轼有关文同的诗文中何以会蕴含特别深厚的情感，是我们要致力于探寻的所在。

附录：苏轼与文同交游诗文

《石室先生画竹赞并叙》《墨君堂记》《题文与可墨竹、李通叔篆》《跋文与可草书》《玉堂铭并序》《与可拾诗》《送文与可出守陵州》《题赵几屏风与可竹》《文与可字说》《书文与可超然台赋后》《和文与可洋川园池三十首》《偃竹》《与文与可十一首》《与文与可三首》《与公择书十七首之五》《林子中以诗寄文与可及余与可既没追和其韵》《祭文与可学士文》《文与可画筼筜谷偃竹记》《与可飞白赞》《陈州与文郎逸民饮别携手河堤上作此诗》《黄州再祭文与可文》《与文郎一首》《题过所画枯木竹石》《文与可琴铭》《书和文与可洋川园池三十首》《题憩寂图诗》《书文与可墨竹并叙》《题文与可墨竹并叙》《临文与可画竹》《书晁补之所藏与可画竹三首》《文与可画赞》《书竹石后》《书昙秀诗》。

系年不详：

《文与可画墨竹屏风赞》《戒坛院文与可画墨竹赞》《文与可枯木赞》《跋文与可论草书后》《跋文与可纡竹》《书张少公判状》《与亲家母一首》《文骥字说》《与李公择书之十五》《与明上人二颂之一》。

惟其友之，是以知之

——苏轼诗文中的文同记忆

苏轼与文同初会于凤翔，"我官于岐，实始识君"，其时文同"志气方刚，谈词如云"；再会汴梁，文同已极深沉老成，"再见京师，默无所云。杳兮清兮，落其华芬"。但终其一生，二人相与聚会时日十分有限，文同旅次岐下，自然旅途匆匆；五年之后，熙宁三年（1070）四五月间再会京师，至熙宁四年春初文同自京师赴陵州任，前后未及一年，虽同在京师，然各有职分，相聚相会时日也自有限。文同曾在《往年寄子平》中有深切的回忆，"往年记得归在京，日日访子来西城"，相会甚欢，然而"清欢居此仅数月"。那么，何以仅和文同有短暂相聚的苏轼，终其一生忆念尊仰文同，值得我们特别予以关注研讨。本文仅从苏轼诗文中有关文同的八十余篇诗文，结合苏轼、文同交往的实际，梳理苏轼诗文中的文同记忆。主要体现在以下三个方面，即：在复杂险恶的政治生态环境中，文同对苏轼的告诫和关爱；文同的诗赋、书画艺术对于苏轼文艺思想的深刻影响；文同在复杂的政治环境中进退出处的人格精神对于苏轼的启悟。从这三个方面加以论述，以求教于同好。

一 北客若来休问事，西湖虽好莫吟诗
——感知政治生态的恶化，文同对苏轼的告诫

研究苏轼的论者大都熟知苏轼的仕宦经历，感慨其一生，乐亦过人，哀亦过人。人生得意之时，进士及第后，又跻制科高等，父子名满京师；宦途通达时，可谓青云直上，备极荣耀，其在《谢兼侍读表》中自言："臣以草木之微，当天地之泽，七典名郡，再入翰林，两除尚书，三忝侍

读。虽当世之豪杰,犹未易居;矧如臣之孤危,其何能副?"① 然而苏轼宦海几经浮沉,在辞世前两个月,于游金山寺时作《自题金山画像》,回首总结平生,则曰:"心似已灰之木,身如不系之舟。问汝平生功业,黄州惠州儋州。"② 宦海风波,历尽风险,始谪黄州,贬所五载;继贬惠州,再贬儋州,虽晚年遇赦北归,但依然是戴罪之身。正是在这宦海沉浮中,阅尽人间沧桑,体味人情冷暖,对于政坛、人生,亲情、友情有了更为深刻的全新认知。

正是由此切入,我们翻检相关资料,发现在苏轼贬谪人生中,事先对其提醒告诫的亲友寥寥可数,计有毕仲游、张方平、文同、身世不详的醇之,有文彦博、陈师道、郭祥正诸人。而在这亲旧数人之中,对于其宦海险恶的告诫提醒者,亦应以"乌台诗案"为界分为前后两期,因为"乌台诗案"之前,已然党争激烈,但见事于未萌,能预为警戒,且忠言相劝,当与元祐年间,惩"乌台诗案"之戒,加以规劝者不同。

"乌台诗案"之前,首先向苏轼提出劝诫的是毕仲游,洪迈因其先见,特在《容斋四笔》卷1《毕仲游二书》表而出之:

> 先是东坡公在馆阁,颇因言语文章,规切时政,仲游忧其及祸,贻书戒之曰:"孟轲不得已而后辩,孔子欲无言。古人所以精谋极虑,固功业而养寿命者,未尝不出乎此。君自立朝以来,祸福利害系身者未尝言,顾直惜其言尔。夫言语之累,不特出口者为言,其形于诗歌、赞于赋颂、托于碑铭、著于序记者,亦言也。今知畏于口而未畏于文,是其所是,则见是者喜;非其所非,则蒙非者怨。喜者未能济君之谋,而怨者或已败君之事矣!天下论君之文,如孙膑之用兵、扁鹊之医疾,固所指名者矣,虽无是非之言,犹有是非之疑,又况其有耶?官非谏臣,职非御史,而非人所未非,是人所未是,危身触讳以游其间,殆由抱石而採溺也。二公得书耸然,竟如其虑。予顷修史

---

① (宋)苏轼著,张志烈、马德富、周裕锴主编:《苏轼全集校注·文集》,河北人民出版社2010年版,第2749页。

② (宋)苏轼著,张志烈、马德富、周裕锴主编:《苏轼全集校注·诗集》,河北人民出版社2010年版,第5573页。

时，因得其集，读二书，思欲为之表见，故官虽不显，亦为之立传云。①

苏轼元丰三年（1080）在黄州有《答毕仲举》书，书中写道："仆既以任意直前不用长者所教以触罪罟，然祸福要不可推避，初不论巧拙也。"② 当其时，毕仲游为罗山县令，毕氏兄弟同在罗山，答书当为毕仲游先前劝诫之致意。

在苏轼因与王安石政见不合，赴任杭州通判之时，张方平《送苏学士钱唐监郡》，劝苏轼离是非而远祸。诗曰："趋时贵近君独远，此情于世何所希。车马尘中久已倦，湖山胜处即为归。洞庭霜天柑橘熟，松江秋水鲈鱼肥。地邻沧海莫东望，且作阮公远是非。"③

张方平慧眼识才，对于三苏有再造之恩，所以对于苏轼的关切自不待言。元祐七年（1092）九月苏轼在《祭张文定公》文中写道"我游门下，三十八年"，"公知我深，我岂不知"，又有"自我先子，逮今三代，为好无穷"，对张方平感戴终身。但令我们感兴趣的是，张方平规劝苏轼离是非而远祸的诗句"地邻沧海莫东望，且作阮公远是非"，竟与文同送行诗之劝诫极为相近，据叶梦得《石林诗话》记载，苏轼任钱塘通判，文同寄诗送行，以"莫吟诗"为劝，其文曰：

> 熙宁初，时论既不一，士大夫好恶纷然，与可在馆阁，未尝有所向背。时子瞻数上书，论天下事；退而与宾客言，亦多以时事为讥诮。与可极以为不然，每苦口力戒之，子瞻不能听也。出为杭州通判，与可送行诗有"北客若来休问事，西湖虽好莫吟诗"之句。及黄州之谪，正在杭州诗语，人以为知言。④

据有关资料记载，在"乌台诗案"之前，"醇之尝劝苏轼戒言语"，事

---

① （宋）洪迈著，孔凡礼点校：《毕仲游二书》，《容斋随笔》卷1，中华书局2006年版，第635页。
② （宋）苏轼著，张志烈、马德富、周裕锴主编：《苏轼全集校注·文集》，河北人民出版社2010年版，第6183页。
③ 孔凡礼：《苏轼年谱》，中华书局2005年版，第207页。
④ 四川大学唐宋文学教研室编：《苏轼资料汇编》，中华书局1994年版，第237—238页。

见《后村先生大全集》卷104《题跋·墨林方氏帖·苏文忠公·坡隶四帖》：

>　　醇之与二苏交情如此，惜不得其姓名，方劝坡戒言语时，诗祸未有萌也。自密守徐，自徐守湖，自湖乃逮赴御史狱，坡聪明了不自知，子由亦未之知，而醇之先知之。可谓见远察微之士矣。墨帖所藏坡帖，皆晚年时字，此帖在乌台诗案以前，尤清媚可爱。①

　　苏轼交往友人中，字醇之者非止一人，故刘克庄所言醇之究竟为谁，已难考定。但毕仲游、张方平、文同与醇之，在诗祸未萌之时，见远察微，苦心规劝，可谓知言。四人之中，因醇之其人身世未详，难以具论。而苏轼对于毕仲游、张方平之感念，略如上述。本文主要论列苏轼诗文中的文同记忆，所以我们重在讨论因文同对于政坛险恶有见于先，苦口相劝，反复告诫的知者之言，在苏轼心中的岁月留痕。

　　文同与苏轼京城一别，再未谋面。之后书信往还，赋诗酬答，友情愈深。元丰二年正月二十日，文同病逝于陈州，因其为官清廉，家贫难以归葬。当时苏轼尚在徐州任所，文同凶问至徐，苏轼挥泪作《祭文与可文》，抒写自己悲痛心境，"气噎悒而填胸，泪疾下而淋衣"。"余闻讣之三日，夜不眠而坐喟。梦相从而惊觉，满茵席之濡泪。"一篇祭文，竟用了五个"呜呼哀哉"表达沉哀深痛，可见其情感至深。②

　　尤其让苏轼悲慨的是，文同告诫的先见深虑，竟然应验。就在当年，苏轼在湖州任上，就逮入狱，"顷刻之间，拉一太守，如驱犬鸡"。出狱之后，元丰三年正月于赴黄州贬所途中经过陈州，作《文与可飞白赞》，首尾均用"呜呼哀哉"表达深切哀悼之意。③ 是年五月，文同之子文务光扶柩过黄州归成都，苏轼追怀亡友，抚时感事，作《黄州再祭文与可文》，祭文追念二人半生交际，旷世友谊；念及同在京师之时，文同的苦口规劝，"笑我皇皇，独违垢纷"。而今身在贬所的苏轼，忆念当日挚友的劝

---

①　孔凡礼著：《苏轼年谱》，中华书局2005年版，第233页。
②　（宋）苏轼著，张志烈、马德富、周裕锴主编：《苏轼全集校注·文集》，河北人民出版社2010年版，第6984页。
③　（宋）苏轼著，张志烈、马德富、周裕锴主编：《苏轼全集校注·文集》，河北人民出版社2010年版，第2389页。

诚，文同"丧之西归"，"我窜江濆"，自是感念在心，悲慨莫名。①

当然，如前所述，在苏轼一生中，劝诫其在日益恶化的政治生态环境中，在居心叵测的党争中，提醒其谨慎言行，全身远祸的尚有文彦博，据张耒《明道杂志》载：

> 苏惠州尝以作诗下狱，自黄州再起，遂遍历侍从。而作诗每为不知者咀味，以为有讥讪，而实不然也。出守钱塘，来别潞公，公曰："愿君至杭少作诗，恐为不相喜者诬谤。"再三言之。临别上马，笑曰："若还兴也，但有笺云。"时有吴处厚者，取蔡安州诗作注，蔡安州遂遇祸，故有"笺云"之戏。"兴也"盖取毛、郑、孙诗分六艺者。又云："愿君不忘鄙言。某虽老悖，然所谓者希之岁不妨也。"②

有陈师道，葛立方《韵语阳秋》卷11载：

> 东坡以侍读为礼部尚书，时正得志之秋，而陈无己寄其诗，乃云："经国向来须老手，有怀何必到壶头。遥知丹地开黄卷，解记清波没白鸥。"是劝其早休也。洎坡知定州，时事变矣，又为诗劝之曰："功名不朽聊通袖，海道无违具一舟。"坡未能用其语，而已有南迁绝海之祸矣。所谓"海道无违具一舟"者，盖用坡所作《八声甘州》"约他年东还海道，愿谢公雅志莫相违"之意以动公，而不知二句皆成谶也。③

有郭祥正，罗大经《鹤林玉露》卷10《诗祸》条载：

> 东坡文章，妙绝古今，而其病在于好讥刺。文与可戒以诗云："北客若来休问事，西湖虽好莫吟诗。"盖深恐其贾祸也。乌台之勘，赤壁之贬，卒于不免。观其《狱中》诗云："梦绕云山心似鹿，魂飞

---

① （宋）苏轼著，张志烈、马德富、周裕锴主编：《苏轼全集校注·文集》，河北人民出版社2010年版，第6987页。
② 四川大学中文系唐宋文学教研室编：《苏轼资料汇编》，中华书局1994年版，第134页。
③ 四川大学唐宋文学教研室编：《苏轼资料汇编》，中华书局1994年版，第461页。

汤火命如鸡。"亦可哀矣。然才出狱便赋诗云："却对酒杯疑是梦，试拈诗笔已如神。"略无惩艾之意，何也？晚年自朱崖量移合浦，郭功父寄诗云："君恩浩荡似阳春，海外移来住海滨。莫向沙边弄明月，夜深无数采珠人。"其意亦深矣。①

但在苏轼人生仕宦后期的对于他的这些规劝，因有"乌台诗案"之惩戒，更有"乌台诗案"后，苏轼自己痛戒作诗，"意谓不如牢闭口，莫把笔，庶几免矣"（《黄州与人五首》之一）②的自我戒约，较之乌台诗案以前文与可诸人的提醒劝告，在苏轼心目中影响自是不同。东坡文集中今存有为人所写祭文四十余篇，写给文同的即有两篇，一篇写在湖州，一篇写在黄州，在其生命转折的重要节点上，文同具有特殊的符号意义。

二 借君妙意写筼筜，留与诗人发吟讽
——文同对苏轼文艺思想的影响

在现存苏轼诗文留存的文同记忆中，文与可是一位通才，其《文与可画墨竹屏风赞》追忆曰："与可之文，其德之糟粕。与可之诗，其文之毫末。诗不能尽，溢而为书，变而为画，皆诗之余。其诗与文，好者益寡。有好其德，如好其画者乎？悲夫！"③认为文与可德才兼备，诗文兼擅，书画兼精。此非苏轼一人之言，《丹渊集》卷首范百禄所撰《宋故尚书司封员外郎充秘阁校理新知湖州文公墓志铭》亦载：

公资廉方，居家不问资产。所至尤恤民事。——公博学，虽星经、地理、方药、音律，靡不究。古篆行草，皆能精之。好水石松竹，每佳赏幽趣，乐而忘返，发于逸思，形于笔妙，模写四物，颇臻其极，士大夫多宝之。

---

① 四川大学中文系唐宋文学教研室编：《苏轼资料汇编》，中华书局1994年版，第711—712页。
② （宋）苏轼著，张志烈、马德富、周裕锴主编：《苏轼全集校注·文集》，河北人民出版社2010年版，第6665页。
③ （宋）苏轼著，张志烈、马德富、周裕锴主编：《苏轼全集校注·文集》，河北人民出版社2010年版，第2386页。

文同丰富的艺术实践经验和艺术理念对于苏轼文艺观念的形成具有至关重要的作用。东坡多处诗文中称自己传承了文同湖州画派枯木竹石之妙，其《文与可画篔筜谷偃竹记》一再曰："与可之教予如此。予不能然也，而心识其所以然。""子由未尝画也，故得其意而已。若予者，岂独得其意，并得其法。""及与可自洋州还，而余为徐州。与可以书遗余曰：'近语士大夫，吾墨竹一派，近在彭城，可往求之。袜材当萃于子矣。'"①其《书竹石后》亦曰："今竹逸求余画竹，因妄袭与可法则为之，并书旧事为赠。"② 至其晚岁，于《题过所画枯木竹石》三首之一依然曰：

老可能为竹写真，小坡今与石传神。山僧自觉菩提长，心境都将付卧轮。③

综观苏轼文艺思想形成中文同的影响，主要表现在以下几个方面：
"胸有成竹"说。历来论者多引述其《文与可画篔筜谷偃竹记》中下述文字：

竹之始生，一寸之萌耳，而节叶具焉。自蜩腹蛇蚹，以至于剑拔十寻者，生而有之也。今画者乃节节而为之，叶叶而累之，岂复有竹乎？故画竹必先得成竹于胸中，执笔熟视，乃见其所欲画者，急起从之，振笔直遂，以追其所见，如兔起鹘落，稍纵则逝矣。与可之教予如此。予不能然也，而心识其所以然。夫既心识其所以然，而不能然者，内外不一，心手不相应，不学之过也。故凡有见于中而操之不熟者，平居自视了然，而临事忽焉丧之，岂独竹乎？

子由为《墨竹赋》以遗与可曰："庖丁，解牛者也，而养生者取之；轮扁，斫轮者也，而读书者与之。今夫夫子之托于斯竹也，而予以为有道者则非邪？"子由未尝画也，故得其意而已。若予者，岂独

---

① （宋）苏轼著，张志烈、马德富、周裕锴主编：《苏轼全集校注·文集》，河北人民出版社2010年版，第1153页。
② 孔凡礼著：《苏轼年谱》，中华书局2005年版，第546页。
③ （宋）苏轼著，张志烈、马德富、周裕锴主编：《苏轼全集校注·诗集》，河北人民出版社2010年版，第5065页。

得其意，并得其法。①

而对于在诗文创作中"胸无成竹"者，苏轼亦以"与可之教予如此"者相告。宋人周紫芝《竹坡诗话》载："有明上人者作诗甚艰，（东坡）作两颂以与之。"其一曰：

  字字觅奇险，节节累枝叶。咬嚼三十年，转更无交涉。（《与明上人二颂》）②

而在《次韵吴传正枯木歌》中东坡激赏善于画马的李龙眠"胸有千驷"——"龙眠胸中有千驷"；在《书蒲永升画后》中赞蒲永胜"胸有活水"；在《书吴道子画后》中赞吴道子画人物画全人在胸。我们可以看到"成竹在胸"之关于创作构思的思考，苏轼是综合考察研味艺术史上多人的艺术实践，而由自己最亲密的具有师友之谊的文与可的创作而激发定型。

"形理两全"说。此说亦由文同创作启发，见于其《净因院画记》和《书竹石后》。《净因院画记》曰：

  余尝论画，以为人禽、宫室、器用，皆有常形，至于山石竹木，水波烟云，虽无常形，而有常理。常形之失，人皆知之；常理之不当，虽晓画者有不知。故凡可以欺世而取名者，必托于无常形者也。虽然，常形之失，止于所失，而不能病其全；若常理之不当，则举废之矣。以其形之无常，是以其理不可不谨也。世之工人，或能曲尽其形。而至于其理，非高人逸才不能辨。

  与可之于竹石枯木，真可谓得其理者矣。如是而生，如是而死，如是而挛拳瘠蹙，如是而条达畅茂；根茎节叶，牙角脉缕，千变万

---

① （宋）苏轼著，张志烈、马德富、周裕锴主编：《苏轼全集校注·文集》，河北人民出版社2010年版，第1153页。

② （宋）苏轼著，张志烈、马德富、周裕锴主编：《苏轼全集校注·诗集》，河北人民出版社2010年版，第8502页。

化，未始相袭，而各当其处，合于天造，厌于人意，盖达士之所寓也欤！①

《书竹石后》亦曰：

> 昔岁，余尝偕方竹逸寻净观长老，至其东斋小阁，中壁有与可所画竹石，其根茎脉缕，牙角节叶，无不臻理，非世之工人所能者。与可论画竹木，于形既不可失，而理更当知；生死新老，烟云风雨，必曲尽真态，合于天造，厌于人意；而形理两全，然后可言晓画。故非达才明理，不能辩论也。（李日华《六研斋三笔》卷1）②

苏轼论画既重形似，亦重神似，既要符合常形，更要符合常理，形神兼备，"形理两全"是绘画的极致。苏轼曾批评黄荃所画飞鸟、戴嵩所画斗牛既不合常形，更违背常理（《书黄荃画雀》《书戴嵩画牛》）；而其"形理两全"的妙论，由上引《净因院画记》《书竹石后》可知直接其不仅来源于对文同绘画的观察总结，更来自文同的夫子自道。

"内外如一，心手相应"说。苏轼在《文与可画筼筜谷偃竹记》描述文同画竹，胸有成竹，内外如一，心手相应："故画竹必先得成竹于胸中，执笔熟视，乃见其所欲画者，急起从之，振笔直遂，以追其所见，如兔起鹘落，稍纵则逝矣。"在《书晁补之所藏与可画竹》三首之一中，更生动地展现了文与可画竹时"身与竹化"，"用志不分，乃疑于神"的创作状态：

> 与可画竹时，见竹不见人。岂独不见人，嗒然遗其身。
> 其身与竹化，无穷出清新。庄周世无有，谁知此疑神？③

苏轼从自己向文同学画的经历中，深刻认识到，要达到内外如一，心

---

① （宋）苏轼著，张志烈、马德富、周裕锴主编：《苏轼全集校注·文集》，河北人民出版社2010年版，第1159—1160页。
② 四川大学唐宋文学教研室编：《苏轼资料汇编》，中华书局1994年版，第1045页。
③ （宋）苏轼著，张志烈、马德富、周裕锴主编：《苏轼全集校注·诗集》，河北人民出版社2010年版，第3160页。

手相应,得心应手,形神俱到,一定要掌握创作规律,认真学习创作技巧:"与可之教予如此。予不能然也,而心识其所以然。夫既心识其所以然,而不能然者,内外不一,心手不相应,不学之过也。故凡有见于中而操之不熟者,平居自视了然,而临事忽焉丧之,岂独竹乎?"(《文与可画筼筜谷偃竹记》)①

所以,苏轼在《书李伯时山庄图后》写道:

> 或曰:龙眠居士作《山庄图》,使后来入山者信足而行,自得道路,如见所梦,如悟前世;见山中泉石草木,不问而知其名;遇山中渔樵隐逸,不名而识其人。此岂强记不忘者乎?曰:非也。画日者常疑饼,非忘日也。醉中不以鼻饮,梦中不以趾捉,天机之所合,不强而自记也。居士之在山也,不留于一物,故其神与万物交,其智与百工通。虽然,有道有艺。有道而不艺,则物虽形于心,不形于手。吾尝见居士作华严相,皆以意造而与佛合。佛菩萨言之,居士画之,若出一人,况自画所见者乎!②

诗文、书画创作理论、创作规律的学习了解和纯熟的创作技巧的掌握,是相辅相成的两个方面,缺一不可。如果仅仅了解相关的创作方法、规律,没有纯熟的创作技巧,"有道而不艺",是不能够得心应手地应用相关文艺样式抒情达意的。

"知者创物,能者述焉",苏轼较为系统精到的有关文艺创作的由生活观察、思考,到成竹在胸,情动于衷,难以自已,再到"道艺双至",得心应手的文艺观,是在总结诸如吴道子、王维、韩干等前代名家名作和当时名家友人如李伯时、文同等的艺术实践、书画成就,又结合自己的文艺实践的卓见。李昭玘《乐静集》卷9《跋东坡真迹》载:

> 昔东坡守彭门,尝语舒尧文曰:"作字之法,识浅、见狭、学不

---

① (宋)苏轼著,张志烈、马德富、周裕锴主编:《苏轼全集校注·文集》,河北人民出版社2010年版,第1153页。

② (宋)苏轼著,张志烈、马德富、周裕锴主编:《苏轼全集校注·文集》,河北人民出版社2010年版,第7910页。

足者，终不能尽妙。我则心、目、手，俱得之矣。"观其用笔凌厉，驰逐出入二王之畛域，而不见其辙迹。晚年独与颜鲁公周旋并驱而步不许退也。长笺大幅，风吹雨洒，如扫败壁，十目注视，排肩争取，神气不动，兀如无人。譬诸解衣磅礴，未尝见舟而操之，莫知为我，莫知为人，非神定气闲，孰能为之？①

苏轼既是"知者"，能够心到目到，心手相应，享受"创物"之愉悦，又是"能者"，能够传神地将书画创作的情态传写出来，并上升到理论层面的概括总结。读《乐静集》的上述文字，其所抒写苏轼书法创作的风采，与东坡笔下的文同画竹、吴道子画人物何其相似！

苏轼一贯认为诗文、书画之理相通，他也曾自述自己诗文创作特定状态：

> 吾文如万斛泉源，不择地皆可出，在平地滔滔汩汩，虽一日千里无难。及其与山石曲折，随物赋形，而不可知也。所可知者，常行于所当行，常止于不可不止，如是而已矣。其他虽吾亦不能知也。(《自评文》)②

引而申之，苏轼在《与谢民师推官书》中，以"辞达"阐述诗文创作随心所欲不逾矩的境界：

> 所示书教及诗赋杂文，观之熟矣。大略如行云流水，初无定质，但常行于所当行，常止于所不可不止，文理自然，姿态横生。孔子曰："言之不文，行而不远。"又曰："辞达而已矣。"夫言止于达意，即疑若不文，是大不然。求物之妙，如系风捕景，能使是物了然于心者，盖千万人而不一遇也。而况能使了然于口与手者乎？是之谓辞达。辞至于能达，则文不可胜用矣。③

---

① 孔凡礼：《苏轼年谱》，中华书局2005年版，第429页。
② （宋）苏轼著，张志烈、马德富、周裕锴主编：《苏轼全集校注·文集》，河北人民出版社2010年版，第7422页。
③ （宋）苏轼著，张志烈、马德富、周裕锴主编：《苏轼全集校注·文集》，河北人民出版社2010年版，第5291页。

从东坡所论创作的胸有成竹、了然于心，阐释文艺创作"形理两全"、形神兼备，再到创作状态的身与竹化、身与物化，及至论述诗文、书画创作得心应手，辩证认识了然于心与了然于口、了然于手的关系，我们似乎都能看到文同的创作经验，听到苏轼所言"与可教我如此"的心声。当然，苏轼作为一代文坛巨擘，其诗文、书画之涉猎甚为广博，其相关理论更融入了个人的创作独有的体悟和思考，但即使如此，文同的文艺创作及其与苏轼师友之间的切磋琢磨，对苏轼文艺观形成的重要影响是显而易见的。

三　清诗健笔何足数，逍遥齐物追庄周
——苏轼诗文对文同人格精神的追慕

如前所述，苏轼、文同二人一生一起相处不过数月，但二人一生师友情深，各自引为知己。苏轼《书文与可墨竹》并叙曰：

> 亡友文与可有四绝，诗一，楚词二，草书三，画四。与可尝云：世无知我者，惟子瞻一见，识吾妙处。既没七年，睹其遗迹，而作是诗。
> 笔与子皆逝，诗今谁为新。空遗运斤质，却吊断弦人。①

《文与可画筼筜谷偃竹记》曰：

> 元丰二年正月二十日，与可没于陈州。是岁七月七日，予在湖州曝书画，见此竹，废卷而哭失声。昔曹孟德祭桥公文，有"车过""腹痛"之语。而予亦载与可畴昔戏笑之言者，以见与可于予亲厚无间如此也。②

---

① （宋）苏轼著，张志烈、马德富、周裕锴主编：《苏轼全集校注·诗集》，河北人民出版社2010年版，第2926页。
② （宋）苏轼著，张志烈、马德富、周裕锴主编：《苏轼全集校注·文集》，河北人民出版社2010年版，第1153页。

前者因苏轼对于文同才艺的精当评价，文同将东坡视为知己，"世无知我者，惟子瞻一见，识吾妙处"；而在苏轼对挚友追忆的文字中，随处可见痛失知己的悲哀，所谓"空遗运斤质，却吊断弦人"。

在东坡记忆深处，文同德才兼备；在东坡对文同的整体评价中，首重文同的道义节操之卓荦，其《文与可字说》曰：

吾友文君名同，字与可。或曰："为子夏者欤？"曰："非也。取其与，不取其拒，为子张者也。"与可之为人也，守道而忘势，行义而忘利，修德而忘名，与为不义，虽禄之千乘不顾也。虽然，未尝有恶于人，人亦莫之恶也。故曰：与可为子张者也。①

《文与可画墨竹屏风赞》曰：

与可之文，其德之糟粕。与可之诗，其文之毫末。诗不能尽，溢而为书，变而为画，皆诗之余。其诗与文，好者益寡。有好其德，如好其画者乎？悲夫！②

如果文与可在天有灵，读此类文字，一定会反复感慨：知我者子瞻也！在王安石变法时期复杂的政治生态中，较之于世风、士风之左右观望，趋炎附势，文同却能"守道而忘势，行义而忘利，修德而忘名"，与其笔下墨竹一样，志节皎然。《戒坛院文与可画墨竹赞》曰：

风梢雨箨，上傲冰雹。霜根雪节，下贯金铁。谁为此君，与可姓文。惟其有之，是以好之。③

《墨君堂记》亦赞墨君："得志，遂茂而不骄；不得志，瘁瘠而不辱。

---

① （宋）苏轼著，张志烈、马德富、周裕锴主编：《苏轼全集校注·文集》，河北人民出版社2010年版，第1042页。
② （宋）苏轼著，张志烈、马德富、周裕锴主编：《苏轼全集校注·文集》，河北人民出版社2010年版，第2386页。
③ （宋）苏轼著，张志烈、马德富、周裕锴主编：《苏轼全集校注·文集》，河北人民出版社2010年版，第2388页。

群居不倚,独立不惧。"①

霜根雪节,笑傲风雨;"惟其有之,是以好之"。文同之墨竹乃其个性之写照。

苏轼在《送文与可出守陵州》诗中亦曰:"壁上墨君不解语,见之尚可消百忧。而况我友似君者,素节凛凛欺霜秋。"②

尤为令苏轼感慨钦慕的是文同个性中挺然独立,超然独往,不为世俗名利牵绊,荣辱两忘,得丧如一的超然迈往的精神。其《书文与可超然台赋后》曰:

> 余友文与可,非今世之人也,古之人也。其文非今之文也,古之文也。其为《超然》辞,意思萧散,不复与外物相关,其《远游》《大人》之流乎?熙宁九年四月六日。③

文同病逝之后,东坡在《祭文与可文》中哀叹:

> 呜呼哀哉!孰能敦德秉义如与可之和而正乎?孰能养民厚俗如与可之宽而明乎?孰能为诗与楚词如与可之婉而清乎?孰能齐宠辱、忘得丧如与可之安而轻乎?呜呼哀哉!④

在《黄州再祭文与可文》中再次追怀文同在地方官任上,仁济黎民,于复杂官场新旧党争之际,独立不群,不以个人得失为念的风采:

> 俯仰三州,眷恋桑枌。仁施草木,信及麇麋。昂然来归,独立无群。俯焉复去,初无戚欣。⑤

---

① (宋)苏轼著,张志烈、马德富、周裕锴主编:《苏轼全集校注·文集》,河北人民出版社2010年版,第1120页。
② (宋)苏轼著,张志烈、马德富、周裕锴主编:《苏轼全集校注·诗集》,河北人民出版社2010年版,第518页。
③ 屠友祥注:《东坡题跋校注》,上海远东出版社2011年版,第25页。
④ (宋)苏轼著,张志烈、马德富、周裕锴主编:《苏轼全集校注·文集》,河北人民出版社2010年版,第6984页。
⑤ (宋)苏轼著,张志烈、马德富、周裕锴主编:《苏轼全集校注·文集》,河北人民出版社2010年版,第6987页。

惟其友之，是以知之

在检索苏轼与文同交游的相关文字时，令我们极感兴趣的是，文同超然迈往的特有风采对于苏轼超然思想的形成也产生了积极影响。熙宁八年，苏轼在密州修筑超然台，撰《超然台记》，出于人生尝为物欲所惑而游于物内，终为物役而少有其乐，力倡超然物外之无所往而不乐。当时，围绕苏轼修筑超然台及其所撰《超然台记》，曾经形成一个创作热点。苏辙、李清臣、文同、鲜于侁、张耒均为作《超然台赋》；司马光有《超然台寄苏子瞻学士》诗。苏轼又有《书子由超然台赋后》《书李邦直超然台赋后》《书文与可超然台赋后》诸文。关于苏轼超然思想的形成与发展，我们曾经撰文两篇加以论述，此不赘述。我们在这里特别要指出的是，苏轼超然思想的形成，曾经受到文同的影响。苏轼作于熙宁三年的《跋文与可墨竹》写道：

> 昔时，与可墨竹，见精缣良纸，辄愤笔挥洒，不能自已，坐客争夺持去，与可亦不甚惜，后来见人设置笔砚，即逡巡避去，人就求索，至终岁不可得，或问其故，与可曰："吾乃者学道未至，意有所不适，而无所遣之，故一发于墨竹，是病也，今吾病良已，可若何？"然以余观之，与可之病，亦未得为已也，独不容有不发乎，余将伺其发而掩取之，彼方以为病，而吾又利其病，是吾亦病也。①

当文同业已认识到自己过往"意有所不适"，"辄愤笔挥洒，不能自已"，"故一发于墨竹"，乃是一病之时，苏轼才意识到"彼方以为病，而吾又利其病，是吾亦病也"，身为物役，乃是一病。而在《跋文与可超然台赋后》中，他歆慕文同"为《超然》辞，意思萧散，不复与外物相关"的超然物外风致。待至熙宁十年，在徐州任上所撰《宝绘堂记》，则以自己所悟告诫友人王巩，细致地阐明"凡物之可喜，足以悦人而不足以移人者，莫若书画"，但只有做到"君子可以寓意于物，而不可以留意于物"，才能达到"二物者常为吾乐而不能为吾病"的境界。② 而东坡所服膺文同

---

① （宋）苏轼著，张志烈、马德富、周裕锴主编：《苏轼全集校注·文集》，河北人民出版社2010年版，第7905页。

② （宋）苏轼著，张志烈、马德富、周裕锴主编：《苏轼全集校注·文集》，河北人民出版社2010年版，第1077页。

的就是他一贫贱等荣辱,"与道皆逝,不留于物"(《石室先生画竹赞》)①,身与竹化,超然物外的修为。

概言之,探讨东坡风范之善于处穷,物物而不物于物,身与物化而不为物役,超然物外而无往不乐之形成,不能忽略文同的启示与影响。

总览苏轼诗文中的文同记忆,限于篇幅,我们仅从三个方面进行论列:其一,在渐趋恶化的政治生态中,在苏轼人生的关键节点,文同对苏轼及时告诫的挚友之情;其二,苏轼影响深远的文艺思想形成过程中文同的影响和贡献;其三,苏轼遗世独立,善于处穷,超然物外,不为物役的风范形成过程中文同为人处世的启示。一得之见,还望同道批评匡正。

---

① (宋)苏轼著,张志烈、马德富、周裕锴主编:《苏轼全集校注·文集》,河北人民出版社2010年版,第2383页。

近世文人，私所敬慕者，一人而已

——苏轼对陆贽的尊崇与超越

　　检阅苏轼现存文集，其所著史论、史评多达百余篇，仅就苏轼历史人物史论篇目，一些论者即惊叹苏轼"这类文章数量之多，在中国文学史上仅此一人而已"[①]。然而现通行的文学史，如游国恩、王起等主编《中国文学史》，袁行霈等主编《中国文学史》，章培恒等主编《中国文学史》，孙望、常国武等主编《宋代文学史》，或限于篇幅，或囿于体例，极少给予一定篇幅加以专门论述。自20世纪90年代渐多专文探讨，诸如陈晓芬《苏轼史论中的人格思考》[②]、周国林《评苏轼的人物史论》[③]、何玉兰《苏轼史论之特色》[③]、林峥《苏轼史论文的思想与艺术特征》[④]，等等，从思想内容到艺术特性诸方面对于苏轼史论进行了探讨。但梳理相关研究论著，我们发现，尽管苏轼历史人物论的研究日益为人重视，但还有一些问题值得关注，譬如苏轼史论散文与苏轼咏史怀古诗的综合比较研究、苏轼未列专文评议但对苏轼有重大影响的历史人物研究等。鉴于以上原因，本文拟对苏轼最为尊崇的中唐政论家、政治家陆贽对于苏轼的影响加以探讨，不足之处，望方家指正。

一　东坡尊崇陆贽，源于家学师承而服膺终身

　　研究苏轼，何以我们特别关注苏轼对于陆贽的接受和尊崇？因为苏轼

[①]　周国林：《评苏轼的人物史论》，《长沙电力学院学报》2001年第2期。
[②]　陈晓芬：《苏轼史论中的人格思考》，《井冈山大学学报》2000年第1期。
[③]　何玉兰：《苏轼史论之特色》，《乐山师范学院学报》2006年第2期。
[④]　林峥：《苏轼史论文的思想与艺术特征》，《南方论坛》2013年第6期。

特别强调"文人之盛，莫如近世，然私所敬慕者，独陆宣公一人"①。甚至言"伏见唐宰相陆贽，才本王佐，学为帝师。论深切于事情，言不离于道德。智如子房，而文则过，辩如贾谊，而术不疏，上以格君心之非，下以通天下之志。三代以还，一人而已"②。

何以在苏轼史论中未有专论、专评的唐代名相陆贽，竟使苏轼如此尊崇，这激起我们进一步探求的强烈兴趣。据有关史料记载，陆贽乃中唐著名的政治家、思想家、政论家。《旧唐书》《新唐书》皆有传。一般介绍略谓：

陆贽，唐苏州嘉兴人。字敬舆。大历六年进士。德宗召为翰林学士；官至中书侍郎、门下平章事。卒谥宣公。所作奏议数十篇。有《陆宣公翰苑集》。指陈时病，论辩明澈。为后世所重。

苏轼自言于近世文人中，独敬慕陆贽一人，但在其浩繁著述之中，论及陆贽之处并不多，以时间先后录载有关篇目于下：

《转对条上三事状》③，元祐三年（1088）五月一日作于汴京；《六一居士集叙》④，元祐三年十二月于汴京；《乞校正陆贽奏议上进札子》⑤，元祐八年五月七日作于汴京；《答虔倅俞括一首》⑥，绍圣元年（1094）八月作于虔州；《与王庠书》⑦，绍圣三年七月于惠州；《与刘壮舆六首》⑧（之四），建中靖国元年（1101）四月作于南康军。

以上苏轼言及陆贽的六篇文章给我们透露了一个明显的信息，这些文

---

① （宋）苏轼著，张志烈、马德富、周裕锴主编：《苏轼全集校注·文集》，河北人民出版社2010年版，第6493—6494页。

② （宋）苏轼著，张志烈、马德富、周裕锴主编：《苏轼全集校注·文集》，河北人民出版社2010年版，第3566页。

③ （宋）苏轼著，张志烈、马德富、周裕锴主编：《苏轼全集校注·文集》，河北人民出版社2010年版，第4195—3199页。

④ （宋）苏轼著，张志烈、马德富、周裕锴主编：《苏轼全集校注·文集》，河北人民出版社2010年版，第977—979页。

⑤ （宋）苏轼著，张志烈、马德富、周裕锴主编：《苏轼全集校注·文集》，河北人民出版社2010年版，第3566页。

⑥ （宋）苏轼著，张志烈、马德富、周裕锴主编：《苏轼全集校注·文集》，河北人民出版社2010年版，第6493—6494页。

⑦ （宋）苏轼著，张志烈、马德富、周裕锴主编：《苏轼全集校注·文集》，河北人民出版社2010年版，第5306—5307页。

⑧ （宋）苏轼著，张志烈、马德富、周裕锴主编：《苏轼全集校注·文集》，河北人民出版社2010年版，第5930页。

章均作于苏轼人生之后期,参考乃父苏洵、弟弟苏辙,门人黄庭坚及宋人相关评论,可以让我们得出以下推论:

苏轼对于陆贽尊崇服膺终身,与其家学和早年教育密切相关。相关资料可以为证者有三。苏辙《亡兄子瞻端明墓志铭》叙其兄一生文风之变化曰:

> 公之于文,得之于天。少与辙皆师先君,初好贾谊、陆贽书,论古今治乱,不为空言。既而读《庄子》,喟然叹息曰:"吾昔有见于中,口未能言,今见《庄子》,得吾心矣。"乃出《中庸论》,其言微妙,皆古人所未喻。——既而谪居于黄,杜门深居,驰骋翰墨,其文一变,如川之方至,而辙瞠然不能及矣。后读释氏书,深悟实相,参之孔、老,博辩无碍,浩然不见其涯也。①

细味文义,则因苏氏家学,东坡早年已谙熟并喜好贾谊、陆贽之书。言其喜好陆贽之书源于家学,乃父苏洵在《上欧阳内翰第一书》亦可为证。苏洵在文中极力推崇欧阳修的文章,自以为"执事之文章,天下之人莫不知之;然窃自以为洵之知之特深,愈于天下之人"。② 将欧阳修之文与孟子、韩愈之文并列,"此三者,皆断然自为一家之文也"。此外,"惟李翱之文,其味黯然而长,其光油然而幽,俯仰揖让,有执事之态。陆贽之文,遣言措意,切近得当,有执事之实;而执事之文,又自有过人者。盖执事之文,非孟子、韩子之文,而欧阳子之文也。"千年文脉,苏洵所列,欧阳子之外,亦仅孟子、韩愈、李翱、陆贽四人而已。

苏洵《上欧阳内翰第一书》作于嘉祐元年,正是苏轼为学有成,随父入京求取功名之时。与之相应的是,元祐三年十二月在汴京苏轼撰写《六一居士集叙》,亦曰:

> 予得其诗文七百六十六篇于其子棐,乃次而论之曰:"欧阳子论大道似韩愈,论事似陆贽,记事似司马迁,诗赋似李白。此非余言

---

① 四川大学中文系唐宋文学研究室编:《苏轼资料汇编》,中华书局1994年版,第71—72页。
② 曾枣庄、金成礼笺注:《嘉祐集笺注》,上海古籍出版社2001年版,第327页。

也，天下之言也。"①

两相对照，我们发现一个很有意思的现象，苏轼父子尊崇欧阳修的文坛地位、诗文成就，同样于千年道统、文脉仅仅列四人比衬，苏洵所列为孟子、韩愈、李翱、陆贽，苏轼所列为韩愈、陆贽、司马迁、李白，重合者为韩愈、陆贽二人；而于韩愈，老苏所论乃"韩子之文，如长江大河，浑灏流转"的文学成就，大苏所论乃韩、欧相承之"论大道似韩愈"的道统承传。唯独对于陆贽，苏洵、苏氏父子着眼点颇为一致，苏洵谓"陆贽之文，遣言措意，切近得当，有执事之实"，苏轼谓欧阳修"论事似陆贽"，都聚焦在陆贽之文指陈时病，论辩明澈，"论古今治乱，不为空言"切近得当的个性特色。所以东坡之尊崇陆贽，家学之外，与其师承欧阳公颇有关联。

讨论苏轼尊崇陆贽乃其家学传统，其《与王庠书》亦可为证，其文曰：

> 儒者之病，多空文而少实用。贾谊、陆贽之学，殆不传于世。老病且死，独欲以此教子弟，岂意姻亲中，乃有王郎乎？三复来贶，喜抃不已。②

要而言之，由苏轼"少好贾谊、陆贽之书"，到嘉祐元年苏洵赞欧阳修之文则言"陆贽之文，遣言措意，切近得当，有执事之实"，再到元祐三年苏轼《六一居士集叙》称颂欧阳修"论事似陆贽"，直到晚年南迁惠州之《与王庠书》中欲以"贾谊、陆贽之学""教子弟"的表述，可以得出这样的结论：苏轼之接受、尊崇陆贽与其早期教育之家学师承有密切关联且服膺终身。

且寻绎东坡尊崇陆贽的相关文字，我们还发现，东坡喜欢将陆贽与张良、贾谊、诸葛孔明并称，然而陆贽"智如子房而文则过，辩如贾谊而术

---

① （宋）苏轼著，张志烈、马德富、周裕锴主编：《苏轼全集校注·文集》，河北人民出版社2010年版，第977页。

② （宋）苏轼著，张志烈、马德富、周裕锴主编：《苏轼全集校注·文集》，河北人民出版社2010年版，第5306页。

不疏",张良未有诗文集流传,自不待言;即如贾谊,东坡曾明确指出其"不善处穷""志大而量小,才有余而识不足"之缺失①;在《转对条上三事状》中,东坡希望"陛下常以诸葛亮、陆贽之言为法,则天下幸甚",但在《诸葛亮论》中他也批评孔明之失在于以"仁义诈力杂用以取天下"②,而陆贽则德才兼具,我们看不到东坡任何批评陆贽的文字,由此可见陆贽在东坡心目中的地位。

那么,为什么在东坡心目中陆贽的地位如此重要,我们认为因其家学师承渊源与现实需要,苏轼终身尊崇陆贽,其核心在于实用之学。苏轼对于陆贽的接收、尊崇之核心点在于陆贽"论古今治乱不为空言",无当世儒者"多空文而少实用"之病。

东坡一生尊奉实用之学,强调学以致用,其观念源于家学、家法师承而与时迁变。比较对读苏轼与苏洵之作,仅从现存文字即可看到较为明显的"家学"痕迹。苏洵《史论上》劈头一句即曰"史何为而作乎?"③;苏轼早期的《思治论》首句即曰:"方今天下何病哉?"④ 复检苏洵《嘉祐集》,强调针对现实,积极用世,学贵济世的论说随处可见。《权书》《衡论》乃苏洵得意之作,其《权书叙》曰:

> 人有言曰:儒者不言兵,仁义之兵,无术而自胜。使仁义之兵无术自胜也,则武王何用乎太公?而牧野之战,"四伐、五伐、六伐、七伐,乃止齐焉",又何用也?
>
> 《权书》,兵书也,而所以用仁济义之术也。吾疾夫世之人不究本末,而妄以我为孙武之徒也。夫孙氏之言兵,为常言也。而我以此书为不得已而言之之书也。故仁义不得已,而后吾《权书》用焉。然则权者,为仁义之穷而作也。⑤

---

① (宋)苏轼著,张志烈、马德富、周裕锴主编:《苏轼全集校注·文集》,河北人民出版社2010年版,第358页。
② (宋)苏轼著,张志烈、马德富、周裕锴主编:《苏轼全集校注·文集》,河北人民出版社2010年版,第378页。
③ 曾枣庄、金成礼笺注:《嘉祐集笺注》,上海古籍出版社2001年版,第229页。
④ (宋)苏轼著,张志烈、马德富、周裕锴主编:《苏轼全集校注·文集》,河北人民出版社2010年版,第389页。
⑤ 曾枣庄、金成礼笺注:《嘉祐集笺注》,上海古籍出版社2001年版,第26页。

其《衡论叙》亦曰：

> 事有可以尽告人者，有可告人以其端而不可尽者。尽以告人，其难在告，告人以其端，其难在用。
>
> 始吾作《权书》，以为其用可以至于无穷，而亦可以至于无用，于是又作《衡论》十篇。呜呼！从吾说而不见其成，乃今可以罪我焉耳。①

苏洵著述《权书》《衡论》《洪范论》的目的在于"施之于今"，行匡济之志，他在《上韩枢密书》中表述得十分明白：

> 洵著书无他长，及言兵事，论古今形势，至自比贾谊。所献《权书》，虽古人已往成败之迹，苟深晓其义，施之于今，无所不可。②

苏氏家学，东坡自幼耳濡目染，自然根植于心。其《凫绎先生诗集叙》曰：

> 昔吾先君适京师，与卿士大夫游，归以语轼曰："自今以往，文章其日工，而道将散矣；士慕远而忽近，贵华而贱实，吾已见其兆矣。"以鲁人凫绎先生之诗文十余篇示轼曰："小子识之，后数十年，天下无复为斯文者也。先生之诗文，皆有为而作，精悍确苦，言必中当世之过。凿凿乎如五谷必可以疗饥，断断乎如药石必可以伐病。其游谈以为高，枝词以为美者，先生无一言焉。"
>
> 其后二十余年，先君既没，而其言存。士之为文者，莫不超然出于形器之表，微言高论，既已鄙陋汉、唐，而其反复论难，正言不讳，如先生之文者，世莫之贵也。轼是以悲于孔子之言，而怀先君之遗训，益求先生之文，而得之於其子复，乃录而藏之。③

---

① 曾枣庄、金成礼笺注：《嘉祐集笺注》，上海古籍出版社 2001 年版，第 79 页。
② 曾枣庄、金成礼笺注：《嘉祐集笺注》，上海古籍出版社 2001 年版，第 301 页。
③ （宋）苏轼著，张志烈、马德富、周裕锴主编：《苏轼全集校注·文集》，河北人民出版社 2010 年版，第 968 页。

"先君既没，而其言存。"东坡求凫绎先生之文"录而藏之"，既藏其文字以醒世，更藏其"有为而作"之创作精神于心，并终身行之。

探讨实用之学为苏氏家法，《颍滨语录》中曾有一段关于苏轼入仕之初向伯父苏涣请教为政之方的记载，可以为证：

> 颍滨尝语陈天倪云："亡兄子瞻及第调官，见先伯父，问所以为政之方。伯父曰：'如汝作《刑赏忠厚论》。'子瞻曰：'文章固某所能，然初未尝学为政也，奈何？'伯父曰：'汝在场屋，得一论题时，即有处置，方敢下笔，此文遂佳。为政亦然。有事入来，见得未破，不要下手。俟了了而后行，无有错也。'至今以此言为家法。"①

苏涣这一段话作为"家法"，简明扼要地讲明了读书写作与仕宦实用之关系，苏轼、苏辙兄弟终身奉为圭臬。苏辙作于崇宁五年（1106）的《送元老西归》诗曰："昼锦西归及早秋，十年太学为亲留。……家有吏师遗躅在，当令耆旧识风流。"自注：伯父仕宦四十年，当时号为吏师。②

二 学以致用，学贵实用，苏轼对于陆贽的尊崇体现在仕宦体用和施政惠民的不同方面

翻检东坡诗文中论及陆贽的文字，最为集中地体现在《乞校正陆贽奏议上进札子》③，鉴于此文的独特性，在此不惮辞费，稍加分析。

札子开首直陈上札子的缘由："臣等猥以空疏，备员讲读。圣明天纵，学问日新。臣等才有限而道无穷，心欲言而口不逮，以此自愧，莫知所为。"而后以其擅长的以医论事之能，委婉进言："窃谓人臣之纳忠，譬如

---

① 颜中其：《苏东坡轶事汇编》，岳麓书社1984年版，第15页。
② 洪本健：《宋文六大家活动编年》，华东师范大学出版社1993年版，第404页。
③ （宋）苏轼著，张志烈、马德富、周裕锴主编：《苏轼全集校注·文集》，河北人民出版社2010年版，第3566—3567页。

医者之用药，药虽进于医手，方多传于古人。若已经效于世间，不必皆从于己出。"敷陈校正陆贽奏议上进之忠心。层层铺设而后进入札子的中心内容：一是对于陆贽的高度评价。"伏见唐宰相陆贽，才本王佐，学为帝师。论深切于事情，言不离于道德。智如子房而文则过，辩如贾谊而术不疏，上以格君心之非，下以通天下之志。三代以还，一人而已。"二是陆贽的忠言谠论远见卓识及不能尽为世用。"但其不幸，仕不遇时。德宗以苛刻为能，而贽谏之以忠厚；德宗以猜疑为术，而贽劝之以推诚；德宗好用兵，而贽以消兵为先；德宗好聚财，而贽以散财为急。至于用人听言之法，治边驭将之方，罪己以收人心，改过以应天道，去小人以除民患，惜名器以待有功，如此之流，未易悉数。可谓进苦口之药石，针害身之膏肓。使德宗尽用其言，则贞观可得而复。"最后落脚到陆贽奏议有益"圣学"足资治道的现实意义。"臣等每退自西阁，即私相告言，以陛下圣明，必喜赞议论。但使圣贤之相契，即如臣主之同时。""如贽之论，开卷了然。聚古今之精英，实治乱之龟鉴。臣等欲取其奏议，稍加校正，缮写进呈。愿陛下置之坐隅，如见贽面，反覆熟读，如与贽言。必能发圣性之高明，成治功于岁月。"

此文元祐八年五月七日作于开封。前人曾谓苏轼《乞校正陆贽奏议上进札子》乃"长公最得意识见，亦最得意奏条"，因其"借贽之所苦口于德宗者，感动主上"。[①] 而我们对于此文特别重视，是因为苏轼的"最得意奏条"蕴含的对于陆贽的高度评价，诸如"才本王佐，学为帝师。论深切于事情，言不离于道德。智如子房而文则过，辩如贾谊而术不疏，上以格君心之非，下以通天下之志。三代以还，一人而已"，论者多耳熟能详。而苏轼对于陆贽整体认识和现实意义的评说，要综合东坡前后诸文和《乞校正陆贽奏议上进札子》对照阅读会有更为清晰的认知。这些文章应包括《谢除两职守礼部尚书表》之二[②]、《申省读汉唐正史状》[③]《朝辞赴定州论

[①] 四川大学中文系唐宋文学研究室编：《苏轼资料汇编》，中华书局1994年版，第978页。
[②] （宋）苏轼著，张志烈、马德富、周裕锴主编：《苏轼全集校注·文集》，河北人民出版社2010年版，第2759页。
[③] （宋）苏轼著，张志烈、马德富、周裕锴主编：《苏轼全集校注·文集》，河北人民出版社2010年版，第3586页。

事状》①《答虔倅俞括》② 一首和《中山松醪赋》③。

综合分析，不难发现，在元祐末期，苏轼因对于现实的深刻认识而凸显了陆贽在其内心的地位。首先我们可以看到，在撰《乞校正陆贽奏议上进札子》三个月之后，东坡又有《申省读汉唐正史状》，同样出于以史为鉴的深心，苏轼诸"讲读官同将汉、唐正史内可以进读事迹钞节成篇，遇读日进呈敷演，庶裨圣治"。而在此前，苏轼诸人已将陆贽奏议校正单独上进，可见陆贽在其心目中的地位。

其次，将东坡相关文章比照研味，可以见出东坡推崇陆贽，重在其"论古今治乱，不为空言"的实用之学。其《谢除两职守礼部尚书表》之二坦陈："始臣之学也，以适用为本，而耻空言；故其仕也，以及民为心，而惭尸禄。乃者屡请治郡，兼乞守边。欲及残年，少施实效。而有志莫遂，负愧何言。""今乃以文字为官常，语言为职业。下无所见其能否，上无所考其幽明。循省初心，有靦面目。故于拜恩之日，少陈有益之言。"期望"一言可以兴邦""一正君而天下定"。④

以东坡的丰富人生经历和政治敏感，所谓"八典方州，三入翰林，两忝侍读"，他对于元祐末期朝政之积弊，特别是亲见哲宗已由一孩童成长为有所欲为的青年，长期处于垂帘听政下的压抑、隐忍以及内心的怨望，已然有所察觉。所以针对当下的政治生态和哲宗内心隐藏的"病象"，适时提出警示，其在《谢除两职守礼部尚书表》中说自己和各位讲读之官，"八年之间，指陈文理，何啻千万，虽所论不同，然其要不出六事。一曰慈，二曰俭，三曰勤，四曰慎，五曰诚，六曰明。慈者，谓好生恶杀，不喜兵刑。俭者，谓约己省费，不伤民财。勤者，谓躬亲庶政，不迩声色。慎者，谓畏天法祖，不轻人言。诚者，谓推心待下，不用智数。明者，谓专信君子，不杂小人。"⑤

如果把这一大段文字和《乞校正陆贽奏议上进札子》对照，札子言陆

---

① （宋）苏轼著，张志烈、马德富、周裕锴主编：《苏轼全集校注·文集》，河北人民出版社2010年版，第3588页。

② （宋）苏轼著，张志烈、马德富、周裕锴主编：《苏轼全集校注·文集》，河北人民出版社2010年版，第6493页。

③ （宋）苏轼著，张志烈、马德富、周裕锴主编：《苏轼全集校注·文集》，河北人民出版社2010年版，第57页。

④ 曾枣庄《苏轼评传》，四川人民出版社1981年版，第194页。

⑤ 曾枣庄、舒大刚主编：《三苏全书》第11册，语文出版社2001年版，第409页。

贽"不幸，仕不遇时。德宗以苛刻为能，而贽谏之以忠厚；德宗以猜疑为术，而贽劝之以推诚；德宗好用兵，而贽以消兵为先；德宗好聚财，而贽以散财为急。至于用人听言之法，治边驭将之方，罪己以收人心，改过以应天道，去小人以除民患，惜名器以待有功，如此之流，未易悉数。可谓进苦口之药石，针害身之膏肓。使德宗尽用其言，则贞观可得而复"。可以推知，苏轼在《谢除两职守礼部尚书表》中特指的"慈""俭""勤""慎""诚""明"之"六事"与《乞校正陆贽奏议上进札子》中所指德宗"苛刻""猜疑""好兵""好财"诸过错，均有所指而言。正如曾枣庄先生所说：

  开药方就证明有病，开的什么药方就证明有什么病。苏轼要求哲宗慈、俭、勤、慎、诚、明，可见他感到已经成年的哲宗存在不慈、不俭、不勤、不慎、不诚、不明的问题。他要即将亲政的哲宗，以德宗的"苛刻""猜疑""好用兵""好聚财"为戒。就可看出苏轼这时对哲宗的政治倾向已有预感。他这些话都是有感而发，并非泛泛而谈。①

让我们颇感兴趣的是，在这一系列文章中，苏轼充分运用了他擅长的以医论政，以医论事，以医明理的论辩方法，显示了臣下之诚，论辩之智。苏轼在《谢除两职守礼部尚书表》中论列"慈、俭、勤、慎、诚、信"要义后，续言：

  此六者，皆先王之陈迹，老生之常谈。言无新奇，人所忽易。譬之饮膳，则为谷米羊豕，虽非异味，而有益于人；譬之药石，则为耆术参苓，虽无近效，而有益于命。若陛下信受此言，如御饮膳，如服药石，则天人自应，福禄难量，而臣等所学先王之道，亦不为无补于世。②

其在《乞校正陆贽奏议上进札子》言及上进陆贽奏议之初衷，坦言：

---

① 曾枣庄：《苏轼评传》，四川人民出版社1981年版，第194页。
② 曾枣庄、舒大刚主编：《三苏全书》第11册，语文出版社2001年版，第409页。

> 窃谓人臣之纳忠，譬如医者之用药，药虽进于医手，方多传于古人。若已经效于世间，不必皆从于己出。①

其在《朝辞赴定州奏事状》中"冒死进言"：

> 臣又闻为政如用药方，今天下虽未大治，实无大病。古人云："有病不治，常得中医。"虽未能尽除小疾，然贤于误服恶药、觊万一之利而得不救之祸者远矣。臣恐急进好利之臣，辄劝陛下轻有改变，故辄进此说，敢望陛下深信古语，且守中医安稳万全之策，勿为恶药所误，实社稷宗庙之利，天下幸甚。臣不胜忘身忧国之心，冒死进言。②

在元祐末期的苏轼看来，斯时之朝政是病态的，哲宗皇上是有"心疾"的，而陆贽等前人治世之论不啻苦口良药。东坡诸文皆精心之作，语意轩豁，以医论事，见其措意之深。其所用心，在于感动哲宗。然而当时政局，暗流涌动，哲宗心蓄异志，东坡业已感知。所以系列文章推诚进言之外，东坡心怀忧虑，在《谢除两职守礼部尚书表》中他已预见了他最不愿见到的结果：

> 若陛下听而不受，受而不信，信而不行，如闻春禽之声，秋虫之鸣，过耳而已。则臣等虽三尺之喙，日诵五车之书，反不如医卜执技之流，簿书奔走之吏，其为尸素，死有余诛。伏望陛下一览臣言，少留圣意，天下幸甚。③

这种担心，苏轼在《答虔倅俞括一首》中借医者之语以寓托：

---

① （宋）苏轼著，张志烈、马德富、周裕锴主编：《苏轼全集校注·文集》，河北人民出版社2010年版，第3566页。
② （宋）苏轼著，张志烈、马德富、周裕锴主编：《苏轼全集校注·文集》，河北人民出版社2010年版，第3588页。
③ （宋）苏轼著，张志烈、马德富、周裕锴主编：《苏轼全集校注·文集》，河北人民出版社2010年版，第2759页。

然去岁在都下，见一医工，颇艺而穷，慨然谓仆曰："人所以服药，端为病耳，若欲以适口，则莫如刍豢，何以药为？今孙氏、刘氏皆以药显，孙氏期于治病，不择甘苦，而刘氏专务适口，病者宜安所去取，而刘氏富倍孙氏，此何理也？"①

东坡自谓"始吾南迁，过虔州，与通守承议郎俞君括游。"② 则去岁云云，则指元祐八年在京城之时。信中言及"进宣公奏议"，虽文为俞括而发，"使君斯文，恐未必售于世。然售不售，岂吾侪所当挂口哉，聊以发一笑耳。进宣公奏议，有一表，辄录呈，不须示人也"。可以明显看出东坡乃有所激而言。

因是之故，苏轼在国事将变的风雨如磐之际，思考翻云覆雨的政坛风云中的人生意义和人生价值：

始臣之学也，以适用为本，而耻空言；故其仕也，以及民为心，而惭尸禄。乃者屡请治郡，兼乞守边。欲及残年，少施实效。而有志莫遂，负愧何言。今乃以文字为官常，语言为职业。下无所见其能否，上无所考其幽明。循省初心，有靦面目。故于拜恩之日，少陈有益之言。③

遗憾的是，东坡的一片赤诚对于哲宗而言的确"如闻春禽之声，秋虫之鸣，过耳而已"。而苏轼绍圣被贬，亦在意料之中：

则臣等虽三尺之喙，日诵五车之书，反不如医卜执技之流，簿书奔走之吏，其为尸素，死有余诛。

再联系东坡元祐八年十二月作于定州的《中山松醪赋》可以见出东坡

---

① （宋）苏轼著，张志烈、马德富、周裕锴主编：《苏轼全集校注·文集》，河北人民出版社2010年版，第6493页。
② （宋）苏轼著，张志烈、马德富、周裕锴主编：《苏轼全集校注·文集》，河北人民出版社2010年版，第1231页。
③ （宋）苏轼：《谢除两职守礼部尚书表》，载张志烈、马德富、周裕锴主编《苏轼全集校注·文集》，河北人民出版社2010年版，第2759页。

胸中现实与理想天壤悬隔的痛楚，大材小用甚或学无所用的悲哀。

《苏轼全集校注》第 62 页"集评"录《经进东坡文集事略》卷 2《中山松醪赋》郎晔注引晁补之的一段话，颇有助于我们了解此赋之内涵：

> 《松醪赋》者，苏公之所作也。公帅定武，饬厨传，断松节以为酒，云：饮之愈风扶衰。松，大厦材也。摧而为薪，则与蓬蒿何异？今虽残，犹可收功于药饵。则世之用才者，虽斫而小之，为可惜矣；倘因其能，转败而为功，犹无不可也。

"大材小用古所叹"，将东坡《中山松醪赋》中"岂千岁之妙质，而死斤斧于鸿毛。效区区之寸明，曾何异于束蒿。烂文章之纠缠，惊节解而流膏。嗟构厦其已远，尚药石之可曹。收薄用于桑榆，制中山之松醪"。词句与晁补之所记对照，不难看出东坡在时势迁变中的悲哀，以及在悲思中的一线希冀。

在元祐末期这个时间聚焦点上，我们通过东坡一系列代表作，看到东坡对陆贽的高度评价，看到东坡崇仰陆贽的精神内核是实用之学，看到东坡敏感地由千尺栋梁摧为蓬蒿、化为松醪的悲哀和无奈，看到东坡在时代风云变化之际对自己实用之志破灭的探究，看到东坡对"陆贽不幸"、一己遭逢不幸的深思。然而这一切都和东坡崇尚陆贽忠贞报国，实干兴邦，反对空谈误国的政治理念密切相关。

推而论之，东坡在元祐时期竭忠尽智，杀身图报，在国事将变，潜流涌动之时，依然知其不可为而为之的举措也和陆贽甚为相似。据史载：

> 德宗在东宫时，素知贽名，乃召为翰林学士，转祠部员外郎。贽性忠荩，既居近密，感人主重知，思有以效报，故政或有缺，巨细必陈，由是顾待益厚。[1]

陆贽由于感德宗重知，思以图报；东坡在元祐朝亦备极恩宠，对于神宗、高太后的眷顾，多次在谢表中表示尽忠报国，虽杀身不顾的勇决。对于君臣之义，东坡所秉持的君上待臣下非常礼，臣下应以特殊之行报之的

---

[1] （后晋）刘昫撰：《旧唐书》，中华书局 1975 年版，第 3791 页。

理念，正与陆贽倾心德宗一脉相承。所以东坡在元祐时期，"文章韩杜无遗恨，草诏陆贽倾诸公"。①对于朝廷要事，知无不言，正如其尊崇的陆贽一样"至于用人听言之法，治边驭将之方，罪己以收人心，改过以应天道，去小人以除民患，惜名器以待有功，如此之流，未易悉数。可谓进苦口之药石，针害身之膏肓"。至于东坡在地方任上事功建树，在朝廷之献策建言，史皆有载，此不赘言。

需要补充的是，综观苏轼对于陆贽的接受与崇仰，不仅在苏轼政治人格的塑造中，其终身崇尚实用之学；在诗文创作上，致力于"论古今治乱不为空言"，反对当下儒者"多空文而少实用"。且在日常生活的体用上，也时时可见陆贽的影响。建中靖国元年苏轼作于北归途中的《与刘壮舆六首之四》写道：

> 某启。辱手教，仍以茶箪为贶，契义之重，理无可辞。但北归以来，故人所饷皆辞之。敬受茶一袋以拜意。此陆宣公故事，想不讶也。仍寝来命，幸甚。②

俭以养德，而陆贽之俭德载誉史册。《旧唐书·陆贽传》载：

> 陆贽——特立不群，颇勤儒学。年十八登进士第，以博学宏词登科，授华州郑县尉。罢秩，东归省母，路由寿州，刺史张镒有时名，贽往谒之。镒初不甚知，留三日，再见与语。遂大称赏，请结忘年之契。及辞，遗贽钱百万，曰："愿备太夫人一日之膳。"贽不纳，唯受新茶一串而已，曰："敢不承君厚意。"③

由陆贽谢却张镒钱百万，唯受新茶一串，到东坡北归以来，"故人所饷皆辞之，敬受茶一袋以拜意"，可以见到，东坡对于陆贽的接受从为政到为人，一切自然而然。东坡风范的最终形成，融合了丰富的精神文化因

---

① （宋）苏轼：《答虔倅俞括一首》，载张志烈、马德富、周裕锴主编《苏轼全集校注·文集》，河北人民出版社2010年版，第6493页。
② （宋）苏轼：《答虔倅俞括一首》，载张志烈、马德富、周裕锴主编《苏轼全集校注·文集》，河北人民出版社2010年版，第5930页。
③ （后晋）刘昫撰：《旧唐书》，中华书局1975年版，第3791页。

子，陆贽的影响值得特别关注。也正由于如此，东坡在晚年，有意识地要传承陆贽之学。他在《答虔倅俞括一首》中说：

> 文人之盛，莫如近世，然私所敬慕者，独陆宣公一人。家有公奏议善本，顷侍讲读，尝缮写进御，区区之忠，自谓庶几于孟轲之敬主，且欲推此学于天下，使家藏此方，人挟此药，以待世之病者，岂非仁人君子之至情也哉！①

在《与王庠书》中又说：

> 儒者之病，多空文而少实用。贾谊、陆贽之学，殆不传于世。老病且死，独欲以此教子弟，岂意姻亲中，乃有王郎乎？三复来贶，喜抃不已。②

东坡一生，少好贾谊、陆贽之学，入仕之后在地方任上，为官一任，造福一方，经世济民；身在朝堂，元祐章奏近陆贽。身遭贬放，依然不忘传陆贽之学于后昆。其一生遭际，其一生志向，在社稷，在生民，故郎晔《经进东坡文集事略》卷34《乞校正奏议札子》引述东坡《答虔倅俞括书》之后，特别强调"此仁人君子至情也"！③

三 尊崇陆贽，效仿陆贽，又超越陆贽，达成东坡风范的完美体现

综上所述，东坡在为政、为文、为人诸多方面接受和崇仰陆贽自不待言，但自苏公之后，论者从不同方面着眼，或言苏公学陆贽而有得，或谓苏公超越陆贽自饶丰采。个人持苏公超越之说，在此试加阐发。

---

① （宋）苏轼著，载张志烈、马德富、周裕锴主编《苏轼全集校注·文集》，河北人民出版社2010年版，第6493页。
② （宋）苏轼著，张志烈、马德富、周裕锴主编：《苏轼全集校注·文集》，河北人民出版社2010年版，第5306页。
③ （宋）苏轼著，张志烈、马德富、周裕锴主编：《苏轼全集校注·文集》，河北人民出版社2010年版，第5930页。

宋人认为苏公学陆贽且为政为人似陆贽者有《陵阳先生集》卷十七《跋三苏帖》，其说谓：

> 苏氏一翁二季，词旨翰墨，具见于三纸间。敛衽伏读，因有感焉。——然东坡不以患难流落为戚，方且施药葬枯骨，造桥以济病涉，此与陆敬舆在南滨集名方同一意，故颍滨有安退陋抚恤病苦之语。①

持此说者还有周必大，其《题苏季真家所藏东坡墨迹》说：

> 陆宣公为忠州别驾，避谤不著书，又以地多瘴疠，抄集验方五十卷，寓爱人利物之心。文忠苏公，手书药法，亦在琼州别驾时，其用意一也。淳熙戊申三月十七日。②

"苏子瞻氏少而能文，以贾谊、陆贽自命。"③ 就具体史实所言，就事论事，应无可议。前人有关论述中，个人喜欢黄震、刘熙载通达之论。黄震认为古今哲人生不同时，前后辉映，各具风采：

> （苏轼）杭州上两执政书，扬州上吕相书，论灾伤民事，悃切劲人。愚谓古今善言天下事，如贾谊之宏阔，陆宣公之切，苏子瞻之畅达，皆间世人豪，天佑人之国家而笃生者也。④

刘熙载之说更为通透，他认为苏公之学遍借金针厚积薄发，自成一体：

> 东坡亦孟子，亦贾长沙、陆敬舆，亦庄子，亦秦、仪。心目窒碍

---

① 孔凡礼：《苏轼年谱》，中华书局2005年版，第1255页。
② 四川大学中文系唐宋文学研究室编：《苏轼资料汇编》，中华书局1994年版，第552页。
③ 焦竑：《刻苏长公外集序》，见《苏轼资料汇编》，中华书局1994年版，第1022页。
④ 黄震：《苏文·书》，见《苏轼资料汇编》，中华书局1994年版，第774页。

者，可资其博达以自广，而不必概以纯诣律之。①

但更多的论者，认为东坡学习效仿陆贽，但超越了陆贽。刘大櫆《古文辞类纂》卷18就东坡《上皇帝书》加以评说：

> 虽自宣公奏议来，而笔力雄伟，抒词高朗，宣公不及也。宣公只敷陈，条达明白，足动人主之听，故欧、苏咸效其体。②

茅坤则将东坡之文与李太白诗、韩信用兵相提并论，认为各达极致：

> 予少谓苏子瞻之于文，李太白之于诗，韩信之于兵，天各纵之以神仙轶世之才，而非世之问学所及者。及详览其所上神宗皇帝及代张方平、滕甫谏兵事等书，又如论徐州、京东盗贼事宜，并西羌鬼章等札子，要之，于汉贾谊、唐陆贽，不知其为如何者。……入哲宗朝，召为两制，及谪海南以后，殆古之旷达游方之外者已。然其以忠获罪，卒不能安于朝廷之上，岂其才之罪哉！③

宋人费衮《梁溪漫志》卷4《东坡谪居中勇于为义》条力倡东坡谪居惠州期间"勇于为义"，超迈绝伦：

> 陆宣公谪忠州，杜门谢客，惟集药方，盖出而与人交，动作言语之际，皆足以招谤，故公谨之。后人得罪迁徙者，多以此为法，至东坡则不然。其在惠州也，程正辅为广中提刑，东坡与之中外，凡惠州官事悉以告之。诸军缺营房，散居市井，窘急作过。坡欲令作营房三百间，又荐都监王约、指使蓝生同干；惠州纳秋米六万三千馀石，漕符乃令五万以上折纳见钱，坡以为岭南钱荒，乞令人户纳钱与米，并

---

① （清）刘熙载：《艺概》卷1，见四川大学中文系唐宋文学研究室编《苏轼资料汇编》，中华书局1994年版，第1526页。
② （清）刘大櫆：《上皇帝书》，《古文辞类纂》卷18，载四川大学中文系唐宋文学研究室编《苏轼资料汇编》，中华书局1994年版，第1244页。
③ （明）茅坤：《苏文忠公文钞》卷1，载四川大学中文系唐宋文学研究室编《苏轼资料汇编》，中华书局1994年版，第976页。

从其便；博罗大火，坡以为林令在式假，不当坐罪，又有心力可委，欲专牒令修复公宇仓库，仍约束本州科配。惠州造桥，坡以为吏扉而骨横，必四六分了钱，造成一座河楼桥，乞选一健干吏来了此事；又与广帅王敏仲书，荐道士邓守安，令引蒲涧水入城，免一城人饮咸苦水、春夏疾疫之患。凡此等事，多涉官政，亦易指以为恩怨，而坡奋然行之不疑，其勇于为义如此。谪居尚尔，则立朝之际，其可以死生祸福动之哉？①

客观地讲，在各自生活的特定时代，贾谊、陆贽、东坡作为政论家，均为一代之人豪，不必强分高下；东坡在宋，自然会汲取前人政治智慧，济世利民。他少好贾谊、陆贽之书，终身服膺崇仰陆贽，史料所示，自不待言。特别是陆贽、东坡在政坛殊途同归，道大难容，均被贬逐，最终壮志未酬，赍志而殁。因此，陆贽、东坡当年的论政、论军、论学、论事之文，多关切时势，有感而发，有为而发，达到各自时代的高度。后世论者从不同角度的讨论，也给我们以启示。在这里，我们仅就陆贽、东坡蒐集验方以寓医国之志和被贬之后的为人处世加以比较，以展示东坡效仿陆贽，又不同于陆贽，超越陆贽的独特的东坡风范。

首先就陆贽、东坡在医学上的建树而言，东坡超过了陆贽。据《新唐书》载，陆贽"既放荒远，常阖户，人不识其面。又避谤不著书，地苦瘴疠，只为《今古集验方》五十篇示乡人云"。②《旧唐书》所载略同。后世论者往往据此以为"陆宣公为忠州别驾，避谤不著书，又以地多瘴疠，抄集验方五十卷，寓爱人利物之心。文忠苏公，手书药法，亦在琼州别驾时，其用意一也"。③

揆诸实际，东坡之爱好医学，虽和陆贽一样"寓爱人利物之心"，但又有极大不同。首先是由于宋代开国之后，历代统治者都重视医学，仅《宋大诏令集》所载有宋历代皇帝有关医学的诏书就有百余篇，再加上著名政治家思想家范仲淹"不为良相，即为良医"人生宏大志愿的感召，有

---

① 四川大学中文系唐宋文学研究室编：《苏轼资料汇编》，中华书局1994年版，第671页。
② （宋）欧阳修、宋祁撰：《新唐书》，中华书局1975年版，第4932页。
③ （南宋）周必大：《题苏季真家所藏东坡墨迹》，载四川大学中文系唐宋文学研究室编《苏轼资料汇编》，中华书局1994年版，第552页。

宋一代文人尚医成为风尚。正是在时代风尚的影响下，东坡少年时即阅看接触医书。其《志林·艾人着灸法》载：

> 端午，日未出，于艾中以意求似其人者，辄撷之以灸，殊有效。幼时见一书中云耳，忘其为何书也。①

由于在医学方面的造诣精深，东坡入仕之后，往往以医论政、以医论军、以医论事、以医明理，至今留下多达三百余篇相关文字，至为珍贵。特别是在地方任职之时，东坡关切民生，重视医政建设。元祐四年，苏轼出知杭州，水涝之后又逢大旱，灾荒与疾疫并作，东坡在公共医疗方面开创了历史：

> 公又多作饘粥、药剂，遣吏挟医，分坊治病，活者甚众。公曰："杭，水陆之会，因疫病死，比他处常多。"乃裒羡缗得二千，复发私橐，得黄金五十两，以作病坊，稍畜钱粮以待之，至于今不废。②

正由于东坡长期的地方行政经验，他还关注到一个特殊群体——监狱病囚的医疗情况，并提出建设性意见。在《乞医疗病囚状》中，东坡请求军巡院及各州司理院应有专人专责，"各选差衙前一名，医人一名；每县各选差曹司一名，医人一名，专掌医疗病囚，不得更充他役，以一周年为界"。并提出赏罚激励之法，治疗病囚，"每十人失一以上为上等，失二为中等，失三为下等，失四以上为下下。上等全支，中等支二分，下等不支，下下科罪，自杖六十至一百止"。"若医博士、助教有缺，则比较累岁等第最优者补充。如此，则人人用心，若疗治其家人，缘此得活着必众。"③

但东坡建议，未受重视。元祐七年，东坡《与张嘉父书七首》之三告诫身为狱吏的张嘉父对于病囚深加留意：

---

① 曾枣庄、舒大刚主编：《三苏全书》，语文出版社2001年版，第255页。
② （宋）苏辙：《亡兄端明子瞻墓志铭》，载曾枣庄、舒大刚主编《三苏全书》，语文出版社2001年版，第214页。
③ （宋）苏轼著，张志烈、马德富、周裕锴主编：《苏轼全集校注·文集》，河北人民出版社2010年版，第2999页。

> 君为狱吏，人命至重，愿深加意。大寒大暑，囚人求死不获，及病者多，为吏卒所不视，有非病而致死者。仆为郡守，未尝不躬亲按视。若能留意于此，远到之福也。①

从书信我们可以得知东坡为疗治狱中病囚所做的努力，他也希望每个狱吏都能尽职尽责。

由于种种原因，陆贽的《陆氏集验方》已佚，而苏轼在医学方面的贡献，赖《苏沈良方》传世，纪昀《四库全书总目题要》中对此给予高度评价：

> 轼杂著时言医理，于是事亦颇究心。盖方药之事，术家能习其技而不能知其所以然，儒者能明其理而又往往未经实验。此书以经效之方而集于博通物理者之手，故宜非他方所能及矣。②

综合东坡的医学活动和相关著述，可以这样讲，东坡有医国之志，具医国之能，多医国之论，传统医学之医理、药性、辨证施治与其为政、为人、为文已有机融合在一起，成为文化史上的特例，值得特别关注。

至于其身在贬所，也尽一切可能有所作为，利泽一方。前人已具论，前已引述，不再赘言。

再就苏、陆二人个性而言，陆贽"性本畏慎"，《旧唐书》本传载"贽性畏慎，及策免私居，朝谒之外，不通宾客，无所过从"，晚期贬居，"贽在忠州十年，常闭关静处，人不识其面，复避谤不著书。家居瘴乡，人多疠疫，乃抄方书，为《陆氏集验方》行于代"。③ 相关资料记载略同。陆贽由于个性原因，谪居之后，"避谤不著书"，使其人生的后十年几成空白，对于今天的陆贽研究，对于我们了解认识特定的时代，皆成憾事。

东坡则不同，初贬黄州，再贬惠州、儋州，多有友朋规劝其谨言慎行以避祸，东坡自己也时时警示自己。但这些只在念想之间。贬居黄州五

---

① （宋）苏轼著，张志烈、马德富、周裕锴主编：《苏轼全集校注·文集》，河北人民出版社2010年版，第5864页。

② （清）纪昀：《苏沈良方八卷》，载四川大学中文系唐宋文学研究室编《苏轼资料汇编》，中华书局1994年版，第1279页。

③ （后晋）刘昫撰：《旧唐书》，中华书局1975年版，第3871—3818页。

年，他遨游山水，躬耕东坡，回味追索人生，"石压笋斜出"，贬居生涯成为东坡人生创作的转变期、爆发期。王水照先生在《苏轼创作的发展阶段》中指出："元丰黄州和绍圣、元符岭海的长达十多年的谪居时期，是苏轼创作的变化期、丰收期。"①

当然，如果单从字面上搜寻，我们也可以找到东坡闭门幽居以远祸的表达，诸如："幽人无事不出门"，"但当谢客对妻子"②；"黄当江路，过往不绝，语言之间，人情难测，不若称病不见为良计"③。揆诸情理，一个人政治上遭受打击之后，特别是在恶劣的政治环境中，丝毫没有忧谗畏讥之心是不可能的。但我们尤为看重的是，东坡在人生逆境中的浩然之气，其不以一己之祸福而易其忧国爱民之心的政治人格——东坡在黄州《与李公择书》中倡言"吾侪虽老且穷，而道理贯心肝，忠义填骨髓，直须谈笑于死生之际。……虽怀坎壈于时，遇事有可尊主泽民者，便忘躯为之，祸福得丧，付与造物"。④ "丈夫重出处，不退要当先"，苏轼这几句话掷地有声，振聋发聩。

东坡贬谪岭海之后，亦仅偶发贬谪避祸之叹，其大量的诗文创作、书信往来，载记了东坡晚年对于人生的追索思考；一系列纪实性作品，记载了一代伟人晚年的生活踪迹，复杂丰富的心灵世界，对于后世研究东坡、研究斯时斯地的地域文化，研究认知特定的流寓文化，都是第一手的宝贵的历史文献资料。

陆贽谪居之后，诗文创作几成空白，无论出于何种原因，都是令人遗憾的事情。而东坡谪居所作让我们看到了一个特定的东坡形象。在这里我们看到了东坡的坚毅与执着，在谪居的艰难岁月里，他整理修订《易传》，又撰写了《书传》《论语说》。其《和陶杂诗之九》自述传经之志：

> 余龄难把玩，妙解寄笔端。长恐抱永叹，不及丘明迁。……虚名

---

① 王水照：《苏轼研究》，河北教育出版社1999年版，第17页。
② （宋）苏轼：《定惠院寓居，月夜偶出》，载张志烈、马德富、周裕锴主编《苏轼全集校注·文集》，河北人民出版社2010年版，第2152页。
③ （宋）苏轼：《与滕达道书》，载张志烈、马德富、周裕锴主编《苏轼全集校注·文集》，河北人民出版社2010年版，第5529页。
④ （宋）苏轼：《与李公择书》，载张志烈、马德富、周裕锴主编《苏轼全集校注·文集》，河北人民出版社2010年版，第5617页。

非我有，至味知谁餐。①

三部书完成于特殊时期，又为东坡心力所系，故作者本人极为看重，北归途中与苏伯固书云：

某凡百如昨，但抚视《易》《书》《论语》三书，即觉此生不虚过。如来书所喻，其他何足道。②

东坡一生，黄州、惠州、儋州，谪居生涯十余年，反复研味，我喜欢东坡自明心迹的诗作，所谓"年来万事足，所欠惟一死"③，所谓"浮云时事改，孤月此心明"④，所谓"但使荆棘除，不忧桃李衍。养我岁寒枝，会有解脱年"⑤，所谓"云散月明谁点缀，天容海色本澄清"⑥，这些诗作让我们看到了襟怀磊落的东坡，看到了坚毅傲岸执着的东坡。

东坡的晚节风范从不同角度给后来者以启迪，人们也从不同层面探索总结东坡风范的内涵，在此撷其一二，以窥一斑。苏辙《子瞻和陶渊明诗集引》言东坡晚年的著述，"精深华妙，不见老人衰惫之气"⑦。秦观在《答傅彬老简》中以为："阁下谓蜀之锦绮妙绝天下，苏氏蜀人，其于组丽也独得之于天，故其文章如锦绮焉。其说信美矣，然非所以称苏氏也。苏氏之道，最深于性命自得之际；其次则器足以任重，识足以致远。至于议论文章，乃其与世周旋，至粗者也。阁下论苏氏而其说止于文章，意欲尊苏氏，适卑之耳。"惠洪《冷斋夜话》在比较东坡与秦观、黄庭坚谪贬之

---

① （宋）苏轼著，张志烈、马德富、周裕锴主编：《苏轼全集校注·诗集》，河北人民出版社2010年版，第4925页。
② （宋）苏轼：《与苏伯固》之三，载苏轼著，张志烈、马德富、周裕锴主编《苏轼全集校注·文集》，河北人民出版社2010年版，第6364页。
③ （宋）苏轼：《赠郑清叟秀才》，载苏轼著，张志烈、马德富、周裕锴主编《苏轼全集校注·诗集》，河北人民出版社2010年版，第5026页。
④ （宋）苏轼：《次韵江晦叔二首》之二，载苏轼著，张志烈、马德富、周裕锴主编《苏轼全集校注·诗集》，河北人民出版社2010年版，第5292页。
⑤ （宋）苏轼：《和陶岁暮作和张常侍》，载苏轼著，张志烈、马德富、周裕锴主编《苏轼全集校注·诗集》，河北人民出版社2010年版，第4789页。
⑥ （宋）苏轼：《六月二十日夜渡海》，载苏轼著，张志烈、马德富、周裕锴主编《苏轼全集校注·诗集》，河北人民出版社2010年版，第5130页。
⑦ 曾枣庄、舒大刚主编：《三苏全书》，语文出版社2001年版，第85页。

作后，赞叹：

> 少游谪雷凄怆，有诗曰："南土四时都热，愁人日夜俱长。安得此身如石，一时忘了家乡。"鲁直谪宜殊坦夷，作诗云："老色日上面，欢情日去心。今既不如昔，后当不如今。""轻纱一幅巾，短簟六尺床。无客白日静，有风终夕凉。"少游钟情，故其诗酸楚；鲁直学道休歇，故其诗闲暇。至于东坡《南中诗》曰："平生万事足，所欠唯一死。"则英特迈往之气，不受梦幻折困，可畏而仰哉！①

刘克庄也为之感叹："其浩然不屈之气，非党祸所能佈，烟瘴所能死也。"② 当代学者更从多方面对于东坡晚年处逆如顺的精神内涵进行探讨，并给予高度评价：

> 《宋史》本传说他谪居惠州三年，"泊然无所蒂芥，人无贤愚，皆得其欢心"，苏轼凭借自己所独具的洞悉苦难的眼光以及开阔的胸襟，处逆如顺，化被动为主动，在痛苦中寻求快乐，在极不自由的现实环境中开拓出一片属于自己的自由的空间，其人格魅力由此可见一斑。③

所以我们说，东坡一生服膺尊崇陆贽，但细加寻绎，其一生的医学造诣，非陆贽蒐集验方所及；其谪居期间所达到的成就，无论是利人济物之所为，抑或是诗文创作之所获，均远远超越了陆贽。

综上所述，东坡一生服膺、尊崇陆贽，与其家学、师承有密切关系，其对陆贽的评价"近世文人，私所敬慕者，独陆宣公一人"，"三代以还，一人而已"，在其历史人物论中因极为推崇而引人注目；而东坡对于陆贽接受尊崇的核心在于陆贽为政为文"论古今治乱不为空言"的"实用之学"，所以其元祐草诏似陆贽，为政为人深受陆贽的影响。但在论者颇为

---

① （宋）惠洪：《少游、鲁直被谪作诗》，《冷斋夜话》卷3，载《宋元笔记小说大观》，上海古籍出版社2007年版，第2183页。
② （南宋）刘克庄：《墨林方氏帖·苏文忠公·书与何智翁四帖》，《后村先生大全集》卷104，载孔凡礼《苏轼年谱》，中华书局2005年版，第1361页。
③ 周晓琳、刘玉平：《中国古代作家的文化心态》，巴蜀书社2004年版，第372页。

重视的陆贽晚年搜集验方以济世用和如何度过贬谪生涯的生活态度、诗文创作，以及谪居中不以一己之祸福而易其忧国爱民之心的坚韧刚毅执着方面，有较大差异。东坡之所以成为一代宗师，在于其博采众长，广泛借鉴，不断超越自我，超越先哲，而自成一体。

青松出涧壑，十里闻风声

——苏轼诗文松风松韵论析

检索阅读东坡现存诗文，我们惊奇地发现其与松文化有关的诗文竟多达二百余篇，这诸多诗文中蕴含有丰富深刻的文化内涵。然而，长期以来学界对于东坡诗文中的松风、松韵少有关注或作系统深入探讨。2018 年眉山东坡文化国际学术高峰论坛上，何勇先生发表了《东坡栽松说略考》，从专业的林业工作者角度观照东坡有关松树的"采种育苗、植树造林、抚育管理林业生产技术"，并追溯东坡家乡马尾松栽种的历史传统，令人耳目一新。[①] 因其论文主旨所限，未涉及东坡二百余篇涉松诗文所蕴含的深厚的松风松韵、松境界松精神，故不揣浅陋，撰文重点探论东坡家乡种松深植的乡愁乡情，乡思乡恋；东坡科学的种松方法以及其对于松树作用的精研，与其一生追求实用之学，精于物理探索的淑世精神密切相关；历经人世风雨，阅尽人间沧桑，他礼赞青松的坚毅品质，自励励人；晚年对于自己人生"严冬"——贬谪生涯的总结，与其颂赞的松柏的"岁寒后凋"，摧栋为薪，析枝为膏，酿以为醑，终有一用，做有用之人，撰有为之文，利物泽民的人生追求若合符契。由是之故，我们在探讨东坡诗文的劲松情结中，重在研味一位哲人人生精神境界的寄寓和追求。

[①] 何勇：《东坡栽松说略考》，载《2018 眉山东坡文化国际学术高峰论坛论文集》下册《生平思想研究》，中国苏轼研究学会编，2018 年，第 74 页。

一　我梦随汝去，东阡松柏青
——故园之松植种了东坡一生的乡情乡恋乡思乡愁

检索研味东坡涉及松意象松文化的诗文，读者都会有一个突出的印象。东坡首先是一位种松接果，特别是对于松树的种植到日用有过细致全面研究的"专家"。对此，东坡在诗文中有过深情回忆，且颇为自负，略见于其《记松》《种松法》《戏作种松》《接果说》诸篇。诸如："我昔少年日，种松满东冈。初移一寸根，琐细如插秧。二年黄茅下，一一攒麦芒。三年出蓬艾，满山散牛羊。不见十余年，想作龙蛇长。"（《戏作种松》）①

对于东坡少年种松接果之劳作实践，何勇先生已作专文研究，孔凡礼先生《苏轼年谱》亦载其"《诗集》卷三十五诗题《予少年颇知种松，手植数万株，皆中梁柱矣》。卷二十作《戏作种松》叙少年种松东岗。卷六《送安敦秀才失解西归》：'故山松柏皆手种。'《文集》卷七十三《种松法》乃自少年起之经验谈。同上《接果说》叙少年时与弟辙用苦楝子接李"②，此不赘述。

而我们说东坡自负其种松技术者，则见于《苏轼集》卷20《予少年颇知种松，手植数万株，皆中梁柱矣。都梁山中见杜舆秀才，求学其法，戏赠二首》：

> 露宿泥行草棘中，十年春雨养髯龙。如今尺五城南杜，欲问东坡学种松。
>
> 君方扫雪收松子，我已开榛得茯苓。为问何如插杨柳，明年飞絮作浮萍。③

---

① （宋）苏轼著，张志烈、马德富、周裕锴：《苏轼全集校注·诗集》，河北人民出版社2010年版，第2140页。
② 孔凡礼：《苏轼年谱》，中华书局1998年版，第30页。
③ （宋）苏轼著，张志烈、马德富、周裕锴：《苏轼全集校注·诗集》，河北人民出版社2010年版，第4049页。

由相关诗文资料，我们还可得知东坡少年日在家乡"手植青松三万栽"，不仅仅是"种松满东冈"，在他的记忆里，家乡处处有松荫纳凉，时时可听松风歌吟。

东坡记忆深处，故园多松柏："忆我故居室，浮光动南轩。松竹半倾泻，未数葵与萱。三径瑶草合，一瓶井花温。至今行吟处，尚余履舄痕。"（《正月十八日蔡州道上遇雪次子由韵二首》）① 少年读书处，学舍有松荫，东坡在《志林》自述：

> 吾昔少年时，所居书室前有竹柏杂花，丛生满庭，众鸟巢其上。②

东坡《学舍联句》亦云："幼时，里人程建用、杨尧咨、舍弟子由会学舍中，大雨，联句六言。程云：'夜松偃仰如醉'，杨即云：'夏雨凄凉似秋'，余云：'有客高吟拥鼻'，子由云：'无人共吃馒头'。坐皆绝倒。今四十余年矣。"③ 苏辙相关诗作为此作了注脚："念昔各年少，松筠闳南轩。闭门书史丛，开口治乱根。"（苏辙《初发彭城有感寄子瞻》）④

在东坡诗文中也载记了故乡的寺院里山岗上处处橘柚满枝，松栎满山："我时与子皆儿童，狂走从人觅梨栗。健如黄犊不可恃，隙过白驹那暇惜。醴泉寺古垂橘柚，石头山高暗松栎。"（《送表弟程六知楚州》）⑤ 在《正辅既见和复次前韵慰鼓盆劝学佛》一诗中也写道："何时遂纵壑，归路同首丘。东岗松柏老，西岭橘柚秋。"⑥ 东岗、西岭两句互文对举，是说家乡的东岗西岭尽皆"松柏老""橘柚秋"。

尤其是苏家祖茔，东坡曾亲种松柏，悉心营建，拜托族人细加照看。东坡兄弟葬父洵于眉州彭安镇可龙里老翁泉，母程氏同葬，称东茔；并手植青松营建东茔，其诗曰："老翁山下玉渊回，手植青松三万栽。"（《送

---

① （宋）苏轼著，张志烈、马德富、周裕锴主编：《苏轼全集校注·诗集》，河北人民出版社2010年版，第2119页。
② 颜中其：《苏东坡轶事汇编》，岳麓书社1984年版，第277页。
③ 颜中其：《苏东坡轶事汇编》，岳麓书社1984年版，第278页。
④ 曾枣庄、舒大刚主编：《三苏全书》，语文出版社2001年版，第205页。
⑤ （宋）苏轼著，张志烈、马德富、周裕锴主编：《苏轼全集校注·诗集》，河北人民出版社2010年版，第2992页。
⑥ （宋）苏轼著，张志烈、马德富、周裕锴主编：《苏轼全集校注·诗集》，河北人民出版社2010年版，第4646页。

贾讷倅眉》)① 在《与子安兄七首》中，东坡反复叮咛，托亲族照管先茔："东茔芽松，甚烦照管。如更合芟，间告兄与杨五哥略往觇，当分明数点根槎，交付佃户，免致辄便偷斫也。不然，与出榜立赏，召人告偷斫者，亦佳。一切告留意相度。"②

东坡在家乡植种青松数万，种下了终身浓浓的乡情乡恋和乡思乡愁。东坡忆念思归的诗文众多，清人张道《苏亭诗话》曾蒐集其思乡之作、先垄之思加以论列，限于题旨，撷取与其故乡故居之松有关的诗文数首如下：

旧书不厌百回读，熟读深思子自知。……故山松柏皆手种，行且拱矣归何时。(《送安惇秀才失解西归》)③

我梦随汝去，东阡松柏青。却入西州门，永愧北山灵。(《伯父送先人下第归蜀诗云"人稀野店休安枕，路入灵关稳跨驴"。安节将去，为诵此句，因以为韵，作小诗十四首送之》)④

我昔少年日，种松满东冈。……却后五百年，骑鹤还故乡。(《戏作种松》)⑤

老翁山下玉渊回，手植青松三万栽。父老得书知我在，小轩临水为君开。试看一一龙蛇活，更听萧萧风雨哀。便与甘棠同不剪，苍髯白甲待归来。(《送贾讷倅眉》其二)⑥

故园在何处，已偃手种松。我行忽失路，归梦山千重。(《过高邮

---

① （宋）苏轼著，张志烈、马德富、周裕锴主编：《苏轼全集校注·诗集》，河北人民出版社2010年版，第3035页。
② （宋）苏轼著，张志烈、马德富、周裕锴主编：《苏轼全集校注·文集》，河北人民出版社2010年版，第6614页。
③ （宋）苏轼著，张志烈、马德富、周裕锴主编：《苏轼全集校注·诗集》，河北人民出版社2010年版，第509页。
④ （宋）苏轼著，张志烈、马德富、周裕锴主编：《苏轼全集校注·诗集》，河北人民出版社2010年版，第2300页。
⑤ （宋）苏轼著，张志烈、马德富、周裕锴主编：《苏轼全集校注·诗集》，河北人民出版社2010年版，第2140页。
⑥ （宋）苏轼著，张志烈、马德富、周裕锴主编：《苏轼全集校注·诗集》，河北人民出版社2010年版，第3035页。

寄孙君孚》）①

眉州老翁泉乃苏氏先垄，东坡遍植松柏，深藏于心的是亲族之情，是父母之恩，亦有"不思量，自难忘"的夫妻之情，所以苏轼的先垄之思，时时见诸笔端，张道曰：东坡既不得归，每有先垄之思。在黄州云："坟墓在万里。"（《寒食雨》）"孤累卧江渚，永望坟墓隔。"（《邓忠臣安州挽词》）在礼部云："莫教印绶系余年，去扫坟墓当有日。"（《送表弟程六之楚州》）在儋州云："老鸦衔肉纸飞灰，万里家山安在哉。"（《海南人不知寒食云云》）"不敢梦故山，恐与坟墓悲。"（《和陶梦归白鹤山居作》）②

"莫上孤峰尽处，萦望眼、云水相搀。家何在？因君问我，归梦绕松杉"（《满庭芳》）乡思萦怀；"料得年年断肠处，明月夜，短松冈"（《江城子·记梦》）情深入骨。东坡在家乡手植青松三万栽，种下了深沉、丰富的思想情感，相关诗文载记了他永恒的乡思乡恋，乡愁乡怨，祖先坟茔曾是他祈愿的灵魂栖息地，然而终身思归未能归，只能归梦家万里了。故乡只在一梦中，东岗西岭松郁郁。东坡的乡情乡思时时让人感怀。

研味东坡诗文中的涉松之作，让我们感兴趣的是，东坡对于青松似乎有特别的爱好，平生游宦所至，营造住所庭院，必然植种松桧。既至岐下，即种植"桃、李、杏、枣、樱桃、石榴、樗、槐、松、桧、柳三十余种"（《次韵子由岐下诗并引》）③；在黄州所作《东坡八首》其七曰"种枣期可剥，种松期可斫"，则"有松期为可斫"④；在惠州"白鹤新居成，从天俸求数色草木"，计有"柑、桔、柚、荔枝、杨梅、枇杷、松柏、含笑、枝子"（《与程全父书》）⑤；在儋州亦有诗曰"儿瘦缘储药，奴肥为种松"。

东坡不仅在迁居之所种松，游踪所至，也植种松柏。其《台头寺送宋

---

① （宋）苏轼著，张志烈、马德富、周裕锴主编：《苏轼全集校注·诗集》，河北人民出版社2010年版，第4335页。
② 四川大学中文系唐宋文学研究室编：《苏轼资料汇编》，中华书局1994年版，第2019页。
③ （宋）苏轼著，张志烈、马德富、周裕锴主编：《苏轼全集校注·诗集》，河北人民出版社2010年版，第224页。
④ 四川大学中文系唐宋文学研究室编：《苏轼资料汇编》，中华书局1994年版，第1725页。
⑤ 惠阳地区文联等编：《苏轼与惠州》，惠阳文化局，1982年，第134页。

希元》自注:"是日,与宋君同栽松寺中。"① 又有诗题曰《种松得徕字》(其四在怀古堂,其六在石经院。)② 东坡会为友人种松歌吟:"白首归来种万松,待看千尺舞霜风。"(《寄题刁景纯藏春坞》)③ 东坡也会为松林被毁而感伤:"麻城县令张毅,植万松于道周以芘行者,且以名其亭。去未十年,而松之存者十不及三四。伤来者之不嗣其意也,故作是诗。"(《万松亭并叙》)④

何以东坡家乡多植松柏,宦游所至植种松杉,对于松风松韵一往情深,苏辙《次韵子瞻见寄》可以给我们以启示:"忆公年少时,濯濯吐新萌。坚姿映松柏,直节凌榛荆。"⑤ 东坡《滕县时同年西园》更是直明心志:"人皆种榆柳,坐待十亩阴。我独种松柏,守此一寸心。种木不种德,聚散如飞禽。"⑥ 那么,东坡家乡种松,深深植种了乡情、亲情、爱情,乡思乡恋;东坡一生种松爱松,则深深植种了个人对于精神境界独特人格的追求。

二 风松独不静,送我作鼓吹
——爱松赏松,松意象成为苏轼诗文的一道别样风景

东坡在《游武昌寒溪西山寺》写道:"风泉两部乐,松竹三益友。徐行欣有得,芝术在蓬蒿。"⑦ 在东坡的生活中,在东坡的诗文里,东坡爱松赏松,松竹梅乃其岁寒三友,松风吟啸山泉流响就像动听的音乐。在东坡

---

① (宋)苏轼著,张志烈、马德富、周裕锴主编:《苏轼全集校注·诗集》,河北人民出版社2010年版,第1908页。
② (宋)苏轼著,张志烈、马德富、周裕锴主编:《苏轼全集校注·诗集》,河北人民出版社2010年版,第1910页。
③ (宋)苏轼著,张志烈、马德富、周裕锴主编:《苏轼全集校注·诗集》,河北人民出版社2010年版,第1380页。
④ (宋)苏轼著,张志烈、马德富、周裕锴主编:《苏轼全集校注·诗集》,河北人民出版社2010年版,第2138页。
⑤ (宋)苏辙著,曾枣庄、马德富校点:《栾城集》,上海古籍出版社2009年版,第161页。
⑥ (宋)苏轼著,张志烈、马德富、周裕锴主编:《苏轼全集校注·诗集》,河北人民出版社2010年版,第1840页。
⑦ (宋)苏轼著,张志烈、马德富、周裕锴主编:《苏轼全集校注·诗集》,河北人民出版社2010年版,第2193页。

笔下，我赏青松松知我，相关诗文给予我们多向度的艺术享受。

东坡一生，身行万里半天下，行踪所致，每逢佳处辄流连。松林松风入诗行，为我们留下了或幽深、或秀美、或阔远、或奇崛的艺术图画。

　　山前江水流浩浩，山上苍苍松柏老。舟中行客去纷纷，古今换易如秋草。(《留题仙都观》)①

诗作由山前江水浩浩、山上苍苍松柏入手，去凸显仙都观峥嵘楼观，予人以阔远之美。

其《自普照游二庵》则爱其长松吟风的清净之境：

　　长松吟风晚雨细，东庵半掩西庵闭。山行尽日不逢人，裛裛野梅香入袂。居僧笑我恋清景，自厌山深出无计。我虽爱山亦自笑，独往神伤后难继。不如西湖饮美酒，红杏碧桃香覆髻。作诗寄谢采薇翁，本不避人那避世。②

其游道场山何山则爱的是何山的幽静：

　　道场山顶何山麓，上彻云峰下幽谷。我从山水窟中来，尚爱此山看不足。陂湖行尽白漫漫，青山忽作龙蛇盘。山高无风松自响，误认石齿号惊湍。(《游道场山何山》)③

何山的幽静给予东坡极深的观感，他在《与客游道场何山得鸟字》中又写道：

　　清溪到山尽，飞路盘空小。红亭与白塔，隐见乔木杪。中休得小

---

① （宋）苏轼著，张志烈、马德富、周裕锴主编：《苏轼全集校注·诗集》，河北人民出版社2010年版，第35页。
② （宋）苏轼著，张志烈、马德富、周裕锴主编：《苏轼全集校注·诗集》，河北人民出版社2010年版，第858页。
③ （宋）苏轼著，张志烈、马德富、周裕锴主编：《苏轼全集校注·诗集》，河北人民出版社2010年版，第807页。

庵，孤绝寄云表。……何山隔幽谷，去路清且悄。长松度翠蔓，绝壁挂啼鸟。……明朝更陈迹，清景堕空杳。作诗记余欢，万古一昏晓。①

何山之幽秀、静美给予游赏的东坡和友人以欢悦。

在东坡相关诗文中，由于青松秀出，山川平添了灵秀之气，自然之美。诸如《过淮三首赠景山兼寄子由》其二："过淮山渐好，松桧亦苍然。"②松桧装点山林之美，呈现自然之美。其《次韵乐著作野步》："仰看落蕊收松粉，俯见新芽摘杞丛。"③仰看青松落蕊，俯见杞丛新芽，山野游赏之趣，自然而然。当然，东坡是大手笔，其写景涉松之作，往往因一字一句之创意，让人吟叹再三。其《和王斿二首》其二曰："未厌冰滩吼新洛，且看松雪媚南山。"④松雪装点南山，一个"媚"字，写出了松雪精神的别样风姿。

东坡一生交友广泛，与高僧道徒多有交往，或因公务山行，或因寻幽探胜，寺院道观往往成为其游赏栖息之所，不同地域的寺观在东坡笔下呈现了不同风貌，而相同的是，苍松翠柏时时浸染他的诗行，装点出荒谷山寺的僻陋和名山古刹的庄严辉煌形成鲜明对照。前者如斜谷南山的蟠龙寺：

> 横槎晚渡碧涧口，骑马夜入南山谷。……寺藏岩底千万仞，路转山腰三百曲。风生饥虎啸空林，月黑惊麇窜修竹。入门突兀见深殿，照佛青荧有残烛。愧无酒食待游人，旋斫杉松煮溪蔌。板阁独眠惊旅枕，木鱼晓动随僧粥。（《二十七日，自阳平至斜谷，宿于南山中蟠龙寺》）⑤

----

① （宋）苏轼著，张志烈、马德富、周裕锴主编：《苏轼全集校注·诗集》，河北人民出版社2010年版，第2022页。
② （宋）苏轼著，张志烈、马德富、周裕锴主编：《苏轼全集校注·诗集》，河北人民出版社2010年版，第1965页。
③ （宋）苏轼著，张志烈、马德富、周裕锴主编：《苏轼全集校注·诗集》，河北人民出版社2010年版，第2166页。
④ （宋）苏轼著，张志烈、马德富、周裕锴主编：《苏轼全集校注·诗集》，河北人民出版社2010年版，第2708页。
⑤ （宋）苏轼著，张志烈、马德富、周裕锴主编：《苏轼全集校注·诗集》，河北人民出版社2010年版，第352页。

荒野古寺僻陋之境况显见。东坡写荒祠古庙的残破，让读者和诗人一起感慨。如《至真州再和二首》中"荒祠过瓜步，古甓堕松巅"①两句写尽荒祠败落景象。《淮阴侯庙碑》铭文写"英雄旧里"的淮阴侯庙"枯松折柏，废井荒台"，一片荒败景象，东坡"我停单车，思人望古"②，无限感慨。

天下名山僧占多，东坡抒写名山古刹的名篇妙句与荒野山寺的描写恰成鲜明对照。东坡对于湖山寺观，最为欣赏的是余杭和庐山，名山古刹，与东坡自是一番情缘。庐山僧寺给予东坡最深的印象是奇秀与幽深。其《过庐山下（并引）》曰：

予过庐山下，云物腾涌，默有祷焉。未午，众峰凛然，故作是诗。
五老数松雪，双溪落天潭。虽云默祷应，顾有移文惭。③

庐山松雪、瀑布惊湍，奇美之景，令东坡时有归焉之想。而彰显庐山幽静之美则是东坡名作《观棋（并引）》，东坡曰：

予素不解棋，尝独游庐山白鹤观，观中人皆阖户昼寝，独闻棋声于古松流水之间，意欣然喜之。

于是，在"五老峰前，白鹤遗址。长松荫庭，风日清美"的如诗如梦的清幽之境中，东坡悟彻棋艺之真谛："胜固欣然，败亦可喜。优哉游哉，聊复尔耳。"④

东坡两度仕宦钱塘，游踪所至，几遍及余杭寺观，诗作亦多。兹今选择以松为诗材者为论。其《游灵隐寺，得来诗，复用前韵》诗曰：

---

① （宋）苏轼著，张志烈、马德富、周裕锴主编：《苏轼全集校注·诗集》，河北人民出版社2010年版，第2637页。
② （宋）苏轼著，张志烈、马德富、周裕锴主编：《苏轼全集校注·文集》，河北人民出版社2010年版，第1846页。
③ （宋）苏轼著，张志烈、马德富、周裕锴主编：《苏轼全集校注·诗集》，河北人民出版社2010年版，第4359页。
④ （宋）苏轼著，张志烈、马德富、周裕锴主编：《苏轼全集校注·诗集》，河北人民出版社2010年版，第4984页。

溪山处处皆可庐，最爱灵隐飞来孤。乔松百丈苍鬣须，扰扰下笑柳与蒲。高堂会食罗千夫，撞钟击鼓喧朝晡。凝香方丈眠毾㲪，绝胜絮被缝海图。清风时来惊睡余，遂超羲皇傲几蘧。归时栖鸦正毕逋，孤烟落日不可摹。①

钱塘之美在于"溪山处处皆可庐"，诗人之最爱乃是灵隐寺，其香火之盛与上文所举描写之荒山野寺恰成对照。东坡的《自净土步至功臣寺》抒写诗人傍晚时分从净土寺步行至功臣寺之剪影："落日岸葛巾，晚风吹羽扇。松间野步稳，竹外飞桥转。"② 松间野步，自是一番情趣。其《病中游祖塔院》"闭门野寺松阴转，欹枕风轩客梦长"则写尽了病闲清况，为下联悟道张目："因病得闲殊不恶，安心是药更无方。"③

在比照阅看东坡多首寺观游赏诗文后，对于东坡释道之缘多以松柏为诗料诗材的措意，因东坡之作略有领悟："茶笋尽禅味，松杉真法音。一眼吞江湖，万象涵古今。"（《参寥上人初得智果院会者十六人分韵赋诗轼得心字》）④

检索品味东坡流溢松风松韵的诗文，我们可以看到诗画兼擅的东坡对于古木怪石情有独钟，他自己喜好绘写枯木怪石，他也欣赏友人的同类画作，声气相投，吟咏再三。如果说读东坡"古松攀龙蛇，怪石坐牛羊"（《游灵隐高峰塔》）⑤、"长松怪石宜霜鬓，不用金丹苦驻颜"（《洞霄宫》）⑥、"就中山堂雪更奇，青松怪石乱琼丝"（《大雪，青州道上有怀东

---

① （宋）苏轼著，张志烈、马德富、周裕锴主编：《苏轼全集校注·诗集》，河北人民出版社2010年版，第639页。
② （宋）苏轼著，张志烈、马德富、周裕锴主编：《苏轼全集校注·诗集》，河北人民出版社2010年版，第695页。
③ （宋）苏轼著，张志烈、马德富、周裕锴主编：《苏轼全集校注·诗集》，河北人民出版社2010年版，第945页。
④ （宋）苏轼著，张志烈、马德富、周裕锴主编：《苏轼全集校注·诗集》，河北人民出版社2010年版，第3463页。
⑤ （宋）苏轼著，张志烈、马德富、周裕锴主编：《苏轼全集校注·诗集》，河北人民出版社2010年版，第1157页。
⑥ （宋）苏轼著，张志烈、马德富、周裕锴主编：《苏轼全集校注·诗集》，河北人民出版社2010年版，第1002页。

武园亭，寄交孔周翰》）①诗句，是诗人以灵心妙笔写高峰塔、洞霄宫、山堂雪景的自然之奇幽奇之美的话，东坡题画诗中一再称赏友人画作"丑石寒松未易亲，聊将短曲调长人"（《题李伯时画赵景仁琴鹤图二首》）②、"丑石半蹲山下虎，长松倒卧水中龙"（《题王晋卿画后》）③，则我们可以探知，东坡具有个人独特的审美眼光审美情趣。于是，东坡喜尚石屏上"不画长林与巨植，独画峨嵋山西雪岭上，万岁不老之孤松。"（《欧阳少师令赋所蓄石屏》）④；喜欢"江上愁心千叠山，浮空积翠如云烟。丹枫翻鸦伴水宿，长松落雪惊醉眠"《书王定国所藏〈烟江叠嶂图〉》⑤之画意；欣赏龙眠居士水墨奇绝"天公水墨自奇绝，瘦竹枯松写残月。梦回疏影在东窗，惊怪霜枝连夜发。……古来画师非俗士，妙想实与诗同出。龙眠居士本诗人，能使龙池飞霹雳"（《次韵吴传正枯木歌》）⑥。可知东坡胸中自有丘壑，在其周围应该有一个画苑的"丑石寒松"画派。

在东坡诸多诗文中尚有多篇以松风松韵比喻形容音乐的作品，限于篇幅，略而不论。

我们在吟味东坡诸多涉松之作时，曾惊奇于东坡此类诗文为何如此之多，东坡何以对于青松如此一往情深。我们发现除了上文我们论及的东坡少年植种松柏，种植下的乡情、亲情、爱情、爱好之外，漫漫人生路上，"松竹三益友"，东坡已把青松霜林化为精神层面的知己朋友，他会感受到山水有灵，青松有情："道人出山去，山色如死灰。白云不解笑，青松有余哀。忽闻道人归，鸟语山容开。"（《闻辩才法师复归上天竺以诗戏

---

① （宋）苏轼著，张志烈、马德富、周裕锴主编：《苏轼全集校注·诗集》，河北人民出版社2010年版，第1449页。
② （宋）苏轼著，张志烈、马德富、周裕锴主编：《苏轼全集校注·诗集》，河北人民出版社2010年版，第3368页。
③ （宋）苏轼著，张志烈、马德富、周裕锴主编：《苏轼全集校注·诗集》，河北人民出版社2010年版，第3722页。
④ （宋）苏轼著，张志烈、马德富、周裕锴主编：《苏轼全集校注·诗集》，河北人民出版社2010年版，第566页。
⑤ （宋）苏轼著，张志烈、马德富、周裕锴主编：《苏轼全集校注·诗集》，河北人民出版社2010年版，第3418页。
⑥ （宋）苏轼著，张志烈、马德富、周裕锴主编：《苏轼全集校注·诗集》，河北人民出版社2010年版，第4177页。

问》）① "莫笑官居如传舍，故应人世等浮云。百年父老知谁在，惟有双松识使君。"（《别东武流杯》）② 他把松鹤海棠看作自己的道友、乡人："郁郁苍髯真道友，丝丝红蕚是乡人。（苍髯，松也。红蕚，海棠也。）何时翠竹江村路，送我柴门月色新。"（《三月二十日开园三首》）③ 南迁谪居，他更对松风松韵依依情深："平湖春草合，步到栖禅寺。堂空不见人，老稚掩关睡。……风松独不静，送我作鼓吹。"（《残腊独出二首》）④

在黄州他因爱松而思结茅霜林："幽人无事不出门，偶逐东风转良夜。自知醉耳爱松风，会拣霜林结茅舍。"（《定惠院寓居月夜偶出》）⑤ 晚岁南迁，"松如迁客老"（《徐元用使君与其子端常邀仆与小儿过同游东山浮金堂戏作此诗》）。⑥ 他时时以松自喻："我年六十一，颓景薄西山。岁暮似有得，稍觉散亡还。有如千丈松，常苦弱蔓缠。养我岁寒枝，会有解脱年。"（《和陶岁暮作和张常侍》）⑦ "我坐华堂上，不改麋鹿姿。时来蜀冈头，喜见霜松枝。心知百尺底，已结千岁奇。煌煌凌霄花，缠绕复何为。举觞酹其根，无事莫相羁。"（《和饮酒二十首》其八）⑧

正由于东坡与松在精神境界上的会通，东坡笔下的松风松韵耐人寻味，激荡人心。

---

① （宋）苏轼著，张志烈、马德富、周裕锴主编：《苏轼全集校注·诗集》，河北人民出版社2010年版，第1718页。
② （宋）苏轼著，张志烈、马德富、周裕锴主编：《苏轼全集校注·诗集》，河北人民出版社2010年版，第1439页。
③ （宋）苏轼著，张志烈、马德富、周裕锴主编：《苏轼全集校注·诗集》，河北人民出版社2010年版，第4315页。
④ （宋）苏轼著，张志烈、马德富、周裕锴主编：《苏轼全集校注·诗集》，河北人民出版社2010年版，第4699页。
⑤ （宋）苏轼著，张志烈、马德富、周裕锴主编：《苏轼全集校注·诗集》，河北人民出版社2010年版，第2152页。
⑥ （宋）苏轼著，张志烈、马德富、周裕锴主编：《苏轼全集校注·诗集》，河北人民出版社2010年版，第5162页。
⑦ （宋）苏轼著，张志烈、马德富、周裕锴主编：《苏轼全集校注·诗集》，河北人民出版社2010年版，第4789页。
⑧ （宋）苏轼著，张志烈、马德富、周裕锴主编：《苏轼全集校注·诗集》，河北人民出版社2010年版，第3974页。

三 岁寒君记取，松雪看苍鳞
——东坡笔下的松精神松境界

研读东坡涉松诗文，研味东坡诗文中松风、松韵的同时，我们试图探研东坡诗文蕴含的松精神、松境界的奥秘。我们看到东坡早年在家乡手种青松三万栽，乃出于爱好和家乡的传统，这个喜好伴随其一生，随着人生仕宦浮沉、阅历渐深，其笔下的松风、松韵有了深刻的内涵，通过一系列相关的诗文，我们也可以看到东坡诗中有松，松中有人，二者精神会通的一面。而解开东坡松精神、松境界的锁钥，则是东坡的"人材观"。

东坡一生仕宦汲汲企为国用，撰著诗文愿为世用，正是从东坡力倡的有为于世撰实用之文的角度，我们看到了东坡与其笔下松风松韵的契合点，人、材一理，要为有用于世，有益于人。东坡晚年所撰《记松》一文颇为值得关注。文章精粹，迻录如下：

> 松之有利于世者甚博。松花、脂、茯苓，服之皆长生。其节煮之以酿酒，愈风痹，强腰足。其根、皮食之肤革香，久则香闻下风数十步外，其实食之滋血髓，研为膏，入漓酒中，则醇酽可饮。其明为烛，其烟为墨，其皮上藓为艾纳，聚诸香烟。其材产西北者至良，名黄松，坚韧冠百木。略述其用于世，凡十有一。不是闲居，不能究物理之精如此也。[①]

东坡自负"物理之精"，在松树的研究上，可以佐证其精于物理者，还有其比较南北松之区别，对苏过充满期待之情的《偃松屏赞（并引）》：

> 余为中山守，始食北岳松膏，为天下冠。其木理坚密，瘠而不瘁，信植物之英烈也。谪居罗浮山下，地暖多松，而不识霜雪，如高才胜人生绮纨家，与孤臣孽子有间矣。士践忧患，安知非福。幼子过

[①] （宋）苏轼著，张志烈、马德富、周裕锴主编：《苏轼全集校注·文集》，河北人民出版社2010年版，第8770页。

从我南来，画寒松偃盖为护首小屏。为之赞曰：

> 燕南赵北，大茂之麓。天僵雪峰，地裂冰谷。凛然孤清，不能无生。生此伟奇，北方之精。苍皮玉骨，碗碗齾齾。方春不知，冱寒秀发。孺子介刚，从我炎荒。霜中之英，以洗我瘴。①

两篇文章确可见出东坡对于松树的用途之研究乃"物理之精"者，东坡所列松之用途多达 11 种，且注意到由于地域气候的差异，南北松木质的区别。东坡高论立足于松之用，换言之松有益于世，松树一身都是宝。所以东坡涉松诗文中涉及松床、松扉、松花、松蕊、松黄、松脂（松肪）、松膏、茯苓、松醪、松煤、松墨日用种种。

但对于松树这"霜中之英"的生长日用的关注，东坡往往和人才培养结合起来，更为关切在当朝激烈党争的大背景下，政治生态恶化，大材小用，甚或弃之不用的现实状况。

东坡关于松树的栽种、培育保护的叙写，主要存留于《种松法》《戏作种松》和《种松得徕字》三篇诗文中：

> 我昔少年日，种松满东冈。初移一寸根，琐细如插秧。二年黄茅下，一一攒麦芒。三年出蓬艾，满山散牛羊。不见十余年，想作龙蛇长。（《戏作种松》）②

> 十月之后，冬至以前，松实结，熟而未落，折取，并萼收之竹器中，悬之风道。未熟则不生，过熟则随风飞去。至春初，敲取其实，以大铁锤入荒茅地中数寸，置数粒其中，得春雨自生。自采实至种，皆以不犯手气为佳。松性至坚悍，然始生至脆弱，多畏日与牛羊，故须荒茅地，以茅阴障日。若白地，当杂大麦数十粒种之，赖麦阴乃活。须护以棘，日使人行视，三五年乃成。五年之后，乃可洗其下枝使高。七年之后，乃可去其细密者使大。大略如此。（《种松法》）③

---

① （宋）苏轼著，张志烈、马德富、周裕锴主编：《苏轼全集校注·文集》，河北人民出版社 2010 年版，第 2386 页。
② （宋）苏轼著，张志烈、马德富、周裕锴主编：《苏轼全集校注·诗集》，河北人民出版社 2010 年版，第 2140 页。
③ （宋）苏轼著，张志烈、马德富、周裕锴主编：《苏轼全集校注·文集》，河北人民出版社 2010 年版，第 8416 页。

春风吹榆林，乱荚飞作堆。荒园一雨过，戢戢千万栽。青松种不生，百株望一枚。一枚已有馀，气压千亩槐。野人易斗粟，云自鲁徂徕。鲁人不知贵，万灶飞青煤。束缚同一车，胡为乎来哉。泫然解其缚，清泉洗浮埃。枝伤叶尚困，生意未肯回。山僧老无子，养护如婴孩。坐待走龙蛇，清阴满南台。孤根裂山石，直干排风雷。我今百日客，养此千岁材。茯苓无消息，双鬓日夜摧。古今一俯仰，作诗寄余哀。(《种松得徕字》)①

再参以涉及种松的诗句，总体予人的感觉是识材难，育材难，成材更难。在东坡相关诗文中，往往把青松的成材和人才的培育及命运结合起来。学为成人，东坡勉励后学要有松柏不与时迁、独立傲岸的精神：

苏子曰：士之求仕也，志于得也，仕而不志于得者，伪也。苟志于得而不以其道，视时上下而变其学，曰：吾期得而已矣。则凡可以得者，无不为也，而可乎？……不以时迁者，松柏也……(《送杭州进士诗叙》)②

立朝为官更要以天下为公，绝不能结党营私。其叙写滕达道与皇上议论朋党误国的一段文字，力倡为人要坦荡磊落，要有独立意志，独立精神：

帝曰："卿知君子小人之党乎？"公曰："君子无党。譬之草木，绸缪相附者必蔓草，非松柏也。朝廷无朋党，虽中主可以济，不然，虽上圣不治。"帝太息曰："天下名言也。"(《故龙图阁学士滕公墓志铭（代张文定公作)》)③

---

① （宋）苏轼著，张志烈、马德富、周裕锴主编：《苏轼全集校注·诗集》，河北人民出版社2010年版，第1910页。
② （宋）苏轼著，张志烈、马德富、周裕锴主编：《苏轼全集校注·文集》，河北人民出版社2010年版，第1013页。
③ （宋）苏轼著，张志烈、马德富、周裕锴主编：《苏轼全集校注·文集》，河北人民出版社2010年版，第1565页。

正由于此，诗人"我作西园诗，以为里人箴"，力倡松境界、松精神，其诗曰：

> 人皆种榆柳，坐待十亩阴。我独种松柏，守此一寸心。君看闾里间，盛衰日骎骎。种木不种德，聚散如飞禽。老时吾不识，用意一何深。知人得数士，重义忘千金。西园手所开，珍木来千岑。养此霜雪根，迟彼鸾凤吟。(《滕县时同年西园》)①

在东坡一生中，他育才爱才惜才，但在现实政治生活中，他痛切地发现，大材小用古所叹，良材弃置时时有，为之痛心疾首。在诗作中，东坡为刁景纯、李诚之"宏材乏近用""才大古难用""清朝竟不用"伤感叹惋：

> 读书想前辈，每恨生不早。纷纷少年场，犹得见此老。此老如松柏，不受霜雪槁。直从毫末中，自养到合抱。宏材乏近用，千岁自枯倒。文章余正始，风节贯华皓。平生为人尔，自为薄如缟。是非虽难齐，反覆看愈好……忍见万松冈，荒池没秋草。(《哭刁景纯》)②
>
> 青青一寸松，中有梁栋姿。天骥堕地走，万里端可期。世无阿房宫，可建五丈旗。又无穆天子，西征燕瑶池。才大古难用，老死亦其宜。丈夫恐不免，岂患莫己知。公如松与骥，少小称伟奇。俯仰自廊庙，笑谈无羌夷。清朝竟不用，白首仍忧时。愿斩横行将，请烹乾没儿。言虽不见省，坐折奸雄窥。嗟我去公久，江湖生白髭。归来耆旧尽，零落存者谁。比公嵇中散，龙性不可羁。疑公李北海，慷慨多雄词。凄凉五君咏，沉痛八哀诗。邪正久乃明，人今属公思。九原不可传，千古有余悲。(《故李诚之待制六丈挽词》)③

---

① （宋）苏轼著，张志烈、马德富、周裕锴主编：《苏轼全集校注·诗集》，河北人民出版社2010年版，第1840页。
② （宋）苏轼著，张志烈、马德富、周裕锴主编：《苏轼全集校注·诗集》，河北人民出版社2010年版，第1603页。
③ （宋）苏轼著，张志烈、马德富、周裕锴主编：《苏轼全集校注·诗集》，河北人民出版社2010年版，第3179页。

青松出涧壑，十里闻风声

良材、良马、贤士生不逢时，不为世用，但刁景纯、李诚之身逢大宋盛世，却"清朝竟不用"，实在令人唏嘘叹恨。探究其原委，现实政坛复杂，而人事纷争，往往因一言一事决定一个人前途命运，其《吊徐德占（并引）》透露了个中信息：

> 余初不识德占，但闻其初为吕惠卿所荐，以处士用。元丰五年三月，偶以事至蕲水。德占闻余在传舍，惠然见访，与之语，有过人者。是岁十月，闻其遇祸，作诗吊之。
>
> 美人种松柏，欲使低映门。栽培虽易长，流恶病其根。哀哉岁寒姿，肮脏谁与伦。竟为明所误，不免刀斧痕。一遭儿女污，始觉山林尊。①

东坡一生，在文学艺术上，可谓一代天才，享有盛誉。在仕宦穷通上，可谓大起大落，阅尽人间万象，神宗对其有"才难"之叹。所以东坡诗文中由青松培育之难而及现实人才摧抑，往往感同身受，笔端充溢深情。

其相关诗文中，将松风松韵和个人命运紧密联系在一起的是其直面南迁的《中山松醪赋》：

> 始余宵济于衡漳，车徒涉而夜号。燧松明而识浅，散星宿于亭皋。郁风中之香雾，若诉予以不遭。岂千岁之妙质，而死斤斧于鸿毛。效区区之寸明，曾何异于束蒿。烂文章之纠缠，惊节解而流膏。嗟构厦其已远，尚药石而可曹。收薄用于桑榆，制中山之松醪。救尔灰烬之中，免尔萤爝之劳。取通明于盘错，出肪泽于烹熬。与黍麦而皆熟，沸春声之嘈嘈。味甘馀而小苦，叹幽姿之独高。知甘酸之易坏，笑凉州之蒲萄。似玉池之生肥，非内府之蒸羔。酌以瘿藤之纹樽，荐以石蟹之霜螯。曾日饮之几何，觉天刑之可逃。投挂杖而起行，罢儿童之抑搔。望西山之咫尺，欲褰裳以游遨。跨超峰之奔鹿，接挂壁之飞猱。遂从此而入海，渺翻天之云涛。使夫嵇、阮之伦，与八仙之群豪。或骑麟而翳凤，争橛挈而瓢操。颠倒白纶巾，淋漓宫锦

---

① 曾枣庄、舒大刚主编：《三苏全书》，语文出版社2001年版，第44页。

袍。追东坡而不可及，归哺歠其醨糟。漱松风于齿牙，犹足以赋《远游》而续《离骚》也。①

《松醪赋》是东坡对于自己人生寓托于松醪的深沉思考与探索，是一篇研究东坡晚年思想的重要文献。值得关注的是，东坡自己对于《松醪赋》极为看重，曾书赠亲友，以求沟通理解。"亲书《松醪》一赋为信，想发一笑也。"（《与钱济明十六首（之二）》）② "向在中山，创作《松醪》，有一赋，闲录呈，以发一笑。"（《与程正辅》）③ 由于东坡一生遭际，尽寓一赋，人生思索，具在《松醪》，所以相关文字对于我们了解《松醪赋》颇有启发，其《书松醪赋后》写道："传正平生学道既有得矣，予亦窃闻其一二。今将适岭表，恨不及一别，故以此赋为赠，而致思于卒章，可以超然想望而常相从也。"④ 《松醪赋》结篇曰："追东坡而不可及，归哺歠其醨糟。漱松风于齿牙，犹足以赋《远游》而续《离骚》也。"则远绍屈原赋《远游》而续《离骚》。"离骚者，犹离忧也。""悲时俗之迫陀兮，愿轻举而远游。"则其意可知。其《中山松醪寄雄州守王引进》又曰："郁郁苍髯千岁姿，肯来杯酒作儿嬉"⑤，则其有寓托可知。东坡一生追慕的具有"岁寒后凋"内在精神的栋梁之材，被摧栋为薪，析枝为膏，酿以为醪，仍然欲效药石而收薄用，与东坡一生胸怀匡扶之志，意欲有为于世，做有用之人，撰有为之文，然而"人生不如意，十事常八九"，宦海浮沉，面临再度贬谪，仍心存微茫希望的处境心绪，何等相似。

然而细味东坡的涉松诗文，我们看到，历经坎坷的东坡，在人生特定的时期，往往用青松生于艰难、岁寒后凋独立不倚的精神自励励人。如《次韵黄鲁直效进士作岁寒知松柏诗》：

---

① （宋）苏轼著，张志烈、马德富、周裕锴主编：《苏轼全集校注·文集》，河北人民出版社2010年版，第57页。

② （宋）苏轼著，张志烈、马德富、周裕锴主编：《苏轼全集校注·文集》，河北人民出版社2010年版，第5807页。

③ （宋）苏轼著，张志烈、马德富、周裕锴主编：《苏轼全集校注·文集》，河北人民出版社2010年版，第5949页。

④ （宋）苏轼著，张志烈、马德富、周裕锴主编：《苏轼全集校注·文集》，河北人民出版社2010年版，第7330页。

⑤ （宋）苏轼著，张志烈、马德富、周裕锴主编：《苏轼全集校注·诗集》，河北人民出版社2010年版，第4299页。

龙蛰虽高卧，鸡鸣不废时。炎凉徒自变，茂悦两相知。已负栋梁质，肯为儿女姿。那忧霜贸贸，未喜日迟迟。难与夏虫语，永无秋实悲。谁知此植物，亦解秉天彝。①

他如《次韵子由柳湖感物》：

四时盛衰各有态，摇落凄怆惊寒温。南山孤松积雪底，抱冻不死谁复贤。②

再如《次京师韵送表弟程懿叔赴夔州运判》：

与子甥舅氏，摧颓各苍颜。并为东诸侯，长此佳江山。寒松无时花，安得插髻鬟。惟将老不死，一笑荣枯间。子亦拙进取，才高命坚顽。譬如万斛舟，行此九折湾。③

在诸多诗文中，东坡礼赞寒松不随波逐流，不媚时迁变，不为小儿女之态的独立傲岸的松境界松精神，励己励人。更为可喜的是，东坡历经坎坷，贬谪流寓之中，直面人生，思索人生，始终执着追求人生理想道德品格，卓然独立，无怨无悔。其《行宿泗间见徐州张天骥次旧韵》以孤松自比，自明心志：

二年三蹋过淮舟，款段还逢马少游。无事不妨长好饮，著书自要且穷愁。孤松早偃元非病，倦鸟虽还岂是休。更欲河边几来往，只今霜雪已蒙头。④

---

① （宋）苏轼著，张志烈、马德富、周裕锴主编：《苏轼全集校注·诗集》，河北人民出版社2010年版，第3386页。
② （宋）苏轼著，张志烈、马德富、周裕锴主编：《苏轼全集校注·诗集》，河北人民出版社2010年版，第542页。
③ （宋）苏轼著，张志烈、马德富、周裕锴主编：《苏轼全集校注·诗集》，河北人民出版社2010年版，第3558页。
④ （宋）苏轼著，张志烈、马德富、周裕锴主编：《苏轼全集校注·诗集》，河北人民出版社2010年版，第4051页。

历经艰难之后，其《醮上帝青词三首》依然畅言：

> 幸不死于岭南，得退归于林下。少驻桑榆之暮景，庶几松柏之后凋。①

对于屈原贾谊的遭遇，东坡"愿求南宗一勺水，往与屈贾湔余哀"。而直面自己的九死一生，却是"九死南荒吾不恨，兹游奇绝冠平生"的执着与傲岸。所以品味东坡涉松诗文中的松风松韵，我们感到岁寒后凋独立不倚的松境界松精神，已然融入东坡的精神世界，成为东坡精神不可分割的一部分。

东坡诗文中的松风松韵、松境界松精神，固然其受到儒家思想"岁寒乃知松柏之后凋也"的影响，也可看到左思低回咏叹"郁郁涧底松，离离山上草。以彼径寸茎，荫此百尺条"②的影子，但我们更为深切地感受到，东坡的涉松诗文，起始于个人种植爱好，根源于儒家岁寒后凋的文化根脉，深化于现实政治人生的波谲云诡，从而二百余首相关诗文，形成了东坡诗文蕴含的独特松风松韵，呈现了特有的松境界松精神。东坡笔下的松风松韵是一个灵动的流溢着诗美的情感世界："青松出涧壑，十里闻风声。"③品读东坡有关松魂魄松精神之诗文，恍然可见月夜松影如画，斑驳松纹似诗，风吹松涛像歌。永恒的明月朗照，千午青松傲立，让人从心底升腾景慕之意。

---

① （宋）苏轼著，张志烈、马德富、周裕锴主编：《苏轼全集校注·文集》，河北人民出版社2010年版，第6821页。
② （西晋）左思：《咏史八首》，载逯钦立辑校《先秦汉魏晋南北朝诗》，中华书局1983年版，第733页。
③ （宋）黄庭坚：《古诗二首上苏子瞻》，载任渊等注，刘尚荣校点《黄庭坚诗集注》，中华书局2003年版，第47页。

第五编

永远鲜活的"坡仙"风神

——苏轼与俗文学探论

暂借诗文消永夜，每逢佳处辄参禅
——东坡与"说参请"散论

据现有文献资料和诸多专家学者的研讨，学界公认宋代说话四家中有"说经"一家，而"说经"又包括有"说经，谓演说佛书；说参请，谓宾主参禅悟道等事"以及"说诨经"①。但由于观念差异、资料缺乏，加之论述的侧重，现今通行的一些有较大影响的文学史教材和一些研究话本小说、宋元小说史的著述，在论及宋代话本小说时，对于"说参请"话本大多略而不论或言之不详。程千帆先生、吴新雷先生的《两宋文学史》，胡士莹先生所著《话本小说概论》以及程毅中先生的《宋元小说史》一书论之较详。令我们感兴趣的是，论者所引宋元"说参请"话本，多与苏轼相关，笔者长期关注"说参请"研究的进展，所以本文不拟对有关说参请的定名、内涵、演变加以讨论，仅就苏轼与"说参请"这个话题试加探讨，以就教于同好。

一 东坡身后忙不彻，三教九流都扯拽
——宋元"说参请"话本与苏轼

但凡关注宋代"说参请"话本的学者，所引述的资料多与东坡有关，综合程千帆先生的《两宋文学史》、胡士莹先生的《话本小说概论》及程毅中先生的《宋元小说史》中所引述的文献，计有以下几种：

其一，丁传靖《宋人轶事汇编》卷12所引东坡与琴操参悟故事。《两宋文学史》认为"这是宋人记录的一个说参请的样本"。故事甚是精粹，

---

① 胡士莹：《话本小说概论》，中华书局1980年版，第107页。

迻录如下：

> 杭妓琴操善应答，东坡善之，因在西湖戏琴云："我作长老，尔试参禅。"问琴云："何谓湖中景？"答云："落霞与孤鹜齐飞，秋水共长天一色。""何谓景中人？"答云："裙拖六幅潇湘水，鬓挽巫山一段云。""何谓人中意？"答云："随他杨学士，憋杀鲍参军。""如此究竟如何？"坡云："门前冷落车马稀，老大嫁作商人妇。"琴操大悟，即日削发为尼。①

《宋人轶事汇编》原注辑自方勺《泊宅编》，然现今流传《泊宅编》各类版本不见此文。胡士莹先生《话本小说概论》所引为"梅禹金《青泥莲花记》卷1下《琴操》"条，情节基本相同，而字句略有差异②。吴曾《能改斋漫录》卷16亦有这段文字，不同的是，问答双方易位，由原来的东坡问，琴操答，改为琴操问，东坡答，且字面略有不同，其文曰："杭之西湖，有一倅闲唱少游《满庭芳》，偶然误举一韵云：'画角声断斜阳'。妓琴操在侧云：'画角声断谯门，非斜阳也。'倅因戏之曰：'尔可改韵否？'琴即改作阳字韵云：'山抹微云，天连衰草，画角声断斜阳。暂停征辔，聊共饮离觞，多少蓬莱旧侣，频回首，烟霭茫茫。孤村里，寒鸦万点，流水遶低墙。魂伤当此际，轻分罗带，暗解香囊。漫赢得青楼薄倖名狂。此去何时见也，襟袖上，空有余香，伤心处，长城望断，灯火已昏黄。'东坡闻而称赏之。后因东坡在西湖，戏琴曰：'我作长老，尔试来问。'琴云：'何谓湖中景？'东坡答云：'秋水共长天一色，落霞与孤鹜齐飞。'琴又云：'何谓景中人？'东坡云：'裙拖六幅潇湘水，鬓挽巫山一段云。'又云：'何谓人中意？'东坡云：'惜他杨学士，憋杀鲍参军。'琴又云：'如此究竟如何？'东坡云：'门前冷落鞍马稀，老大嫁作商人妇。'琴大悟，即削发为尼。"③

这三处记载相互参照，给我们以两点启示：第一，东坡与琴操西湖参问故事在宋代曾广为流传；第二，宋代的说参请在不同场合，在不同说书

---

① 程千帆、吴新雷：《两宋文学史》，中华书局2003年版，第596页。
② 胡士莹：《话本小说概论》，中华书局1980年版，第116页。
③ 吴曾：《能改斋漫录》，中华书局1960年版，第483页。

人的讲述中，会因时、因人等因素加以增减；其增减的原因，是演说的需要，同题的故事若作为"入话"，篇幅相对短小；作为"正话"，就要丰富内容。这类现象在话本小说中多有。

程千帆《两宋文学史》认为："它或许是说话人编造的，或许苏轼和琴操真有过这段问答，但无论如何，这乃是属于说参请的基本方式。"① 我们认同程先生的观点，但更倾向于东坡确与琴操有过这段问答，东坡与马正卿的交往可以作为参证：

> 杞人马正卿作太学正，清苦有气节。学生既不喜，博士亦忌之。余偶至其斋中，书杜子美《秋雨叹》一篇壁上，初无意也，而正卿即日辞归，不复出。至今白首穷饿，守节如故。正卿，字梦得。(《东坡志林》卷五《马正卿守节》)②

其二，《东坡居士佛印禅师语录问答》。程千帆《两宋文学史》、张政烺《〈问答录〉与说参请》认为，这是"现今留存的唯一的说参请话本"③。

《东坡居士佛印禅师语录问答》1卷，共27条。明末赵开美翻刻时改题为《东坡佛印问答录》。据曾枣庄、舒大刚先生主编《三苏全书》所收《问答录》，27条内容中，涉及东坡佛印等谐谑嘲弄的计有9条；行令6条；商谜2条；联句2条（包括《联句嘲僧》）；秦少游与苏小妹趣闻6条；此外有《藏春坞诗》《佛印因东坡见罪》《与佛印答问》。严格地说，27条之中，只有《与佛印答问》《联佛印松诗》可谓典型的说参请样本，内容如下：

> 东坡得杭州倅，一日过天竺，与佛印遇于九里松。握手纵步，坡见一峰峭拔稍可爱，因问何山。佛印曰："此飞来峰也。"坡曰："何不'飞去'？"印曰："一动不如一静。"坡曰："若欲静来作么？"答曰："既来之，则安之。"
>
> 及寺门，见捏塑金刚壮丽，问佛印曰："二金刚何者为尊？"印

---

① 程千帆、吴新雷：《两宋文学史》，中华书局2003年版，第596页。
② 曾枣庄、舒大刚主编：《三苏全书》第5册，语文出版社2001年版，第220页。
③ 程千帆、吴新雷：《两宋文学史》，中华书局2003年版，第599页。

曰："握拳者尊。"及至殿，见有奉佛者斋供罗列，香烛具陈，复询曰："金刚尊大，斋供不及何也？"印曰："彼司门户，恃势张盛，降魔护法，无预斋供。所以时人有诗嘲云：'撑肩努眼恶精神，捏合从来假似真。刚被法门借权势，不知身自是泥人。'"

后至上天竺，见观音手持数珠，坡曰："观音既是佛，持念珠果何意耶？"印曰："亦不过念佛号耳。"复询念何佛号，印曰："亦只念观音佛号。"坡曰："彼自是观音，自诵其号，未审何谓？"印曰："求人不如求己。"

复见座前致经一卷于其上云："咒诅诸毒药，所欲害身者。念彼观音力，还著于本人。"坡喟然叹曰："佛仁人也，岂有免一人之难而害一人之命乎？是亦去彼及此，与夫不爱者何异也？"因谓佛印曰："今我体佛之意而改正之可乎？曰'咒咀诸毒药，所欲害身者。念彼观音力，两家都没事。'"佛印曰："善。"坡赞云："南海大士真奇绝，手持数珠一百八。始知求己胜求人，自念'观世音菩萨'。"（《与佛印答问》）①

东坡过天竺谒佛印，款语间，因言"窗前两松，昨为风折其一，怅怅成一联，竟未得续其后"，举以示坡云："龙枝已逐风雷变，减却虚窗半日凉。"坡续云："天爱禅心圆似镜，故添明月伴清光。"佛印喜其敏捷，叹服不已。（《联佛印松诗》）②

《东坡佛印问答录》虽署名东坡，但为后人伪托之作。论者之所以重视，是因为"它的史料价值还在于，给我们提供了一部确属宋代的作品"。③

《东坡佛印问答录》内容复杂，关于此书的性质，学界有不同的看法，它是"说参请话本"④，还是"乔合生话本"⑤，抑或是"一本笑话为主的通俗小说"⑥，学界意见不一。依据该书展示的实际内容，我们认同《两宋

---

① 曾枣庄、舒大刚主编：《三苏全书》第19册，语文出版社2001年版，第650页。
② 曾枣庄、舒大刚主编：《三苏全书》第19册，语文出版社2001年版，第648—649页。
③ 程毅中：《宋元小说研究》，江苏古籍出版社1999年版，第257页。
④ 程千帆、吴新雷：《两宋文学史》，中华书局2003年版，第599页。
⑤ 程毅中：《宋元小说研究》，江苏古籍出版社1999年版，第252页。
⑥ 程毅中：《宋元小说研究》，江苏古籍出版社1999年版，第255页。

文学史》的论说,"诸如行令、联句、商谜、属对以及做杂体诗等各种文字游戏,也往往包括在说参请之中"①。胡士莹先生曾详细分析了说参请发展演变的过程,"关于'说参请',还有一些迹象值得加以注意":

> 较早的《都城纪胜》里,只有"说参请"的记载而无"诨经",这是否说明那时的"说参请",还规规矩矩地说些"参禅悟道"之事,没有到"诨"的地步。稍晚的《梦梁录》于"说参请"之外,增出了"诨经"一项,两者并列,亦可想见"说参请"或"说经"的一支已经逐渐变"诨",但正规的"说参请"仍保留着。最晚的《武林旧事》,已只有"诨经"而无"说参请"了。这是否意味着"说参请"已逐渐为"诨经"所取代。"说参请"与"说诨经"之间的递变过程,是否如此,很可研究。②

胡士莹先生虽是推论,但相关文献资料可以佐证,"说诨经"虽未能完全取代"说参请",但"说经""说参请"中"诨经"的成分确乎在逐渐增加,因此,《东坡佛印问答录》才给人以"所记东坡佛印问答,都是彼此嘲戏之事,与参禅悟道等事不类"③的印象。

当然本文主旨在于探究为何论及"说参请"往往关涉苏轼,以及苏轼的关涉佛理参悟类著述。简言之,宋代至今留存、学者所论宋代的"说参请"样本多与东坡有关。

二 十方三界世尊面 都在东坡掌握中
——苏轼与禅理、禅悟、禅悦、禅趣的相关诗文创作

东坡《送佛杖与罗浮长老》诗云:"十方三界世尊面,都在东坡掌握中。"④在现存的东坡诗词文赋中,我们时时可以看到佛理参悟的影子。

---

① 程千帆、吴新雷:《两宋文学史》,中华书局2003年版,第599页。
② 胡士莹:《话本小说概论》,中华书局1980年版,第117页。
③ 胡士莹:《话本小说概论》,中华书局1980年版,第116页。
④ (宋)苏轼著,张志烈、马德富、周裕锴主编:《苏轼全集校注·诗集》,河北人民出版社2010年版,第4675页。

上文所引之《东坡佛印问答录》，即有一个片段源自东坡题跋《改观音经》：

> 《观音经》云："咒诅诸毒药，所欲害身者。念彼观音力，还着于本人。"东坡居士曰："观音，慈悲者也。今人遭咒诅，念观音之力，而使还着于本人，则岂观音之心哉？"今改之曰："咒诅诸毒药，所欲害身者。念彼观音力，两家总没事。"①

并且东坡题跋中尚有类似文字，诸如《书咒语赠王君》：

> 王君善书符，行天心正一法，为里人疗疾驱邪。仆尝传咒法，当以传王君。其辞曰：汝是已死我，我是未死汝。汝若不吾祟，吾亦不汝苦。②

他如《书破地狱偈》：

> "若人欲了知，三世一切佛，应观法界性，一切惟心造。"近有人丧妻者，梦其妻求破地狱偈，觉而求之，无有也。问荐福古老，云此偈是也。遂举家持诵。后见亡者宝衣天冠，缥缈空中，称谢而去。轼闻之佛印禅师，佛印闻之范尧夫。③

无论是亲历还是听闻，均着眼于"一切唯心造"之慧识，佛性慈悲，点化俗世超越恩怨情仇，福佑芸芸众生。前贤注意到东坡将人生哲思与禅理参悟会融的特色，或谓东坡题跋，"其文俱从般若部中来"（毛晋《汲古阁书跋·东坡题跋》引洪觉范语）④；或谓"苏公之诗，惟其自言'河声便是广长舌，山色岂非清净身'二语，足以尽之"（翁方纲《石洲诗话》卷3）⑤，下文我们试从三个方面略加阐述。

---

① （宋）苏轼著，屠友祥校注：《东坡题跋校注》，上海远东出版社2011年版，第60页。
② （宋）苏轼著，屠友祥校注：《东坡题跋校注》，上海远东出版社2011年版，第37页。
③ （宋）苏轼著，屠友祥校注：《东坡题跋校注》，上海远东出版社2011年版，第41页。
④ 四川大学中文系唐宋文学研究室编：《苏轼资料汇编》，中华书局1994年版，第1081页。
⑤ 四川大学中文系唐宋文学研究室编：《苏轼资料汇编》，中华书局1994年版，第1390页。

(一) 鸟语演实相，饭香悟真空——东坡以言语文字做佛事

检索苏轼诗文集，我们看到了诸多"参禅悟道"的文字，将其置于佛门灯录之中，似可乱真。如其《书若逵所书经后》：

> 怀楚比丘，示我若逵所书二经。经为几品，品为几偈，偈为几句，句为几字，字为几画，其数无量。而此字画，平等若一，无有高下、轻重、大小。云何能一？以忘我故。若不忘我，一画之中，已现二相，而况多画！如海上沙，是谁磋磨，自然匀平，无有粗细？如空中雨，是谁挥洒，自然萧散，无有疏密？咨尔楚、逵，若能一念，了是法门，于刹那顷，转八十藏，无有忘失，一句一偈。东坡居士，说是法已，复还其经。①

再如《金刚经跋尾》：

> 闻昔有人，授持诸经，摄心专妙。常以手指，作捉笔状。于虚空中，写诸经法。是人去后，此写经处，自然严净，雨不能湿。凡见闻者，孰不赞叹，此希有事。有一比丘，独拊掌言："惜此藏经，止有半藏。"乃知此法，有一念在，即为尘劳。而况可以，声求色见。今此长者，谭君文初，以念亲故，示人诸相。取黄金屑，书《金刚经》，以四句偈，悟入本心。灌流诸根，六尘清净。方此之时，不见有经，而况其字。字不可见，何者为金？我观谭君，孝慈忠信，内行纯备。以是众善，庄严此经，色相之外，炳然焕发。诸世间眼，不具正见，使此经法，缺陷不全。是故我说，应如是见。东坡居士，说是法已，复还其经。②

二文内容均为参禅开悟，"东坡居士，说是法已，复还其经"，俨然老僧说法语气。陈天定《古今小品》卷7评《书若逵所书经后》为"就字

---

① （宋）苏轼著，屠友祥校注：《东坡题跋校注》，上海远东出版社2011年版，第247页。
② （宋）苏轼著，屠友祥校注：《东坡题跋校注》，上海远东出版社2011年版，第65—66页。

参禅"①。《金刚经跋尾》为东坡在惠州时所作。东坡贬惠州，谭文初为眉州太守，有书信往来，此跋应作于此时。陈天定《古今小品》卷7曰：

> 王纳谏云：谭君特富儿佞佛者耳，东坡盖反词以药之，然亦谀宜相半。②

"谀宜相半"于书信往来，乃是常格，不必过责，东坡欲启悟谭氏的苦心贯穿于文字之间。

在东坡的相关文字中，此类参悟之作尚有《记石塔长老答问》《袁弘论佛说》《记朱炎禅颂》《记金光明经后》，等等。如《记石塔长老答问》云：

> 石塔来别居士，居士云："经过草草，恨不一见石塔。"塔起立云："遮个是砖浮图耶？"居士云："有缝。"塔云："无缝何以容世间蝼蚁？"坡首肯之。元丰八年八月二十七日。③

东坡与石塔长老戒公多所往来，相关文字有《石塔戒衣铭》《重请戒长老住石塔颂》等。论者对于这些交往文字给予了关注。李一冰先生认为东坡《重请戒长老住石塔颂》"虽为游戏之笔，却是上乘禅喜文字"④。其颂曰：

> 大士未曾说法，谁作金毛之声；众生各自开堂，何关石塔之事。去无作相，往亦随缘。长老戒公，开不二门，施无尽藏。念西湖之久别，本是偶然，为东坡而少留。无不可者。一时作礼，重听白椎。渡口船回，依旧云山之色；秋来雨过，一新钟鼓之音。谨疏。⑤

---

① 四川大学中文系唐宋文学研究室编：《苏轼资料汇编》，中华书局1994年版，第1077页。
② （宋）苏轼著，张志烈、马德富、周裕锴主编：《苏轼全集校注·文集》，河北人民出版社2010年版，第7484页。
③ （宋）苏轼著，张志烈、马德富、周裕锴主编：《苏轼全集校注·文集》，河北人民出版社2010年版，第8253页。
④ 李一冰：《苏东坡大传》，九州出版社2006年版，第375页。
⑤ （宋）苏轼著，张志烈、马德富、周裕锴主编：《苏轼全集校注·文集》，河北人民出版社2010年版，第6876页。

惠洪《冷斋夜话》卷7、张邦基《墨庄漫录》卷4对于东坡与石塔答问均有记述，已具故事情节，张邦基在记述元丰八年（1085）八月二十一日的答问后，续曰：

> 明日，坡又作诗赠之云："竹西失却上方老，石塔还逢惠照师。我亦化身东溟去，姓名莫遣世人知。"①

人常谓"宰相肚里能撑船"，恰如佛门广大，无所不容，有缝石塔若"无缝何以容世间蝼蚁"，虽为戏语却藏禅机，所以陈天定《古今小品》谓东坡《记石塔长老答问》"不惟可作禅师，乃亦可作宰相"②。

东坡一生曾广交方外友，书信言语之间，常涉参禅机趣，除《记石塔长老答问》外，东坡所录还有《记参寥龙丘答问》《记南华长老答问》《记卓契顺答问》《记焦山长老答问》诸作，东坡居士"以笔砚作佛事"（《秀州长老》）③，一部分文字与佛门参问已全然近似，也有一些篇目，还可看到明显的受参禅问道影响的地方。如其《记参寥龙丘答问》写道：

> 慈湖程氏草堂，瀑流出两山间，落于堂后，如悬布崩雪，如风中絮，如群鹤舞。参寥问主人乞此地养老，主人许之。东坡居士投名作供养主，龙丘子欲作库头。参寥不纳，曰："待汝一口吸尽此水，即令汝作。"龙丘子无对。④

与《景德传灯录》卷8所记庞蕴马祖问答相比较，差为近似，其文曰：

> 襄州居士庞蕴之江西，参问马祖云："不与万法为侣者是什么

---

① 上海古籍出版社编：《宋元笔记小说大观》，上海古籍出版社2007年版，第295页。
② 四川大学中文系唐宋文学研究室编：《苏轼资料汇编》，中华书局1994年版，第1078页。
③ （宋）苏轼著，张志烈、马德富、周裕锴主编：《苏轼全集校注·文集》，河北人民出版社2010年版，第8238页。
④ （宋）苏轼著，张志烈、马德富、周裕锴主编：《苏轼全集校注·文集》，河北人民出版社2010年版，第8252页。

人？"祖云："待汝一口吸尽西江水，即向汝道。"居士言下顿悟玄要。①

东坡半生坎坷，随着人生阅历的丰富，于佛禅濡染愈深，禅理、禅悟、禅趣、禅悦已自然融入其人际交往之中，其与方外友交谈所录，常关涉参禅悟道之异人异事：

芝上人言：近有节度判官朱炎者，学禅久之，忽于《楞严经》若有所得者，问讲僧义江云："此身死后，此心何在？"江云："此身未死，此心何在？"炎良久以偈答曰："四大不须先后觉，六根还向用时空。难将语默呈师也，只在寻常语默中。"师可之。其后竟坐化，真庙时人也。(《记朱炎禅颂》)②

朱炎乃真宗时人，学禅有得，终以坐化。卓契顺则不避艰险，万里赴惠，问候东坡，言语行动之间，颇具禅趣。东坡《记卓契顺答问》载曰：

苏台定慧院净人卓契顺，不远数千里，涉岭海，候无恙于东坡。东坡问："将什么土物来？"顺展两手。坡云："可惜许数千里空手来。"顺做荷担式，缓步而去。③

在后期迁谪生涯中，东坡更是把自己现实人生的体悟与佛禅参悟有机地融合在一起。绍圣二年（1095）八月一日，王闰之祥除之日，东坡、苏过有过一番对禅理人生的研味：

轼之幼子过，其母同安郡君王氏讳闰之，字季章，享年四十有六。以元祐八年八月一日，卒于京师，殡于城西惠济院。过未免丧，而从轼迁于惠州，日以远去其母之殡为恨也。念将祥除，无以申罔极

---

① 道元辑，朱俊红点校：《景德传灯录》，海南出版社2011年版，第213页。
② （宋）苏轼著，屠友祥校注：《东坡题跋校注》，上海远东出版社2011年版，第59页。
③ （宋）苏轼著，张志烈、马德富、周裕锴主编：《苏轼全集校注·文集》，河北人民出版社2010年版，第8249页。

之痛，故亲书《金光明经》四卷，手自装治，送虔州崇庆禅院新经藏中，欲以资其母之往生也。泣而言于轼曰："书经之劳微矣，不足以望丰报，要当口诵而心通，手书而身履之，乃能感通佛祖，升济神明。而小子愚冥，不知此经皆真实语耶，抑寓言也？当云何见云何行？"轼曰："善哉问也。吾常闻之张文定公安道曰：'佛乘无大小，言亦非虚实，顾我所见如何耳。万法一致也，我若有见，寓言即是实语；若无所见，实寓皆非。'故《楞严经》云：若一众生未成佛，终不于此取涅槃。若诸菩萨急于度人，不急于成佛，尽三界众生皆成佛已，我乃涅槃。若诸菩萨觉知此身，无始以来，皆众生相，冤亲拒受。内外障护，即卵生相。坏彼成此，损人益己，即胎生相。爱染留连，附记有无，即湿生相。一切勿变，为己主宰，即化生相。此四众生相者，与我流转，不觉不知，勤苦修行，幻力成就。则此四相，伏我诸根，为涅槃相。以此成佛，无有是处。此二菩萨，皆是正见。乃知佛语，非寓非实。今汝若能为流水长者，以大愿力，象取无碍法水，以救汝流浪渴涸之鱼，又能观诸世间，虽甚可爱，而虚幻无实，终非我有者，汝即舍离，如萨埵王子舍身，虽甚可恶，而业所驱迫，深可怜悯者，汝即布施，如萨埵王子施虎。行此舍施，如饥就食，如渴求饮，则道可得，佛可成，母可拔也。"过再拜稽首，愿书其末。（《书金光明经后》）[1]

（二）游戏三昧，借禅以为诙

东坡生性旷迈，幽默诙谐，日常生活中，笑谈指顾濡墨挥毫之时，往往"游戏三昧"，以翰墨作佛事，"借禅以为诙"（苏轼《闻辩才复归上天竺》），留下了佳话趣谈。以下三处记载显示了东坡在不同时期借禅以为诙的趣事。其《跋王氏华严经解》作于元丰八年，其文曰：

> 予过济南龙山镇，监税宋宝国出其所集王荆公《华严经解》相示，曰："公之于道，可谓至矣。"予问宝国："《华严》有八十卷，今独解其一，何也？"宝国曰："公谓我此佛语深妙，其余皆菩萨语

---

[1] （宋）苏轼著，张志烈、马德富、周裕锴主编：《苏轼全集校注·文集》，河北人民出版社2010年版，第7478—7479页。

尔。"予曰："予于藏经取佛语数句置菩萨语中，复取菩萨语置佛语中，子能识其是非乎？"曰："不能也。""非独子不能，荆公亦不能。予昔在岐下，闻汧阳猪肉至美，遣人置之。使者醉，猪夜逸，置他猪以偿，吾不知也。而与客皆大诧，以为非他产所及。已而事败，客皆大惭。今荆公之猪未败尔。屠者买肉，娼者唱歌，或因以悟。若一念清净，墙壁瓦砾皆说无上法，而云佛语深妙，菩萨不及，岂非梦中语乎？"宝国曰："唯唯。"（《跋王氏华严经解》）[1]

东坡经历了"乌台诗案"百余日的"魂飞汤火命如鸡"的牢狱生涯，到黄州之后于佛学濡染渐深，本欲借佛学痛自濯洗，但当出世之想与入世之心撞击之时，虽能借禅为诙，其"屠者卖肉，娼者唱歌"之喻，汧阳售猪之事，能助监税宋保国开悟，但仍可见其政治上执着之心。

东坡《南歌子》（师唱谁家曲）元祐五年（1090）作于扬州，关于此词创作的有关记闻较为典型地反映东坡"游戏三昧"，即色即空，超声越色的特点。宋胡仔《苕溪渔隐丛话》前集卷五十七《戏词》引《冷斋夜话》云：

> 东坡镇钱塘，无日不在西湖。尝携妓谒大通禅师，师愠形于色。东坡作长短句，令妓歌之曰："师唱谁家曲，宗风嗣阿谁。借君拍板及门槌。我也逢场作戏、莫相疑。　溪女方偷眼，山僧莫皱眉。却嫌弥勒下生迟。不见阿婆三五、少年时。"时有僧仲殊在苏州，闻而和之曰："解舞《清平乐》，如今说向谁。红炉片雪上钳锤。打就金毛狮子、也堪疑。木女明开眼，泥人暗皱眉。蟠桃已是着花迟。不向春风一笑、待何时。"[2]

东坡此词流传甚广，僧仲殊和词之外，黄庭坚亦有唱和。宋阮阅《诗话总龟》卷42《乐府门》、明吴之鲸《武林梵志》卷8均有记载。明田汝成《西湖游览志馀》卷14亦载："大通禅师者，操律高洁，人非斋沐，不

---

[1] （宋）苏轼著，屠友祥校注：《东坡题跋校注》，上海远东出版社2011年版，第25—26页。
[2] （南宋）胡仔：《苕溪渔隐丛话》前集，人民文学出版社1962年版，第393页。

敢登堂。东坡一日携妙妓谒之，大通愠形于色。公乃作《南歌子》一首，令妙妓歌之，大通亦为解颐。公曰：'今日参破老禅矣！'"①

阅东坡《南歌子》词及相关文字，常使人联想其《跋王氏华严经解》中言及的"娼者唱歌"的佛门公案，据《五灯会元》卷6载："楼子和尚，不知何许人也，遗其名氏。一日偶经游街市间，于酒楼下整袜带次，闻楼上人唱曲云：'你既无心我也休。'忽然大悟，因号楼子焉。"② 因艳歌而顿悟，以人情显佛性，故东坡因《南歌子》一阕，认为自己"参破老禅矣"！

检阅东坡此词，也让人将其与惠洪《冷斋夜话》卷6《东坡称赏道潜诗》放在一起研味，其文谓：

> 东吴僧道潜，有标致。尝自姑苏归湖上，经临平，作诗云："风蒲猎猎弄轻柔，欲立蜻蜓不自由。五月临平山下路，藕花无数满汀洲。"坡一见如旧。及坡移守东徐，潜往访之，馆于逍遥堂，士大夫争欲识面。东坡馔客罢，与俱来，而红妆拥随之。东坡遣一妓前乞诗，潜援笔而成曰："寄语巫山窈窕娘，好将魂梦恼襄王。禅心已作沾泥絮，不逐春风上下狂。"一座大惊，自是名闻海内。③

关于俗世之艳情艳歌与禅思禅悟的关系，一些学者已加以关注，吴言生著《禅宗诗歌境界》第八章论"杨岐宗禅诗"专列"红粉香闺，艳思通禅"一节；第九章论"黄龙宗禅诗"又专列"艳情闺思，妙谛通禅"一节加以论述。④ 张培锋所著《宋诗与禅》也有"笙歌丛里醉扶归：艳诗"一章加以论述。对于佛门即色即空，因色悟空，张培锋先生说："禅宗的'入世'主张的根本意义在于，深入了解世间的真相，才能发起真正的出世之心，入世的经历并非毫无价值，而是为出世提供一种感悟的因缘，即所谓'忘心不除境'。在污染中保持清净，这也是佛教所谓'在欲

---

① 邹同庆、王宗堂：《苏轼词编年校注》，中华书局2010年版，第641页。
② 普济辑，朱俊红点校：《五灯会元》卷6，海南出版社2011年版，第483页。
③ 上海古籍出版社编：《宋元笔记小说大观》，上海古籍出版社2007年版，第2200页。
④ 吴言生：《禅宗诗歌境界》，中华书局2001年版，第248、288页。

行禅'的本来含义。"① 吴言生先生亦谓："立处即真，万法皆体现着真实的本性，作为人类隐秘情感的爱情，也是万法之一，同样能够体现真实的本性。人类的艳情与禅思有着相通之处，这在杨岐宗禅诗中显得尤为突出。杨岐宗圆悟克勤，就是听了师父法演举小艳诗'频呼小玉原无事，只要檀郎认得声'（《五灯》卷19《克勤》）而得以开悟的。"②"超声越色与日用是道构成了道体的两方面质性：日用是道侧重存在性；超声越色侧重超越性，忽略任何一方都是片面。禅者之态度，是存在而超越，超越而存在。"③ 这些论述都有助于我们分析东坡"游戏三昧"，用"娼者唱歌"形式"参破老禅"的渊源与本质。

根据相关资料，我们还发现东坡到了晚年，已将禅理、禅戏化为禅悦、禅趣，与生活情趣融合在一起。惠洪《冷斋夜话》卷7《东坡戏作偈语》载：

> 东坡自海南归虔上，以水涸不可舟，逗留月余，时过慈云寺浴。长老明鉴魁梧，如所画慈恩，然丛林以道学与之。东坡作偈戏之曰："居士无尘堪洗沐，老师有句借宣扬。窗前但见蝇钻纸，门外时闻佛放光。便界难藏真薄相，一丝不挂且逢场。却须重说圆通偈，千眼重笼是法王。"又尝要刘器之同参玉版和尚，器之每倦山行，闻见玉版，欣然从之。至廉泉寺，烧笋而食。器之觉笋味胜，问："此笋何名？"东坡曰："即玉版也。此老师善说法，要能令人得禅悦之味。"于是器之乃悟其戏，为大笑。东坡亦悦，作偈曰："丛林真百丈，嗣法有横枝。不怕石头路，来参玉版师。聊凭柏树子，与问箨龙儿。瓦砾犹能说，此君那不知。"④

（三）鱼游悟世网，鸟语入禅味——人生感悟与禅理参悟融通，妙慧可参

检索东坡诗文集，我们发现，作为一代文豪，引领一代儒释道会通

---

① 张培锋：《宋诗与禅》，中华书局2009年版，第108—109页。
② 吴言生：《禅宗诗歌境界》，中华书局2001年版，第248页。
③ 吴言生：《禅宗诗歌境界》，中华书局2001年版，第108页。
④ （宋）惠洪：《冷斋夜话》，中华书局1985年版，第31页。

圆融的风潮，佛门参禅悟道之内涵业已自然而然地表现在诗词文赋的创作中，并且自其身后已引起历代学者的关注。陆树声《新刻东坡禅喜集》卷首曰："坡老平生喜谈般若，得此中三昧。故信口拈成，无非妙胜。参寥亦谓老坡牙颊间别有一副炉炉鞴，观其平生锻炼佛祖，纵横自在。具世智辩才，以翰墨做佛事。……"① 唐文献《跋东坡禅喜后》亦曰：

> 子瞻平日熟于荀、孟、孙、吴，晚遇贬谪，落落穷乡，遂以内典为摈愁捐痛之物。浸淫久之，斐然有得。唐有香山，宋有子瞻，其风流往往相期。而其借禅以为文章，二公亦差去不远。香山云："外以儒行修其身，内以释教汰其心，旁以琴酒诗歌乐其志。"则不特一眉山老人而已。子瞻于生死二字，虽不能与维摩庞蕴争一线，然其谈笑轻安，坦然而化。如其为文章，则餔禅之糟，而因茹其华者多也。②

或谓东坡"借禅以为文章"，或谓其"以翰墨做佛事"，涉及东坡诗文创作内容、形式两个方面。试举数例如次。东坡与参寥交往甚密，诗文往还多涉禅理，其《送参寥师》乃是名作，后人曾从不同角度解读此诗。其诗如下：

> 上人学苦空，百念已灰冷。剑头唯一映，焦谷无新颖。
> 胡为逐吾辈，文字争蔚炳？新诗如玉屑，出语便清警。
> 退之论草书，万事未尝屏。忧愁不平气，一寓笔所骋。
> 颇怪浮屠人，视身如丘井。颓然寄淡泊，谁与发豪猛？
> 细思乃不然，真巧非幻影。欲令诗语妙，无厌空且静。
> 静故了群动，空故纳万境。阅世走人间，观身卧云岭。
> 咸酸杂众好，中有至味永。诗法不相妨，此语当更请。③

---

① 四川大学中文系唐宋文学研究室编：《苏轼资料汇编》，中华书局1994年版，第1054页。
② 四川大学中文系唐宋文学研究室编：《苏轼资料汇编》，中华书局1994年版，第1055页。
③ （宋）苏轼著，张志烈、马德富、周裕锴主编：《苏轼全集校注·诗集》，河北人民出版社2010年版，第1892页。

纪昀曾对东坡直接以诗写佛理的如同偈颂之作表示不满，却盛赞此诗：

> 直涉理路，而有挥洒自如之妙，遂不以理路病之。言各有当，勿以王孟派概尽天下古今之诗。查云："公与潜以诗友善，誉潜以诗，潜止一诗僧耳。寻出'空静'二字，便有主脑，便是结穴处。"余谓潜本僧而公之诗友，若专言诗则不见僧，专言禅则不见诗。故禅与诗并而为一，演成妙谛。结处"诗法不相妨"五字乃一篇之主宰。非专拈"空静"也。（纪昀《苏文忠公诗集》）①

东坡有多首偈颂颂赞观世音及诸佛菩萨，诸如《僧伽赞》《阿弥陀佛赞》《应梦观音赞》《观音赞》等。《观音赞》曰：

> 众生堕八难，身心俱丧失。惟有一念在，能呼观世音。
> 火坑与刀山，猛兽诸毒药。众苦萃一身，呼者常不痛。
> 呼者若自痛，则必不能呼。若其了不痛，何用呼菩萨。
> 当自救痛者，不烦观音力。众生以二故，一身受众苦。
> 若能真不二，则是观世音。八万四千人，同时俱赴救。②

陈天定《古今小品》评东坡《观音赞》曰："呼者常不痛，正指一念而言。玲珑剔透，妙慧可参。"③

东坡集中有《罗汉赞十六首》《自海南归过清远峡宝林寺敬赞禅月所画十八大阿罗汉》《十八大阿罗汉颂》，这几组作品均作于作者创作后期，其中融进了东坡对于禅理、人生的诗性感悟，故释可真云：

> 予读眉山苏轼供《十八大阿罗汉颂》，爱其思致幽深，辞气诞幻，发挥不传之妙。如月在秋水，无烦指点，朗然现前，使人见之，不觉

---

① 四川大学中文系唐宋文学研究室编：《苏轼资料汇编》，中华书局1994年版，第1906页。
② （宋）苏轼著，张志烈、马德富、周裕锴主编：《苏轼全集校注·文集》，河北人民出版社2010年版，第2417页。
③ 四川大学中文系唐宋文学研究室编：《苏轼资料汇编》，中华书局1994年版，第1077页。

心游象先，遗物独立也。若非无所得于心者，乌能致是哉？①

王士禛对此也表现出极大兴趣，其评曰：

> 东坡居士在儋耳作《十八大阿罗汉颂》，予最爱其二颂。《第九尊者》云："饭食已毕，扑钵而坐。童子茗供，发篝吹火。我作佛事，渊乎妙哉；空山无人，水流花开。"《第十六尊者》云："盆花浮红，篆烟燎青。无问无答，如意自横。点瑟既希，昭琴不鼓；此间有曲，可歌可舞。"此颂真契拈花微笑之妙者。又一颂《第十五尊者》云："薪水井臼，老矣不能；摧伏魔军，不战而胜。"得非自寓之词耶？②

对于《十八大罗汉颂》达到的成就，茅坤如是说："此等文字，韩、欧所不欲为，此等见解，韩欧所不能及。由苏长公少悟禅宗，及过南海后，遍历劫幻，以此心性超朗，乃至于此。可谓绝世之文矣！"（《苏文忠公文钞》卷27）③

正由于东坡诗文多涉禅理，时具禅趣，予人感悟，后世崇仰东坡者，将其有关著述纂为《东坡禅喜集》；一些论者将其与禅理无涉，但能予人人生感悟的诗文也从参禅悟道，特别是感悟人生的角度给以高度评价。如茅坤评东坡《日喻》，以为"公之以文点化人，如佛家参禅妙解"④。也有一些论者将东坡行文风格与禅宗经典《华严经》相联系加以解读，黄宗羲认为"苏子瞻之《温公神道碑》，且学《华严》之随地涌出"（《黄梨洲文集》序类《山翁禅师文集序》）⑤；钱谦益更认为东坡《司马温公行状》《富郑公神道碑》俱有得于《华严经》，其说曰：

---

① （宋）苏轼著，张志烈、马德富、周裕锴主编：《苏轼全集校注·文集》，河北人民出版社2010年版，第2269页。
② （清）王士禛：《带经堂诗话》卷3，人民文学出版社1982年版，第89页。
③ （宋）苏轼著，张志烈、马德富、周裕锴主编：《苏轼全集校注·文集》，河北人民出版社2010年版，第2268页。
④ 四川大学中文系唐宋文学研究室编：《苏轼资料汇编》，中华书局1994年版，第994页。
⑤ （宋）苏轼著，张志烈、马德富、周裕锴主编：《苏轼全集校注·文集》，河北人民出版社2010年版，第1917页。

吾读子瞻《司马温公行状》《富郑公神道碑》之类，平铺直叙，如万斛水银，随地涌出，以为古今未有此体，茫然莫得其涯涘也。晚读《华严经》，称心而谈，浩如烟海，无所不有，无所不尽，乃喟然而叹曰：子瞻之文，其有得于此乎？文而有得于《华严》，则事理法界，开遮涌现，无门庭，无墙壁，无差择，无拟议，世谛文字，固已荡无纤尘，又何自而窥其浅深，议其工拙乎？（《初学集》卷八十三）①

但更多的论者注意实事求是辩证地看待东坡的涉及禅语、禅理、禅趣、禅悟之作，施补华《岘佣说诗》曰："东坡五古，有禅理者甚佳，用禅理者甚劣。"②纪昀对东坡相关作品中"竟是偈颂""太偈颂气"之作，"厌偈颂气"，非其所非；对其佳作，高度评价，是其所是。（参《苏轼资料汇编》有关条目）赵翼在《瓯北诗话》卷五认为"东坡旁通佛老"，其集中"至于摹仿佛经，掉弄禅语，以之入诗，殊觉可厌。不得以其出自东坡，遂曲为之说也"。批评了《过温泉》《和柳子玉》《答宝觉》《记梦》《题荣师湛然堂》诸作，"此等本非诗体，而以之说禅理，亦如撮空，不过仿禅家语录机锋，以见其旁涉耳"。但其也肯定了东坡涉及禅理、禅悟之作，"惟《书焦山纶长老壁》云：'法师住焦山，而实未尝住。我来辄问法，法师了无语。法师非无语，不知所答故。'又《闻辩才复归上天竺》诗云：'寄诗问道人，借禅以为诙。何所闻而去？何所见而回？道人笑不答，此意安在哉！昔年本不住，今者亦无来。'此二首绝似《法华经》《楞严经》偈语，简净老横，可备一则也"。③

但无论是后世论者的批评还是褒赞，都加深了我们这样的理念，即东坡集中涉及禅趣、禅悟之作甚多，值得予以特别关注。

---

① （宋）苏轼著，张志烈、马德富、周裕锴主编：《苏轼全集校注·文集》，河北人民出版社2010年版，第2030页。
② 四川大学中文系唐宋文学研究室编：《苏轼资料汇编》，中华书局1994年版，第1551页。
③ 四川大学中文系唐宋文学研究室编：《苏轼资料汇编》，中华书局1994年版，第1313—1314页。

三 台阁山林本无异，故应文字未离禅
——东坡人生阅历和诗文趣话为宋元"说参请"的最佳素材

我们感兴趣的是，东坡与人生体悟、佛禅参悟有关的文字，何以如此吸引人的原因，以及其相关的文化蕴涵。

张志烈先生曾在《诗性智慧的和弦——儒释道与苏轼的艺术人生》一文中说：

> 我们说圆融三教义理的精妙思想是苏轼艺术认识的基础，而用道眼、诗眼面对人生的一切是东坡诗歌艺术高度成就的主观原因。所谓"触处生春"，所谓"涉笔成趣"，所谓"于般若横说竖说，了无剩语"，都是前人对于苏诗这一特性的感受，例子不胜枚举。这里只举出最典型地体现其融会儒释道的堪称诗性智慧和弦的诗篇。[1]

借用先生之妙论来评价东坡诗文中与禅理、禅趣、参禅悟道相关之作，亦复如是。也恰如黄庭坚评价东坡《题西林壁》一时所言："此老于般若横说竖说，了无剩语。非其笔端有舌，安能吐此不传之妙？"（惠洪《冷斋夜话》卷7《般若了无剩语》）[2]

众所周知，宋代是禅宗发展的成熟期、定型期，宋代禅宗的发展深刻地影响了宋代的思想文化、文学创作和宋代士大夫的生活情趣和精神世界。而东坡作为宋型文化的典型代表，将儒释道圆融会通以济世用，是东坡中后期极为明确的思想特征，"宰官行世间法，沙门行出世间法。世间即出世间，等无有二"，"儒释不谋而同"（《南华长老题名记》）[3]，"以儒治国，以佛治心"的明确认识，使得东坡的相关创作有明确的目的性和自觉性，所谓"借禅以为诙"，"借禅以为文章"，所谓"以翰墨做佛事"，

---

[1] 张志烈：《张志烈文录》，香港新天出版社2012年版，第508—509页。
[2] 上海古籍出版社编：《宋元笔记小说大观》，上海古籍出版社2007年版，第2202页。
[3] （宋）苏轼著，张志烈、马德富、周裕锴主编：《苏轼全集校注·文集》，河北人民出版社2010年版，第1244页。

"以笔砚作佛事",在"以音声语言作佛事",无论是东坡自喻还是后人评论,旨归甚明。陈天定《古今小品》亦载:

> 王纳谏云:世之学佛者,皆务深求之,千蹊百径,转益迷闷。坡更浅求之,以出其真味,而后精深者有所依而立。①

正由于东坡有意于"游戏三昧",挥洒为文,触处生春,僧俗共赏。再加之东坡历遍劫患,将自己独有的人生感悟融入禅理,以自己的诗性感悟醒世悟人,更易入理入心,阮阅《诗话总龟》后集卷6评曰:

> 东坡《送山本禅师赴法云》:"是身如浮云,安得限南北。"此二句乃老杜《别赞上人》诗中全语,岂偶然用之邪?《题碧落洞》:"小语辄响答,空山白云惊。"此语全类李太白。……后自岭外归,《次韵江晦叔》诗云:"浮云时事改,孤月此心明。"语意高妙,如参禅悟道之人,吐露胸襟,无一毫窒碍也。②

这一系列对人生体悟对佛理感悟的文字,由于东坡的独特经历,其人生境界达到的特有的高度,其所交游的名僧大德,其所记闻的异人异事,使得东坡相关诗文具有了独特的个性特色,足以吸引当时及后世读者,正如纪昀评述东坡《南华寺》所言:

> 触境寄慨,不同泛作禅语。此方是东坡游南华寺诗,不可移掇他人;是此时东坡游南华寺诗,不可移掇他时。此为诗中有人。③

正因为东坡站在时代制高点上对于人生禅理的透彻之悟,其诗词文赋漫溢出的禅理、禅戏、禅趣、禅悟,佛门把他看作自己人,《五灯会元》卷17把"内翰东坡居士"列于临济宗南岳十三世"东林总长老法嗣"之

---

① 四川大学中文系唐宋文学研究室编:《苏轼资料汇编》,中华书局1994年版,第1078—1079页。
② 四川大学中文系唐宋文学研究室编:《苏轼资料汇编》,中华书局1994年版,第287页。
③ 四川大学中文系唐宋文学研究室编:《苏轼资料汇编》,中华书局1994年版,第1964页。

内，甚至宋代多种文本记载，包括东坡也认为自己前身即为空门中人：

> 苏子由初谪高安时，云庵居洞山，时时相过。聪禅师者，蜀人，居圣寿寺。一夕，云庵梦同子由、聪出城迓五祖戒禅师，既觉，私怪之。以语子由，未卒，聪至。子由迎呼曰："方与洞山老师说梦，子来，亦欲同说梦乎？"聪曰："夜来辄梦见吾三人者，同迎五戒和尚。"子由拊手大笑曰："世间果有同梦者，异哉！"良久，东坡书至，曰："已次奉新，旦夕可相见。"三人大喜，追笋舆而出城，至二十里建山寺，而东坡至。坐定无可言，则各追绎向所梦以语坡。坡曰："轼年八九岁时，尝梦其身是僧，往来陕右。又先妣方孕时，梦一僧来托宿，记其颀然而眇一目。"云庵惊曰："戒，陕右人，而失一目。暮年弃五祖来游高安，终于大愚。"逆数盖五十年，而东坡时年四十九矣。后东坡复以书抵云庵，其略曰："戒和尚不识人嫌，强颜复出，真可笑矣。既法契，可痛加磨砺，使还旧规，不胜幸甚。"自是常衣衲衣。（惠洪《冷斋夜话》卷七《梦迎五祖戒禅师》）①

不唯如此，宋代尚有多部笔记记载东坡与僧友谈笑问答而终。赵彦卫《云麓漫钞》卷9载：

> （东坡先生）既归宜兴，七月疾革。折简钱世雄云："径山老惟琳来问疾，有偈云：扁舟驾兰陵，目换旧风日。君家有天人，雌雄维摩诘。我口答文殊，千里来问疾。若以偈相答，霜柱皆笑出。先生答云云。"盖与惟琳、世雄问答而终。乃二十八日也。②

东坡、颍滨兄弟情深，知兄莫若弟，苏辙认为东坡一生诗文创作，几经变化，儒释道兼容会通而后达到极致，其说曰：

> 公之于文，得之于天。少与辙皆师先君，初好贾谊、陆贽书，论

---

① 上海古籍出版社编：《宋元笔记小说大观》，上海古籍出版社2007年版，第2204—2205页。
② 四川大学中文系唐宋文学研究室编：《苏轼资料汇编》，中华书局1994年版，第686页。

古今治乱，不为空言。既而读《庄子》，喟然叹息曰：吾昔有见于中，口未能言，今见《庄子》，得吾心矣。……既而谪居于黄，杜门深居，驰骋翰墨，其文一变，如川之方至，而辙瞠然不可及矣。后读释氏书，深悟实相，参之孔、老，博辩无碍，浩然不见其涯矣。（苏辙《亡兄子瞻端明墓志铭》）[1]

职是之故，我们认为，由于东坡与佛门深厚的渊源，既然佛门与俗众都认为东坡为佛门中人，有极高的佛学造诣，且其复杂丰富的人生经历极富传奇色彩，更由于留存有东坡丰富的关涉禅理、禅趣、禅悦、禅悟的诗文辞赋，出于佛门弘扬佛法和吸引听众的需要，东坡与佛门交往趣事，东坡的佛门参悟与人生感悟及其相关趣谈，应是宋元"说参请"僧尼、艺人的最佳选择，且其丰富的内容也足以供其裁剪增减，择其"可入说部"者（纪昀评苏诗语）[2] 作长时间演唱的"正话"说唱，也可以举其一端作为"入话"，这也是现存的"说参请"话本"样本"多与东坡相关，明代拟话本又从中加以选择演为《佛印师四调琴娘》《苏小妹三难新郎》（《醒世恒言》卷11、卷12）的原委。以上所述，乃一得之见，深望同仁是正纠谬。

---

[1] 曾枣庄、舒大刚主编：《三苏全书》第18册，语文出版社2001年版，第214页。
[2] 四川大学中文系唐宋文学研究室编：《苏轼资料汇编》，中华书局1994年版，第1918页。

随意挥洒，妙趣横生

——苏轼的"广告"及"广告意识"探论

宋代是我国商品经济发展的繁荣时期，激烈的市场竞争激发了商人们强烈的广告意识。与之同时，商业广告作为社会和经济发展的产物，引起了知识阶层的关注和参与，诗文创作不可避免地受到了商业文化的影响，甚至有意识地创作"商业广告"，以推动社会经济文化的发展和进步。苏轼就是宋代涉及商业广告的具有自觉广告意识的文人士大夫中最值得关注的一位。

一 保留推广《圣散子》，活人无数

苏轼虽非职业医师却具有丰富的医学知识，在其丰富复杂的人生历程中，他非常留意收集和推广验方，其收集推广名方《圣散子》以疗救黄州、杭州患病百姓即为显例。

苏轼相关文字记载和宋代有关资料记述了东坡留心收集及推广《圣散子》验方的经历。《圣散子》验方得来不易，苏轼《圣散子叙》写道：

> 其方不知所从出，得之于眉山人巢君谷，谷多学，好方秘，惜此方不传其子。余苦求得之。……巢初授余，约不传人，指江水为盟。余窃隘之，乃以传蕲水人庞君安时，安时以善医闻于世，又善著书，欲以传后，故以授之，亦使巢君之名，与此方同不朽也。[①]

[①] （宋）苏轼著，张志烈、马德富、周裕锴主编：《苏轼全集校注·文集》，河北人民出版社2010年版，第1036页。

且奇方具有奇效，对于医治伤寒疑难杂症颇有实效："自古论病，惟伤寒最为危急，其表里虚实，日数证候，应汗应下之类，差之毫厘，辄至不救，而用《圣散子》者，一切不问。凡阴阳二毒，男女相易，状至危急者，连饮数剂，即汗出气通，饮食稍进，神宇完复，更不用诸药连服取差，"① 治疗重症如此，对于症状轻微者，收效更快："其余轻者，心额微汗，止尔无恙。药性微热，而阳毒发狂之类，服之即觉清凉，此殆不可以常理诘也。"② 并且对于时疫，有预防之功："若时疫流行，平旦于大釜中煮之，不问老少良贱，各服一大盏，即时气不入其门。平居无疾，能空腹一服，则饮食倍常，百疾不生。真济世之具，卫家之宝也。"③

苏轼谪贬黄州，预防治疗时疫的经验也证明《圣散子》确是防治伤寒病之奇方，"谪居黄州，比年时疫，合此药散之，所活不可胜数"。(《圣散子叙》)④

其《圣散子后叙》又曰：

《圣散子》主疾，功效非一。去年春，杭之民病，得此药全活者，不可胜数。⑤

苏轼一生博览群书，对于医学养生，颇为究心，他深知"自古论病，惟伤寒最为危急，其表里虚实，日数症候，应汗应下之类，差之毫厘，辄至不救"，而《圣散子》验方经苏轼亲加验证，其对于伤寒杂症确实具有奇效，且有预防作用。于是，"乃以传蕲水人庞君安时"，苏轼选择了伤寒名医庞安常（安时）以使《圣散子》传世济人。庞安常将其收入所著《伤寒总病论》留存下来。苏轼用意在于"安时以善医闻于世，又善著书，

---

① （宋）苏轼著，张志烈、马德富、周裕锴主编：《苏轼全集校注·文集》，河北人民出版社2010年版，第1036页。
② （宋）苏轼著，张志烈、马德富、周裕锴主编：《苏轼全集校注·文集》，河北人民出版社2010年版，第1036页。
③ （宋）苏轼著，张志烈、马德富、周裕锴主编：《苏轼全集校注·文集》，河北人民出版社2010年版，第1036页。
④ （宋）苏轼著，张志烈、马德富、周裕锴主编：《苏轼全集校注·文集》，河北人民出版社2010年版，第1036页。
⑤ （宋）苏轼著，张志烈、马德富、周裕锴主编：《苏轼全集校注·文集》，河北人民出版社2010年版，第1039页。

欲以传后，故以授之。亦使巢君之名，与此方同不朽也"。（《圣散子叙》）①

苏轼之选择庞安常以传留《圣散子》，还在于二人交往甚密，相知颇深。据苏轼记载，庞安常为"一时异人"，其《书清泉寺词》载"麻桥人庞安时善医而聋"："安时虽聋，而颖悟绝人。以纸画字，不尽数字，辄了人深意。余戏之曰：'余以手为口，君以眼为耳，皆一时异人也。'"② 庞安常以医术名闻当世，"针术绝妙"，苏轼"偶患左手肿"，安时"一针而愈"（苏轼《单庞二医》）③。其在《与陈季常》中还有较详细的记述：

近因往螺师店看田，既至境上，潘尉与庞医来相会。因视臂肿，云："非风气，乃药石毒也。非针去之，恐作疮乃已。"遂相率往麻桥庞家，住数日针疗，寻如其言，得愈矣。④

在苏轼心目中，庞安常不仅有异秉异术，且有雅好、医德："庞安常为医，不志于利，得善书古画，辄喜不自胜。九江胡道士颇得其术，与余用药，无以酬之，为作行草数纸而已，且告之曰：'此安常故事，不可废也。'"（苏轼《与胡道师》四首之一）⑤ "尔来黄州，邻邑人庞安常者，亦以医闻，其术大类骧，而加以针术妙绝。……愈人之病甚神。"庞安常悬壶济世且"皆不以贿谢为急，又颇博物通古今，此所以过人也"。（苏轼《单庞二医》）⑥

因庞安常"博极群书，而善穷物理"，苏轼曾与其书信往来，探究医理（《答庞安常书》）；得到庞安常所著《伤寒总病论》，苏轼激赏：

---

① （宋）苏轼著，张志烈、马德富、周裕锴主编：《苏轼全集校注·文集》，河北人民出版社2010年版，第1036页。
② （宋）苏轼著，张志烈、马德富、周裕锴主编：《苏轼全集校注·文集》，河北人民出版社2010年版，第7747页。
③ （宋）苏轼著，张志烈、马德富、周裕锴主编：《苏轼全集校注·文集》，河北人民出版社2010年版，第8359页。
④ （宋）苏轼著，张志烈、马德富、周裕锴主编：《苏轼全集校注·文集》，河北人民出版社2010年版，第5871页。
⑤ （宋）苏轼著，张志烈、马德富、周裕锴主编：《苏轼全集校注·文集》，河北人民出版社2010年版，第6682页。
⑥ （宋）苏轼著，张志烈、马德富、周裕锴主编：《苏轼全集校注·文集》，河北人民出版社2010年版，第8359页。

> 惠示《伤寒论》，真得古贤救人之意，岂独为传世不朽之资，盖已义贯幽明矣！(《答庞安常》三首之一)①

正由于苏轼对于庞安常知之甚深，所以将名方《圣散子》交予庞安常，附于《伤寒总病论》得以流传，并且撰写《圣散子叙》《圣散子后叙》"广而告之"，一方面使良方泽及后世，另一方面，"亦使巢君之名，与此方同不朽也"。尽管有关资料显示，苏轼身后，有医者滥用《圣散子》药方，曾致"服此方被害者不可胜纪"，但庸医误人自与良方及传人无关。明人俞弁在其著述中缕述了南宋末"永嘉瘟疫，服此方被害者不可胜纪"和北宋末太学生信之"杀人无数"之后，试图探究个中奥秘，认为中医讲究辩证施治，"坡翁谪居黄州时，其地濒江多卑湿，而黄之居人所感者，或因中湿而病，或因雨水浸淫而得，所以服此药而多效"。后世之人"本以活人"，然不细辨药性，不辨阴阳，不随地域不同而加以变通，造成"一概施治，杀人利于刀剑"的结果。②令人颇感兴趣的是，孔凡礼先生在《苏轼年谱》中依据叶梦得对于"俗方"的另一处记载，提出颇为圆通的解释：

> 《避暑录话》卷上另一则云"俗方施之贫下人多验，富贵人多不验"。巢谷之方，或得之民间，故施之太学诸生而多不验。③

由是而论，中医之辨证施治，当有南北地域、男女长幼、春夏秋冬、富贵贫贱之考究，庸医误人当与良方无涉。纪昀《四库全书总目提要》中说：

> 轼杂著时言医理，于是事亦颇究心。盖方药之事，术家能习其技而不能知其所以然，儒者能明其理而又往往未经实验。此书以经效之方而集于博通物理者之手，故宜非他方所能及矣。（《苏沈良方提

---

① （宋）苏轼著，张志烈、马德富、周裕锴主编：《苏轼全集校注·文集》，河北人民出版社2010年版，第5940页。
② 俞弁：《续医说》，上海科学技术出版社1984年版，第53页。
③ 孔凡礼：《苏轼年谱》，中华书局1998年版，第591页。

要》)①

其说用于《圣散子方》也十分允当。庞安常《伤寒总病论》乃是宋代具有代表性的医学著作。周必大《跋山谷书东坡圣散子传》亦曰：

> 山谷作庞安常《伤寒论后序》云：前序海上道人诺为之，故虚右以待。"道人"指东坡也。今又书《圣散子传》，若安常所谓"得二公而名彰"者耶！②

综合相关资料，我们可以看到，良方《圣散子》之流传：一在于苏轼"以谷奇侠而取其方"；二在于苏轼因其效验而为之一再作叙；三在于选择名医庞安常相托付；四在于"天下以子瞻文章而信其方"。《圣散子》验方与巢谷得苏轼、庞安常"二公而名彰"，其"广告效应"值得玩味。

二　创作《秧马歌》，推广先进农具

在苏轼所作的"广而告之"的文字及推广行动中，其创作《秧马歌》与推广秧马的做法极似其推广保存良方《圣散子》。在苏轼名作《秧马歌并引》和《题秧马歌后》四首中，较为详细地记述了其发现、记述、推广新型农器秧马的经过。

绍圣元年（1094），苏轼南迁途中经过庐陵，见已经闲退的曾安止（移忠）"出所作《禾谱》，文既温雅，事亦详实"，惜其不谱农器，"作《秧马歌》一首，附于《禾谱》之末"（《秧马歌引》）③。苏轼之作《秧马歌》，旨在其易诵易记，以便于秧马的广泛传播使用。关于这一点，苏轼在其《题秧马歌》其一中说得很明白："吾尝在湖北，见农夫以秧马行泥中，极便。顷来江西，作《秧马歌》以教人。"但遗憾的是，由于种种原

---

① （清）纪昀总纂：《四库全书总目提要》，河北人民出版社2000年版，第2606页。
② 四川大学中文系唐宋文学研究室编：《苏轼资料汇编》，中华书局1994年版，第550页。
③ （宋）苏轼著，张志烈、马德富、周裕锴主编：《苏轼全集校注·诗集》，河北人民出版社2010年版，第4368页。

因,"罕有从者。"① 绍圣二年,在惠州贬所,"惠州博罗县令林君抃"成为苏轼的知音同道。林抃,字天和,"勤民恤农","仆出此歌以示之。林君喜甚,躬率田者制作阅试"(秧马歌引);林抃和苏轼对于秧马进行了改良,苏轼《秧马歌引》中记载其在湖北武昌所见秧马"以榆枣为腹欲其滑,以楸桐为背欲其轻。腹如小舟,昂其首尾,背如覆瓦,以便两髀,雀跃于泥中,系束藁其首以缚秧,日行千畦。较之于伛偻而作者,劳佚相绝矣"。林抃认为秧马"背虽当如覆瓦,然须起首尾如马鞍状,使前却有力"(《题秧马歌后》之二)②;林抃又建议"以榆枣为腹欲患其重,当以栀木,则滑而轻也"(其三)。③

由于苏轼、林抃对于秧马的阅试、改造,"加减秧马,曲尽其用"(与林抃第十六简)加快了秧马的推行,"惠州民皆已使用,甚便之"(其二)。苏轼又考虑将秧马向鱼米之乡浙江推广,"念浙中稻米几半天下,独未知为此,而仆又有薄田在阳羡,意欲以教之",恰逢衢州进士梁琯拜访苏轼后要回衢州,"乃得指示,口授其详",嘱咐其见杭州张秉道以推广秧马,发展生产,"可备言范式尺寸及乘驭之状,仍制一枚,传至吴人,因以教阳羡儿子,尤幸也"(之二)④。苏轼寓惠期间,翟东玉出任龙川县令,亦从苏轼"求秧马式而去",东坡感慨"此老农之事,何足云者。然已知其志之在民也"(之四)⑤。

考察苏轼发现、改造、推广先进农具秧马的过程,我们认为苏轼已具有颇为自觉的"广告意识"。其"顷来江西,作《秧马歌》以教之",或愿将《秧马歌》"附于《禾谱》之末";或"出此歌以示之",研究改良之方;或亲加"指示,口授其详",尽力加以推广。

在其推广过程中,苏轼精心创作的《秧马歌并引》尤为引人注目。

---

① (宋)苏轼著,张志烈、马德富、周裕锴主编:《苏轼全集校注·文集》,河北人民出版社2010年版,第7696页。
② (宋)苏轼著,张志烈、马德富、周裕锴主编:《苏轼全集校注·文集》,河北人民出版社2010年版,第7697页。
③ (宋)苏轼著,张志烈、马德富、周裕锴主编:《苏轼全集校注·文集》,河北人民出版社2010年版,第7698页。
④ (宋)苏轼著,张志烈、马德富、周裕锴主编:《苏轼全集校注·文集》,河北人民出版社2010年版,第7697—7698页。
⑤ (宋)苏轼著,张志烈、马德富、周裕锴主编:《苏轼全集校注·文集》,河北人民出版社2010年版,第7699页。

《秧马歌并引》描述了秧马在插秧时良好效用，记述了秧马的形制，以对比的手法记述了使用秧马之后与之前稻农"劳佚相绝"的情状，乃宋诗中别开生面之作，也是研究宋代秧马的珍贵资料。苏轼在诗中哀怜稻农未用秧马插秧时的劳作之苦："嗟我妇子行水泥，朝分一垅暮千畦。腰如箜篌首啄鸡，筋烦骨殆声酸嘶。"而使用秧马情况则大不相同："耸踊滑汰如凫鹥，纤纤束藁亦可赍。何用繁缨与月题，却从畦东走畦西。""少壮骑汝逮老骙，何曾蹶轶防颠隮。"① 使用秧马与否，劳佚相绝，鲜明对比，已自引人，再加之苏轼描述秧马，"奇器以奇语写之，笔笔欲活"（纪昀《苏文忠公诗集·秧马歌》）②，"我有桐马手自提，头尻轩昂腹胁低。背如覆瓦去角圭，以我两足为四蹄。……山城欲闭闻鼓鼙，忽作卢跃檀溪。归来挂壁从高栖，了无刍秣饥不啼"。③ 苏轼此诗之创作，意在为秧马做广告，故详述形制、操作及其效用，希望能够仿制、推广使用，由于是经意之作，"心声心画，惟意所适，如王湛骑难乘马于羊肠蚁封之间，姿容既妙，回策如萦，无异乎康庄，殆是得意之作。既到岭南，往往录示邑宰"（周必大《平园续稿》卷10《跋东坡秧马歌》）④ 可以肯定地讲，在秧马的推广、流传、使用方面，苏轼"作《秧马歌》以教人"，《秧马歌》起到了广告宣传的应有作用，其生动形象，易懂易记，能收到"出此歌以示之，林君喜甚"效果。

尤为可贵的是，苏轼将林抃对秧马的阅试、改进也记录了下来。改进后的秧马，更加适用，不仅"滑而轻"，且减轻农民的劳苦："俯伛秧田，非独腰脊之苦，而农夫例于胫上打洗秧根，积久皆至疮烂。今得秧马则又于两小颊子上打洗，又完其胫矣。"（其三）

苏轼的《秧马歌并引》及《题秧马歌后》四则均作于晚年，显示了东坡颇为自觉的广告意识，《秧马歌并引》是其典型的"广告制作"。

---

① （宋）苏轼著，张志烈、马德富、周裕锴主编：《苏轼全集校注·诗集》，河北人民出版社2010年版，第4368—4369页。
② 四川大学中文系唐宋文学研究室编：《苏轼资料汇编》，中华书局1994年版，第1964页。
③ （宋）苏轼著，张志烈、马德富、周裕锴主编：《苏轼全集校注·诗集》，河北人民出版社2010年版，第4368—4369页。
④ 四川大学中文系唐宋文学研究室编：《苏轼资料汇编》，中华书局1994年版，第1165页。

三 趣味横生的食品广告

苏轼是一个美食家，品尝欣赏之余，往往有诗文趣谈流传，且"东坡于饮食，作诗赋以写之，往往皆臻其妙"（胡仔《苕溪渔隐丛话》）[1]，存留至今的如《猪肉颂》《老饕赋》《豆粥》《寒具》《煮鱼法》《过子忽出新意，以山芋作玉糁羹，色香味皆奇绝，天酥陀不可知，人间决无此味也》，等等。

最为世人熟知的是苏轼相关的"东坡肉""东坡肘子"。据清人梁章钜《浪迹续谈》卷4记载，"东坡肉"早已流行于民间："今食品中有'东坡肉'之名，盖谓烂煮肉也。随所在厨子能为之。或谓不应如此侮东坡，余谓此坡公自取之也。坡公有食猪肉诗云：'黄州好猪肉，价钱如粪土。富者不肯吃，贫者不解煮。慢着火，少着水，火候足时它自美。每日起来打一碗，饱得自家君莫管。'"[2]

梁章钜所记东坡食猪肉诗流传有不同版本，也从另一个角度说明其流传之广。苏轼《猪肉颂》全文为：

> 净洗锅，少著水，柴头罨烟焰不起。待他自熟莫催他，火候足时它自美。黄州好猪肉，价贱如泥土。贵者不肯吃，贫者不解煮。早晨起来打两碗，饱得自家君莫管。[3]

"东坡肉"（红烧肉）、"东坡肘子"遍及大江南北，何以要打出东坡的旗号呢？因为东坡的喜爱使之具有了特定的人文内涵。东坡喜爱吃红烧肉，宋人已有记载，周紫芝《竹坡诗话》载：

> 东坡喜食烧猪。佛印住金山时，每烧猪以待其来。一日为人窃

---

[1] 四川大学中文系唐宋文学研究室编：《苏轼资料汇编》，中华书局1994年版，第393页。
[2] 四川大学中文系唐宋文学研究室编：《苏轼资料汇编》，中华书局1994年版，第1491页。
[3] （宋）苏轼著，张志烈、马德富、周裕锴主编：《苏轼全集校注·文集》，河北人民出版社2010年版，第2292页。

随意挥洒，妙趣横生

食，东坡戏作小诗云："远公沽酒饮陶潜，佛印烧猪待子瞻。采得百花成蜜后，为谁辛苦为谁甜。"①

东坡嗜食红烧猪肉还有自己的"实用"理论，其《答毕仲举书》中说："仆尝语述古，公之所谈，譬之饮食龙肉也，而仆之所学，猪肉也。猪之与龙，则有间矣。然公终日说龙肉，不如仆之食猪肉实美而真饱也。"② 我们还可以从其相关文字中找到其"品牌意识"和对"假冒伪劣"的鄙夷：

> 予昔在岐下，闻河阳猪肉至美，使人往致之。使者醉，猪夜逸，买他猪以偿。吾不知也。客皆大诧，以为非他产可及。已而事败，客皆大惭。今介甫之猪未败耳。(《仇池笔记》卷上《佛菩萨语》)③

苏轼当年的个人嗜好及相关文字成为"东坡肉""东坡肘子"风行于世的最好的"名人效应"。

在商品经济发展的社会大背景下，宋代社会从京城都邑到偏远州县，从富商巨贾到行商小贩都普遍具有商业宣传、商业广告意识，而苏轼在特定的商业氛围中，也会即兴创作或即兴表演，配合商家的商业宣传。庄绰《鸡肋编》载：

> 食物中有馓子，又名环饼。或曰即古之寒具也。京师凡卖熟食者，必为诡异，标表语言，然后所售益广。……东坡在儋耳，邻居有老妪业此，请诗于公更勤。戏云："纤手搓来玉色匀，碧油煎出软黄深。夜来春睡知轻重，压匾佳人缠臂金。"④

苏轼此诗题为《寒具》，《苏轼全集校注》所收字句上有差异，全诗为：

---

① 四川大学中文系唐宋文学研究室编：《苏轼资料汇编》，中华书局1994年版，第251页。
② （宋）苏轼著，张志烈、马德富、周裕锴主编：《苏轼全集校注·文集》，河北人民出版社2010年版，第6183页。
③ 曾枣庄、舒大刚主编：《三苏全书》第5册，语文出版社2001年版，第314页。
④ 四川大学中文系唐宋文学研究室编：《苏轼资料汇编》，中华书局1994年版，第271页。

> 纤手搓来玉数寻，碧油轻蘸嫩黄深。夜来春睡浓于酒，压褊佳人缠臂金。①

寒具，即今习见之馓子，又称环饼、捻头。大凡见过馓子制作者，自会体味此诗的真切生新。宋人孙奕《履斋示儿编》卷17的一则记载与此相映成趣：

> 故东坡居常州，颇嗜河豚，而里中士大夫家，有妙于烹是鱼者，招东坡享之。妇子倾室窥于屏间，冀一语品题。东坡下箸大嚼，寂如喑者，窥者失望相顾。东坡忽下箸云："也值一死！"于是合舍大悦。②

在这里，东坡"也值一死"的"一语品题"，收到的"合舍大悦"的广告预期效果，颇似今日的广告艺术片，然又非东坡之幽默机趣难以奏效。

苏轼一生爱好广泛，充满生活情趣，嗜食美味，往往见于题咏，即使寻常菜肴，一经品题，亦令人几番回顾，想望其坡仙风采。翻检东坡今存诗文，其描写吟咏果蔬饮食者有近百篇，诗文中有《甘蔗》《春菜》《撷菜》《食荔枝》《二红饭》《东坡羹颂》《菜羹赋》《豆粥》《食豆粥颂》《煮鱼法》《记惠州土芋》，等等。东坡喜欢酿酒，相关作品有《真一酒并引》《真一歌并引》《真一酒法》《记授真一酒法》《新酿桂酒》《蜜酒歌并叙》《书桂酒颂》《饮酒说》等。

朱彧《萍洲可谈》卷2载："东坡在黄州，手作菜羹，号为东坡羹，自叙其制度，好事者珍奇之。"③ 实际上，苏轼对于自己做的鱼、肉、酒、菜，都喜欢"自叙其制度"，其在黄州手做菜羹，曾撰写《东坡羹颂》《菜羹赋》。其《煮鱼法》也记述说：

> 子瞻在黄州，好自煮鱼。其法，以鲜鲫鱼或鲤治斫冷水下，入盐

---

① （宋）苏轼著，张志烈、马德富、周裕锴主编：《苏轼全集校注·诗集》，河北人民出版社2010年版，第3547页。
② 四川大学中文系唐宋文学研究室编：《苏轼资料汇编》，中华书局1994年版，第665页。
③ 四川大学中文系唐宋文学研究室编：《苏轼资料汇编》，中华书局1994年版，第206页。

如常法，以菘菜心芼之，仍入浑葱白数茎，不得搅。半熟，入生姜、萝卜汁及酒各少许，三物相等，调匀乃下。临熟，入橘皮线，乃食之。其珍食者自知，不尽谈也。①

东坡一生不善饮而好酿酒，《志林》自叙酿蜜酒之法曰：

予作蜜酒格，与真水乱。每米一斗，用蒸饼面二两半，饼子一两半，如常法，取醅液再入蒸饼面一两酿之。三日尝看，味当极辣，且硬，则以一斗米炊饮投之。若甜软，则每投更入麴与饼各半两。又三日，再投而熟。全在酿者斟酌增损也。入水少为佳。②

张邦基曾依东坡之法"尝试为之"，《墨庄漫录》卷5载曰：

东坡性喜饮，而饮亦不多。在黄州，尝以蜜为酿，又作《蜜酒歌》，人罕传其法。每蜜用四斛炼熟，入熟汤相搅，成一斗，入好麪麴二两，南方白酒饼子米曲一两半，捣细，生绢袋盛，都置一器中，密封之。大暑中冷下，稍凉温下，天冷即热下，一二日即沸。又数日沸定，酒即清可饮。初全带蜜味，澄之半月，浑是佳醞。方沸时，又炼蜜半斛，冷投之，尤妙。予尝试为之，味甜如醇醪。善饮之人，恐非其好也。③

则张邦基即朱彧所谓的"好事者"者也。

综观苏轼有关食品的"广告作品"和在日常生活中有意无意参与的"广告活动"，苏轼对于自己喜好的食品往往"自叙其制度"，期以流传，是一方面；另一方面，在商品经济发达的宋代，在日常的或经意或不经意的商业活动中，寻常饮食一经东坡品题，就有特殊的"名人效应"。这在商家已是求之不得的商机，再加好事者鼓吹推演，就成为我们关注研究宋

---

① （宋）苏轼著，张志烈、马德富、周裕锴主编：《苏轼全集校注·文集》，河北人民出版社2010年版，第8449—8450页。
② 颜中其：《苏东坡轶事汇编》，岳麓书社1984年版，第296页。
③ 四川大学中文系唐宋文学研究室编：《苏轼资料汇编》，中华书局1994年版，第295页。

代商业与文学、苏轼的商业广告意识的不可忽略的史料。

四 苏轼自觉的广告创作意识与特色

宋代是我国古代商品经济发展的高峰期之一，城乡商品经济的繁荣与发展，商人阶层身份地位提高，商人阶层自觉的商业意识和与之相关的广告意识的强化与凸显，士大夫阶层与商贾的认识、交往、理解与相容，这一切是苏轼自觉的广告意识产生的社会基础。

笔者对于苏轼的广告意识关注已久，而对于苏轼自觉的广告意识认识的深化也得益于近年学术界对于宋代经济研究，特别是对于宋代商业广告研究的日趋深入，著述如陈培爱《中外广告史》、杨海军《中国古代商业广告史》、张金花《宋诗与宋代商业》，论文如郭天昊、杨海军《论中国古代广告发展及表现》、杨恒智《广告与宋代商业文化》、康保苓和徐规《苏东坡与饮食文化》、伊永文《宋元的商标与广告》、范军《南宋的书业与广告》等。但也正是由于特别的关注，个人同意《宋诗与宋代商业》作者对于有关研究的看法：

关于宋代广告问题，一些广告通史类的著作和论文已有所涉及，但仅止于对宋广告的形式及其发展的简单说明和描述。而对于宋代广告与市场特别是城市市场的互动关系、宋代广告的新发展，以及宋代伤人的广告自觉、宋代广告在市场经济中的地位和作用等重要问题论述不够或从未论及。①

由于论者研究的视点不同，尽管《宋诗与宋代商业》专列一章，分别论述了陆游、杨万里的涉商诗，但我们依然感到研究宋代广告，还应关注宋代文人与广告、与商业广告的互动关系，以及宋代文士的广告意识问题。因为在具体研究中，论者往往重视商人的广告意识，而忽略了这个具有意义的问题。

譬如在论述"潘衡墨借苏轼的名气大获成功"时即曰："大学士苏轼，名倾朝野，他的大名乃至诗、词、文、书、画，自然也就具有相当的商业价值，商人们莫不孜孜求之。小有名气的墨商潘衡，为了更大的名气和更

---

① 张金花：《宋诗与宋代商业》，河北教育出版社2006年版，第279页。

好的销路，不惜追随东坡至海南，并大造舆论进行宣传'尝为子瞻造墨海上，得其秘法，故人争趋之……售墨价数倍于前'。"①揣意固然不错，却忽略了苏轼的特殊爱好和商品广告意识。

苏轼书画皆精，对于墨又有特殊的喜好，在收录并不完全的《东坡题跋校注》中，计有35篇论及。言及海南制墨，苏轼说"此墨吾在海南亲作"（《书海南墨》)②；并记述了元符二年（1099）腊月二十三日制墨时"墨灶火大发，几焚屋"，"遂罢作墨"的经历（《记海南作墨》)③。尤其是在《书潘衡墨》中苏轼记载了自己与潘衡制墨的过程：

> 金华潘衡初来儋耳，起灶作墨，得烟甚丰，而墨不甚精。予教其作远突宽灶，得烟几减半，而墨乃尔。其印文曰"海南松煤东坡法墨"，皆精者也。常当防墨工盗用印，使得墨者疑耳。此墨出灰池中，未五日色已如此，日久胶定，当不减李廷珪、张遇也。④

苏轼海南与潘衡这一段墨缘，叶梦得《避暑录话》和何薳《春渚纪闻》均有记载，《春渚纪闻》卷8《南海松煤》条与叶梦得强调潘衡"自言尝为子瞻造墨于海上，得其秘法，故人争趋之……衡今在钱塘，竟以子瞻故，售墨价数倍于前"⑤ 不同，突出的是"近世士人游戏翰墨，因其资地高韵，创意出奇，如晋韦仲将、宋张永所制者，故自不少。然不皆手制，加减指授善工而为之耳。如东坡先生在儋耳，令潘衡所造，铭曰：'海南松墨 东坡墨法'者是也"⑥。

所以，综合苏轼自述及何薳、叶梦得的记载，我们看重的是，苏轼虽"游戏翰墨"，但由于其用墨、好墨、喜好收藏墨、自造墨的雅趣，"因其资地高韵，创意出奇"，特别是苏轼于所造墨铭刻"海南松煤东坡法墨"，

---

① 张金花：《宋诗与宋代商业》，河北教育出版社2006年版，第305页。
② （宋）苏轼著，张志烈、马德富、周裕锴主编：《苏轼全集校注·文集》，河北人民出版社2010年版，第7976页。
③ （宋）苏轼著，张志烈、马德富、周裕锴主编：《苏轼全集校注·文集》，河北人民出版社2010年版，第7976页。
④ （宋）苏轼著，张志烈、马德富、周裕锴主编：《苏轼全集校注·文集》，河北人民出版社2010年版，第7975页。
⑤ 四川大学中文系唐宋文学研究室编：《苏轼资料汇编》，中华书局1994年版，第240页。
⑥ 四川大学中文系唐宋文学研究室编：《苏轼资料汇编》，中华书局1994年版，第162页。

这一切都印证了宋时经营者与士大夫的互动关系，特别是东坡自觉的广告意识。

正是有感于此，我们探讨苏轼的广告意识，并期望研讨的进一步深入。探讨苏轼自觉的广告意识，其"创意出奇"的用心多有表现。其一，借助名家名气广而告之。如其对于《圣散子》良方和秧马的推广，就十分注重借助名医庞安常之传世之作《伤寒总病论》和曾安止的《禾谱》，这与潘衡墨的流行如出一辙。其二，苏轼作为一代名臣，七典名郡，十分清楚并自觉运用行政的力量推动广告宣传，取得良好的推广宣传效能。在《圣散子》、秧马的传世推广利用上，无论是自己参与谋划还是"往往录示邑宰"，都可以凸显苏轼的广告推广与行政力量结合方面的创意思考。其三，苏轼作为一代文坛巨擘，他不仅参与广告的制作、推行，以期取得收效，而且创作出了出色的广告作品，在古代特别是在宋代，令人津津乐道。如其《秧马歌》即为"得意之作"，其歌与引"形容琐物，如飞如动"（陈天定《古今小品》卷4）[1]。胡仔《苕溪渔隐丛话》卷39赞苏轼的饮食广告"作诗赋以写之，往往皆臻其妙"[2]，所列作品即有《老饕赋》《豆粥》《寒具》等。苏轼性不能饮，但对于酒有特别的研究，在元丰四年（1081）所作《饮酒说》即记述其曾"闭户自酿"，但所酿不佳[3]；此后先后酿蜜酒、桂酒和真一酒，酿造之法皆有记述。而对于真一酒尤为看重，在诗有《真一酒并引》《真一酒歌并引》，在文有《记授真一酒法》《真一酒法》（寄建安徐得之）和《题真一酒诗后》。苏轼为了真一酒的流传推广，一再叙述真一酒的制作方法；在向徐得之推介时，开篇即曰"海南不禁酒，近得一酿法，乃是神授"[4]；而在《记授真一酒法》中则记述了"神授"真一酒的经过，如梦似幻，扑朔迷离，"创意新奇"[5]。

对于苏轼的这一类文字，在赞扬之外也有批评，批评的焦点集中在一些篇章的"俗"。谭元春评《寒具》曰："风流极矣，却伤雅。"赵克宜批

---

[1] 四川大学中文系唐宋文学研究室编：《苏轼资料汇编》，中华书局1994年版，第1075页。
[2] 四川大学中文系唐宋文学研究室编：《苏轼资料汇编》，中华书局1994年版，第393页。
[3] （宋）苏轼著，张志烈、马德富、周裕锴主编：《苏轼全集校注·文集》，河北人民出版社2010年版，第8444页。
[4] （宋）苏轼著，张志烈、马德富、周裕锴主编：《苏轼全集校注·文集》，河北人民出版社2010年版，第8450页。
[5] （宋）苏轼著，张志烈、马德富、周裕锴主编：《苏轼全集校注·文集》，河北人民出版社2010年版，第8284—8285页。

评说："思臻不恶，然已开后来俗调。"等。整体观照苏轼相关诗文及后世评价，我们要指出的是，广告文字贵在通俗，雅俗共赏，俗不伤雅。苏轼的《猪肉颂》《秧马歌》《寒具》《豆粥》诸作均具有易记、易诵，明白晓畅的特点。

这一切都说明苏轼在有意识地利用自己的一管妙笔进行相关物品"广而告之"的宣传推广。

概而言之，苏轼在特定时代商品经济影响下，其相关活动及创作已彰显了他自觉的广告意识，由于他特殊的身份地位和独到的认识，其所涉及广告可大致分为两类：其一是公益广告，即有益于社会民生，不涉商业赢利的广告。如其《圣散子》的发现、推介、保存和《秧马歌》的创作和秧马的推广。其二是主动参与，涉及商品和商业运作，又不关乎自己商业利益的广告。诸如《猪肉颂》《寒具》以及有关海南墨、真一酒的文字均属此类。研味苏轼相关活动和创作，极易令人联想到东坡《书东皋子传后》中的一段名言：

> 常以谓人之至乐，莫若身无病而心无忧，我则无是二者矣。然人之有是者，接于予前，则予安得全其乐乎？故所至，当蓄善药，有求者则与之，而尤喜酿酒以饮客。或曰：子无病而多蓄药，不饮而多酿酒，劳己以为人，何也？予笑曰：病者得药，吾为之体轻，饮者困于酒，吾为之酣适，盖专以自为也。[①]

研味苏轼之名言至语，则苏轼之公益广告以及在与商家互动关系中所撰相关文字和行为所凸显的自觉的广告意识，均为东坡淑世精神的有机组成部分，在今日亦具有研究借鉴的价值。

---

① （宋）苏轼著，屠友祥校注：《东坡题跋校注》，上海远东出版社2011年版，第7页。

传统戏曲中的东坡形象探论

——以元代有关苏轼贬谪剧为中心

"大苏死后忙不彻，三教九流都扯拽"①，早在苏轼生前其逸闻趣事已入优戏搬演，其身后以其丰富经历、传说故事编撰的剧作，更在历代舞台上上演不衰。在现存的元杂剧中保留有三部完整的反映苏轼贬谪生涯的剧作。本文拟从剧作所反映的宋代朋党之争入手，探讨其特色。

一

"朋党之争，自古有之。"② 朋党之争是中国封建社会孕育的一个怪胎。其所产生之原因，或因政见不同，或因学术意见相左，或因个人意气之争，或因地方观念而成。其成因非一，危害却极大。宋人杨万里曾认为朋党之争是甚于"盗贼""水旱""异族入侵之大害"。"盖欲激人主之怒，莫如党论；欲尽逐天下之君子，莫如党论；欲尽空天下之人才，莫如党论。"③ 朋党倾轧的结果，"始以党败人，终以党败国"。④ 首当其冲，受害的是在党争中失势一方的士大夫们。得志一方，专横跋扈，颠倒黑白。失势一方，贬窜岭海，颠沛流离。于是中国文坛上出现了一种非常奇特的文学现象——迁谪文学，朋党之争与文学结下了不解之缘。元代杂剧《醉写赤壁赋》《东坡梦》《贬黄州》三剧对于我们认识宋代党争的残酷性复杂

---

① （清）褚人获：《坚瓠集》第 3 册，浙江人民出版社 1986 年版，第 1 页。
② （宋）欧阳修：《欧阳修全集》，中国书店 1986 年版，第 124 页。
③ （南宋）杨万里：《杨万里诗文集》中册，江西人民出版社 2006 年版，第 1118 页。
④ （元）脱脱等：《宋史·刘拯等传》卷 356，中华书局 1977 年版，第 11212 页。

性，认识党争中纷纭复杂的人情世态，认识党争对文人心态的影响颇有帮助。

三部反映北宋党争、东坡贬谪生涯的剧作，从不同角度提示了东坡被贬谪的原因。概而言之，苏轼遭贬原因有三。首先是王安石与苏轼政见不同。在这里需要指出的是，苏轼元丰二年作诗讽喻时政被捕入狱，被贬黄州，全与王安石无涉。在此前王安石已退居金陵。作为戏剧人物，这里的王安石既有历史上真实的王安石的影子，又是戏剧化的变法派的化身。《东坡梦》中苏轼言其与王安石政见不同：

今有王安石在朝，当权乱政。特举青苗一事。我想这青苗一出，万民不胜其苦，为害无穷。小官屡次移书谏阻，因此王安石与俺为仇。①

《贬黄州》中王安石道：

我有一策，要行助役于民间。在朝诸官多言不便。独翰林学士苏轼，十分与我不合。昨日上疏，说我奸邪，蠹政害民，我欲报复。②

所谓"昨日上疏"即该剧第一折苏轼所说："臣蒙知遇，欲竭愚忠。见王安石一心变乱成法，臣上万言书谏诤。"③古人称上皇帝书为"万言书"，揆诸史实，当指苏轼《上神宗皇帝书》。

苏轼在朝反对新法，在地方官任上也缘诗人之义，托事以讽。于是就有了北宋著名的文字狱——"乌台诗案"。《贬黄州》剧中王安石说苏轼"志大言浮，离经叛道。见新法之行，往往形诸吟咏。我已着御史李定等，劾他赋诗讪谤，必致主上震怒。置之死地，亦何难哉！"④于是李定秉承时相之意，将苏轼"平日所为诗章有干政化者，具为一疏，劾其谤讪"。⑤党祸与诗祸相连，苏轼被贬黄州。其罪名大略如李定所言：

---

① 徐征等主编：《全元曲》第3卷，河北教育出版社1998年版，第1895页。
② 徐征等主编：《全元曲》第3卷，河北教育出版社1998年版，第3272—3273页。
③ 徐征等主编：《全元曲》第3卷，河北教育出版社1998年版，第3272页。
④ 徐征等主编：《全元曲》第3卷，河北教育出版社1998年版，第3275页。
⑤ 徐征等主编：《全元曲》第3卷，河北教育出版社1998年版，第3272页。

今有翰林学士苏轼……论新法而毁时相，托吟咏而谤讪朝廷。实有无君之罪，难逭欺上之诛。且如《题古桧》云：根到九泉无屈处，世间惟有蛰龙知。陛下飞龙在天，轼以为不知己，而求地下之蛰龙，非不臣而何？陛下发钱本以业贫民，轼则曰："赢得儿童语音好，一年强半在城中"；陛下明法以课群吏，轼则曰："读书万卷不读律，致君尧舜终无术"；陛下兴水利，轼则曰："造物若知明主意，应教斥卤变桑田"。陛下议盐铁，轼则曰："岂是闻韶解忘味，迩来三月食无盐"。如此之类尚多。伏望圣明早加显戮，以息怨谤……①

这一大段录自"乌台诗案"的文字，是元丰初新法派对苏轼的全面清算。剧作抓住了苏、王政见不合，苏轼因诗获罪。可谓抓住了关键。

其次，有关剧作，于政见不同这一主要因素之外，还写出了不大为世人所注意的苏、王二人的意气之争。《醉写赤壁赋》与《东坡梦》都提到"续菊花诗"一桩公案。二剧所写仅字面略有不同，大略为：苏轼见王安石从者腰插一扇，扇上写诗二句道：昨宵风雨过园林，吹落黄花满地金。苏轼认为菊花从来不谢，自然干老枝头，甚以为不然。乃于诗后续二句道：秋花不比春花落，付与诗人仔细吟。于是王安石认为苏轼以为菊花不落，是未曾到过黄州。贬黄原因之一，竟是让苏轼到黄州看菊花落谢。此事载《藏海诗话》《高斋诗话》，在宋代即有争议。《西清诗话》《类说》认为乃欧阳修续诗。胡仔《苕溪渔隐丛话》认为皆属伪托。但作为宋代著名政治文学家苏轼、王安石之间的趣事，即使属于伪托，于中我们也可看出其事在当时流传甚广，被后世戏曲家采用是很自然的事。《东坡梦》还载有苏轼与王安石因太湖石崩摧口舌相竞，"安石好生怀恨"。剧中谓：

一日天子游御花园，见太湖石摧其一角，天子问为何太湖石摧其一角。安石奏言："此乃苏轼不坚"。小官上前道："非苏轼不坚，乃安石不牢。"天子大笑回宫，安石好生怀恨。②

此事无所据，但因口舌之争惹祸，却与在宋代特定党争环境中的复杂

---

① 徐征等主编：《全元曲》第3卷，河北教育出版社1998年版，第3273页。
② 徐征等主编：《全元曲》第3卷，河北教育出版社1998年版，第1895页。

人事相关联，也合乎东坡的性格遭遇。苏轼生性乐观旷达，幽默诙谐，他充满智慧的风趣的谈笑，曾给家人以温馨，给友人以欢乐，但也曾予政敌以难堪，因"嬉笑成仇敌"。岳珂《桯史》曾载苏轼以嘲戏之语谈论王安石的《字说》："荆公（安石）无以答，迄不为变。党伐之论，于是浸闻；黄冈之贬，盖不特坐诗祸也。"① 苏轼后与洛党之魁程颐交恶，其原因也在于，苏轼以鄙语戏程颐，洛党衔之，"遂立敌矣"。② 剧作家们抓住了苏轼众人皆知的性格上的特点，指出他当日遭贬，除政见不合之外，尚有个人意气之争的原因，是很有见地的。就苏、王关系而言，即使不能成为定论，也代表了一定时期相当一部分人的看法。苏、王交恶，由来已久。"古人嫌隙多起于俳谐"③ 可谓知言。由于在复杂的人事纷争中，往往在不知不觉中因口舌得祸，所以其弟苏辙和友人都曾对其力加劝阻，东坡自己也有所警觉。一个人性格上的特点，在特定情势下，也许会成为致命的弱点。关于苏轼以山石嘲戏王安石之事，吴曾《能改斋漫录》有一段类似记载：

  陈无己《诗话》云：某公用事，排斥端士，矫节伪行。范蜀公《咏僧房假山》曰："倏忽平为险，分明假夺真。"盖刺公也。某公，荆公也。予又尝记一《假山》诗云："安石作假山，其中多诡怪。虽然知是假，争奈主人爱。"云云。世以为东坡所作，不知是否。④

  由此可知，以谐音寓讽的传说故事在宋时已流行，剧作家对之采录改造，有机地运用到剧本创作中。既突出了苏轼的性格特征，又强调了宋代党争的复杂性。

  至于剧作反映苏轼被贬谪的第三个原因，则完全是元代戏剧家们的创造。《醉写赤壁赋》《东坡梦》二剧均附会苏轼《满庭芳》（香霭雕盘）一词，言苏轼应王安石之邀赴宴，王夫人慕名欲一睹苏轼风采，杂于歌妓队

---

① （南宋）岳珂：《桯史》，中华书局1981年版，第14页。
② （南宋）朱熹撰，朱杰人等主编：《朱子全书》第12册，上海古籍出版社、安徽教育出版社2002年版，第968页。
③ （清）徐士銮：《宋艳》，浙江古籍出版社1987年版，第156页。
④ （南宋）吴曾：《能改斋漫录》，中华书局1960年版，第335页。

中。苏轼即席赋此词，王安石认为苏"嘲戏大臣之妻"①，贬苏于黄州。关于此词本事，《词林纪事》谓："此阕当在王都尉晋卿席上，为啭春莺作也。"②玩其语词，信而有征。上述二剧均采用了附会的故事，特别是《醉写赤壁赋》将其演化为整整一折戏。可见其说在元代已广为流传，并为广大群众所接受。

就元代有关剧作的描写而论，苏轼贬黄原委，分而论之为三：一为政见不同，写诗讽喻时政；二为"一时失言，反成大怨"③（续菊花诗及太湖石崩二人口舌相竞）；三为写《满庭芳》词，"嘲戏"安石之妻。合而观之则一，在政见不合之前提下，动辄得咎，因诗词言语贾祸。苏轼曾自嘲"轼一生罪过，开口常是不在徒二年以下"。④ 道大难容，才高为累，反映了后世人们对东坡坎坷遭遇的深切同情。

二

我们从反映两宋党争、正人志士遭贬放逐的角度分析有关剧作，发现三剧中人物塑造颇具代表性。我们不否认三剧中从主要人物到次要人物，从正面人物到反面人物，已与历史上具体人物有了很大差距。这里所说的代表性，是指作为戏剧人物的涵盖意蕴而言。

苏轼当年因党争诗祸，被捕入狱一百余日，朝中大臣司马光、张方平、范镇等曾多方论救，后者22人俱因论救罚铜。这些史实反映到剧作中，出于人物塑造、情节安排的需要，《贬黄州》中论救苏轼的大臣以张方平为代表，并把张方平业已闲退之身，改变为身任丞相之职。为救援苏轼，张方平面奏皇上，言苏轼"忠信为国，不避时相，吟诗遣兴，岂在朝廷？况诗尚谲谏。言之者无罪，闻之者足以戒"，指责李定诸人党比为奸深文罗织，"怀论己之私仇，结奸邪之党类，风闻妄奏，不协人心"。⑤ 又

---

① 徐征等主编：《全元曲》第8卷，河北教育出版社1998年版，第6063页。
② （清）张思岩：《词林纪事》，成都古籍书店1982年版，第142页。
③ 徐征等主编：《全元曲》第8卷，河北教育出版社1998年版，第1896页。
④ （南宋）王明清：《挥麈录》，上海书店出版社2001年版，第132页。
⑤ 徐征等主编：《全元曲》第5卷，河北教育出版社1998年版，第3274页。

劝告苏轼"今主上宽宥，谪官南行，你不必引证古人，反取罪责"。① 比较集中地反映了当时朝野苏轼的友人们对其遭遇的态度。

在《醉写赤壁赋》中，出现了集官道于一身的邵雍形象。揆诸史实，邵雍于苏轼贬黄之前二年已去世，而在剧中邵雍作为一个精通象数之学能知过去未来的学士，既合乎历史上发展了象数学的事实，又加入了作者自己的创造。剧中邵雍言其师承渊源："自希夷授于种放，种放授穆伯长，伯长授于李挺之，李挺之授于某。"② 同《宋史·朱震传》所载略同。在政治态度上，他反对新法，又企求在新旧党争中保全自己。所以在剧中他绝口不谈政事，道家知足省分，预知过去未来的神秘色彩更浓一点。其在剧中送别苏轼时告知自己家谱，为其身后让苏还朝埋下伏笔。亦曾预言苏轼一生祸福荣辱。剧作家的这些情节的安排一方面为全剧首尾圆合、结构紧凑起到一定作用，另一方面给全剧笼罩了一层人生命定、世人难知的神秘色彩。这既是在激烈的党争中，波流无定，人世坎坷的反映，同时也切合苏轼思想上的痛苦与困惑。"东坡自海外归，人问其迁谪艰苦。东坡曰：'此骨相所招。小时入京师，有相者云：一双学士眼，半个配军头。异日文章虽当知名，然有迁徙不测之祸。'今悉符其语。"③ 当日的剧作家和观众大都难以超越这一认识水准。这是应当批判地对待的。

《贬黄州》一剧中，作者塑造了马正卿这位对困境中的苏轼伸出援助之手的正面人物。历史上马正卿实有其人，苏轼《东坡八首引》曰："余至黄州二年，日以困匮。故人马正卿哀予乏食。为于郡中请故营地数十亩，使得躬耕其中。"④ 在剧中，他"因王安石柄用，某在朝与其言论不合，致仕来家"⑤，闲居黄州，对苏轼多加照应。马正卿的原型应是苏轼谪黄期间黄州知州徐君猷与马正卿等友人。苏谪黄州时，"君猷周旋之，不遗余力。其后君猷死于黄，东坡作祭文挽词甚哀。又与其弟书云：'轼始谪黄州，举目无亲。君猷一见，相待如骨肉。'"⑥ 在剧中，作为同情苏轼不幸遭遇的正面人物，马正卿与阿附王安石的杨太守形成鲜明对照。

---

① 徐征等主编：《全元曲》第5卷，河北教育出版社1998年版，第3276页。
② 徐征等主编：《全元曲》第8卷，河北教育出版社1998年版，第6063页。
③ 颜中其：《苏东坡轶事汇编》，岳麓书社1984年版，第242页。
④ （宋）苏轼著，傅成、穆俦标点：《苏轼全集》，上海古籍出版社2000年版，第252页。
⑤ 徐征等主编：《全元曲》第5卷，河北教育出版社1998年版，第3279页。
⑥ （南宋）王明清：《挥麈录》，上海书店出版社2001年版，第132页。

苏轼在黄期间，杨采是继徐君猷之后的继任太守，与苏交情尚可。但剧作中的杨太守"气量狭隘，不能济人，又兼是王安石门客"①，接王安石指示他不要接济苏轼的书信后，铁下心肠，"他（苏轼）来谒见，只是不理"②。当苏轼衣食不继，登门求谒时，反被打出门去。然而当苏轼奉命还朝时，又前往送行。杨太守在昔日官场颇有代表性，所以剧作家借剧中人苏轼之口痛斥其"清浊不分，仁义不存"，"倚主欺宾，仗富欺贫，仗势欺人"，"富而骄，贫而谄，贫无义，富无恩"。③这类人固然令人痛恨，然而产生这种丑恶现象的原因何在呢？杨太守说他不得已："非臣辱苏轼，他是放臣逐客，口舌害物。臣遵国法，岂能容他。"④苏轼虽对此世态人情痛心疾首，但表示能够理解："杨太守虽与臣不合，如今世情皆如此。炎凉趋避，亦时势之自然。"⑤纷纭复杂的朋党之争，"烈于炽火，小人交搧其焰，旁观之君子，深畏其酷，惟恐党人之尘点污之也"。⑥于是造就了一批投机观望，唯利是图，甚且助纣为虐，落井下石的小人。他们只唯上唯己，不问是非黑白。上引杨太守的话足以说明皇上是左右党争的关键，杨某的作为，乃"遵国法"，似无可非议。苏轼的痛切指责更是对党争败坏人心的总结。《醉写赤壁赋》中的黄州刺史与杨太守是一路货色。所不同者，这位刺史乃昔日东坡故旧。苏轼贬黄，他不仅不周济，还故意羞辱东坡，并且有恃无恐："此人（苏轼）心中必然怪我也。既有圣人言语，怕他作什么！"⑦然而待到苏轼进京，他把"羞脸儿揣在怀里"，给苏轼"送行""陪话"⑧。这类人物在宋代朋党之争激烈复杂的官场颇具代表性。官吏们为了一己荣华，唯上是从："昔之君子，唯荆（王安石）是随；今之君子，惟温是随。其所随不同，为随一也。"⑨朋党翼伪，阴谄潜诋，颠倒是非，变乱黑白，是宋代官场一大特色。

---

① 徐征等主编：《全元曲》第5卷，河北教育出版社1998年版，第3286页。
② 徐征等主编：《全元曲》第5卷，河北教育出版社1998年版，第3287页。
③ 徐征等主编：《全元曲》第5卷，河北教育出版社1998年版，第3296页。
④ 徐征等主编：《全元曲》第5卷，河北教育出版社1998年版，第3296页。
⑤ 徐征等主编：《全元曲》第5卷，河北教育出版社1998年版，第3296页。
⑥ （南宋）费衮：《梁溪漫志》，上海古籍出版社1985年版，第45页。
⑦ 徐征等主编：《全元曲》第8卷，河北教育出版社1998年版，第6069页。
⑧ 徐征等主编：《全元曲》第8卷，河北教育出版社1998年版，第6076页。
⑨ （宋）苏轼著，傅成、穆俦标点：《苏轼全集》，上海古籍出版社2000年版，第1815页。

三

　　长期以来由于人们很少从反映宋代党争这个角度去探讨这类剧作，以致有些论者认为"其中对苏轼穷苦生活的描写俨然是元代穷儒的生活情景"，"它们曲折地反映了元代的社会现实，表现了元代知识分子被歧视被压迫的低下处境"。① 实际上，只要我们比较深入全面地了解两宋党争的性质及其危害，了解苏轼贬谪黄州期间的生活环境、思想实际，我们完全可以这样说，三部有关苏轼谪黄生涯的剧作对苏轼贬谪原因的反映——苏、王政见不同、个人意气之争，以及党祸与诗祸相连，总以诗词罗织罪名种种，是全面而又深刻的。即使对皇帝左右党争的史实着墨不多，认识也是深刻的。正如《贬黄州》一剧中王安石上场诗所云："助役青苗法令行，坐看足食更强兵。嗷嗷朝野多非己，独仗君王自圣明。"② 他的得志，关键由皇帝撑腰，所以苏轼与之政见不合，即欲"报复""置之死地"。手段刻毒，无所不用其极。先是由李定诬奏，贬黄之后，又寄书党类杨太守，欲使苏轼冻饿而死。这些都反映了宋代党争的激烈残酷。朱熹言及本朝党祸的酷烈时曾指出，得势一方总想把对手置之死地而后快，贬所地方官又承风望指，数加玩侮，贬谪官员多因之自尽。所以剧作中人物，从皇上、权臣到地方官的塑造都颇具典型性。

　　即从苏轼谪黄期间生活而论，由于贬谪"平生亲友，无一字见及，有书与之亦不答，自幸庶几免矣"（《答李端叔书》）③，于人情冷暖、世态炎凉有了极深的体味。剧中与苏轼有旧交的黄州刺史的作为正是这种炎凉世态的反映。在经济上，苏在与章惇书中坦然相告，子女寄寓在弟子由处，"债负山积"，贬黄之后"廪禄相绝"，"常恐有饥寒之忧"。"至黄二年，日以困匮。"④ 躬耕东坡，"身耕妻蚕，聊以卒岁"（《与章子厚书》）。⑤ 在给皇帝的谢表中，他直陈"疾病连年，人皆相传为已死；饥寒并日，臣亦

---

① 许金榜：《元杂剧概论》，齐鲁书社1986年版，第85页。
② 徐征等主编：《全元曲》第5卷，河北教育出版社1998年版，第3272页。
③ （宋）苏轼著，傅成、穆俦标点：《苏轼全集》，上海古籍出版社2000年版，第1739页。
④ （宋）苏轼著，傅成、穆俦标点：《苏轼全集》，上海古籍出版社2000年版，第252页。
⑤ （宋）苏轼著，傅成、穆俦标点：《苏轼全集》，上海古籍出版社2000年版，第1647页。

自厌其余生"①。所以剧中有苏轼贬谪之后,薪水皆无,直至"釜有蛛丝甑有尘","无计可使,生活困苦"②的描写,尽管我们不能排除剧作家艺术夸张或借以抒发牢骚不平的成分,但如果将其看作在激烈党争之中贬谪大臣遭遇的典型反映当更为合适一些。

贬谪黄州是苏轼一生思想发展的重大转折时期。苏轼这位志在天下的一世伟人,如今成了"独立斜阳数过人"③的贬客逐臣,其内心痛苦可以想见。由是之故,他对现实人生的思考是深刻的。"谪居无事,默自观省,回视卅年以来,所为多其病者。"(《答李端叔书》)④ 在痛苦中,他用佛门道理去排除心理上的障碍,与僧道徒多有交往,以求超越黑白混淆的现实,求得解脱。他自言,贬谪之中"多难畏人,不复作文字,惟时作僧佛语耳"(《与程彝仲推官书》)。⑤ "佛书旧亦曾读,但阇塞不能通其妙。独时取其粗浅假说以自洗濯。"(《答毕仲举书》)⑥ 由是之故,元代的剧作家们虚构了东坡与佛印游赤壁的戏剧情节。写苏轼愿乘诗兴忘忧乐,隐遁性命,不恋世情,耳根清净,不再有是非忧、宠辱惊的心绪,反映了苏轼贬谪之中特定思想的一个重要方面。至于《东坡梦》的主要价值,应在其宗教文学的特性,只是它与苏轼贬谪生涯有一定关联,所以在此一并论列。苏轼因受贬谪,为排解忧懑,研讨佛理,多与佛门弟子游,是剧作家创作的基本依据。

以上我们从反映两宋党争这一特定角度,讨论了元代有关苏轼贬谪生涯的三部剧作。元承宋祚,宋代朋党之争及个人之间的恩恩怨怨,早已是"百年后来者,憎爱不相缘"⑦。剧作家艺术地再现苏轼的贬谪生涯令人沉思,冷静的艺术观照也予人启迪。尽管我们知道这些以苏轼有关史实、传说为素材创作的戏剧作品,毕竟是"戏"而不是历史教科书,我们"不应剥夺艺术家徘徊于虚构与真实间的权利"⑧,但不了解宋代朋党之争的残酷性,不把握苏、王之争的复杂性,将会在评价上产生偏颇,是为论。不当之处,还望学界同仁指正。

---

① (宋)苏轼著,傅成、穆俦标点:《苏轼全集》,上海古籍出版社2000年版,第1085页。
② 徐征等主编:《全元曲》第5卷,河北教育出版社1998年版,第3274页。
③ (宋)苏轼著,傅成、穆俦标点:《苏轼全集》,上海古籍出版社2000年版,第531页。
④ (宋)苏轼著,傅成、穆俦标点:《苏轼全集》,上海古籍出版社2000年版,第1739页。
⑤ (宋)苏轼著,傅成、穆俦标点:《苏轼全集》,上海古籍出版社2000年版,第1885页。
⑥ (宋)苏轼著,傅成、穆俦标点:《苏轼全集》,上海古籍出版社2000年版,第1830页。
⑦ (宋)欧阳修:《欧阳修全集》,中国书店1986年版,第19页。
⑧ [德]黑格尔:《美学》,商务印书馆1979年版,第353页。

口谐倡辩，笑谈人生

——苏轼与"说诨话"探论

我们已关注东坡与"说诨话"这个论题多年，相关丰富的资料可供我们对这个论题加以探讨。当然，要讨论这个问题，我们首先要了解何为"说诨话"，"说诨话"的特点以及在宋代说话中的地位。

何谓"说诨话"？胡士莹先生在论述宋代说话家数时，专列"诨话"一节，认为"'诨话'，是滑稽讽刺"。[①] 在宋代记载瓦舍伎艺的笔记中，有"说诨话"艺人的名字，如孟元老《东京梦华录》卷5《京瓦伎艺》条记载"张山人，说诨话"[②]，《武林旧事》卷6中亦载"说诨话：蛮张四郎"[③]，而没有记载"说诨话"的具体形式。只有宋人王灼《碧鸡漫志》卷2《各家词短长》中说："长短句中作滑稽无赖语，起于至和。嘉祐之前，犹未盛也。熙丰、元祐间，兖州张山人以诙谐独步京师，时出一两解。"[④] 从相关文字记载中可以看出，诨话即趣话、笑话。它兼有滑稽、诙谐、讽刺、调笑的含义。又据元陶宗仪《南村辍耕录》卷25《院本名目》记载："宋有戏曲、唱诨、词说。"[⑤] 可知当时不仅有说诨，而且还有唱诨。由此看来，说诨话当是一种有说有念诵而且有歌唱的综合说唱伎艺。

现存大量资料证明东坡爱好并创作"诨话"。其创作的"诨话"有诸多单篇留存且有"专著"传世；并且东坡也成为有关"说诨话"中的故事人物。雅俗共赏的通俗文学中谈笑戏谑风味为社会各阶层所接受喜爱的时代风尚，滋养东坡成长的巴蜀文化蕴含的乐天放旷的文化因子，东坡幽默

---

① 胡士莹：《话本小说概论》，中华书局1980年版，第118页。
② （南宋）孟元老：《东京梦华录》，中国画报出版社2013年版，第87页。
③ （南宋）周密：《武林旧事》，浙江人民出版社1984年版，第110页。
④ （北宋）王灼著，岳珍校点：《碧鸡漫志校正》，巴蜀书社2000年版，第35页。
⑤ 上海古籍出版社编：《宋元笔记小说大观》，上海古籍出版社2001年版，第6454页。

风趣的个性,对于当时盛行的俗文学有着特殊的爱好,是解析东坡与"说诨话"关联的锁钥;东坡的"说诨话"系列具有丰富深刻的内涵。系统探研东坡与"说诨话"及与通俗文学的关联,对于全面认识和研究东坡颇有助益。

一 笑对人生,啸傲人生:谐谑趣谈是东坡日常生活引人注目的有机组成部分

我们在流传至今的宋人笔记所载的谐谑趣谈和现存东坡诗文中辑录了东坡与"说诨话"有关的文字数十则,我们发现在东坡与友人、门人的笑谈趣语中处处可见"说诨话"的影子;东坡是"诨话"的接受、改编和传播者;东坡"有为而作",不仅有简短精粹的单篇"诨话"的创作,而且有"专著"传世。

检索东坡与友朋日常生活交往有关的"说诨话"材料,可以分为四个部分:其一是与王安石有关的笑谈趣语;其二是与刘贡父有关的笑话"段子";其三是与钱穆父、黄庭坚诸师友有关的笑谈;其四是与东坡创作或与东坡有密切关联的著述,诸如《问答录》《苏黄滑稽录》(已佚)和《艾子杂说》。这些文献资料表明谈笑谐谑浸漫在东坡日常生活中,已成为我们今天研究东坡不能不关注的一部分。

东坡与王安石政见不合,在学术理念上亦有分歧,但这些并未妨碍宋代历史上两位文坛巨擘的相互推奖和敬重。苏、王二人的私谊及政见异同值得深入探求,论题所限,我们在此只讨论文献所载与苏、王有关的趣闻笑谈。

王安石执政,著《三经新义》和《字说》,其所持论往往成为东坡和朋友们嘲谑的对象。《高斋漫录》《鹤林玉露》《调谑编》均载:

东坡闻荆公《字说》成,戏曰:"以竹鞭马为笃,不知以竹鞭犬有何可笑?"又举"坡"字问荆公曰:"何义?"荆公曰:"'坡'者土之皮。"东坡曰:"然则'滑'亦水之骨乎?"荆公默然。荆公又问曰:"鸠字从九鸟亦有证乎?"东坡曰:"《诗》云:鸤鸠在桑,其子

口谐倡辩，笑谈人生 ·345·

七分，和爷和娘，恰是九个。"荆公欣然而听，久之，始悟其谑也。①

《北窗炙輠》亦载：

> 荆公论扬雄投阁事：此史臣之妄耳，岂有扬子云而投阁者？又《剧秦美新》亦后人诬子云耳，子云岂肯作此文？他日见东坡，遂论及此。东坡云："某亦疑一事。"介甫曰："疑何事？"东坡曰："西汉果有扬子云否？"闻者皆大笑。②

对于东坡风趣幽默的笑语趣谈，结合当时的政治生态及东坡的政治遭遇，岳柯在《桯史》曾认为东坡因笑谈而贾祸：

> 王荆公在熙宁中作《字说》，行之天下。东坡在馆，一日因见而及之，曰："丞相赜微窅穷，制作某不敢知；独恐每每牵附，学者成风，有不胜其凿者。姑以犇、麤二字言之：牛之体，壮于鹿；鹿之行，速于牛。今积三为字，而其义皆反之，何也？"荆公无以答，迄不为变。党伐之论，于是浸闻；黄冈之贬，盖不特坐诗祸也。③

联系东坡在元祐间因戏语引起洛、蜀争端之事，因嬉笑而成仇敌、笑谈贾祸，固然值得引以为戒，但就苏、王私交而言，政见不同、学术观点的分歧并没有影响宋代政坛文坛两位巨人的相互称誉和交往私谊，当然，交往过程中，依然会有精彩的"故事"发生，据《后山谈丛》载：

> 苏公自黄移汝，过金陵，见王荆公。公曰："好个翰林学士，某久以此奉公。"曰："抚州出杖鼓鞈，淮南豪子以厚价购之。而抚人有保之已数世矣，不远千里，登门求售。豪子击之，曰：'无声。'遂不售。抚人恨怒，至河上，投之水中，吞吐有声。熟视而叹曰：'你早

---

① 颜中其：《苏东坡轶事汇编》，岳麓书社1984年版，第27页。
② 颜中其：《苏东坡轶事汇编》，岳麓书社1984年版，第26页。
③ 颜中其：《苏东坡轶事汇编》，岳麓书社1984年版，第27页。

作声，我不至此。"①

宋代文献中有关王安石及其新法的笑话可以组成"说诨话"系统的"王安石系列"。东坡与王安石相关的笑话是比较"出彩"的几例。

与之相类的是宋代"说诨话"中的"刘贡父系列"。《高斋漫录》载记东坡称刘贡父为"滑稽之雄"：

刘贡父尝见一士人口吃，戏作谜云："本是昌徒，又为非类；虽无雄才，却有艾气。"东坡曰："贡父可谓滑稽之雄也。"②

刘贡父为人博学多识，趣谈诨语，因时因人因事，触处皆发，多且自创，幽默敏捷如东坡，亦不免为其戏谑。据《画墁录》载：

元丰中诗狱兴，凡馆舍诸人与子瞻和诗罔不及。其后，刘贡父于僧寺闲话子瞻，乃造语："有一举子与同里子弟相得甚欢，一日同里不出，询其家，云：'近出外县。'久之复归，诘其端，乃曰：'某不幸典著贼赃，暂出回避。'一日，举子不出。同里者询其家，乃曰：'昨日为府中追去。'未几复出，诘其由，曰：'某不幸和著贼诗。'"子瞻亦不能喜愠。③

《后山谈丛》有类似记载：

苏长公以诗得罪，刘攽贡父以继和罚金。既而坐事，贬官湖外，过黄而见苏。寒温外问有新诨否？贡父曰："有二屠父，至其子而易业为儒贾。二父每相见，必以为患。甲曰：'贤郎何为？'曰：'检典与解尔。'乙复问，曰：'与举子唱和诗尔。'它日，乙曰：'儿子竟不免解著贼赃，县已逮捕矣。'甲曰：'儿子其何免耶？'乙曰：'贤郎何

---

① 颜中其：《苏东坡轶事汇编》，岳麓书社1984年版，第95页。
② 颜中其：《苏东坡轶事汇编》，岳麓书社1984年版，第134页。
③ 颜中其：《苏东坡轶事汇编》，岳麓书社1984年版，第134页。

虞?'曰:'若何著赋诗亦不稳变?'公应之曰:'贤尊得以忧里。'"①

依据上下文意,所谓"造语",所谓"新诨",都是刘贡父自己创作的笑话趣语。并且根据有关记载,现实生活的丰富刺激,使得刘贡父时有创作诨话的冲动。《道山清话》载:"刘贡父言:每见介甫《字说》,便待打诨。"②东坡与刘贡父交谊深厚,情趣相投,日常交际往往会触发创作诨话的契机和冲动,使得现实生活灵动而丰富。据陈师道《后山谈丛》载:

> 世以癞疾鼻陷为死证,刘贡父晚有此疾,又尝坐和苏子瞻诗罚金。元祐中,同为从官,贡父曰:"前于曹州,有盗夜入人家室,无物,但有书数卷尔。盗忌空还,取一卷而去,乃举子所著五七言也。就库家质之,主人喜事,好其诗,不舍手。明日盗败,吏取其书。主人赂吏而私录之,吏督之急,且问其故,曰:吾爱其语,将和之也。吏曰:贼诗不中和也。"子瞻亦曰:"少壮读书,颇知故事。孔子尝出,颜、仲二子行而过市,而卒遇其师,子路趑捷,跃而升木,颜渊懦缓,顾无所之,就市中刑人所经幢避之,所谓'石幢子'者。既去,市人以贤者所至,不可复以故名,遂共谓'避孔塔'。"坐者绝倒。③

《东皋杂录》录载有东坡嘲谑吕微仲的故事:

> 东坡善嘲谑,以吕微仲丰硕,每戏之曰:"公真有大臣体,坤六二所谓直方大也。"后拜相,东坡当制,有云:"果艺以达,有孔门三子之风,直大而方,得坤爻六二之动。"又尝谒微仲,值其昼寝,久而方见。东坡不能堪。良久,见于便坐。有一菖蒲盆,畜绿毛龟。东坡云:"此龟易得,若六眼龟,则难得。"微仲问:"六眼龟出何处?"东坡曰:"昔唐庄宗同光中,林邑国尝进六眼龟,时伶人敬新磨在殿下进口号曰:'不要闹,不要闹,听取这龟儿口号,六只眼儿,分明

---

① 四川大学中文系唐宋文学研究室编:《苏轼资料汇编》,中华书局1994年版,第141页。
② 上海古籍出版社编:《宋元笔记小说大观》,上海古籍出版社2001年版,第2945页。
③ 颜中其:《苏东坡轶事汇编》,岳麓书社1984年版,第135页。

睡一觉，抵别人三觉'。"①

此则笑谈亦见载于《高斋漫录》《调谑编》，字面稍异。日常笑谈，往往即兴而发，在自然而然的日常生活场景中，可以窥见东坡一代文豪之生活情趣。《孔氏谈苑》载东坡与姜至之相互打趣：

> 子瞻与姜至之同坐友宴。姜先举令云："坐中各要一物药名。"因指子瞻曰："君药名也。"问其故，曰："子苏子。"子瞻应声曰："君亦药名也，若非半夏，定是厚朴。"姜诘其故。子瞻曰："非半夏厚朴，何以曰姜制之？"②

东坡与门弟子如黄庭坚、秦观、张耒、晁补之等师友之间亦多有笑谈谐谑，其中与黄庭坚趣闻最多，时人曾据以编辑《苏黄滑稽录》，该书虽已散佚，但据之可知苏、黄生活意趣之一斑。现存留文献中，亦可略窥一二。

赵令畤《侯鲭录》卷1载：

> 鲁直戏东坡曰："昔王右军字为换鹅书，韩宗儒性饕餮，每得公一帖，于殿帅姚麟许换羊肉十数斤，可名二丈书为换羊书矣。"东坡大笑。一日，公在翰苑，以圣节制撰纷冗，宗儒日作数简，以图报书，使人立庭下督索甚急。公笑语曰："传语：本官今日断屠！"③

《独醒杂志》亦载：

> 东坡尝与山谷论书，东坡曰："鲁直近字虽清劲，而笔势有时太瘦，几如树梢挂蛇。"山谷曰："公之字固不敢轻议，然间觉褊浅，亦甚似石压虾蟆。"二公大笑，以为深中其病。④

---

① 颜中其：《苏东坡轶事汇编》，岳麓书社1984年版，第135—136页。
② 颜中其：《苏东坡轶事汇编》，岳麓书社1984年版，第138页。
③ 颜中其：《苏东坡轶事汇编》，岳麓书社1984年版，第124页。
④ 颜中其：《苏东坡轶事汇编》，岳麓书社1984年版，第124页。

口谐倡辩，笑谈人生

米芾痴迷奇石、书画，世人称其"米颠""石颠"，苏、米交往，多有笑谈。据赵令畤《侯鲭录》载：

> 东坡在维扬，一日设客十余人，皆一时名士，米元章在焉。酒半，元章忽起立云："少事白吾丈，世人皆以芾为颠，愿质之！"东坡曰："吾从众！"坐客大笑。①

东坡的乐天性格，其日常生活中充溢着天才智慧的滑稽幽默，自有一种诱人的魅力，由是之故，陈师道《后山谈丛》、李廌的《师友谈记》对于东坡的笑谈和笑谈中的东坡时有载记。

检阅相关文献，我们发现一个令人感奋的现象，东坡不仅说"诨话"，创作诨话，而且其所作诨话内容丰富、形式多样。在东坡所创作文字中，还有所谓"唱诨"，其一为《减字木兰花》，词序云：

> 秘阁古《笑林》云：晋元帝生子，宴百官，赐束帛。殷羡谢曰："臣等无功受赏。"帝曰："此事岂容卿有功乎？"同舍每以为笑。余过吴兴，而李公择适生子，三日会客。求歌辞，乃为作此戏之。举坐皆绝倒。②

其辞曰：

> 惟熊佳梦，释氏老君亲抱送。壮气横秋，未满三朝已食牛。犀钱玉果，利市平分沾四座。多谢无功，此事如何著得侬？③

其二为《南歌子》，惠洪《冷斋夜话》云：

> 东坡镇钱塘，无日不在西湖。尝携妓谒大通禅师，师愠形于色。

---

① 颜中其：《苏东坡轶事汇编》，岳麓书社1984年版，第189页。
② （宋）苏轼著，张志烈、马德富、周裕锴主编：《苏轼全集校注·词集》，河北人民出版社2010年版，第82页。
③ （宋）苏轼著，张志烈、马德富、周裕锴主编：《苏轼全集校注·词集》，河北人民出版社2010年版，第82页。

东坡作长短句，令妓歌之，曰："师唱谁家曲，宗风嗣阿谁？借君拍板与门槌，我也逢场作戏、莫相疑。溪女方偷眼，山僧莫皱眉。却嫌弥勒下生迟，不见阿婆三五少年时。"时有僧仲殊在苏州，闻而和之，曰："解舞《清平乐》，如今说向谁？红炉片雪上钳槌，打就金毛狮子也堪疑。 木女明开眼，泥人暗皱眉。蟠桃已是着花迟，不向春风一笑、待何时。"①

张志烈先生认为，联系苏诗"山林等忧患，轩冕亦戏剧"，"东坡这首词，在戏谑中也是深藏禅意的"。② 苏轼诗文辞赋之魅力，往往在读者各见其美。我们探寻东坡与"说诨话"之轨迹，由说诨到唱诨，还可寻踪及东坡之"花判"。

何谓"花判"？简言之，即用游戏滑稽笔墨写作的判词。宋洪迈《容斋随笔·唐书判》曰："唐人判语必骈俪，今所传《龙筋凤髓判》及《白乐天集·甲乙判》是也……世俗喜道琐屑遗事，参以滑稽，目为花判。"③

文献载记人们熟知的东坡"花判"有二。其一为《渑水燕谈录》《侯鲭录》所载东坡在杭州通判任上判歌妓从良轶事：

苏子瞻通判钱塘，尝权领郡事；新太守将至，养妓陈状，以年老乞出籍从良。公即判曰："五日京兆，判状不难；九尾野狐，从良任便。"有周生者，色艺为一郡之最，闻之亦陈状乞嫁。公惜其去，判云："慕周南之化，此意诚可嘉；空冀北之群，所请宜不允。"其敏捷善谑如此。④

其二为东坡在知杭州任上判灵隐寺僧了然杀人案，据《北窗琐语》载：

灵隐寺僧了然，恋妓李秀奴，往来日久，衣钵荡尽。秀奴绝之，

---

① 颜中其：《苏东坡轶事汇编》，岳麓书社1984年版，第179页。
② （宋）苏轼著，张志烈、马德富、周裕锴主编：《苏轼全集校注·词集》，河北人民出版社2010年版，第593页。
③ 南京大学出版社编：《菜根谭·容斋随笔》，南京大学出版社1994年版，第140页。
④ 颜中其：《苏东坡轶事汇编》，岳麓书社1984年版，第39页。

僧迷恋不已。一夕，了然乘醉而往，秀奴弗纳。了然怒击之，随手而毙。事至郡。时苏子瞻治郡，送狱推勘。见僧肤上刺字云："但愿生同极乐国，免教今世苦相思。"子瞻判词云："这个秃奴，修行忒煞，灵山顶上空持戒，一从迷恋玉楼人，鹑衣百结浑无奈。毒手伤人，花容粉碎，空空色色今何在？臂间刺道苦相思，这回还了相思债。"判讫即斩之。①

判歌妓从良之判词，《渑水燕谈录》赞其"敏捷善谑如此"，而判了然一案，更因其轰动性、戏剧性以及东坡效应诸因素，在此后的传播中，入唱诨，入小说，为人熟知。

不仅有大量的散见于宋人笔记文献有关东坡"说诨话"资料流布，而且有相关的"专著"流传。人们熟知的有《问答录》《苏黄滑稽录》和《艾子杂说》。限于篇幅，略加论列。

在研究宋代说话方面，《问答录》曾引起广泛关注，因为无论研究"说参请"，抑或"合生""商谜"，以至于"说诨话"都要提及《问答录》。《问答录》全称为《东坡居士佛印禅师语录问答》，关于该书的性质，我们赞同程毅中先生的观点。程毅中先生在《宋人说诨话与〈问答录〉——〈宋元小说〉订补之二》中认为"说诨话应该是说话的一家，我认为现存的《东坡居士佛印禅师语录问答》一书应是说诨话的底本"。"《问答录》则是现存宋代的一个综合性的说诨话话本，包含了小说、商谜、合生、说参请等各种成分，虽然情节简单，但其有很可贵的文献价值资料，值得我们重视。"②

正如上文所论，研究宋代的"说诨话"，依据现有资料，可以有"王荆公系列""刘贡父系列"，更可以有"苏东坡系列"，而程毅中先生就认为"《问答录》实际上就是宋代一个以东坡佛印为主的专题诨话集"。该书虽旧题苏轼撰，当为伪托无疑。但从该书可以略窥东坡与"说诨话"之关系。

言及东坡与"说诨话"，也应该提及《苏黄滑稽录》。杨万里《跋苏

---

① 颜中其：《苏东坡轶事汇编》，岳麓书社1984年版，第172页。
② 程毅中：《宋人说诨话与〈问答录〉——〈宋元小说〉订补之二》，《文学遗产》2003年第4期。

黄滑稽录》认为"此东坡山谷礼闱中试笔滑稽也"。① 由之可知，在南宋，《苏黄滑稽录》仍在坊间流行，是为"说诨话"之"苏黄系列"。

在这三部专书中，保存至今且确为东坡所著者为《艾子杂说》。论及该书的笑话专集的性质，鲁迅先生即将该书与《笑林》等书相提并论。鲁迅《中国小说史略》第七篇《世说新语与其前后》认为"《隋志》又有《笑林》三卷"，"实世说之一体，亦后来俳谐文字之权舆也"。"《笑林》之后，不乏继作"，"大抵或取子史旧文，或拾同时琐事，殊不见新意"。"惟托名东坡之《艾子杂说》稍卓特，顾往往嘲讽世情，讥刺时病，又异于《笑林》之无所为而作矣。"②

认为《艾子杂说》为伪托者还有林语堂先生。林语堂著宋碧云译《苏东坡传》附录二《参考书目及资料来源》其六"伪托书"曰：

> 不过《艾子杂说》颇值得一读，内容全是一位古人四周的诨笑话和趣闻轶事。③

但依据孔凡礼先生、朱靖华先生和曾枣庄先生的论证，《艾子杂说》确为东坡所作。为了本文论述之便，引述孔凡礼先生论证要点如下。孔先生于1985年在《文学遗产》第3期上，发表了《艾子是苏轼的作品》的论文。其基本观点见于他点校整理、由中华书局1986年2月出版的《苏轼文集》中的《苏轼佚文汇编》卷七《艾子杂说》第一条校语中：

> 陈振孙《直斋书录解题》卷十一《小说家类》："《艾子》一卷，相传为东坡作，未必然也。"《艾子》当即《艾子杂说》。戴埴《鼠璞》之《艾子》条，有"世传《艾子》为坡仙所作"之语，亦不能肯定《艾子》为苏轼所作。肯定《艾子》为苏轼所作者，有周紫芝。周所撰《太仓稊米集》卷七有《夜读〈艾子〉书其尾》诗，云："万里投荒海一隅，八年蛮子与同居。可怜金殿銮披日，浑在蛮烟瘴雨

---

① 丁锡根编注：《中国历代小说序跋集》，人民文学出版社1996年版，第636页。
② 鲁迅：《中国小说史略》，人民文学出版社1973年版，第45—53页。
③ 林语堂著，宋碧云译：《苏东坡传》附录2《参考书目及资料来源》6《伪托书》，台北：远景出版事业公司1970年版，第350页。

余。奇怪谁书《方朔传》，滑稽空著子长书。不知平日经纶意，晚作儿曹一笑娱。"是《艾子》为苏轼南迁后所作。周紫芝及李之仪（端叔）之门，而之仪与苏轼关系为师友之间，情谊甚密，其说自应充分尊重。就文而论，《艾子》乃寓言体，与《（苏轼）文集》卷73《桃符艾人语》《螺蚌相语》《记道人戏语》绝相类。《艾子》其中一则及吕梁、彭门，为苏轼为官之地。凡此，亦可为《艾子》出于苏轼之佐证。今以此文入附录，收入本编。

以上研究成果，告诉我们两点明确的信息：《艾子杂说》为苏轼所作；《艾子杂说》为寓言体，"内容全是一位古人四周的诨笑话和趣闻轶事"。简言之，《艾子杂说》是苏轼所作的"说诨话"专书。论者均注意到《艾子杂说》与《苏轼文集》卷73《桃符艾人语》《螺蚌相语》《记道人戏语》绝相类。"《艾子》其中一则及吕梁、彭门，为苏轼为官之地。凡此，亦可为《艾子》出于苏轼之佐证。"在此我们摘录该书片段，以说明《艾子杂说》作为笑谈谐语的"说诨话"特征：

> 齐地多寒，春深未荢甲。方立春，有村老挈苢蓿一筐，以馈艾子，且曰："此物初生，未敢尝，乃先以荐。"艾子喜曰："烦汝致新。然我享之后，次及何人？"曰："献公罢，即刈以喂驴也。"

> 艾子好饮，少醒日。门生相与谋曰："此不可以谏止，唯以险事怵之，宜可诫。"一日，大饮而哕。门人密抽彘肠致哕中，持以示曰："凡人具五脏方能活，今公因饮而出一脏，止四脏矣，何以生耶？"艾子熟视而笑曰："唐三藏犹可活，况有四耶？"

> 艾子行，出邯郸。道上，见二媪相与让路。一曰："媪几岁？"曰："七十。"问者曰："我六十九。然则，明年当与尔同岁矣。"

这一系列与艾子有关的笑话故事组成了《艾子杂说》，蒐集与东坡有关的诙谐幽默故事，应是一部具有诱人魅力的"东坡笑林"。由于东坡喜谑善谑，有大量的笑谈雅谑流传，所以在元祐期间，东坡已成为宫廷谐剧演出的戏剧人物。李廌《师友谈记》载：

> 东坡先生近令门人作《人不易物赋》，物为一人重轻也。或戏作

一联曰:"伏其几而袭其裳,岂为孔子;学其书而戴其帽,未是苏公。"士大夫近年效东坡桶高檐短帽,名曰"子瞻样"。鹰因言之。公笑曰:'近扈从燕醴泉观,优人以相与自夸文章为戏者,一优丁仙现者曰:"吾之文章,汝辈不可及也。"众优曰:"何也?"曰:"汝不见吾头上子瞻乎?"'上为解颜,顾公久之。①

《诚斋诗话》记载东坡宴客,俳优表演的"笑料"的出人意料:

东坡尝宴客,俳优者作伎万方,坡终不笑。一优突出,用棒痛打作伎者曰:"内翰不笑,汝犹称良优乎?"对曰:"非不笑也,不笑所以深笑之也。"坡遂大笑。盖优人用东坡《王者不治夷狄论》云:"非不治也,不治乃所以深治之也。"②

也正由于东坡善谑喜谑,再加上东坡声誉所致,其诙谐笑谈流传甚广,竟然产生了"副作用",据《耆旧续闻》载:

宋氏子弟云:元丰末,东坡赴阙,道出南都,见张文定公方平,因谈及内庭文字。张云:二宋某文某文甚佳,忘其篇目,惟记一首,是《张贵妃制》。坡至都下,就宋氏借本看,宋氏诸子不肯出,谓东坡滑稽,万一摘数语作诨话,天下传为口实矣。《张贵妃制》,今见本集。③

尤其是文中"宋氏诸子不肯出,谓东坡滑稽,万一摘数语作诨话,天下传为口实矣"诸语,更给我们传递了这样的信息:东坡之"作诨话"已闻名一时。

概言之,大量资料证明,探讨东坡与说诨话之关系,可以见出,东坡是诨话笑谈的传播者,其寻常谈谐,常谓某"记得一小话子",或谓某朝如何如何;其与友朋相处,由于刘贡父、黄庭坚、米芾诸情趣相投,诙谐

---

① (宋)李廌:《师友谈记·东坡帽》,中华书局2002年版,第11—12页。
② 颜中其:《苏东坡轶事汇编》,岳麓书社1984年版,第139页。
③ 颜中其:《苏东坡轶事汇编》,岳麓书社1984年版,第100页。

谈笑中，往往机趣横生，触发新创欲望，一语惊人，令人绝倒；有鉴于笑语谐谈的特殊魅力，东坡时有谐谈类文字创作，有些借时人载记流传，有些散见于东坡著述，《东坡志林》《仇池笔记》均有所载；更为引人的是诸如《问答录》《苏黄滑稽录》《艾子杂说》等专书的流布，使得大凡关注宋代"说诨话"研究的学者，绝不会忽略苏东坡。更何况涉及东坡的"诨话"形式多样，有"说诨""唱诨""花判"种种。所以东坡与"说诨话"值得深入探讨。

二 说唱技艺之盛行，巴蜀文化之熏染，个人兴趣之所好：探寻东坡与"说诨话"深层关联奥秘的锁钥

有宋一代，说唱艺术十分发达，"说诨话"是一门受社会各阶层普遍欢迎的艺术种类，"说诨话"很早在宋代瓦子勾栏演出。据《东京梦华录》卷5《京瓦技艺》条记载，"说诨话"在北宋京城"不以风雨寒暑"，常年在勾栏瓦舍演出[1]；重要的节日，"说诨话"更是必不可少的表演技艺，《东京梦华录》卷8《六月六日崔府君生日，二十四日神保观生日》所载"百戏"中亦有"说诨话"[2]。

由于"说诨话"贴近生活、诙谐有趣、引人发笑、令人愉悦的特色，相关艺人的讲说表演遍及君王宫廷、大臣府邸、市井瓦舍，且源远流长，宋人马令所著《南唐书·谈谐传序》曰：

> 呜呼！谈谐之说，其来尚矣。秦汉之滑稽，后世因为谈谐而为之者。多出乎乐工、优人，其廓人主之祸心，讥当时之弊政。必先顺其所好，以攻其所蔽。虽非君子之事，有足书者，作《谈谐传》。[3]

宫廷的谈谐表演，主要是要以"怡悦天颜"，《新唐书·元结传》：

---

[1] （南宋）孟元老：《东京梦华录》，中国画报出版社2013年版，第87页。
[2] （南宋）孟元老：《东京梦华录》，中国画报出版社2013年版，第158页。
[3] 任二北编著：《优语集·总说》，上海文艺出版社1981年版，第6页。

"谐官,诨臣,怡愉天颜。"① 前朝如此,宋朝承袭,宋人笔记多处记载有关艺人在宫廷的戏谑表演,兹据《优语集》所载,迻录数则如下:

宋人朱彧《萍洲可谈》卷3:"伶人对御作俳"②;"会浙东大水,伶官对御作俳"③。洪迈《夷坚志》支乙:"伶者对御为戏。"④ 董弅《闲燕长谈》:"会大宴,伶官为优戏。"⑤ 周密《齐东野语》:"一日,内宴,教坊进伎。"⑥ 龚明之《中吴纪闻》卷6:"一日,内宴,诨人因以讽之。"⑦ 周辉《清波杂志》卷6:"宣和间,钧天乐部焦德者,以谐谑被遇,时借以讽谏。"⑧

任二北先生在录载《巴巴地讨来都焦了》之后,加按语谓:

　　以龚说为杂剧,以周说为优谏,足见此等传说,通过文人笔下,遂多出入。⑨

细细翻检比较王国维先生的《优语录》和任二北先生的《优语集》,再参阅相关文献资料及研究论著,我们发现同一文献资料,此说为"杂剧"、彼说为"优谏"的现象在在多有。何以故?主要是因为诙谐笑谈的"说诨话"短小精练、灵活多变,可以一人谈谐,亦可两人装演。因是之故,长篇说部中有笑谈,戏曲戏剧中更多"插科打诨"。独立出来,它们可以成为"说诨话";融入其他技艺的表演,也成为出彩的亮点之一。所以后世辑录的诨话笑谈,或独立成篇,或摘自艺人表演之引人片段。正由于谐谑笑谈的"说诨话"具有愉悦心神的作用,优秀艺人常被选派到宫廷演出,世风浸染,皇帝与权臣偶或自娱自乐。周密《齐东野语》卷20载:

---

① 任二北编著:《优语集·总说》,上海文艺出版社1981年版,第6页。
② 任二北编著:《优语集》,上海文艺出版社1981年版,第109页。
③ 任二北编著:《优语集》,上海文艺出版社1981年版,第112页。
④ 任二北编著:《优语集》,上海文艺出版社1981年版,第112页。
⑤ 任二北编著:《优语集》,上海文艺出版社1981年版,第114页。
⑥ 任二北编著:《优语集》,上海文艺出版社1981年版,第115页。
⑦ 任二北编著:《优语集》,上海文艺出版社1981年版,第116页。
⑧ 任二北编著:《优语集》,上海文艺出版社1981年版,第116页。
⑨ 任二北编著:《优语集》,上海文艺出版社1981年版,第116页。

宣和间，徽宗与蔡攸辈在禁中自为优戏。上作参军，趋出。攸戏上曰："陛下好个神宗皇帝！"上以杖鞭之，曰："你也好个司马丞相！"①

在宋代，由于"说诨话"表演的即兴、喜庆、愉悦的功能，宰相新拜，"说诨话"艺人出演助兴几成"惯例"。范公偁《过庭录》载：

> 元祐间，伶人丁线见教坊长，以谐俳称。宰相新拜，教坊长副庭参，即事打一俳谐之语，赐绢五匹，盖故事也。②

流风所及，宋代士大夫之间谐笑相娱已是寻常生活状态。当然，作为职业艺人，也往往借谐谑以讽世情，是为"优谏"。叶梦得《避暑录话》卷四载：

> 丁仙现自言及见前朝老乐工，间有优诨，及人所不敢言者。不徒为谐谑，往往因以达下情。③

朱彧《萍洲可谈》卷3亦载：

> 伶人丁仙现者，在教坊数十年。每对御作俳，颇议正时事。④

谈谐讽谏的"优谏"传统在有宋一代持续发展，正如南宋张炎《蝶恋花》（末色褚仲良写真）所言："诨砌随机开笑口，筵前戏谏从来有。"⑤

仇远《稗史》《志忠门》记载了宋末元初一位金姓艺人的一则"诨戏"：

> 至元丙子，北兵入杭，庙朝为墟。有金姓者，世为伶官，流离无

---

① 任二北编著：《优语集》，上海文艺出版社1981年版，第118页。
② 任二北编著：《优语集》，上海文艺出版社1981年版，第106页。
③ 任二北编著：《优语集》，上海文艺出版社1981年版，第107页。
④ 任二北编著：《优语集》，上海文艺出版社1981年版，第107页。
⑤ （南宋）张炎著，吴则虞校辑：《山中白云词》，中华书局1983年版，第98页。

所归。一日，道遇左丞范文虎，向为宋殿帅将，熟知其为人，怜之，谓金曰："来日公宴，汝来献伎，不愁贫贱也。"如期往，为优戏，作诨曰："某寺有钟，寺僧不敢击者数日。"主僧问故，乃言："钟楼有巨神，神怪，不敢登也。"主僧亟往视之，神即跪伏投拜。主僧曰："汝何神也？"答曰："钟神。"主僧曰："既是钟神，何故投拜？"众皆大笑。范为之不怿。其人亦不顾。识者莫不多之。①

悠久的优谏传统，当代社会各阶层的喜尚，是博学的东坡爱好诨话参与诨话创作的重要因素。此其一。

其二，东坡所生活的巴蜀大地，巴蜀文化富含幽默乐天的文化因子，给予东坡以深远的影响。蜀地乐观诙谐的习尚浸润着休闲文化，岳珂《桯史》卷十三载："蜀伶多能文，俳语率杂以经史，凡制帅幕府之宴，皆用之。"② 周密《齐东野语》亦载："蜀优尤能涉猎古经，援引经史，以佐口吻资笑谈。"③ 而这些具有蜀地乐天幽默的娱乐性的优伶歌妓，在宋平蜀之后，多归于宫廷教坊，影响甚著。《宋史》卷142载："宋初循旧制，制教坊凡四部。其后平荆南，得乐工三十二人；平西川，得乐工一百三十九人；平江南，得十六人；平太原，得十九人。余藩臣所贡者八十三人；又太宗藩邸有七十一人。由是，四方执艺之精者皆在籍中。"④

而言及蜀地优游娱乐之风，庄绰《鸡肋编》卷上有颇为生动的记述：

> 成都自上元至四月十八日，游赏几无虚辰。使宅后圃，名西园，春时纵人行乐。初开园日，酒坊两户各求优人之善者，较艺于府会。以骰子置于盒子中撼之，视数多者得先，谓之"撼雷"。自旦至暮，唯杂剧一色。坐于阅武场，环厅皆府官宅看棚。棚外始作高樾，庶民百姓男左女右，立于其上如山。每诨一笑，须筵中哄堂，众庶皆嚎者，始以青红小旗，各插于垫上为记。至晚，较旗多者为胜。若上下不同笑者，不以为数也。⑤

---

① 任二北编著：《优语集》，上海文艺出版社1981年版，第146页。
② 上海古籍出版社编：《宋元笔记小说大观》，上海古籍出版社2001年版，第4488页。
③ 王国维：《王国维戏曲论文集》，中国戏剧出版社1984年版，第216页。
④ （元）脱脱等：《宋史》，中华书局1977年版，第3347页。
⑤ （南宋）庄绰：《鸡肋编》，中华书局1983年版，第20—21页。

当然也会有论者提出疑问，蜀地乐天习尚并非一定会影响到每一位巴蜀人，具体到东坡是否有可循之迹呢？全面论述巴蜀文化对苏轼的影响或者论述苏轼对于巴蜀文化的贡献，已有诸多学人关注。限于本文主旨，我们仅着眼于蜀地诙谐笑谈乐天文化因子对于苏轼的影响。《高斋漫录》《曲洧旧闻》均曾载东坡请钱穆父、刘贡父食毳饭故事，后者记述较详，摘录如下：

> 东坡尝与刘贡父言："轼与舍弟习制科时，日享三白，食之甚美，不复信世间有八珍也。"贡父问三白何物？答曰："一撮盐，一碟生萝卜，一碗饭，乃三白也。"贡父大笑。久之，以简召坡过其家吃皛饭。坡不复省忆尝对贡父三白之说也，谓人云："贡父读书多，必有出处。"比至赴，见案上所设，惟盐、萝卜、饭而已，乃始悟贡父以三白相戏笑，投匕箸食之几尽。将上马，云："明日可见过，当具毳饭奉待。"贡父虽恐其为戏，但不知毳饭所设何物。如期而往，谈论过食时，贡父饥甚索食，东坡云："少待。"如此者再三，东坡答如初。贡父曰："饥不可忍矣！"东坡徐曰："盐也毛，萝卜也毛，饭也毛，非毳而何？"贡父捧腹曰："固知君必报东门之役，然虑不及此。"东坡乃命进食，抵暮而去。世俗呼无为"模"，又语讹"模"为"毛"，尝同音，故东坡以此报之。宜乎贡父思虑不到也。①

东坡与友朋之间的此类笑谈流传一时，但细加究索，我们发现东坡利用了蜀地流传较广的一则笑话：

> 《类苑》引《魏王语录》云：文潞公说，顷年进士郭震、任介皆西蜀豪逸之士。一日，郭致简于任曰："来日请食皛饭。"任不晓厥旨，但如约以往。具饭一盂，萝菔、盐各一盘，余更无别物。任曰："何者为皛饭？"郭曰："饭白、萝菔白、盐白，岂不是皛饭？"任更不复校，食之而退。任一日致简于郭曰："来日请食毳饭。"郭亦不晓，如约以往。迨过日午，迄无一物。郭问之，任答曰："昨日已上闻，饭也毛（音模），萝菔也毛，盐也毛，只此便是毳饭。"郭大噱。蜀人

---

① 颜中其：《苏东坡轶事汇编》，岳麓书社1984年版，第133—134页。

至今为口谈。①

东坡在不同场合承袭了蜀中豪士郭震任介之趣事，诚所谓"蜀人至今为口谈"，东坡之为蜀人，其承继蜀风明矣。东坡文集中相关文字还告诉我们，对于郭震、任介，他确曾特别予以关注，其《记郭震诗》载：

> 蜀人任介、郭震、李畋，皆博学能诗，晓音律。相与为莫逆之交。放荡不羁，礼法之士鄙之。然皆才识过人。李顺之将乱，震游成都东郊，忽赋诗曰："今日出东郊，东郊好春色。青青原上草，莫叫征马食。"遂走京师上书，言蜀将乱，不报。期年，其言乃效。震竟不仕。介为陕西一幕官而死。畋稍达，仕至尚书郎。震将死，其友往问之，侧卧倚枕而言。其友曰："子且正身。"震笑曰："此行岂可复替名哉！"虽平生诙谐之余习，然亦足以见其临死而不乱也。②

同书尚有《书蜀僧诗》之类，现存资料说明，巴蜀文化对于东坡的影响极其深远，其诙谐笑谈趣尚直接受到家乡文化的熏染。

其三，如果以上均为东坡喜好谐话的外因的话，那么东坡所特举的幽默诙谐性格是其内因。论及东坡的幽默诙谐性格，一般论者会引述《避暑录话》中的这一段记述：

> 子瞻在黄州及岭表，每旦起，不招客相与语，则必出而访客。所与游者，亦不尽择，各随其人高下，谈谐放荡，不复为畛畦。有不能谈者，则强之使说鬼，或辞无有，则曰"姑妄言之"。于是，闻者无不绝倒，皆尽欢而后去。设一日无客，则歉然若有疾。其家子弟尝为予言之如此也。③

并且据此认为东坡之谈神说鬼、诙谐放荡是东坡面对困境的解脱超越之道，但实际上，东坡之"谈谐放荡"不唯在"黄州及岭南"，在其元祐

---

① 丁传靖辑：《宋人轶事汇编》卷12，中华书局2003年版，第617—618页。
② （宋）苏轼著，屠友祥校注：《东坡题跋校注》，上海远东出版社2011年版，第127页。
③ 颜中其：《苏东坡轶事汇编》，岳麓书社1984年版，第73页。

间亦是如此，杨万里《跋苏黄滑稽录》即曰："此东坡山谷礼闱中试笔滑稽也。"① 有关文献资料表明，对于东坡而言，由于性格喜好使然，不仅在黄州、岭海，喜人聚谈驱遣寂寞时光，寻常仕宦岁月，也惯以谈谐放旷笑傲人生。我们这样讲，不是因为论题所需而强为解人，相关资料可以证明我们的观点。东坡题跋中《书鬼仙诗》载记"鬼仙"诗8首，跋曰：

> 元祐三年二月二十五日夜，与鲁直、寿朋、天启会与伯时斋舍。此一卷皆仙鬼作或梦中所作也。又记《太平广记》中，有人为鬼物所引，入墟墓，皆华屋洞户，忽为劫墓者所惊。出，遂失所见。但云"芜花半落，松风晚清"。吾每爱此两句，故附之书末。

因东坡所录"此一卷皆仙鬼作或梦中所作"，故屠友祥《东坡题跋校注》引清刘玉书《常谈》卷一谓东坡"以鬼自晦者也"；又引《王直方诗话》云：

> 张文潜见坡、谷论说鬼诗，忽曰：旧时鬼作人语，如今人作鬼语。二公大笑。②

东坡与多位友人和门人皆好谈谐，共同的喜好给予仕宦生涯的休闲生活以无穷趣味，《北窗炙輠》载：

> 东坡待过客，非其人，则盛列妓女，奏丝竹之声聒两耳，至有终席不交一谈者。其人往返，更谓待己之厚也。值有佳客至，则屏去妓乐，杯酒之间，惟终日谈笑耳。③

于是在诗文书画之切磋，政见世态之交流之外，趣谈谐语多由此出。

---

① 丁锡根编著：《中国历代小说序跋集》，人民文学出版社1996年版，第636页。
② （宋）苏轼著，屠友祥校注：《东坡题跋校注》，上海远东出版社2011年版，第139—140页。
③ 颜中其：《苏东坡轶事汇编》，岳麓书社1984年版，第149页。

张文潜谓子瞻："公诗有'独看红叶倾白堕',不知白堕何物?"子瞻曰:"刘白堕善酿酒,见《洛阳伽蓝记》。"文潜曰:"既是一人,莫难为倾否?"子瞻曰:"魏武《短歌行》云'何以解忧,惟有杜康',亦是酿酒人名也。"文潜曰:"毕竟用得不当。"子瞻笑曰:"公且过共曹家那汉理会,却来此间厮磨。"盖文潜时有仆曹某者,作过失去酒器,送天府推治,其人未招承,方文移取会也。满座大(单展)。①

由是之故,黄庭坚慨叹:"东坡居士……虽谑弄皆有义味,真神仙中人。此岂与今世翰墨之士争衡哉!"②

东坡一生,才高学富,性情所趋,常以幽默诙谐之大智慧笑对人世,故友朋及后人欣赏其"虽谑弄皆有义味""善嘲谑"③"好戏谑"④"善戏谑"⑤且"多雅谑"⑥。东坡之"好戏谑"乃性格使然,东坡之"善嘲谑""善戏谑",敏才捷学令人叹服,而其"多雅谑"之评判,则是对其以诨话原创和人格魅力提升"说诨话"技艺的赞许和肯定。由是之故,探寻东坡与"说诨话"之关联,其诙谐幽默之个性是内在因素。

关于东坡乐天个性之奥秘,我曾撰写专文《微笑着面对人生——苏轼幽默诙谐性格论》加以论述,此不赘述。

三 笑语解颐,源远流长:东坡之"说诨话"具有独到的个性魅力

《笑林》《解颐》一脉源远流长,论其源流,郭子章《谐语序》曰:"夫谐之于六语,无谓矣,顾《诗》有善谑之章,《语》有莞尔之戏,《史记》传列《滑稽》,《雕龙》目著《谐隐》,邯郸《笑林》,松玢《解颐》,

---

① 颜中其:《苏东坡轶事汇编》,岳麓书社1984年版,第143页。
② 颜中其:《苏东坡轶事汇编》,岳麓书社1984年版,第147页。
③ 颜中其:《苏东坡轶事汇编》,岳麓书社1984年版,第135页。
④ 颜中其:《苏东坡轶事汇编》,岳麓书社1984年版,第121页。
⑤ 颜中其:《苏东坡轶事汇编》,岳麓书社1984年版,第133页。
⑥ 颜中其:《苏东坡轶事汇编》,岳麓书社1984年版,第131页。

则亦有不可废者。"①，冰华居士（潘之恒）《谐史引》亦曰："善哉李君实先生之言曰：'孔父大圣，不废莞尔；武公神畏，犹资善谑。'仁义素张，何妨一弛；郁陶不开，非以涤性。唯达者坐空万象，恣玩太虚，深不隐机，浅不触的；犹夫竹林森峙，外直中通，清风忽来，枝叶披亚，有无穷之笑焉，岂复有禁哉！"②

回顾研味文学史上诙谐滑稽，笑谈解颐一脉的发展线索，自《诗经》《论语》始，"善谑之章""莞尔之戏"谐和人情；阅《滑稽》传、《谐隐》篇，知笑谈谐谑有益社会人生；《笑林》《解颐》以降，则知笑话一体，多达者所创，智者之言。东坡之作，沿革有自，达者之言，有无穷滋味。东坡之后，门人友朋文集载记其笑谈者有黄庭坚、张耒、李廌、晁补之、陈师道等人，我们于《冷斋夜话》《后山谈丛》《师友谈记》可以发现极有价值的文字资料；仿效东坡者，有《艾子后语》；收编东坡笑谈者，则有《调谐编》《抃掌录》《古今笑史》诸书，冯梦龙曾被友人奉为"笑宗"，然其《古今笑史》收录有关东坡笑料者，多达二十余篇，由此可以概见东坡在《笑林》一脉笑话一体的影响。在此稍费笔墨，试循前人余绪，结合东坡所作，略论"说诨话"之作用、魅力及文化内蕴。

多数论者言及谐谑笑谈类著述的作用，多着眼于："士君子得志则见诸行事；不得志则托诸空言"③；"从无可消遣中觅一消遣法"④；"有激乎其中，而聊借玩世"⑤；"事类抄胥，贤犹博弈，知不足博大雅一粲，亦仍以供我之祛愁排闷而已"⑥；"书传之所记，目前之所见，不乏可笑者。世所传笑谈，乃其影子耳。时或忆及，为之解颐，此孤居无聊之一助也"⑦。于是，"爰集十种话，聊破一夕颜"。正是由这样的认识出发，当代论者论

---

① 丁锡根编注：《中国历代小说序跋集》，人民文学出版社1996年版，第643页。
② 丁锡根编注：《中国历代小说序跋集》，人民文学出版社1996年版，第646页。
③ 梅之埕：《谭概序》，载丁锡根编著《中国历代小说序跋集》，人民文学出版社1996年版，第655页。
④ 咄咄夫：《一夕语序》，载丁锡根编著《中国历代小说序跋集》，人民文学出版社1996年版，第661页。
⑤ 爇然叟：《嘻谈续录序》，载丁锡根编著《中国历代小说序跋集》，人民文学出版社1996年版，第669页。
⑥ 独逸窝退士：《笑笑录自序》，载丁锡根编著《中国历代小说序跋集》，人民文学出版社1996年版，第671页。
⑦ 赵南星：《笑赞题辞》，载丁锡根编著《中国历代小说序跋集》，人民文学出版社1996年版，第645页。

及苏轼的诙谐笑谈,多重东坡谪居黄州、岭南时谈神说鬼之记载,意谓东坡谈谑放浪,亦在"祛愁排闷"。如前所论,东坡之为东坡,在于他不仅深谙谐谑笑谈在人生困境谪居无聊时的助益,而且更认识到笑谈怡人悦性的自娱娱人功用。在现实生活中,在东坡的仕宦岁月里,东坡"好戏谑""善嘲谑""多雅谑",与亲友僚属幽默诙谐言谈之间,显友情,具温情,见亲情,露真情。

此外,综览东坡之笑话谐谈,可以窥见东坡相关文字的丰富内涵,可以领略其笑话多元的文化因子:所谓"口谐倡辩""谈言微中"[1];所谓"可以谈名理,可以通世故,染翰舒文者,能知其解,其为机锋之助,良非浅鲜"[2];所谓怡情悦性,医愚疗疾,疗腐警世,自嘲醒世。限于篇幅,仅举显例。读《古今笑史》,偏爱冯梦龙的评批文字。《古今笑史》之《荒唐部》收东坡《三老人》夸年寿荒诞语,冯氏评曰:"于今知有坡仙,不知有三老人姓名,虽谓三老人夭而坡仙寿可也。"[3] 冯氏认为东坡之笑谈有"医愚""疗腐"之措意。

言及笑谈有"疗腐"之用,往往使人忆及在司马光葬仪上东坡与洛党"因嬉笑而成仇敌"一桩公案,而实际上东坡之意乃在于厌烦程颐执守"于是日哭则不歌"的迂腐之论,故以俗语讥笑之。揆诸史料记载,程颐之迂腐,已广为人知,沈作喆《寓简》卷10载:

> 程氏之学自有佳处,至椎鲁不学之人,窜迹其中,状类有德者,其实土木偶也,而盗一时之名。……刘元城器之言,哲宗皇帝尝因春日经筵讲罢,移坐一小轩中,赐茶,自起折一枝柳。程颐为说书,遽起谏曰:"方春万物生荣,不可无故摧折。"哲宗色不平,因掷弃之。温公(司马光)闻之不乐,谓门人曰:"使人主不欲亲近儒生者,正为此等人也。"叹息久之。然则非特东坡不与,虽温公亦不与也。[4]

---

[1] 郭子章:《谐语序》,载丁锡根编著《中国历代小说序跋集》,人民文学出版社1996年版,第643页。

[2] 赵南星:《笑赞题辞》,载丁锡根编著《中国历代小说序跋集》,人民文学出版社1996年版,第645页。

[3] (明)冯梦龙著,刘英民、赵同璧、周宝中选注:《古今笑史》,花山文艺出版社1985年版,第563页。

[4] 颜中其:《苏东坡轶事汇编》,岳麓书社1984年版,第114页。

口谐倡辩,笑谈人生

司马温公薨,时程颐以臆说敛如封角状,东坡嫉其怪异,因怒诋曰:此岂信物一角,附上阎罗大王耶!人以东坡为戏,不知《妖乱志》所载吴尧卿事,已有此语,东坡以比程之陋耳。坡每不假借程氏,诚不堪其迂僻也。①

由此可知东坡"疗腐"之用心。石成金撰《笑得好》,其在《笑得好》初集书首写道:"人以笑话为笑,我以笑话醒人。虽然游戏三昧,可称度世金针。"② 以笑医愚,以笑疗腐,以笑醒世,以游戏三昧为度世金针,坡公得之。

探讨东坡以及历代谐谑笑谈的作用,不能不论及传统笑话的特有魅力。李贽撰《山中一夕话》,三台山人《山中一夕话序》曰:

> 窃思人生世间,与之庄严危论,则听者寥寥;与之谑浪诙谐,则欢声满座。是笑徵话之圣,而话实笑之君也。先生名书,是谓是欤!③

冯梦龙编纂《谭概》,后易名为《古今笑史》大行于世,李渔《古今笑史序》感慨:

> 同一书也,始名《谭概》,而问者寥寥,易名《古今笑》,而雅俗并嗜,购之唯恨不早,是人情畏谈而喜笑也明矣。不投以所喜,悬之国门,奚裨乎?④

是亦有助于我们理解东坡正言立朝,危言高论之外,著述《艾子》,且杂著之中,多记可笑之人,可笑之事;闲暇之日,指点尘世人生,谑浪笑傲,欢声盈耳之原委。

东坡所讲所著笑话长期流传的原因,还在于东坡的笑谈谐谑具有深层历史文化意蕴,往往令人一笑之后,思索其深层蕴含,诚如梅之塥《叙谈

---

① 孔凡礼:《苏轼年谱》,中华书局1998年版,第735页。
② 丁锡根编著:《中国历代小说序跋集》,人民文学出版社1996年版,第666页。
③ 丁锡根编著:《中国历代小说序跋集》,人民文学出版社1996年版,第641页。
④ 丁锡根编著:《中国历代小说序跋集》,人民文学出版社1996年版,第660页。

概》所言：

> 然则谭何容易！不有学也不足谭，不有识也不能谭，不有胆也不敢谭，不有牢骚郁积于中而无路发摅也亦不欲谭。夫罗古今于掌上，寄《春秋》于舌端，美可以代舆人之诵，而刺亦不违乡校之公，此诚士君子不得志于时者之快事也！犹龙曰："不然。子不见夫鹨鸹乎？学语不成，亦足自娱。吾无学无识，且胆销而志冷矣！世何可深谭！谭其一二无害者，是谓概。"梅子曰："有是哉？吾将以子之谭，概子之所未谭。"①

能够"罗古今于掌上，寄《春秋》于笔端"固属高致，而能使读者"以子之谭，概子之所未谭"，探究寻味，意蕴深切。东坡《仇池笔记》下《广利王召》曰：

> 余一日醉卧，有鱼头鬼身者，自海中来，云："广利王请端明。"予披褐履草黄冠而去，亦不知身步入水中，但闻风雷声。有顷，豁然明白，真所谓水晶宫殿也。其下骊目、夜光，文犀、尺璧，南金、火齐，不可仰视；珊瑚、琥珀，不知几多也。广利佩剑冠服而出，从二青衣。余曰："海上逐客，重烦邀命。"有顷，东华真人、南溟夫人造焉，出鲛绡丈余，命余题诗。余赋曰："天地虽虚廓，惟海为最大。圣王皆祀事，位尊河伯拜。祝融为异号，恍惚聚百怪。三气变流光，万里风云快。灵旗摇虹蠹，赤虬喷滂湃。家近玉皇楼，彤光照无界。若得明月珠，可偿逐客债。"写竟，进广利。诸仙迎看，咸称妙。独广利旁一冠簪者，谓之鳖相公，进言："苏轼不避忌讳，祝融字犯王讳。"王大怒。余退而叹曰："到处被相公厮坏。"②

东坡以醉梦中自己到处被鳖相公厮坏自嘲，而其背后暗寓的是其被贬海南的艰险处境：

---

① 丁锡根编著：《中国历代小说序跋集》，人民文学出版社1996年版，第655—656页。
② 曾枣庄、舒大刚主编：《三苏全书》第5册，语文出版社2001年版，第339—340页。

口谐倡辩，笑谈人生

东坡至儋耳，军使张中请馆于行衙，又别饰官舍，为安居计。朝廷命湖南提举常平董必者察访广西，遣使过海，逐出之。中坐黜死。雷州监司悉镌职。遂买地筑室，为屋五间。……故诗有"旧居无一席，逐客犹遭屏"句。①

"鳖相公"喻指董必，"鳖""必"谐音。他如《桃符艾人语》：

桃符仰视艾人而骂曰："汝何等草芥，辄居我上！"艾人俯而应曰："汝已半截入土，犹争高下乎？"桃符怒，往复纷然不已。门神解之曰："吾辈不肖，方傍人门户，何暇争闲气耶！"②

阅《桃符艾人语》，首先让人联想到宋代新旧党争、元祐党争，其中都不免文人争闲气的意气用事之处。东坡反思党争，此其一。进一步探究，门之不存，艾人桃符安存？然门神亦曰"傍人门户"，则其"人"所指，概可想见。这则笑谈写出了东坡晚年对于人生意义的深层思考，是其独立人格精神的显现。再如东坡海南随笔所记：

吾始至南海，环视天水无际，凄然伤之曰："何时得出此岛耶？"已而思之，天地在积水之中，九州在大瀛海中，中国在少海之中，有生孰不在岛者。覆盆水于地，芥浮于水，蚁附于芥，茫然不知所济。少焉，水涸，蚁即径去，见其类，出涕曰："几不复与子相见。"岂知俯仰之间，有方轨八达之路也。念此可以一笑！戊寅九月十二日，与客饮薄酒，小醉，信笔书此纸。③

"念此可以一笑！"我们于东坡粲然一笑之中，发现东坡自嘲中精神人格的强大。面对贬逐流放荒远之地，东坡于"凄然伤之"之后，为之"一笑"。人谓一念天堂，一念地狱。东坡在儋耳能够迅速摆脱贬所困境的困

---

① 颜中其：《苏东坡轶事汇编》，岳麓书社1984年版，第216页。
② 曾枣庄、舒大刚主编：《三苏全书》第5册，语文出版社2001年版，第267页。
③ （宋）苏轼：《试笔自书》，载张志烈、马德富、周裕锴主编《苏轼全集校注·文集》，《苏轼佚文汇编》卷5，河北人民出版社2010年版，第8704页。

扰,展现了他超拔坚韧的人格魅力。从中我们看到浓缩的东坡一生不断地思考人生战胜自我的精神历程。东坡追求超然物外、超然得失荣辱、超然艰难困苦,甚或超然生死,在东坡晚年这颇具自嘲意味的粲然一笑中,让人高山仰止。

泛论至此,在探讨总结东坡与"说诨话"之关联以及在俗文学创作方面的贡献时,我们首先肯定东坡在"说诨话"方面的贡献,如前所述,东坡由于社会时尚、地域文化影响、个人爱好诸原委,喜好谈谐放浪,笑谈迭出,具体表现为讲述前朝及当朝笑谈,与友朋亲旧交游,随机随性而发,往往令人捧腹;东坡不仅善于采录前朝掌故中可笑之人可笑之事,而且由于现实生活引发,即兴创作笑话;更要特别指出的是,在东坡文集中,不仅可以时时看到散见于文集的笑谈,更可见到东坡的笑话集《艾子杂说》,所以研究宋代的"说诨话",绝对不应忽略对于东坡的相关文字深入综合研讨。

进一步讲,由东坡与"说诨话"这个话题,我们强调指出,东坡与宋代说唱文学之关联应该加强研究,因为一提起宋代的"讲史"之"说三分",人们必然会提及东坡《记王彭论曹刘之泽》:

> 王彭尝云:"涂巷小儿薄劣,为其家所厌苦,辄与数钱,令聚听说古话。至说三国事,闻刘玄德败,则颦蹙有出涕者;闻曹操败,则喜唱快。以是知君子小人之泽,百世不斩。"彭,恺之子,为武吏,颇知文章,余尝为作哀辞,字大年。①

而论及"说参请""说诨经",则必提及与东坡有关联的《东坡居士佛印禅师问答录》,这是"现今流传的唯一的说参请话本"②;也必会论及东坡与歌妓琴操的问答故事:

> 杭之西湖,有一倅闲唱(秦)少游《满庭芳》,偶然误举一韵云:"画角声断斜阳。"妓琴操在侧云:"画角声断谯门,非斜阳也。"倅因戏之曰:"尔可改韵否?"琴(操)即改作阳字韵云:"山抹微云,天

---

① (宋)苏轼著,屠友祥校注:《东坡题跋校注》,上海远东出版社2011年版,第52页。
② 程千帆、吴新雷:《两宋文学史》,上海古籍出版社1991年版,第599页。

连衰草，画角声断斜阳。暂停征辔，聊共饮离觞。多少蓬莱旧侣，频回首烟霭茫茫。孤村里，寒鸦万点，流水绕低墙。魂伤当此际，轻分罗带，暗解香囊。漫赢得青楼薄幸名狂。此去何时见也，襟袖上空有余香。伤心处，长城望断，灯火已昏黄。"东坡闻而称赏之。后因东坡在西湖，戏琴（操）曰："我作长老，尔试来问。"琴（操）云："何谓湖中景？"东坡答云："秋水共长天一色，落霞与孤鹜齐飞。"琴（操）又云："何谓景中人？"东坡云："裙拖六幅潇湘水，鬓軃巫山一段云。"又云："何谓人中意？"东坡云："惜他杨学士，憋杀鲍参军。"琴（操）又云："如此究竟如何？"东坡云："门前冷落车马稀，老大嫁作商人妇。"琴（操）大悟，即削发为尼。①

对于这一段故事，程千帆先生说："这是宋人记录的一个说参请样本。它或许是说话人编造的，或许苏轼和琴操真有过这段问答。但无论如何，这乃是属于说参请的基本样式。"②

探索宋代的行令、合生、商谜等说唱技艺，宋人所载与东坡相关的以下两节文字当不应忽略。《鸡肋编》载：

> 苏公尝会孙贲公素。孙畏内殊甚。有官妓善商谜，苏即云："蒯通劝韩信反，韩信不肯反。"其人思久之，曰："未知中否？然不敢道。"孙迫之使言，乃曰："此怕负汉也。"苏大喜，厚赏之。③

> 黄鲁直在众会作一酒令云："虱去乙为虫，添几却为风。风暖鸟声碎，日高花影重。"座客莫能答。他日，人以告东坡，坡应声曰："江去水为工，添丝即是红。红旗开向日，白马骤迎风。"虽创意为妙，而敏捷过之。④

至于从笔记小说、传奇志怪角度观照，相关研究亦可拓展。概言之，东坡与说唱文学尚有进一步探讨之必要。正如褚人获《坚瓠集》所言：

---

① 颜中其：《苏东坡轶事汇编》，岳麓书社1984年版，第179—180页。
② 程千帆、吴新雷：《两宋文学史》，上海古籍出版社1991年版，第599页。
③ 颜中其：《苏东坡轶事汇编》，岳麓书社1984年版，第138页。
④ 颜中其：《苏东坡轶事汇编》，岳麓书社1984年版，第126页。

"袁伯修云：苏子瞻前身为五祖戒，后身为径山果。董遐周云：子瞻辛巳岁没，而妙喜实以己巳生。岂先十余年。子瞻已托识他所耶？总是一个大苏，沙门扯他做妙喜老人。道家又道渠是奎宿。《长公外纪》云：在宋为苏轼。逆数前十三世在汉为邹阳。子瞻入寿星寺，语客曰：某前是此寺僧。山下至忏堂，有九十二级。其蘉也。吾郡莫君蒙复有紫府押衙之梦。余戏为语曰：大苏死去忙不彻。三教九流都扯拽。纵好事者为之。亦词场佳话也。"[1] 东坡对于通俗文学的影响，可以作为"词场佳话"，本文限于阅习，仅对东坡与"说诨话"略加探研，不当之处，望多加批评指正。

---

[1] 颜中其：《苏东坡轶事汇编》，岳麓书社 1984 年版，第 248—249 页。

联结丝路的文化密码

——苏轼诗文中的敦煌魅影

长期以来没有奢想苏轼研究和敦煌研究会有联系,近阅陈寅恪先生《敦煌本维摩诘经文殊师利问疾品演义跋》,颇受启发,其文曰:

> 盖《维摩诘经》本一绝佳故事……尝谓吾国小说,大抵为佛教化。六朝维摩诘故事之佛典,实皆哲理小说之变相。……惜乎近世小说虽多,与此经有关系者,殊为罕见。……至此故事见于美术品者,如杨惠之所塑(凤翔天柱寺),苏子瞻之所咏,今亦不可得见,然敦煌画本尚在人间(伯希和《敦煌摄影集》第一集第十一片),摄山石刻犹存江表(栖霞山石刻有维摩诘示疾像)。当时文化艺术藉以想象推知,故应视为非文字之史料,而与此演义残卷,可以印证发明者也。①

查东坡诗,诗题为"维摩像,唐杨惠之塑,在天柱寺",全诗如下:

> 昔者子舆病且死,其友子祀往问之。
> 跰𦙫鉴井自叹息,造物将安以我为。
> 今观古塑维摩像,病骨磊嵬如枯龟。
> 乃知至人外生死,此身变化浮云随。
> 世人岂不硕且好,身虽未病心已疲。
> 此叟神完中有恃,谈笑可却千熊罴。
> 当其在时或问法,俯首无言心自知。

---

① 丁锡根编著:《中国历代小说序跋集》,人民文学出版社1996年版,第705页。

至今遗像兀不语，与昔未死无增亏。
田翁里妇那肯顾，时有野鼠衔其髭。
见之使人每自失，谁能与诘无言师。①

此诗为东坡名作，赵克宜评价说：首四句借端引入，中四韵起伏控纵，笔力坚劲，苏诗之极遒炼者。②

东坡的这篇名作因与《维摩诘经》之关联，亦因"杨惠之塑"之今已不存，有了特殊的文献价值。循此思路，我们发现东坡凤翔诗作尚有值得关注之所在，东坡在凤翔所作《记所见开元寺吴道子画佛灭度，以答子由》诗曰：

西方真人谁所见，衣被七宝从双狻。
当时修道颇辛苦，柳生两肘乌巢肩。
初如濛濛隐山玉，渐如濯濯出水莲。
道成一旦就空灭，奔会四海悲人天。
翔禽哀响动林谷，兽鬼踯躅泪迸泉。
庞眉深目彼谁子，绕床弹指性自圆。
隐如寒月堕清昼，空有孤光留故躔。
春游古寺拂尘壁，遗像久此霾香烟。
画师不复写名姓，皆云道子口所传。
纵横固已蔑孙、邓，有如巨鳄吞小鲜。
来诗所夸孰与此，安得携挂其旁观。③

从东坡诗题看，似乎东坡所观仅限吴道子所画《佛灭度图》，实则不然，邵博《邵氏闻见后录》卷28载：

---

① （宋）苏轼著，张志烈、马德富、周裕锴主编：《苏轼全集校注·诗集》，河北人民出版社2010年版，第322—323页。
② （宋）苏轼著，张志烈、马德富、周裕锴主编：《苏轼全集校注·诗集》，河北人民出版社2010年版，第325页。
③ （宋）苏轼著，张志烈、马德富、周裕锴主编：《苏轼全集校注·诗集》，河北人民出版社2010年版，第292页。

联结丝路的文化密码

> 凤翔府开元寺大殿九间，后壁吴道玄画。自佛始生、修行、说法至灭度；山林、宫室、人物、禽兽，数千万种，极古今天下之妙。如佛灭度，比丘众擗踊哭泣，皆若不自胜者，虽飞鸟走兽之属，亦作号顿之状，独菩萨淡然在旁如平时，略无哀戚之容。岂以其能尽死生之致者欤？曰"画圣"，宜矣。其识开元三十年云。今凤翔为敌所擅，前之邑屋皆丘墟矣。予故表而出之。[①]

据邵博之所载"凤翔府开元寺大殿九间，后壁吴道玄画。自佛始生、修行、说法至灭度"，乃是《佛本生图》，东坡所咏《佛灭度图》仅为吴道子长幅画卷的一部分。何以东坡最为关注这一部分，因为它最为动人："道成一旦就空灭，奔会四海悲人天。翔禽哀响动林谷，兽鬼踯躅泪迸泉。庞眉深目彼谁子，绕床弹指性自圆。"佛祖涅槃，天人同悲，飞鸟哀鸣，声动林谷，鬼、兽泪飞，步履跟跄。佛祖度世度人，从而佛性圆融。我们讲唐开元寺吴道子所画，乃是《佛本生图》，而非仅仅《佛灭度图》，《邵氏闻见后录》所载已是显证。那么，东坡诗中为何着力描绘"佛灭度"的感人场面呢？邵博也为我们做了回答，即："凤翔府开元寺大殿九间，后壁吴道玄画……极古今天下之妙。如佛灭度，比丘众擗踊哭泣，皆若不自胜者，虽飞鸟走兽之属，亦作号顿之状，独菩萨淡然在旁如平时，略无哀戚之容。岂以其能尽死生之致者欤？曰'画圣'，宜矣。"

阅敦煌研究院接待部编《敦煌石窟》图册，该书第82页所载《一五八窟·中唐·各族王子举哀图》所展示的，正是东坡、邵博所载"佛灭度"时举世皆哀的感人情景：这是信奉佛教的各国王子因释迦牟尼涅槃而悲痛哀悼的画面。他们各个悲痛欲绝，有的甚至割耳、刺胸、剖腹、割鼻。除了汉装王子外，还有吐蕃、突厥、回鹘等族以及阿富汗、巴基斯坦、缅甸康居、西海昆仑等国王子，人物形象鲜明生动，十分珍贵。[②]

比照而言，"画圣"吴道子当年的绝妙佳作，曾令东坡、邵博有惊心动魄感受的开元寺壁画历经战火已湮灭无存，所以东坡之诗邵博之文的载记弥足珍贵，有"印证发明"之效。

让我们颇感兴趣的是，东坡诗文中有关于"变相""变文"的载记。

---

① （宋）邵博撰，刘德权、李剑雄点校：《邵氏闻见后录》，中华书局1983年版，第217页。
② 敦煌研究院接待部编：《敦煌石窟》，甘肃文艺出版社1998年版，第82页。

其《跋吴道子地狱变相》云：

> 道子画圣也，出新意于法度之内，寄妙理于豪放之外，盖所谓游刃余地，运斤成风者耶。观地狱变相，不见其造业之因，而见其受罪之状，悲哉悲哉。能于此间一念清净，岂无脱理，但恐如路旁草，野火烧不尽，春风吹又生耳。元丰六年七月十日齐安临皋亭借观。①

其《地狱变相偈》又云：

> 我闻吴道子，初作酆都变；
> 都人惧罪业，两月罢屠宰。
> 此画实无相，笔墨假合成；
> 譬如说食饱，何处生怖汗？
> 乃知法界性，一切惟心造；
> 若人了此言，地狱自破碎。②

苏轼的跋文、偈语均写于贬谪黄州期间。众所周知，黄州困居，东坡深入涉猎佛典，与方外友多有交游，曾决心皈依佛门。在此背景下东坡览吴道子《地狱变相图》而感慨万端乃自然之理。

东坡在偈语、跋文中盛赞"画圣"《地狱变相图》创意出新，技法高妙，感人至深。东坡赞吴道子变相图"出新意于法度之内，寄妙理于豪放之外""游刃余地""运斤成风"。东坡言吴道子《地狱变相图》之劝愚化俗之感人动人，则曰："观地狱变相，不见其造业之因，而见其受罪之状，悲哉悲哉。""我闻吴道子，初作酆都变；都人惧罪业，两月罢屠宰。"

吴道子乃是"画圣"，其《地狱变相图》乃是名作，据宋人黄休复载：

---

① （宋）苏轼著，张志烈、马德富、周裕锴主编：《苏轼全集校注·文集》，河北人民出版社2010年版，第7916页。

② （宋）苏轼著，张志烈、马德富、周裕锴主编：《苏轼全集校注·文集》，河北人民出版社2010年版，第2544页。

当时吴生画此地狱相，都人咸观，惧罪修善，两市屠沽，经月不售。①

东坡诗中"我闻"数句即指传闻中吴道子绝妙构想、高超画艺所起到的劝俗化愚的社会效果。但东坡对于佛典濡染已深，对于社会人心更有自己的深刻体认，因之认为现实人生的种种罪孽能够通过地狱变相的警示劝化而"一念清净"，自能回头是岸，脱离苦海。但人心难测，海水难量，欲壑难填，更多的情况是，观众一览地狱图，当下惊怖，满心悔意，而后依然故我，于是纷纷扰扰的世界依然，"但恐如路旁草，野火烧不尽，春风吹又生耳"。

从东坡相关诗文看，就佛门以天堂地狱设教之用心而言，东坡也有自己的体悟："此画实无相，笔墨假和成；譬如说食饱，何处生怖汗？乃知法界性，一切唯心造；若人了此言，地狱自破碎。"天堂地狱皆心造，善恶只在一念间，并在《书破地狱偈》中彰扬此旨：

"若人欲了知，三世一切佛，应观法界性，一切惟心造。"近有人丧妻者，梦其妻求《破地狱偈》，觉而求之，无有也。问荐福古老，云："此偈是也。"遂举家持诵。后见亡者宝衣天冠，缥缈空中，称谢而去。轼闻之佛印禅师，佛印闻之范尧夫。②

东坡不仅欣赏"变相"，体悟佛法，还关注到社会上流传的"变文"。其《书拉杂变》曰：

司马长卿作《大人赋》，武帝览之，飘飘然有凌云之气。近时学者作拉杂变，便自谓长卿。长卿固不汝嗔，但恐览者渴睡落床，难以凌云耳。③

---

① （北宋）黄修复撰，刘石校点：《益州名画录》，载傅璇琮、徐海荣、徐吉军主编《五代史书汇编·丙编·十国史》，杭州出版社2004年版，第6127页。
② （宋）苏轼著，张志烈、马德富、周裕锴主编：《苏轼全集校注·文集》，河北人民出版社2010年版，第7424页。
③ （宋）苏轼著，张志烈、马德富、周裕锴主编：《苏轼全集校注·文集》，河北人民出版社2010年版，第7396页。

由东坡短文可知，东坡对于当时所见拉杂为文的所谓"变文"持不屑一顾的基本态度，其中原因何在？一是在宋初朝廷已明令禁止变文说唱①；二是以东坡对于当朝说唱文学的了解喜好，若非其所见之"拉杂变"实属荒唐悠谬之言，他不会怀有偏见的。

东坡一生，身行万里半天下，每逢佳处辄流连，尤其爱好访游名寺，其在仕宦之初亦是如此。有时沉浸其中，深夜不返。其写于嘉祐八年的《题凤翔东园王画壁》曰：

嘉祐癸卯上元夜，来观王维摩诘笔。时夜已阑，残灯耿然，画僧踽踽欲动，恍然久之。②

苏辙亦云：

予兄子瞻，尝从事扶风。开元寺多古画，而子瞻少好画，往往匹马入寺，循壁终日。③

东坡游踪所到，多有诗文留存，岁月迁变，其所载记历史遗存，今日已难以寻觅，故其相关文字记述，弥足珍贵。所以，即使我们不去关注东坡相关文字与变相、变文、敦煌的关联，从艺术史和苏轼研究的角度，也堪称十分珍贵的文献资料。今合而论之。首先东坡当年凤翔所见，无论杨惠之塑，抑或王维、吴道子画，均为"古今第一"，其画面、其塑像赖东坡妙笔流传，此可珍惜者一。邵博《邵氏闻见后录》曰：

惠之见道子笔法已至到，不服古画、塑一法。杨惠之与吴道子同师张僧繇学画，居其次，乃去学塑，亦为古今第一。嗟夫，画一技耳，尚不肯少下，况于远者大者乎？④

---

① 郑振铎：《插图本中国文学史》，人民文学出版社1957年版，第450页。"宋真宗（998—1022）曾禁止除了道、释二教之外的一切异教。而僧侣们的讲唱变文，也被明令申禁。"

② （宋）苏轼著，张志烈、马德富、周裕锴主编：《苏轼全集校注·文集》，河北人民出版社2010年版，第7903页。

③ 颜中其编注：《苏东坡轶事汇编》，岳麓书社1984年版，第17页。

④ （宋）邵博撰，刘德权、李剑雄点校：《邵氏闻见后录》，中华书局1983年版，第217页。

其次，东坡精诗善画，其对于吴道子变相图的评价已成定评，是权威性评价，而其认知始于凤翔。

元丰六年东坡在黄州《跋吴道子地狱变相》评吴道子画曰：

> 道子，画圣也。出新意于法度之内，寄妙理于豪放之外，盖所谓游刃余地，运斤成风者耶。观《地狱变相》，不见其造业之因，而见其受罪之状，悲哉！悲哉！能于此间一念清净，岂无脱理，但恐如路旁草，野火烧不尽，春风吹又生耳。元丰六年七月十日，齐安临皋亭借观。①

元丰八年（1085）东坡在登州《书吴道子画后》再评吴画：

> 知者创物，能者述焉，非一人而成也。君子之于学，百工之于技，自三代历汉至唐而备矣。故诗至于杜子美，文至于韩退之，书至于颜鲁公，画至于吴道子，而古今之变，天下之能事毕矣。道子画人物，如以灯取影，逆来顺往，旁见侧出，横邪平直，各相乘除，得自然之数，不差毫末，出新意于法度之中，寄妙理于豪放之外，所谓游刃余地，运斤成风，盖古今一人而已。余于他画，或不能必其主名，至于道子，望而知其真伪也。然世罕有真者，如史全叔所藏，平生盖一二见而已。元丰八年十一月七日书。②

沈德潜对此高度评价："（出新意于法度之中，寄妙理于豪放之外）千古行文之妙，不出此二语。举一画而他可类推。道子之画，子瞻之评，唯圣神予此艺者能之。"③

"出新意于法度之中，寄妙理于豪放之外"对于"画圣"吴道子而言，乃不易之论，千古定评，同时也是东坡重要的创作主导思想。

---

① （宋）苏轼著，张志烈、马德富、周裕锴主编：《苏轼全集校注·文集》，河北人民出版社2010年版，第7916页。
② （宋）苏轼著，张志烈、马德富、周裕锴主编：《苏轼全集校注·文集》，河北人民出版社2010年版，第7908页。
③ （清）沈德潜选，宋晶如注：《广注唐宋八大家古文》，世界书局1937年版，第611—612页。

当然，我们可以说东坡高论一见于元丰六年，再见于元丰八年，似乎与凤翔关系不大，但研味东坡一生，其仕宦、佛缘均从凤翔起步，文学创作也是其特殊的人生阶段，所以值得特别关注。其《王大年哀词》言其佛缘曰：

> 嘉祐末，予从事岐下，而太原王君讳彭，字大年，监府诸军，居相邻，日相从也。……予始未知佛法，君为言大略，皆推见至隐以自证耳，使人不疑。予之喜佛书盖自君发之。①

张舜民《房州修城碑阴记》言其吏能，则曰：

> 蜀人大抵善词笔而少吏能。眉山任师中尝与予言："吾蜀前辈有吏能者，唯何圣从、陈公弼二人而已。小子不才，敢出其后。"然师中之言亦自负耳。何公余不及识。治平末年，余为岐府掾，是时陈公去岐未久，窃尝访其行事，大略驭吏严察，人不敢欺，奸吏不敢欺，则良民自安堵矣。小大之牍，罔不经目。小则幕府，大则自操笔为之。常属纸数幅，使两人持其端，提笔历历书之，理法皆备，出人意表。官吏以此服之。是时苏子瞻登制举，佥判府事，实佐公。其后子瞻亦自负吏事。人或诘之，乃曰："吾得之陈公也。"②

最后，凤翔特殊的地理位置使其融汇留存了优秀的甚至是一流的唐代雕塑和绘画，诸如杨惠之塑像，王维、吴道子佛教绘画等。苏轼《凤翔八观并叙》叙云：

> 《凤翔八观》诗，记可观者八也。……凤翔当秦、蜀之交，士大夫之所朝夕往来。此八观者，又皆跬步可至，而好事者有不能览焉。

---

① （宋）苏轼著，张志烈、马德富、周裕锴主编：《苏轼全集校注·文集》，河北人民出版社2010年版，第7082页。
② （宋）张舜民撰：《画墁集附补遗》，载王云五主编《丛书集成初编》，商务印书馆1935年版，第47页。

故作诗以告欲观而不知者。①

斗转星移，时易世换，历经战火兵燹，东坡当年得以目睹真迹并以诗文记述，已是机缘；东坡之后，宋室南渡，宋金对峙，"今凤翔为敌所擅，前之邑屋皆丘墟矣"。所以东坡仕宦凤翔之所见所思，参之相关文献，不仅对于研究敦煌壁画、变文、变相具有参照征引之效能，而且深入研味，对于研究东坡凤翔仕宦的爱好创作均有助益。

上文所论东坡诗文无论《维摩示疾图》《佛灭度图》，抑或所言"变相""拉杂变"，仅从文献资料方面对于敦煌相关研究"可以印证发明"；东坡现存文字中尚有与敦煌直接相关的记载。其《书杜牧集僧制》曰：

> 杜牧集有《敦煌郡僧正兼州学博士僧慧苑除临坛大德制词》，盖宣宗复河、湟时事也。蕃僧最贵中国紫衣师号，种谔知青涧城，无以使此等，辄出牒补授。君子予其权，不责其专也。②

这一段简短的文字，透露出丰富的历史信息。杜牧《敦煌郡僧正慧苑除临坛大德制》全文如下：

> 勅敦煌管内释门都监察僧正兼州学博士僧慧苑：敦煌大藩，久戎垒，气俗自异，果产名僧。彼上人者，生于西土，利根事佛，余力通儒。悟执迷尘俗之身，譬喻大宅；举君臣父子之义，教尔青襟。开张法门，显白三道，遂使悍戾者、好空恶杀义勇者，狥国忘家，禅助至多。品地宜峻，领生徒坐于学校，贵服色举以临坛。若非出群之才，岂获兼荣之授。勉弘两教，用化新邦。可充京城临坛大德。余如故。③

我们从敕文中看到敦煌僧慧苑因兼通儒释，对于地方安定，裨助至多，于是朝廷敕令慧苑"僧正兼州博士"，赐紫衣师号，"领生徒坐于学

---

① （宋）苏轼著，张志烈、马德富、周裕锴主编：《苏轼全集校注·诗集》，河北人民出版社2010年版，第297—298页。

② （宋）苏轼著，张志烈、马德富、周裕锴主编：《苏轼全集校注·文集》，河北人民出版社2010年版，第7446页。

③ （唐）杜牧著，吴在庆校注：《杜牧集系年校注》，中华书局2008年版，第1134页。

校，贵服色举以临坛"，用意在于其以"兼荣之授"，"勉同两教，用化新邦"，对于刚刚收复的河湟之地起到安定抚慰作用。而东坡则看到的是政治与宗教的微妙关系，在唐代敦煌高僧大德的独特作用。这种作用，东坡虽未明言，但在联系本朝种谔有关作为时，隐约其言，所谓"蕃僧最贵中国紫衣师号，种谔知青涧城，无以使此等，辄出牒补授。君子予其权，不责其专也"。

东坡所言种谔巧妙利用僧人以安边防之事，见于史载：

> 初，世衡在青涧城，元昊未臣，其贵人野利刚浪、遇乞兄弟有材谋，皆号大王。亲信用事，边臣欲以谋间之。庆历二年，鄜延经略使庞籍，两为保安军守刘拯书，赂蕃部破丑以达野利兄弟，而泾原路王沿、葛怀敏亦遣人持书及金宝以遣遇乞。会刚浪令浪埋、赏乞、媚娘等三人诣世衡请降，世衡知其诈，曰："与其杀之，不若因以为间。"留使监商税，出入骑从甚宠。
>
> 有僧王光信者，趫勇善骑射，习知蕃部山川道路。世衡出兵，常使为乡导，数荡族帐，奏以为三班借职，改名嵩。世衡为蜡书，遣嵩遗刚浪，言浪埋等已至，朝廷知王有向汉心，命为夏州节度使，奉钱月万缗，旌节已至，趣其归附，以枣缀画龟，喻其早归之意。刚浪得书大惧，自所治执嵩归元昊。元昊疑刚浪贰己，不得还所治，且锢嵩窖中。使其臣李文贵以刚浪旨报世衡，且言不达所遣书意，或许通和，愿赐一言。世衡以白籍。时朝廷已欲招拊，籍召文贵至，谕以国家宽大开纳意，纵使还报。元昊得报，出嵩，礼之甚厚，使与文贵偕来。自是继遣使者请降，遂称臣如旧。
>
> 世衡闻野利兄弟已诛，为文越境祭之。籍疏嵩劳，具言元昊未通时，世衡画策遣嵩冒艰险间其君臣，遂成猜贰，因此与中国通，请优进嵩官。迁三班奉职。后嵩因对自陈，又进侍禁、阁门祗候。（《宋史·种世衡传》）[1]

种谔继其父世衡戍守清涧，亦利用僧人离间之策，是故东坡有言。东坡评述杜牧《敦煌郡僧正兼州学博士僧慧苑除临坛大德制词》可视

---

[1] （元）脱脱等撰：《宋史》，中华书局1977年版，第10743—10744页。

为其与敦煌文学艺术的直接关联。东坡现存诗文中，为敦煌研究者所关注的尚有作于绍圣二年（1095）的《海会殿上梁文》[①]和作于绍圣三年的《白鹤新居上梁文》[②]。

论者注意到敦煌愿文作品如驱傩文、上梁文、障车文中多见"儿郎伟"一语。如：

> 儿郎伟，今夜旧岁未尽，明招（朝）便是新年。
> 儿郎伟，今因良时吉日，上梁雅合周旋。
> 儿郎伟，有酒如江，有肉如山。

关于敦煌文学《儿郎伟》的校勘、研究，成果甚丰，不在本文研讨之列，我们在这里主要讨论"儿郎伟"的语音、语义。综合前贤今哲的研究，"儿郎伟"主要有以下两种解释：一是和声说，没有实意；二是认为"儿郎伟"即"儿郎们"，"伟"是"们"缀的方音记字。吕叔湘先生指出：宋代始有"们"字，唐代文献中有"弭""伟"二字皆当"们"字用，"弭""伟"跟"们"大概有语源上的关系。我们赞成此说，因此论有相关文献可以佐证。

佐证资料一：南宋楼钥云：

> 《上梁文》必言"儿郎伟"，旧不晓其义。……在敕局时，见元丰中获盗推赏，刑部例皆节元案，不改俗语。有陈棘云："我部领你懑厮逐去。"深州边吉云："我随你懑去。""懑"本音"闷"，俗音"门"，犹言"辈"也。独秦州（今甘肃天水）李德一案云："自家伟不如今夜去。"云。余哑然笑曰：得之矣。所谓"儿郎伟"者，犹言"儿郎懑"，盖呼而告之，此关中方言也。（《跋姜氏上梁文稿》）[③]

[①]（宋）苏轼著，张志烈、马德富、周裕锴主编：《苏轼全集校注·文集》，河北人民出版社 2010 年版，第 7155 页。

[②]（宋）苏轼著，张志烈、马德富、周裕锴主编：《苏轼全集校注·文集》，河北人民出版社 2010 年版，第 7150 页。

[③]（南宋）楼钥撰，顾大朋点校：《楼钥集》，浙江古籍出版社 2010 年版，第 1248—1249 页。

佐证资料二：明王世贞也说：

宋时《上梁文》有"儿郎伟"。"伟"者，关中方言"们"也，其语极俗。[1]

佐证资料三：《续资治通鉴长编》卷444载：

又言锡沁父子及族下有评泊言：汉家有力量时，自家伟投汉去；没力量时，倘父子一就取上将青唐城去。[2]

而东坡在惠州所作两篇《上梁文》均有"儿郎伟"领起的韵文出现：

儿郎伟，抛梁西。此去西方路不迷。一礼慈尊无量寿，万年天子与天齐。(《海会殿上梁文》)[3]
儿郎伟，抛梁东。乔木参天梵释宫。尽道先生春睡美，道人轻打五更钟。(《白鹤新居上梁文》)[4]

由此一系列的文献资料，我们可以从中发现一些问题。首先从语源学的角度看，"儿郎伟"从语音、语义，言起源于"关中方言"或源于西北，应该无有争议；但有关资料也告诉我们，随着南北文化、民族文化的不断融合与交流，逮及宋代，"儿郎伟"及其音、义，已经被普遍接受，至少在《上梁文》这个领域如此。欧阳修生长于西南，其作于至和二年七月二十一日的《醴泉观本观三门上梁文》[5]，起句即是"儿郎伟"，欧公时在京城任职，其所为《上梁文》，不会刻意运用西北方言，应该是"儿郎伟"之"儿郎们"之词义已被广泛认同。同样的道理，东坡生长巴蜀，虽

---

[1] （明）王世贞：《弇州山人四部稿》，明刻本，第12页。
[2] （南宋）李焘：《续资治通鉴长编》，中华书局1992年版，第10681页。
[3] （宋）苏轼著，张志烈、马德富、周裕锴主编：《苏轼全集校注·文集》，河北人民出版社2010年版，第7155页。
[4] （宋）苏轼著，张志烈、马德富、周裕锴主编：《苏轼全集校注·文集》，河北人民出版社2010年版，第7150页。
[5] （宋）欧阳修著，李逸安点校：《欧阳修全集》，中华书局2001年版，第1218页。

有西北仕宦经历，其在惠州所作两篇《上梁文》，均有"儿郎伟"，如果不是"儿郎伟"语音词义为民众广泛接受，东坡应不会在友朋邻人相助上梁的喜庆之日，运用西北之关中、河西方言。

可以证明我们推想的是楼钥《跋姜氏上梁文稿》所言"《上梁文》必言'儿郎伟'"。楼钥（1137—1213）为宁波人，生长仕宦均在南宋，既然其时"《上梁文》必言'儿郎伟'"，则多数人是知晓"儿郎伟"的语义的。楼钥的贡献在于其因"不晓其义"，考证出"儿郎伟"一语源于"关中方言"。

要而言之，探讨东坡诗文中的敦煌佛影，有两个层面引起我们的关注：一是东坡所咏写之杨惠之所塑维摩示疾塑像、吴道子所绘之《佛灭度图》《地狱变相图》及其所见之"拉杂变"，可与敦煌变文、变相遥相呼应，"印证发明"；二是东坡因阅杜牧集《敦煌郡僧正兼州学博士僧慧苑除临坛大德制词》所作《书杜牧集僧制》以及其两篇《上梁文》因"儿郎伟"一词，则与敦煌文献有较为直接的关联，其《书杜牧集僧制》与现实的思考也颇有意味。故草成拙文，以就教于同好。

卓绝千古，牢笼百代

——王渔洋苏轼接受研究二题

翻检王渔洋诗论、词论，其对东坡诗词可谓推崇备至：论及唐宋诗坛大家，以杜甫、苏轼并列；言及歌行，谓"杜、李、韩、苏，千古绝调"[1]，而"至子美、子瞻，无以加矣"[2]；述及诗史上之"仙才"，认为"惟曹子建、李太白、苏子瞻三人而已"[3]。综观词坛，渔洋首倡苏、辛为"英雄之词"高论；甚而师友晤谈、游踪所及，东坡诗文、遗迹、轶事，随时随处随口辄发，且时有妙论。本文撷其一二，略抒浅见，以就教于方家。

一 首倡苏轼为"英雄之词"高论

王渔洋在《倚声集序》中说：

> 诗余者，古诗之苗裔也。语其正，则南唐二主为其祖至漱玉、淮海而极盛，高、史其嗣响也。语其变，则眉山导其源，至稼轩、放翁而尽变，陈、刘其余波也。有诗人之词，唐蜀五代诸人是也；有文人之词，晏、欧、秦、李诸君子是也；有词人之词，柳永、周美成、康与之之属是也；有英雄之词，苏、陆、辛、刘是也。[4]

---

[1] （清）王士禛：《分甘馀话》，中华书局1989年版，第63页。
[2] （清）王士禛：《带经堂诗话》，人民文学出版社1963年版，第41页。
[3] （清）王士禛：《带经堂集》，上海古籍出版社2010年版，第876页。
[4] （清）王士禛：《带经堂集》，上海古籍出版社2010年版，第331页。

关于词之正变，其说不一，此不具论。渔洋将唐宋词人分为四类，其中"英雄之词"，列"苏、陆、辛、刘"，容或有议，因其又有论曰：

> 凡为诗文贵有节制，即词曲亦然。正调至秦少游、李易安为极致，若柳耆卿则靡矣。变调至东坡为极致，稼轩豪于东坡而不免稍过。若刘改之则恶道也。学者不可以不辨。①

但渔洋认为东坡为"英雄之词"之说，则为后世承继。田同之《西圃词说》完全祖述渔洋之论：

> 渔洋王司寇云：……诗之为功既穷，而声音之秘，势不能无所寄。于是温、韦生而《花间》作，李、晏出而《草堂》兴。此诗之余，而乐府之变也。语其正，则南唐二主为其祖，至漱玉、淮海而极盛，高、史其嗣响也。语其变，则眉山导其源，至稼轩、放翁而尽变，陈、刘其余波也。有诗人之词，唐、蜀、五代诸人是也；文人之词，晏、欧、秦、李诸君子是也；有词人之词，柳永、周美成、康与之之属是也；有英雄之词，苏、陆、辛、刘是也。至是声音之道，乃臻极致。而词之为功，虽百变而不穷。②

且自为苏、辛乃"词中壮士"之论：

> 魏塘曹学士云："词之为体如美人，而诗则壮士也；如春花，而诗则秋实也；如夭桃繁杏，而诗则贞柏也。"罕譬，极为明快。然词中亦有壮士，苏、辛也；亦有秋实，黄、陆也；亦有劲松贞柏，岳鹏举、文文山也。选词者兼收并采，斯为大观。若专尚柔媚，岂劲松贞柏反不如夭桃繁杏乎！③

可以与之互为参照的是，渔洋论唐宋诗，也认为苏轼有"英雄语"：

---

① （清）王士禛：《分甘馀话》，中华书局1989年版，第28页。
② （清）田同之：《西圃词说》，载唐圭璋《词话丛编》，中华书局1986年版，第1451页。
③ （清）田同之：《西圃词说》，载唐圭璋《词话丛编》，中华书局1986年版，第1450页。

尝戏论唐人诗，王维佛语，孟浩然菩萨语，刘昚虚、韦应物祖师语，柳宗元声闻辟支语，李白、常建飞仙语，杜甫圣语，陈子昂真灵语，张九龄典午名士语，李贺才鬼语，卢仝亚觍语，李商隐、韩偓儿女语。苏轼有菩萨语，有剑仙语，有英雄语，独不能作佛语、圣语耳。①

纵观苏词接受史，宋代陈须对苏词评价已萌"英雄之词"赞誉，其说曰：

议者曰：少游诗似曲，东坡曲似诗。盖东坡平日耿介直谅，故其为文，似其为人。歌《赤壁》之词，使人抵掌激昂，有击楫中流之心。歌《哨遍》之词，使人甘心淡泊，而有种菊东篱之兴。俗士则酣寐而不知。②

金元明清，后之爱东坡词者，从不同角度探寻东坡英雄之词的英雄本色，徐釚《词苑丛谈》卷3谓：

苏东坡"大江东去"有铜将军铁绰板之讥。柳七"晓风残月"，谓可令十七八女郎按红牙檀板歌之。此袁绹语也，后人遂奉为美谈。然仆谓东坡词，自有横槊气概，固是英雄本色。③

综合对于苏轼"英雄之词"的探讨、总结和拓展的资料分析，其内涵应该包括以下三个方面：

其一，东坡赤壁词定格了历史上赤壁之战的英雄伟业。故称"英雄之词"。明代俞彦《爰园词话》载：

子瞻词无一语著人间烟火，此自大罗天上一种，不必与少游、易安辈较量体裁也。其豪放亦止"大江东去"一词。何物袁绹，妄加品

---

① （清）王士禛：《带经堂诗话》，人民文学出版社1963年版，第42页。
② （南宋）陈须：《燕喜词叙》，载《宋元三十一家词·燕喜词》，四印斋本，第1页。
③ （清）徐釚：《词苑丛谈》，中华书局2008年版，第51页。

舻，后代奉为美谈，似欲以概子瞻生平。不知万顷波涛，来自万里，吞天浴日，古豪杰英雄都在，使屯田此时操觚，果可以"杨柳外晓风残月"名句否？①

正因为苏轼以一支健笔，浓缩周郎一生功业于《念奴娇》一词，英雄伟业融入千古长江豪唱，激荡人心，所以杨慎有"词中之史"的评说。

其二，东坡赤壁怀古问世之后，后世论者多从词作者英雄本色的角度去探讨"英雄之词"的内涵。我们可以从两个层面去把握和理解有关讨论。第一个层面是英雄之人写英雄之词，如陆文圭《赤壁图》二首之一曰："公瑾子瞻二龙，文辞可敌武功。"② 认为东坡雄文与赤壁伟业相映生辉。明代李东阳《怀麓堂全集》卷19《苏子瞻》也持相近观点，诗曰：

两国山川一战功，子瞻辞赋亦争雄。江流自古愁无限，落木长天万里风。③

但更多的论者认为，东坡之词，"自有横槊气概，固是英雄本色"。早在宋世，陈须《燕喜词叙》即认为："盖东坡平日耿介直谅，故其为文，似其为人。歌《赤壁》之词，使人抵掌激昂，有击楫中流之心。"④ 明代王世贞《弇州山人词评》亦曰：

昔人谓：铜将军铁绰板唱苏学士"大江东去"，十八九岁好女子唱柳屯田"杨柳外晓风残月"，为词家三昧。然学士此词亦自雄壮，感慨千古，果令铜将军于大江奏之，必能江波鼎沸。⑤

第二个层面是，更有论者认为，在文学史，尤其在文化史上，东坡赤壁词超越了历史，成为一道独特的历史文化风景。陆文圭《赤壁图》诗

---

① （明）俞彦：《爰园词话》，载唐圭璋《词话丛编》，中华书局1986年版，第402页。
② （元）陆文圭：《墙东类稿》，载《四库全书》第1194册，上海古籍出版社1987年版，第785页。
③ （明）李东阳：《怀麓堂全集》诗稿4卷19，康熙二十年刊本，第12页。
④ （南宋）陈须：《燕喜词叙》，载《宋元三十一家词·燕喜词》，四印斋本，第1页。
⑤ （明）王世贞：《艺苑卮言》，载唐圭璋《词话丛编》，中华书局1986年版，第387页。诗

曰:"公瑾子瞻二龙,文辞可敌武功。却怪紫烟烈焰,不如白月清风。"戴良《题赤壁图》诗亦曰:"千载英雄事已休,独余明月照江流。画图不尽当年恨,却写苏家赤壁游。"①

其三,正如王士禛由苏轼"英雄之词"进而论及苏诗亦有"英雄语"一样,宋世以来,论东坡之"英雄之词"者,亦由论单篇赤壁词,进而论苏轼词风、苏轼诗文、苏轼人格精神以及功业建树。

言及东坡词风,赵令畤《侯鲭录》卷8引:"鲁直云:'东坡居士曲,世所见者数百首,或谓音律小不谐。居士词横放杰出,自是曲子缚不住者。'"②王灼《碧鸡漫志》卷2亦谓:"东坡先生非心醉于音律者,偶尔作歌,指出向上一路,新天下耳目,弄笔者始知自振。"③"东坡先生以文章余事作诗,溢而作词曲,高处出神入天,平处尚临镜笑春。"④刘辰翁《辛稼轩词序》亦曰:"词至东坡,倾荡磊落,如诗如文,如天地奇观,岂与群儿雌声学语较工拙。"⑤胡寅《题酒边词》也说:"眉山苏氏,一洗绮罗香泽之态,摆脱绸缪宛转之度,使人登高望远,而逸怀浩气超然乎尘垢之外。于是《花间》为皂隶,而柳氏为舆台矣。"⑥

至金代,苏学行于北,王若虚《滹南诗话》激赏苏词,曰:"公雄文大手,乐府乃其游戏,顾岂与流俗争胜哉!盖天资不凡,辞气迈往,故落笔皆绝尘耳。"⑦

清代词话所论更多,邓廷桢《双砚斋词话》曰:"东坡以龙骧不羁之才,树松桧特立之操,故其词清刚隽上囊括群英。院吏所云:'学士词须关西大汉,铜琵铁板,高唱大江东去。'语虽近谑,实为知音。"⑧清陈廷焯《白雨斋词话》卷8曰:"和婉中见忠厚易,超旷中见忠厚难。此坡仙所以独绝千古也。"⑨该书卷一亦曰:"词至东坡,一洗绮罗香泽之态,寄

---

① (元)戴良:《九灵山房集》,中华书局1985年版,第394页。
② (宋)赵令畤:《侯鲭录》,中华书局1985年版,第79页。
③ (宋)王灼:《碧鸡漫志》,中华书局1991年版,第11页。
④ (宋)王灼:《碧鸡漫志》,中华书局1991年版,第9页。
⑤ (南宋)刘辰翁:《须溪集》,载《四库全书》第1186册,上海古籍出版社1987年版,第524页。
⑥ (宋)胡寅:《斐然集》,岳麓书社2009年版,第373页。
⑦ (金)王若虚:《滹南诗话》,中华书局1985年版,第11页。
⑧ (清)邓廷桢:《双砚斋词话》,载唐圭璋《词话丛编》,中华书局1986年版,第2529页。
⑨ (清)陈廷焯:《白雨斋词话》,上海古籍出版社2009年版,第198页。

慨无端，别有天地。《水调歌头》《卜算子·雁》《贺新郎》《水龙吟》诸篇，尤为绝构。"①谢章铤《赌棋山庄词话续编四》也说："词之为道最深，以为小技者，乃不知妄谈，大约只一细字尽之。……然《金荃》《握兰》，本属国风苗裔。即东坡、稼轩英雄本色语，何尝不令人欲歌欲泣。"②

以上从苏轼整体词风而论，亦有论者进而以"雄文""英雄语"论其诗文的。前文所引王士禛认为苏诗"有菩萨语，有剑仙语，有英雄语，独不能作佛语、圣语耳"，即是显例。论东坡文，论者亦赞其"雄文"。清人田雯《读东坡集偶题》诗曰："一代文章苏长公，泉源万斛自称雄。前身直是昌黎子，魔蝎由来守命宫。"③林纾《春觉斋论文》亦曰："东坡雄杰，轶出凡近。"④

进而探讨东坡何以有"英雄之词""英雄之诗""英雄之文"，论者着眼其高旷胸怀与功业建树。赵秉文《和东坡赤壁词》称誉东坡为"人杰"，词曰：

> 清光一片，问苍茫桂影，其中何物。一叶轻舟波万顷，四顾粘天无壁。扣枻长歌，姮娥欲下，万里挥冰雪。京尘十丈，可能容此人杰。
>
> 回首赤壁矶边，骑鲸人去，几度山花发。淡淡长空千古梦，只有归鸿明灭。我欲从公，乘风归去，散此麒麟发。三山安在，玉箫吹断明月。⑤

谭献亦有"东坡是衣冠伟人"⑥之说。衣冠伟人自有其胸襟气度和不朽功业，故"词至东坡，倾荡磊落，如诗如文，如天地奇观"，"一洗绮罗香泽之态，摆脱绸缪宛转之度，使人登高望远，而逸怀浩气超然乎尘垢之外"。词如其人，无一等之胸襟学问，则无此天下一等之豪词雄文。蒋兆

---

① （清）陈廷焯：《白雨斋词话》，上海古籍出版社2009年版，第14页。
② （清）谢章铤：《赌棋山庄词话续编》，载唐圭璋《词话丛编》，中华书局1986年版，第3549页。
③ （清）田雯：《田雯诗选》，首都师范大学出版社1996年版，第213页。
④ 林纾：《春觉斋论文》，载《历代文话》第7册，复旦大学出版社2007年版，第6388页。
⑤ 唐圭璋编：《全金元词》，中华书局1979年版，第47页。
⑥ （清）谭献：《復堂词话》，载唐圭璋《词话丛编》，中华书局1986年版，第3994页。

兰《词说》谓："宋代词家源出于唐五代，皆以婉约为宗。自东坡以浩瀚之气行之，遂开豪迈一派。南宋辛弃疾运深沉之思于雄杰之中，遂以苏、辛并称。"①

蔡嵩云《柯亭词论·东坡词笔无点尘》亦谓："东坡词，胸有万卷，笔无点尘。其阔大处，不在能作豪放语，而在其襟怀有涵盖一切气象。若徒袭其外貌，何异东施效颦。东坡小令，清丽纡徐，雅人深致，另辟一境。设非胸襟高旷，焉能有此吐属。"②吴梅先生《词学通论》也说："公天性豁达，襟抱开朗。惟胸怀坦荡，词亦超凡入圣。后之学者，无公之胸襟，强为模仿，多见其不知量耳。"③

由王士禛推崇东坡之词为"英雄之词"，东坡之诗有"英雄语"，到诸多论者推重东坡之雄文博学，由论者称颂东坡为人英人杰，再到论者赞东坡天人风姿、阔大胸怀，已是足以使人感到东坡一生英伟一世之不朽所在，而较之于更多的仅以诗文名世的文士，论者更注意到东坡志在天下，心怀万民的功业建树。袁枚《随园诗话》卷下认为：

  人有以诗重者，亦有诗以人重者。古李、杜、韩、苏，俱以诗名千古。然李、杜无功业，不得不以诗传。韩、苏有功业，虽无诗，其人亦传也，而况其有诗乎？④

正由于此，陈衍在《石遗室诗话》卷下说：

  余以为古来诗人，如欧阳文忠、苏文忠，何尝以事业掩其文章哉？⑤

既有诗文传世又能功业千古，这就为东坡英雄之人为"英雄之词"、英雄之诗、雄文杰作书写了浓墨重彩的一笔。在我们今天品味王士禛所谓"英雄之词"时，感受到其蕴含的丰富的内涵。近年来国外报刊及国内学

---

  ① （清）蒋兆兰：《词说》，载唐圭璋《词话丛编》，中华书局1986年版，第4632页。
  ② （清）蔡嵩云：《柯亭词论》，载唐圭璋《词话丛编》，中华书局1986年版，第4910页。
  ③ 吴梅：《词学通论》，复旦大学出版社2005年版，第55页。
  ④ （清）袁枚：《随园诗话》，人民文学出版社1982年版，第589页。
  ⑤ 陈衍：《石遗室诗话》，人民文学出版社2004年版，第324页。

者称苏轼为"千年英雄",其所来有自。

二 陶潜酷似卧龙豪
——渔洋对苏轼和陶诗的接受评析

伴随苏轼研究的持续深入,苏轼《和陶诗》已成为学界关注的热点。据张建伟《近三十年苏轼和陶诗研究综述》[①]、陈可人《苏轼和陶诗研究综述》[②]统计,学界共发表有关苏轼和陶诗研究文章近50篇,硕士论文2篇,博士论文1篇。陈可人将有关研究成果分为九类进行分析,并且特别指出纵观苏轼和陶诗的研究,"唯一的遗憾是缺少对苏轼与苏辙、晁补之、张耒同题和陶诗的比较研究"。[③]但据笔者所见,历代苏轼和陶诗接受研究也是有待加强的。

也正是从此着眼,笔者非常欣赏渔洋《和苏诗二集序》中对东坡和陶诗的评价。渔洋首先引用东坡之言,肯定追和古人、尽和渊明诗始于东坡:"古之诗人有拟古之作矣,未有追和古人者矣。追和古人则始于东坡。"[④]然后追寻东坡创作和陶诗的原委,苏轼自谓:"吾于渊明,岂独好其诗哉!欲以晚节师法其万一也。"师法什么呢?东坡有自己的回答,他自谓乃渊明异代知己,在《录陶渊明诗》一文中有感于陶诗"纡辔诚可学,违己讵非迷。且共欢此饮,吾驾不可回"诗意,有知音之感,议论说:"此诗叔弼爱之,吾亦爱之。予尝有云:言发于心而冲于口,吐之则逆人,茹之则逆予,以为宁逆人也,故卒吐之。与渊明诗意不谋而合,故录之。"[⑤]在《书李简夫诗集后》中有一段论者惯常引用的文字:"陶渊明欲仕则仕,不以求之为嫌;欲隐则隐,不以去之为高。饥则叩门而乞食,饱则鸡黍以延客,古今贤之,贵其真也。""平生不眩于声利,不戚于穷约,安于所遇而乐之终身者,庶几乎渊明之真也。"[⑥]而在作于绍圣二年

---

① 张建伟:《近三十年苏轼和陶诗研究综述》,《乐山师范学院学报》2008年第7期。
② 陈可人:《苏轼和陶诗研究综述》,《文学教育》2012年第12期。
③ 陈可人:《苏轼和陶诗研究综述》,《文学教育》2012年第12期。
④ (清)王士禛:《带经堂集》,上海古籍出版社2010年版,第611页。
⑤ (宋)苏轼著,屠友祥校注:《东坡题跋校注》,上海远东出版社2011年版,第100页。
⑥ (宋)苏轼著,屠友祥校注:《东坡题跋校注》,上海远东出版社2011年版,第151页。

(1095)二月十一日的《书渊明东方有一士诗后》更曰："此东方一士正渊明也,不知从之游者谁乎。若了得此一段,我即渊明,渊明即我也。"①但王渔洋在思考"夫以文忠公之为人,卓绝千古,牢笼百代,乃独于渊明倦倦若此,不胜其执鞭歆慕之意"的原委时,直接拈出最为了解东坡的苏辙的序言为论:"及读颍滨之序,谓:'渊明不肯为五斗米束带见乡里小儿,而子瞻出仕三十余年,为狱吏所折辱,终不能悛,以陷于难,乃欲以桑榆之晚景自托于渊明,其谁信之?'始喟然而兴曰:文忠之和陶也,其有悔心欤?嵇叔夜诗云:'远惭柳下,近愧孙登。'文忠之于渊明,亦若是焉已矣。"②认为东坡"欲以桑榆之晚景自托于渊明",尽和陶诗,乃是有悔心的表现,有若嵇康《幽愤诗》中所谓"远惭柳下,近愧孙登"。柳下惠即展子禽,春秋鲁国人,曾任鲁国大夫,后隐遁避世,百岁而卒;孙登,《晋史》有传,与嵇康、阮籍有交往,曾针对嵇康露才扬己的个性,有"才多识寡,难免乎今之世也"的告诫。嵇康下狱,有愧叹之意。

渔洋推尊东坡"卓绝千古,牢笼百代",其为《和苏诗二集序》,特意探讨苏轼《和陶诗》创作原委,以渔洋之博学强识,一定不会忽略东坡晚年反观平生,于旷迈超逸之中时时反省自己一生忠君爱民,何以"多情却被无情恼",最终流落天涯,茫然无所归宿的原因,偶一流露"云鹏今悔不卑飞"之意。在苏轼《和陶诗》中,亦隐约可窥其意,如其《和陶咏二疏》曰:"我尝游东海,所历若有素。神交久从君,屡梦今乃悟。渊明作诗意,妙想非俗虑。庶几二大夫,见微而知著。"③其《和陶怨诗示庞邓》亦曰:"当欢有余乐,在戚亦颓然。渊明得此理,安处固有年。……宁当出怨句,惨惨如孤烟。但恨不早悟,犹推渊明贤。"④渔洋更不会忽略其前一些论者的类似评价,《苏轼全集校注》卷41《和陶停云四首》集评引:"刘后村曰:'东坡方其得意时,为执政为侍从。及其失意,至下狱,过岭,晚更忧患,于是始有和陶之作,不知渊明果认可否?'"⑤后村之语与

---

① (宋)苏轼著,屠友祥校注:《东坡题跋校注》,上海远东出版社2011年版,第106页。
② (清)王士禛:《带经堂集》,上海古籍出版社2010年版,第611页。
③ (宋)苏轼著,张志烈、马德富、周裕锴主编:《苏轼全集校注·诗集》,河北人民出版社2010年版,第4713页。
④ (宋)苏轼著,张志烈、马德富、周裕锴主编:《苏轼全集校注·诗集》,河北人民出版社2010年版,第4912—4913页。
⑤ (宋)苏轼著,张志烈、马德富、周裕锴主编:《苏轼全集校注·诗集》,河北人民出版社2010年版,第4911—4912页。

苏辙"其谁信之"诘问相近。该书于《和陶始经曲阿》集评引樊潜庵语曰："靖节高风逸致，空古今无两人。公忧患中心醉久矣，故和陶诗诸作多自悔自责语。"①纪昀评《和陶咏二疏》诗亦曰："寓自悔之意。"②详味苏轼《和陶诗》，检索前人评价，渔洋认为东坡和陶，其有悔心之论，持论有据，可备一说。

更为笔者所叹服的是，渔洋对于"彭泽千载人，东坡百世士。出处虽不同，风味乃相似"（黄庭坚《跋子瞻和陶诗》)③的分析，认为东坡"生当庆历、元祐极盛之时"，"仁宗赏其文，至谓'今日为子孙得二宰相'。神宗虽不进用起身，宫中每叹以为'奇才'。异日宣仁述之，至于泣下"④。仁宗激赏，神宗眷顾，宣仁太后不次擢升，使其杀身图报，"故虽流离颠沛，窜逐于海外瘴疠之乡，至于百折九死，而其气不挫"。与陶渊明生逢乱世全然不同，"其与渊明生当晋之末造，自以先世宰辅不肯仕他姓者，故不可同日而语矣"。并进一步推论，渊明选择不仕而隐，"为其易"；东坡选择不隐而仕，"为其难"。"渊明不仕也，楚狂接舆、荷蓧丈人之类也"，乃看透世事，悟彻人生之隐逸高士；"文忠之仕也"，志在生民社稷，"贪恋君恩退未能"，犹如孔子当年"迟迟去鲁之类也"。渊明、子瞻进退出处，"易地皆然，未可轩轾乎其间也"。⑤实为透彻之论。

之所以为之感叹，是因为古之隐逸之士，多是有性气之人。用舍由时，行藏在我，当仕则仕，当隐即隐，功成身退，笑傲三山五湖的出处进退人生理想，往往由于复杂的社会原因，化为人生暮年的一声叹息。"归去来兮，吾归何处？万里家在岷峨。"⑥而隐逸者之长夜梦语，诗中襟怀，临风长啸，特别是在人生中的以退为进，适时把握人生的智慧，令人钦羡。东坡自谓"我即渊明，渊明即我"，与渊明心性相通，"去之五百余

---

① （宋）苏轼著，张志烈、马德富、周裕锴主编：《苏轼全集校注·诗集》，河北人民出版社2010年版，第5091页。
② （宋）苏轼著，张志烈、马德富、周裕锴主编：《苏轼全集校注·诗集》，河北人民出版社2010年版，第4716页。
③ （宋）黄庭坚：《黄庭坚全集》，四川大学出版社2001年版，第77页。
④ （清）王士禛：《带经堂集》，上海古籍出版社2010年版，第611页。
⑤ （清）王士禛：《带经堂集》，上海古籍出版社2010年版，第612页。
⑥ （宋）苏轼著，张志烈、马德富、周裕锴主编：《苏轼全集校注·诗集》，河北人民出版社2010年版，第459页。

载，吾犹知其意也"(《书渊明述史章后》)①。心仪渊明的人生领悟，"靖节以无事自适为得人生，则凡役于物者，非失此生耶?"(《题渊明诗二则》)② 对于出处进退，更深有感触，其《题渊明咏二疏诗》曰："此渊明《咏二疏》也。渊明未尝出，二疏既出而知返，其志一也。或以为既出而返，如从病得愈，其味胜于初不病，此惑者颠倒见耳。"③ 由是观之，渔洋观东坡诗文熟矣，知东坡深也。其所言东坡之《和陶诗》乃有悔心，论渊明、东坡出处进退"易地皆然，未可轩轾乎其间也"，实为有见之论。对于我们全面深入研究苏轼，特别是苏轼《和陶诗》及晚年心态，大有启悟。

王士禛在清初继钱谦益之后主盟文坛，博学好古，著述颇丰。其对于东坡诗文书画的评论，值得我们特别关注。限于篇幅，拙稿选撷一二，略加称述，不当之处，敬请方家批评。

---

① （宋）苏轼著，屠友祥校注：《东坡题跋校注》，上海远东出版社2011年版，第20—21页。
② （宋）苏轼著，屠友祥校注：《东坡题跋校注》，上海远东出版社2011年版，第72页。
③ （宋）苏轼著，屠友祥校注：《东坡题跋校注》，上海远东出版社2011年版，第72—73页。

参考文献

B

（汉）班固撰，颜师古注：《汉书》，中华书局1962年版。

C

（晋）陈寿撰，（宋）裴松之注：《三国志》，中华书局2006年版。
（北宋）程颢、程颐撰：《二程集》，中华书局1981年版。
（元）陈桱：《通鉴续编》，清文渊阁四库全书本。
（明）陈邦瞻：《宋史纪事本末》，上海古籍出版社1994年版。
（清）陈廷焯：《白雨斋词话》，上海古籍出版社2009年版。
（清）褚人获：《坚瓠集》，浙江人民出版社1986年版。
程千帆、吴新雷：《两宋文学史》，上海古籍出版社1991年版。
程毅中：《宋元小说研究》，江苏古籍出版社1999年版。

D

（唐）杜甫著，萧涤非校注：《杜甫诗集校注》，人民文学出版社2016年版。
（唐）杜牧著，吴在庆校注：《杜牧集系年校注》，中华书局2008年版。
（元）戴良：《九灵山房集》，中华书局1985年版。
戴圣纂辑：《礼记》，上海古籍出版社1987年版。
道元辑，朱俊红点校：《景德传灯录》，海南出版社2011年版。
丁传靖辑：《宋人轶事汇编》，中华书局2003年版。
丁锡根编注：《中国历代小说序跋集》，人民文学出版社1996年版。

F

（南朝宋）范晔：《后汉书》，中华书局1965年版。

（唐）房玄龄著，黄公渚选注：《晋书》，商务印书馆1934年版。

（北宋）范仲淹著，李勇先、王蓉贵编：《范仲淹全集》，四川大学出版社2007年版。

（南宋）费衮：《梁溪漫志》，上海古籍出版社1985年版。

（明）冯应龙编著，栾保群校点：《古今谭概》，中华书局2007年版。

方健：《范仲淹评传》，南京大学出版社2001年版。

方智范、方笑一选编：《词林履步》，江西教育出版社1999年版。

傅璇琮、徐海荣、徐吉军主编：《五代史书汇编·丙编·十国史》，杭州出版社2004年版。

G

郭绍虞：《宋诗话辑佚》，中华书局1980年版。

H

（北宋）韩愈：《韩愈文集汇校笺注》，中华书局2010年版。

（北宋）何薳：《春渚纪闻》，中华书局1983年版。

（北宋）洪迈著，孔凡礼点校：《容斋随笔》，中华书局2006年版。

（北宋）胡寅：《斐然集》，岳麓书社2009年版。

（北宋）黄庭坚：《黄庭坚全集》，四川大学出版社2001年版。

（北宋）黄庭坚著，屠友祥校注：《山谷题跋校注》，上海远东出版社2011年版。

（北宋）黄庭坚撰，载任渊等注，刘尚荣校点：《黄庭坚诗集注》，中华书局2003年版。

（北宋）惠洪：《冷斋夜话》，中华书局1985年版。

（南宋）胡仔：《苕溪渔隐丛话》，人民文学出版社1962年版。

（南宋）黄震：《黄氏日钞》，元后至元刻本。

（清）何文焕撰：《历代诗话》，中华书局1981年版。

洪本健：《欧阳修资料汇编》，中华书局1995年版。

胡士莹：《话本小说概论》，中华书局1980年版。
惠阳地区文联等编：《苏轼与惠州》，惠阳文化局1982年版。
［德］黑格尔：《美学》，商务印书馆1979年版。

J

（清）纪昀总纂：《四库全书总目提要》，河北人民出版社2000年版。
江少虞撰：《宋朝事实类苑》，上海古籍出版社1981年版。

K

孔凡礼：《苏轼年谱》，中华书局1998年版。

L

（春秋）老子著，朱谦之校释：《老子校释》，中华书局1984年版。
（汉）刘向辑录：《战国策》，上海古籍出版社1978年版。
（后晋）刘昫撰：《旧唐书》，中华书局1975年版。
（南朝梁）刘勰著，周振甫译注：《〈文心雕龙〉译注》，江苏教育出版社2006年版。
（唐）李延寿：《南史》，中华书局1975年版。
（唐）陆贽撰，王素点校：《陆贽集》，中华书局2006年版。
（北宋）李之仪：《姑溪居士全集》，商务印书馆1935年版。
（南宋）李焘：《续资治通鉴长编》，中华书局1992年版。
（南宋）李纲：《梁溪集》，台湾商务印书馆1970年版。
（南宋）李心传：《唐宋史料笔记》，中华书店2000年版。
（南宋）刘辰翁：《须溪集》，上海古籍出版社1987年版。
（南宋）楼钥撰，顾大朋点校：《楼钥集》，浙江古籍出版社2010年版。
（南宋）陆游：《放翁题跋·跋东坡帖》，中华书局1985年版。
（南宋）陆游：《入蜀记》，中华书局1985年版。
（元）陆文圭：《墙东类稿》，上海古籍出版社1987年版。
（明）李东阳：《怀麓堂全集》，康熙二十年刊本。
李一冰：《苏东坡大传》，九州出版社2006年版。
林语堂：《苏东坡传》，海南出版社2001年版。

刘琳、刁忠民、舒大刚等校点：《宋会要辑稿》，上海古籍出版社2014年版。

鲁迅：《中国小说史略》，人民文学出版社1973年版。

逯钦立辑校：《先秦汉魏晋南北朝诗》，中华书局1983年版。

［法］罗贝尔·埃斯卡皮著，金玲译：《论幽默》，上海社会科学院出版社1990年版。

M

（汉）毛亨传、（汉）郑玄笺，（唐）孔颖达正义：《毛诗正义》，中华书局1957年版。

（南宋）孟元老：《东京梦华录》，中国画报出版社2013年版。

（明）茅坤编：《唐宋八大家文钞》，黄山书社2010年版。

N

南京大学出版社编：《菜根谭·容斋随笔》，南京大学出版社1994年版。

O

（北宋）欧阳修：《新五代史》，中华书局1974年版。

（北宋）欧阳修、宋祁：《新唐书》，中华书局1975年版。

（北宋）欧阳修著，李逸安点校：《欧阳修全集》，中华书局2001年版。

P

（南宋）普济辑，朱俊红点校：《五灯会元》，海南出版社2011年版。

R

（清）阮元校刻：《十三经注疏》，中华书局1980年版。

任二北编著：《优语集》，上海文艺出版社1981年版。

S

（战国）孙武：《孙子》，续古逸丛书景宋刻武经七书本。

（汉）司马迁：《史记》，吉林人民出版社2005年版。

参考文献

（南朝梁）沈约：《宋书》，中华书局 1974 年版。
（北宋）邵博撰，刘德权、李剑雄点校：《邵氏闻见后录》，中华书局 1983 年版。
（北宋）沈括：《梦溪笔谈》，四部丛刊续编景明本。
（北宋）司马光：《司马温公集编年笺注》，巴蜀书社 2009 年版。
（北宋）司马光著，李文泽编：《司马光全集》，四川大学出版社 2010 年版。
（北宋）司马光：《资治通鉴》，中华书局 1956 年版。
（北宋）苏轼等著，曾枣庄、舒大刚主编：《三苏全书》，中国语文出版社 2001 年版。
（北宋）苏轼：《苏东坡全集》，北京燕山出版社 2009 年版。
（北宋）苏轼：《苏轼文集》，中华书局 1986 年版。
（北宋）苏轼著，冯应榴辑注：《苏轼诗集合注》，上海古籍出版社 2001 年版。
（北宋）苏轼著，傅成、穆俦标点：《苏轼全集》，上海古籍出版社 2000 年版。
（北宋）苏轼著，顾之川校点：《苏轼文集》，岳麓书社 2000 年版。
（北宋）苏轼著，李之亮笺注：《苏轼文集编年笺注》，巴蜀书社 2011 年版。
（北宋）苏轼著，毛九苞编：《重编东坡先生外集》，齐鲁书社 1997 年版。
（北宋）苏轼著，（明）王如锡编：《东坡养生集》，福建科学技术出版社 2013 年版。
（北宋）苏轼著，（清）王文诰辑注、孔凡礼校点：《苏轼诗集》，中华书局 1982 年版。
（北宋）苏轼著，屠友祥校注：《东坡题跋校注》，上海远东出版社 2011 年版。
（北宋）苏轼著，张志烈、马德富、周裕锴主编：《苏轼全集校注》，河北人民出版社 2010 年版。
（北宋）苏轼著，邹同庆、王宗堂：《苏轼词编年校注》，中华书局 2010 年版。
（北宋）苏轼撰，王松龄点校：《东坡志林》，中华书局 1981 年版。

（北宋）苏洵著，张玉霞点校：《苏洵全集》，时代文艺出版社 2001 年版。

（北宋）苏辙著，曾枣庄、马德富校点：《栾城集》，上海古籍出版社 2009 年版。

（南宋）苏籀：《栾城遗言》，清粤雅堂丛书本。

（明）宋濂等：《元史》，中华书局 1976 年版。

上海古籍出版社编：《宋元笔记小说大观》，上海古籍出版社 2001 年版。

舒大刚：《苏过诗文编年笺注》，中华书局 2007 年版。

司羲祖整理：《宋大诏令集》，中华书局 2009 年版。

四川大学中文系唐宋文学研究室编：《苏轼资料汇编》，中华书局 1994 年版。

苏灿主编：《千古英雄——苏东坡图传》，四川人民出版社 2007 年版。

T

（元）脱脱等：《宋史》，中华书局 1977 年版。

（明）陶宗仪纂：《说郛》，中国书店 1927 年版。

（清）田雯：《田雯诗选》，首都师范大学出版社 1996 年版。

唐圭璋编：《词话丛编》，中华书局 1986 年版。

唐圭璋编：《全金元词》，中华书局 1979 年版。

唐圭璋编：《全宋词》，中华书局 1999 年版。

［美］特鲁·赫伯：《幽默的艺术》，上海文化出版社 1987 年版。

W

（唐）魏征等：《隋书》，中华书局 1973 年版。

（北宋）王安石：《临川先生文集》，国家图书馆出版社 2018 年版。

（北宋）王安石：《王文公文集》，上海人民出版社 1974 年版。

（北宋）王灼：《碧鸡漫志》，中华书局 1991 年版。

（北宋）魏泰著，穆公校点：《东轩笔录》，《宋元笔记小说大观》，上海古籍出版社 2001 年版。

（南宋）王明清：《挥麈录》，上海书店出版社 2001 年版。

（南宋）王庭圭：《卢溪文集》，明嘉靖五年刻本。

（南宋）王应麟：《困学纪闻》，商务印书馆 1935 年版。

（南宋）吴曾：《能改斋漫录》，中华书局1960年版。
（金）王若虚：《滹南诗话》中华书局1985年版。
（明）王世贞：《弇州山人四部稿》，明万历间世经堂刻本。
（清）王鹏运辑：《宋元三十一家词》，四印斋本。
（清）王士禛：《带经堂集》，上海古籍出版社2010年版。
（清）王士禛：《带经堂诗话》，人民文学出版社1963年版。
（清）王士禛：《分甘馀话》，中华书局1989年版。
（清）王之绩：《评注才子古文》，清刻本。
王国维：《王国维戏曲论文集》，中国戏剧出版社1984年版。
王水照编：《历代文话》，复旦大学出版社2007年版。
王水照：《宋代文学通论》，河南大学出版社1997年版。
王水照：《苏轼研究》，河北教育出版社1999年版。
王素：《陆贽评传》，南京大学出版社2009年版。
温长路：《健康长寿与成语典故》，中医古籍出版社2004年版。
吴梅：《词学通论》，复旦大学出版社2005年版。
吴晓煜：《中国煤炭史志资料钩沉》，煤炭工业出版社2002年版。
吴言生：《禅宗诗歌境界》，中华书局2001年版。

X

（南朝梁）萧子显：《南齐书》，中华书局1972年版。
（北宋）薛居正等：《旧五代史》，中华书局1976年版。
（清）徐士銮辑，舒驰点校：《宋艳》，浙江古籍出版社1987年版。
（清）徐釚：《词苑丛谈》，中华书局2008年版。
谢桃坊：《苏轼诗研究》，巴蜀书社1987年版。
徐征等主编：《全元曲》，河北教育出版社1998年版。
许金榜：《元杂剧概论》，齐鲁书社1986年版。

Y

（唐）姚思廉：《陈书》，中华书局1972年版。
（唐）姚思廉：《梁书》，中华书局1973年版。
（南宋）杨万里：《杨万里诗文集》，江西人民出版社2006年版。

（南宋）叶梦得：《避暑录话》，明津逮秘本。
（南宋）袁燮：《絜斋集》，清武英殿聚珍版丛书本。
（南宋）岳珂撰，吴企明校点：《桯史》，中华书局1981年版。
（清）永瑢、纪昀编：《钦定四库全书》，中华书局1997年版。
颜中其编注：《苏东坡轶事汇编》，岳麓书社1984年版。
叶嘉莹：《叶嘉莹说初盛唐诗》，中华书局2008年版。
俞弁：《续医说》，上海科学技术出版社1984年版。
俞平伯：《唐诗鉴赏辞典》，上海辞书出版社2013年版。

Z

（春秋）左丘明撰，陈桐生译注：《国语》，中华书局2013年版。
（春秋）左丘明撰，杨伯峻编著：《春秋左传注》，中华书局1990年版。
（战国）庄子著，（清）王先谦集解：《庄子集解》，中华书局1987年版。
（汉）赵岐注，（宋）孙奭疏：《孟子注疏》，上海古籍出版社1990年版。
（北宋）张耒著，李逸安等点校：《张耒集》，中华书局1990年版。
（北宋）赵令畤：《侯鲭录》，中华书局1985年版。
（南宋）曾敏行著，朱杰人标校：《独醒杂志》，上海古籍出版社1986年版。
（南宋）张邦基撰，孔凡礼点校：《墨庄漫录》，中华书局2002年版。
（南宋）张炎著，吴则虞校辑：《山中白云词》，中华书局1983年版。
（南宋）周密：《武林旧事》，浙江人民出版社1984年版。
（南宋）朱弁撰，孔凡礼点校：《曲洧旧闻》，中华书局2002年版。
（南宋）朱熹：《楚辞集注》，上海古籍出版社1979年版。
（南宋）朱熹：《伊洛渊源录》，中华书局1985年版。
（南宋）朱熹撰，朱杰人等主编：《朱子全书》，上海古籍出版社2002年版。
（明）郑麟趾：《高丽史》，明景泰二年朝鲜活字本。
（清）张思岩：《词林纪事》，成都古籍书店1982年版。
曾枣庄、刘琳主编：《全宋文》，巴蜀书社1991年版。
曾枣庄：《苏词汇评》，四川文艺出版社2000年版。
曾枣庄：《苏东坡词全编》，四川文艺出版社2010年版。

曾枣庄：《苏轼评传》，四川人民出版社1981年版。
张崇琛、林家英、庆振轩、赵建新：《中国古代作家作品研究》，兰州大学出版社2002年版。
张金花：《宋诗与宋代商业》，河北教育出版社2006年版。
张培锋：《宋诗与禅》，中华书局2009年版。
张志烈：《张志烈文录》，香港新天出版社2012年版。
郑师渠：《中国文化通史·两宋卷》，北京师范大学出版社2009年版。
郑振铎：《插图本中国文学史》，人民文学出版社1957年版。
周晓琳、刘玉平：《中国古代作家的文化心态》，巴蜀书社2004年版。
周裕锴：《宋代诗学通论》，上海古籍出版社2007年版。